U0512194

舒扬 ◎ 著

现代城市法治研究

XIANDAI CHENGSHI FAZHI YANJIU

人民出版社

责任编辑:雍　谊
装帧设计:孙　昊
版式设计:鼎盛怡园
责任校对:卓荦兴商务工作室

图书在版编目(CIP)数据

现代城市法治研究/舒　扬著. -北京:人民出版社,2008.10
ISBN 978－7－01－007401－6

Ⅰ. 现…　Ⅱ. 舒…　Ⅲ. 城市-社会主义法制-研究-中国
Ⅳ. D920.0

中国版本图书馆 CIP 数据核字(2008)第 160758 号

现代城市法治研究
XIANDAI CHENGSHI FAZHI YANJIU

舒　扬　著

人民出版社 出版发行
(100706　北京朝阳门内大街 166 号)

北京集惠印刷有限责任公司印刷　新华书店经销

2008 年 10 月第 1 版　2008 年 10 月北京第 1 次印刷
开本:710 毫米×1000 毫米　1/16　印张:23.5
字数:360 千字　印数:0,001－3,000 册

ISBN 978－7－01－007401－6　定价:48.00 元

邮购地址 100706　北京朝阳门内大街 166 号
人民东方图书销售中心　电话 (010)65250042　65289539

目　　录

现代城市法治研究

前　言

　　上个世纪，诺贝尔经济学奖获得者斯蒂格利茨曾大胆预测，21 世纪初期，影响全球经济和社会的最重要的两大因素，一是美国的高技术产业，二是中国的城市化浪潮。由此，我相信，知识产权的法律保护和城市治理的法律化建设，将是人类法治文明和民主善治高歌猛进的助推器和加油站。

　　著名未来学家托夫勒曾为我们绘声绘色地讲述了人类在建造自己的城市历史的同时，又将制造出时间的拐点以及有延续期的"夹缝时代"。身处其中，你可能已变成了温水中的青蛙，痛到难忍时才会感知工业文明的城市结构正在坍塌，后工业文明，信息社会悄然降临。城市生活以及由此产生的制度、关系、文化、习惯都在面对多方面的引诱、刺激、互动、挑战。无论城市的精英人士还是凡夫俗子，都不得不面对一系列呈梯度而至的负面问题：人口激增、城市扩容、文明冲突、政治分野、制度危机、福利失衡、科技迷茫、关系倒错、资源紧张、环境污染、恐怖威胁、信息散乱、观念逆转、贫富悬殊、生态失衡、人心不古、道德模糊、网络霸权、亲情陷落、神灵流离、文化失源，等等。未来学中的法律似乎受到了百般挑剔式的诘难，法律帝国的诟病也是管理失范、价值虚化、程序失真、公平颠覆、正义无痕。恢复法治的理想，健全法律的功能，重塑法律的精神，当在城市新的崛起中再造时势，事不宜迟。

　　美国城市史学家伊利尔·沙里宁指出，近代以来的城市发展，从人类教训的角度看，几乎都是在催生一个又一个的集约化合成错误，许多城市的起步差不多就是错误的开始和延续。他举例说，英国曾引领过人类城市化的潮流，但英国正是用了两百多年来修正城市这个错案，探索城市错误之后方显出的弥足珍贵的美好。法律与制度除惩恶扬善之外，有一个重要的理想就是它的纠错功能与效果。城市发展的正道何在？法治，最是那梦幻渡口上的一只有舵的船。

刘易斯·芒福德在他的名著《城市发展史》中描述了"从神到人"的城市历史变迁。城市最初只是神灵的居所，而后成为政治城邦，这才有了古希腊先贤亚历士多德所说的"人们为了活着，聚集于城市；为了活得更好，居留于城市"。形状古怪的封建城堡及其圈地，在近代穿透力极强的自由、人权阳光下劈开了新的时空地块，《清明上河图》、《姑苏繁华图》所表现的秀丽昌盛，展示了农耕文化中新的城市景观。稍后，又出现了恩格斯在《英国工人阶级状况》中描述的情形："烟囱林立，机声隆隆，桅帆塞港，交易活跃，人气如流"。这种工业文明特有的标号，彻底地将那些比较像样一点的城市生活完全"工业化"、"设备化"、"机械化"了。法律与制度烙印也随之置入了城市的躯体。城市被管制起来，但是，有人又埋怨，法网中的城市生活仿佛被一块块切割并包装了起来。如果自由要不容置疑地成为城市万物的主题，法律将必须给予什么样的格式解读？城市，一时间变成了一本未定稿的人类法律教科书。人们在天网一样的法律经纬线上摸爬滚打，浓缩的是偌大城池中的各色人群各式忙碌的喧嚣世象。

多年以后，出现了以摩天大楼和繁华街区为代表的生活与创业中心，追名逐利的闹剧在这里永不停顿地上演，高潮迭起，始终紧张，无心松弛，直捣成功。具有"中心—边缘"统治结构的大都市，恰似时尚少年之间的模仿，奇迹般地在地球的东南西北齐刷刷地复制出来。随之出现的是"世界城市病"，并野火春风般地传染到了一切可称之为城市的地方。这时，法律滞后与僵直的属性常常让其只能对客观世界叹为观止，退求其次，类似于新的河水泛滥对古老河床的改道；法治的苍白与虚弱似乎也只好选择去应和城市的"有病呻吟"。

现在，以罗尔斯顿、布朗等为代表的城市学派挥舞起学术大刀，向被喻为"水泥森林"的城市砍去。他们呼唤"可持续发展的"、与自然合一、生态化的绿色城市。希望封存已久的土著生活语言、埋没在建筑材料中的人类原始幸福感觉，被抽空了的人性美、自然美的内涵，通通都会凤凰涅槃似的重生。

美国著名的城市学研究者苏珊博士在她的著作《城市反思》中特别指出："一流的资讯加上优秀的行动者，可以使城市自我超越。"

对此，埃比尼泽·霍华德强调："真正正确的行动体系更需要的不是人为的支撑，而是正确的思想体系"。

然而，这仍显不够，精当的法理，纯熟的制度，善治的专门人才队伍，高尚的法治生活对都市与人群都显得越来越重要。良法与善治已被世界公认为城市竞争力中最抢眼的软实力。古代的柏拉图认为哲学王应在国王之上知人论事，今天的人文城市论者断言，现代法治理念与模式早该主宰宏城巨都的所有管理与发展的实务。

我国城市学家任平先生认为，城市有四个形态：一是实体形态；指物质秩序和物质结构，如规划布局、城市风格、街景风貌和空间样态，它构成一个城市形态的骨架；二是管理—制度形态，指城市制度系统、社会分层、街区（社区）划分、社会组织、城市管理体系等，这是城市空间化的社会组织形态；三是生活与行为方式或都市时尚形态；四是心理—观念文化层或精神形态。

法律精神可能会在人们某个时间的猛醒之后突显它的巨大魔力，法律制度正如城市街巷的建筑物，穿梭其间的，才是活的灵魂。所以，本书研究的城市法治，重点仍然是对现代法律精神的追踪寻访，希望它在某个城市的驻足，能带出更大的一片法治的芳园，或者，至少能尽量地减少法律这部巨大的精密机器在城市中运转的噪音。法律犹如钟摆，它的左右晃动不能失常的忽高忽低；法律又像是硬币，我们在看到它的正面时必须承认它的反面存在。谁能决定钟摆的均衡重力？谁能投出硬币保保证落地的都是正面？唯有法律的精神，才是公平正义的唯一。

城市像一个生命体，它有自己固定的生命周期。有的城市不能跨越衰老的季节，最终被一个个看似偶然的事变所击倒，成为废都。有的千年古城，在颓势巨潮般涌来的前夕，注入青春的活力，又一次生机勃勃，呈现出旺盛生命力。在其中，人与制度是城市营盘中的活水，应验着一句老话："流水不腐，户枢不蠹"，"老树发新枝，枯木又逢春"。法律这一古物，势必也将在这样的城市躬逢盛世、历久弥新、功能倍出。反之，城市于法治则有更多更好的期待。法治对城市品质的提炼与升华，似乎可以不言自明。中国的南海边有一座名城，十余年前因确有力所不逮之处，与城市法治的机遇失之交臂，今日重提补课，旧账与新债、成本和代价叠床架屋，绩效上的吹糠见米已成追忆，城市为此需要再多支付二三十年的时间预算。法治，无疑是一切城市必然要遇到的理性考验。

基于此，本书从法律的要义和精神出发，想在法律世界的莽原厚土上，为后现代城市的创新与善治，开掘几个观念上的接近于卫生的"泉眼"，参与城市和谐善治的严肃讨论。

广州——我的后半生吃喝拉撒，吐故纳新，听暮鼓晨钟，玩雕虫小技的居所。

法治——我从心中的乌托邦邮寄给自己现实中的希望之城的贺卡式的礼物。

城市与法治，只有网络时代的那种连线还不够。法治不是掠过城市上空的候鸟群，而是提供给城市呼吸的新鲜空气；不是装备给城市的复杂摆设的公用设施，而是掌控城市发展与生活节奏的神经系统；城市与自然、城市与人群的默契以及双方意会言传的心灵的微笑，每一次都会自动定格在法治的长卷胶片上。这是三年前，我们接受本研究课题的一小段情思。

本书是在 2008 年初覆盖南中国的百年一遇寒潮下写成的，在已属于后现代的广州城市生活中，竟然还有作者过去几十年都未曾经历过的写作环境、心境和条件。书的出版的确需要感谢很多人，他们的事迹都在我心底成像，届时需要，再予洗印出来。

舒 扬

2008 年 4 月初于广州市社会科学院 508 室

第一章　依法治国与民主政治的良性互动研究

依法治国和民主政治建设问题，一直是关系到推进中国经济社会发展、促进社会公平正义和实现现代化的核心问题之一。当前主流意识形态反映民情、集中民智，大力推进和谐社会的建设，依法治国与民主政治无可争议地成为社会思想的两大精神支柱。和谐社会应该是民主法治的社会，要实现和谐社会的美景，就"必须坚持民主法治。加强社会主义民主政治建设，发展社会主义民主，实施依法治国基本方略，建设社会主义法治国家，树立社会主义法治理念，增强全社会法律意识，推进国家经济、政治、文化、社会生活法制化、规范化，逐步形成社会公平保障体系，促进社会公平正义。"① 法治与民主，显然可以视之为和谐社会的两轮和双翼。"民主法治，就是社会主义民主得到充分发扬，依法治国基本方略得到切实落实，各方面积极因素得到广泛调动"。"通过发展社会主义民主政治来不断加强和谐社会建设的政治保障"。②

和谐社会是民主法治的社会，是社会成员各得其所又和谐相处的社会，是政府依法高效管理的社会。在现阶段，以构建和谐社会为目标的，以制度化、规范化和程序化的民主与法治作为必要保障的社会治理活动，是我们的重要追求。如何切实发展社会主义民主，切实落实依法治国的基本方略，是摆在我们面前的一项重大课题。本文在综合各种研究资料，全景式地反映依法治国与民主政治良性互动的基础上，试图从理论与实践的结合上对此做一些深入的分析和探讨。

---

① 参见《中共中央关于构建社会主义和谐社会若干重大问题的决定》，人民出版社2006年版。

② 胡锦涛：《在省部级主要领导干部提高构建社会主义和谐社会能力专题调研班上的讲话》，人民出版社2005年版。

第一节　依法治国的基本内涵及在我国的地位和作用

一、法治是一种政治文明

法治的概念具有悠久的历史，但在不同的历史时期和法律文化中，其含义完全不同。在法律思想史上，对"法治"曾有过两种不同的解释。

第一种解释将法治理解为维护君主专制制度的一种统治方式。例如，中国古代法家在《韩非子》中提出："圣人之治国，不恃人为吾善也，而用其不得为非也"，因而应"不务德而务法"。法家明确提出"依法治国"的主张，将法治视为维护君主专制的主要手段。在中国古代，"法者，刑也"，因此法家所主张的法治，实际上就是实行严刑峻法。儒家反对法家的法治主张，他们认为，国家主要应由具有高尚道德的圣君通过道德手段来治理。《论语》云："道之以政，齐之以刑，民免而无耻。道之以德，齐之以礼，有耻且格。"《孟子》云："君仁莫不仁，君义莫不义，君正莫不正，一正君而国定矣。"这种手段称为人治。尽管儒家反对实行法治，主张人治，但是双方在政治制度上都维护君主专制，并且都将法治理解为通过严刑峻法维护君主专制制度的一种手段。只不过在如何使用这种手段的问题上，儒家强调以人治手段为主，法治手段为辅。上述关于法治的解释后来被中国封建正统法律所确认，成为中国封建法律文化的主要特征之一。

第二种解释将法治理解为与君主专制根本对立的一种政治制度。例如，亚里士多德就将法治与君主专制或寡头政治相对立，提出法治应当优于人治的主张。这里，亚里士多德已将法治和民主政治直接制度联系起来，并将君主专制或寡头政治视为人治。到了近代，人们从资本主义商品经济和民主政治制度的角度提出法治的要求。英国的洛克认为，立法权是最高的不可转让的国家权力，但它也不能危害人民生命和财产等自由权利。立法机关应该以正式公布的既定的法律来进行统治，这些法律不论贫富，不论权贵和庄稼人都一视同仁，并不因特殊情况而有出入。孟德斯鸠认为，我们可以有一种政治，不强迫任何人去做法律所不强迫他做的事，也不禁止任何人去做法律所许可的事。卢梭认为，法律是人民公意的体现，一个人，不论他是谁，擅自发号施令都绝不能成为法律。美国的潘恩提出，在专制政府中国王便是法律，同样地，在自由国家中法律便应该成为国王。资产阶级思想家对法治的解释往往是同其政治主张联系在一起的，洛克主张建立君主立宪民主制，卢梭鼓吹民主共和国制，孟德斯鸠更强调三权分立。但是，他们都有一个共同点，那就是认为法治是同专制对立的，法治代表民主制度，人治代表君主专制、等级特权等。事实上，资本主义法治就是在资产阶级推翻封建专制之后，作为资产阶级民主制度的体现而建立的。从作为民主政治制度的体现这个意义上说，法治是一种政治文明。

从上述可以看到，"法治"作为民主政治的一种制度上的体现，其含义与上述第二种意义的"法治"所代表的政治文明在内涵上是一致的。民主是一种制度化的体制，法治是体现民主精神与活动的文明，两者是同义的。在这一意义上，人们经常将"法治"与"民主制"作通用的理解。例如，在马克思和恩格斯的著作中，"法治"、"法治国"、"民主"、"民主制"这几个词就是往往作贯通的使用。

二、依法治国的本质

中华人民共和国的"'依法治国'，就是广大人民群众在中国共产党的领导下，依照宪法和法律规定，通过各种途径和形式管理国家事务，管理经济文化事业，管理社会事务，保证国家各项工作都依法进行，逐步实现社会主义的制度化、法律化，使这种制度和法律不因领导人的改变而改变，不因领导人看法和注意力的改变而改变。"① 这段论述在我们党历史上第一次全面、系统地概括了依法治国的基本内涵、实质和要求，具体表现在以下几个方面：

第一，依法治国的主体是广大人民群众。这是由社会主义国家的性质决定的。在我国，人民是国家的主人，宪法明确规定，国家的一切权力属于人民。人民当家做主是依法治国，发展社会主义民主政治的基础。只有坚持人民是依法治国的主体，才能保证法律真正体现工人阶级领导的全体人民的意志。人民通过法律的形式将自己的意志上升为国家意志，

① 引自党的十五大报告。

并要求国家机器严格依照体现人民意志的法律来运作。

第二，依法治国的客体是国家事务、经济文化事业和社会事务，其中国家事务是依法管理的重点。只有将国家事务纳入法律调整和控制，保证国家各项工作都依法进行，才能真正实行依法治国。

第三，依法治国的基本依据是宪法和法律。宪法是国家的根本大法，具有最高的法律地位和效力。全国人民代表大会及其常委会制定的法律在全国范围有普遍的约束力，其法律效力仅次于宪法。强调依法治国的基本依据是宪法和法律，有两方面的含义：一方面，行政法规、地方性法规和部门、地方行政规章必须以宪法和法律为依据，不得同宪法和法律相抵触；另一方面，运用其他手段必须依法行使，不得与法律相冲突。

第四，依法治国的实质是逐步实现社会主义民主的制度化、法律化。依法治国必须体现和实现社会主义民主的要求。民主是依法治国的政治基础，民主是内容，法治是形式，离开了民主，就不可能有真正的依法治国。依法治国就是实现发扬人民民主与依法办事的统一，通过法律形式和法律制度确立社会主义民主原则和运行机制，确认和保障人民民主权利。①

对"依法治国"上述本质的认识，不是在一个早晨的顿悟，一个深夜的沉思，一次会议的决断，一些机构和领导人的共识之后就最终形成的。它是自1976年拨乱反正继而改革开放以来各种思潮风起云涌，各地人事沧桑变迁，各种机缘交汇陈杂，各种选择归于理性的综合结果。它是全党全国人民思想大解放，理想重振作，激情再燃烧，理论又创新的集中表现。"依法治国"本质的归纳与确定，尤如鸣枪催发的田径赛百米短跑，需要一种巨大的精神和爆发力，不经过长时间的积累甚至是痛苦的郁结是决然不可以凝集待发的。中国现代的法制史，法律观念史和法社会学、法哲学已有对依法治国本质论形成的学术描绘。在有数千年的封建人治传统的古国，中国共产党和它领导下的亿万人民，能在上列四点的概括原点上寻找到依法治国的本质，这是历史的大幸，民族的大幸，同时也无愧地说，是全人类法律文明发展史上具有里程碑意义的盛事。因为至此，全球人口最多，历史最远久的国度，容身于世界法治发展的

① 江泽民：《关于社会主义民主法治的论述》，《江泽民文选》第三卷，人民出版社2006年版。

巨潮，容身于人类壮观的政治文明和法制文明的事业。

三、依法治国在我国的地位和作用

（一）依法治国是我国的基本方略

在中国共产党第十五次代表大会上确定，依法治国是党领导人民治理国家的基本方略。把依法治国确立为治理国家的基本方略，标志着党的领导方式尤其是执政方式将发生重大变革，即由过去主要是依靠政策领导逐步转变到依法领导、依法执政。共产党执政就是领导和支持人民掌握管理国家的权力，实行民主选举、民主决策、民主管理和民主监督，保证人民依法享有广泛的权利和自由，尊重和保障人权。中国共产党执政的性质、任务和现代化建设要求我们党实现领导方式尤其是执政方式的变革，实行依法执政。

中华人民共和国成立后，我们党由一个没有合法地位的党成为执政党。党的地位的变化意味着党和国家政权关系发生了变化。但是，党成为执政党以后，以什么样的方式执政的问题，并没有随着我们党成为执政党自然而然地解决。在过去很长一段时间里，我们没有能够解决好领导方式的转变问题，甚至没有认识到这个问题。在我们党成为执政党以后，依然长期沿用了战争年代为获得执政地位而形成的领导方式来执政。建国初期虽然也制定了一些法律，但是国家和社会生活中的基本问题主要不是依靠法律来解决，而是依靠政策和群众运动。这在当时的历史条件下有它的无可避免性。但是，长期依靠政策来执政，尤其是用群众运动的方法来解决国家、社会生活中的基本问题有负面效应，它助长了人们对法律的不信任，影响了党的执政方式问题的解决，因此，有些本来能够避免的错误，不仅没有能够避免，反而持续很长时间，后果相当严重。

"文革"以后，邓小平同志在提出健全法制的同时，强调指出，我们要改善党的领导，除了改善党的组织状况以外，还要改善党的领导工作状况，改善党的领导制度。1982年，党的十二大首次将"党必须在宪法和法律范围内活动"的原则写入党章。同年，宪法明确规定："一切国家机关和武装力量、各政党和各社会团体、各企业事业组织都必须遵守宪法和法律。一切违反宪法和法律的行为，必须予以追究。""任何组织或个人都不得有超越宪法和法律的特权。"党的十五大把依法治国确立为党领导人民治理国家的基本方略，重申"党领导人民制定宪法和法律，并在宪法和法律范围内活动"的原则，这就从治国方略和领导制度方面彻底解决了党的执政方式问题。这是社会主义民主法制建设发展的必然要求和结果。我们党是执政党，在国家生活中处于领导地位，但是，党是国家中的执政党，不是国家之上的执政党，在法律面前，我们党同其他政党、团体、组织一样都必须在宪法和法律范围内活动。实行依法治国，建设社会主义法治国家，必须实现党的领导方式尤其是执政方式的转变，坚持党在宪法和法律范围内活动的原则。党的领导主要是政治、思想、组织领导，坚持党的政治领导的一个基本方面，就是要使党的主张经过法定程序变成国家意志，上升为法律。宪法和法律是人民群众意志的体现，也是党的主张的体现。执行宪法和法律，是按广大人民群众的意志办事，也是贯彻党的路线、方针、政策的重要保障。严格依法办事，依法治国，实现全党和全体人民意志的统一，对维护法律的尊严和中央的权威，具有重大而深远的意义。

坚持党在宪法和法律范围内活动的原则，是我们党作为执政党真正走向成熟的标志。实行和坚持依法治国，从制度和法律上保证了党的基本路线和基本方针的贯彻实施，保证了党始终发挥总揽全局，协调各方的领导核心作用。

（二）依法治国与加强党的领导的关系

我国宪法确立了中国共产党的领导地位，同时，建设社会主义法治国家又对党的领导方式和执政方式提出了新的要求。依法治国与加强党的领导根本上是一致的。

一方面，依法治国，建设社会主义法治国家，要由中国共产党来领导。就法治与政党之间的关系而言，法治离不开政党，而且要积极发挥政党的作用。中国共产党以全心全意为人民服务为宗旨，代表着人民的根本利益。党领导人民经过艰苦卓绝斗争，建立了人民民主专制的政权，大力发展社会主义市场经济，满足人民日益增长的物质需要，大力发展社会主义精神文明建设，提高人的政治文化素质，并推进民主法制建设，这些都为社会主义法治奠定了政治、经济、文化和法律基础。可以说，没有人民民主专政的国家政权、大力发展了的国家经济、高度的精神文明和完善的法律制度，建设社会主义法治国家就是一句空话，而所有这些，又都依赖于中国共产党的正确领导。

中国共产党的领导地位是共产党领导人民在长期的革命斗争和社会主义建设中形成的，党是我国政治生活的核心。我国的法治建设从类型上看，是政府主导推进型的。依法治国、建设社会主义法治国家，是中国共产党顺应人类政治文明的大趋势和我国社会主义现代化建设的时代要求而适时提出的。社会主义法治是人类法治的一般特征与社会主义的结合，它的性质是社会主义即这种法治的目的在于实现和发展人民的利益。党的领导是这种性质的保证，也是推进它顺利向前发展的保证。

中国共产党对把人民的意志上升为国家意志，对加强立法起着重要的作用。鉴于中国共产党在国家政权中的地位和作用，其所提出的立法建议在立法过程中一般都获得通过。不仅如此，在司法机关建设及执法、司法监督上，党都发挥着重大的作用。

在当代中国的特定条件下，法治的提出是中国共产党，法治的发育程度及最终命运也取决于中国共产党，只有充分发挥中国共产党的领导作用，中国的法治才有光明的前途。

另一方面，处于执政地位的中国共产党，其领导涉及到国家、社会生活的方方面面。而且在当今中国，由于中国共产党是国家政治生活的核心，如何适应依法治国、建设社会主义法治国家的要求，改善领导方式，以便更好地发挥其领导作用尤显重要。

党的领导方式的转变，要做到"两个统一"，即坚持党的领导与国家一切权力属于人民的统一，坚持党的领导与党必须在宪法和法律范围内活动的统一，这是我国宪法确定的。做到第一个"统一"，是因为国家一切权力属于人民这一人民主权原则是党领导的前提和归宿，因为共产党是代表人民根本利益的，所以党的领导就是为了实现这一原则，扩大人民的权利，保护和发展人民的权利，而且只有党的领导才能更好地实现这一人民主权原则；做到第二个"统一"，是因为党处于领导地位，主要靠自律，很容易专断和偏差，因此，虽然党领导人民制定法律，把人民意志用国家意志表现出来，但党的一切活动必须遵守宪法和法律，不得凌驾于法律之上。

依法治国，建设社会主义法治国家，本身就是坚持和加强党的领导地位的客观要求和具体体现。坚持党的政治领导，一个基本的方面就是使党的主张经过法定程序变成国家意志，成为全体公民普遍遵守的法律规范。宪法、法律是人民意志的体现，也是党的主张的体现。实行依法治国，不是削弱共产党的领导地位，而是进一步加强和巩固党的领导地位。党的领导主要是政治、思想和组织的领导。在新的历史条件下，党要适应改革开放和社会主义现代化建设的要求，改善党的领导，不断提高领导水平和执政水平。具体说来，就是要改革执政方式，实行依法执政。

（三）依法治国的重要性和紧迫性

实行和坚持依法治国并不是一时的权宜之计，也不是脱离实际的主观臆想。依法治国，是我们党立足新世纪，从社会主义初级阶段的实际出发，顺应人类社会发展的大趋势，就当今中国的治国方略作出的重大决策。

依法治国是发展社会主义市场经济的客观需要。江泽民同志早在十四大报告中指出："加强立法工作，特别是抓紧制订与完善保障改革开放、加强宏观经济管理、规范微观经济行为的法律和法规，这是建立社会主义市场经济体制的迫切要求。"党的十四届三中全会进一步指出，社会主义市场经济体制的建立和完善，必须有完备的法制来规范和保障。市场经济应当是法治经济，社会主义市场经济体制的建立和完善，实质上就是经济关系、经济运行和经济程序契约化、法治化的过程。世界经济的实践证明，一个成熟的市场经济，必然要求比较完备的法治。市场经济活动的运行，市场秩序的维系，国家对经济活动的宏观调控和管理，以及生产、交换、分配、消费等各个环节，都需要法律的引导和规范。在国际经济交往中，也需要按国际惯例和国与国之间约定的规则办事。这些都是市场经济的内在要求。我们要确保社会主义市场经济健康发展，就必须按照社会主义市场经济的一般规则，依法治国，全面建立社会主义市场经济和集约型经济所必须的法律秩序。

依法治国是社会文明进步的重要标志。站在人类文明的历史进程中来为依法治国定位，是我们党在处理人治与法治关系方面的重大突破。国家治理方式由人治转变为法治，这是现代文明的发展成果。依法治国的水平反映了一个国家的现代化程度。在一个具有几千年封建人治传统的国家实行依法治国，建设社会主义法治国家，是一次超越传统的革命。为了寻求这一目标，我们的党、国家和人民走过弯路，吃过苦头。今天，中国共产党人终于跨出了具有划时代意义的一步。我们选择了依法治国，就是选择了发展和现代化，就是选择了更为辉煌的人类文明。

依法治国是构建和谐社会的重要保障。法制不健全，制度上有严重漏洞，坏人就会乘机横行，好人也无法充分做好事。依法治国是关系到社会主义国家生死存亡的根本大计。邓小平同志在1992年视察南方重要谈话中涉及到国家和社会的稳定问题时，强调指出："还是要靠法制，搞法制靠得住些。"法令行则国治，法令弛则国乱。近年来，我们党坚持小平同志的这一思想，高度重视运用法律的权威维护社会稳定，实现国家长治久安，又开启了构建社会主义和谐社会的理论与实践。随着改革开放的深入和经济关系的调整，经济和社会生活的各种矛盾出现了不少新情况和新变化，我们必须根据已经变化了的社会条件，充分发挥法律在调整社会关系方面的重要作用，保障国家政治生活、经济生活和社会生活秩序，培育和谐的社会环境。

（四）依法治国的目标是建设和谐社会

依法治国是我国上层建筑的一次深刻的变革，它的意义不在于国家公共事务的管理手段上的变化与革新，关键还在于它对国家整个经济基础的深度影响，在于它通过对社会上层建筑的革命性、结构性调整，引发人们去思考，制度建设为了什么，为谁建设，最终的效果和目的会怎么样？这一系列重大问题，中国共产党是为人民谋幸福的，国家制度、法律组织机构存在的理由也是为了人民的最大最高利益。幸福安康、公平正义、社会和谐，这是最能集中反映亿万人民美好诉愿的目标，所以，依法治国的奋斗目标和具体工作指向就自然而然要落脚到服务大众、建设和谐社会上来。我国是一个大国，国家事务是由众多的地方事务构建而成的。当国家的基本政治制度、治理结构和方式确定之后，全国各地的治理就成为依法治国的生动、具体实践。和谐社会必是由许多个和谐地方、地区和民族、群落组合而成的。因此，依法治国必须强调和重视各级各地认真的开展依法治理。

为落实依法治国这一基本方略，我国城乡各地陆续提出了依法治省、依法治市、依法治镇、村等全面建设法治社会的目标任务。和谐社会既是民主的社会，又是法治的社会。必须进一步健全社会主义法制，充分发挥法治在促进、实现、保障和谐社会的重要作用。推进依法治市、建设法治社会，就是要着眼于保障公民权利、规范社会建设和管理、维护社会安定，加强和改进地方立法。进一步加快建设法治政府，坚持依法行政，转变政府职能，加强公共服务。积极稳妥推进司法体制改革，保证司法机关依法独立行使审判权和检查权，加强司法工作监督，努力促进司法公正。加强法律援助和司法救助工作，切实解决困难群众打官司难问题。加强法制宣传教育，增强全社会的法律意识，从而把我国城乡政治、经济、文化和社会生活各方面逐步纳入法治轨道，做到事事有法可依、人人知法守法、各方依法办事，为构建和谐大中国提供可靠的制度保障。

1. 和谐各级地方首先是法治的各级地方

构建和谐社会的过程，首先就是推进地方依法治理、建设社会主义法治社会的过程。不少地方改革开放先行一步，市场经济相对发达，对加强法制建设有着更高、更迫切要求。多年来，我国地方各级党委始终坚持一手抓经济建设，一手抓法制建设，用法律手段引导、规范经济活动，管理经济社会事务，用法制来保障、促进经济社会的健康发展。比如，早在上世纪90年初，广州、深圳、上海等地党委就明确提出要实行依法治市，随后又作出了加强依法治市工作的决定，确立了实施依法治市战略的总体目标和任务。这些年来，先进城市的依法治市工作从点到面，逐步推开，不断深入，加快发展，形成良好的工作局面，在立法、执法、司法、普法、法律监督、法律服务等各方面工作，都取得了明显成效。

——地方立法工作进展较快。各级地方人大及其常委会制定和批准的地方性法规总数达数百件，在全国各地一些经济发达的地区和发展快速的大城市，地方性立法最多，实现了政治、经济、文化和社会发展的主要方面基本有法可依。

——依法行政的氛围初步形成。围绕建设法治政府的目标，大力推进行政审批制度改革，建立健全行政执法责任制和实行政务分开，在全国各地特别是各大中城市，行政审批项目数量减幅最大。

——司法改革扎实推进。以公正和效率为重点推进司法改革，大力加强队伍建设，建立和完善司法机关的内部约束机制和责任追究制，同时大力推广法律援助制度，法律援助工作许多城市争相走在全国前列，各地之间竞相效仿，形成良性互动的发展态势。

——普法工作成效明显。通过全方位、多层次、经常性地开展普法工作，广大公民的法律素质普遍提高，整个社会的信用意识加强。更可喜的是，自中央高层开展法律专题调研、学习，请专家讲课后，全国各地干部和群众的普法学法已经成为社会常态，其中以广州等城市为出色的典范。

——社会治安工作不断加强。依法强化社会治安的综合治理，坚决打击各类犯罪行为，有效遏制"黄、赌、毒"等社会丑恶现象的滋长蔓延，确保社会稳定和经济发展。

但是，与改革开放排头兵的地位和作用相比，与广大人民群众的期望相比，有些地方的依法治理工作仍有较大差距。主要是：部分党员干部法制观念和法律素质不强；基层的民主和法治建设比较薄弱；经济和社会管理中重行政手段，轻法律、经济手段的现象比较普遍；有法不依、执法不严、执法犯法的问题还不同程度地存在；一些地方经济秩序和社会治安问题比较突出，等等。

当前，全国和各地的改革进入整体推进的攻坚阶段，发展处于全面提升的关键时刻，稳定面临社会转型的诸多考验。面对新的形势和任务，我们要在新的一轮的竞争中继续保持先行一步的优势，就必须继续大力推进各地依法治理工作。首先必须充分认识到，深入推进依法治省、依法治市，是实践"三个代表"重要思想和科学发展观的具体体现。只有抓好依法治市，才能使我们的各项工作适应先进生产力的发展要求，促进生产力的发展；才能提高全民法制概念，保持社会的良好程序和风尚，体现先进文化的前进方向；才能保证人民群众享有广泛的民主权利和自由，真正体现当家作主。其次必须充分认识到，深入推进地方依法治理，是发展社会主义民主政治的必由之路。发展民主与健全法制是相辅相成、相互促进的。只有坚持依法治理，才能广泛动员和组织广大人民参与管理国家事务，管理经济和文化事业，维护和实现人民群众根本利益，推进社会主义民主政治，加快社会主义政治文明建设进程。再次必须充分认识到，深入推进地方依法治理，是完善社会主义市场经济体制的必然要求。市场经济的建立和完善过程，实际上就是经济活动法治化的过程。市场经济越发展，就必然要求有更完善的法治。先进城市要率先建立比较完善的社会主义市场经济体制，就必须深入推进依法治理。最后还必须认识到，深入推进地方依法治理，是维护各地社会政治稳定的有力保障。历史的经验表明，"法令行则国治国兴，法令弛则国乱国衰"。保持稳定，最根本、最可靠的措施是实行法治。只有深入推进依法治市，运用法律来调整、规范各种社会关系和社会活动，并结合运用行政手段和发挥思想政治工作的优势，不断推进经济发展，才能妥善地化解各种不安定因素，维护社会稳定，实现社会和谐。

2. 加强和改进党对依法治省、依法治市的领导

科学执政、民主执政、依法执政，是党的十六届四中全会总结我们党 50 多年执政经验所提出的一个重要思想。科学执政、民主执政、依法执政三者是辩证统一的。科学执政是基本前提，民主执政是本质所在，依法执政是依法治国方略在党的领导方式和执政方式中的具体体现。新形势下推进地方依法治理、建设法治社会，首先必须坚持依法执政，切实加强和改进党委对地方依法治理工作的领导。

进一步转变方式，使党委领导走上法治化轨道。党委和党的领导干部要严格按照宪法和规律规定的范围、程序、时限和手段行使执政权力，自觉把领导方式纳入法治轨道，善于把党的主张经过法定程序上升为国家意志，创造条件逐步实现领导方式从主要依靠政策转变到既依靠政策又依靠法律，到主要依靠法律手段上来，从法律上保证党的路线、方针、政策的贯彻实施。

进一步理顺、协调和规范党委与人大、政府、政协及人民团体的关系。积极支持人民代表大会及其常委会依法行使职权，积极支持国家机关依法履行职能；不断完善党委统揽全局、各方共同推进的依法治理各地各市的工作格局，不断加强依法执政体系建设，保证党委始终发挥"总揽全局、协调各方"的领导核心作用，做到总揽而不包办、协调而不代替、各司其职，各负其责。

将党内制度建设与地方依法治理相结合，推动党内政治生活的法治化。实行重大决策出台前的法律咨询和论证制度。实行"三不"原则，即"不调查研究不决策，不征求专家意见不决策，不集体讨论不决策"，形成"遇到问题先学法，决策之前找专家"的领导决策制度。要以党内民主带动社会民主，将党务公开与执法公开、政务公开、村务公开、厂务公开结合起来，实施"透明社会"、"阳光政务"工程。

广大党员特别是领导干部要做守法模范。树立宪法至上的法律权威的概念，带头认真学法，做到知法、守法、用法，自觉维护国家宪法和法律的权威，不得以权代法、以权压法、以权乱法、以权废法，努力掌握和运用法律手段管理经济和社会事务，做严格守法、依法办事的模范。

3. 加强立法和民主监督工作

人民代表大会制度是我国的根本政治制度。全国和各级人大及其常委

会是人民行使当家作主的权力机关。要落实宪法和法律赋予全国和地方人大的职权，充分发挥各级人大及其常委会在中央和地方依法治理工作中的主导作用，使其依法行使全国和地方立法权、重大事项决定权、监督权、人事任免权，在实践中不断开拓创新，推进依法治理工作逐步深化。

进一步推进立法工作规范化和程序化。扩大公民对立法的有序参与，完善立法顾问制度和立法制度，建立群众立法意愿信息库，采取法规草案通过新闻媒体公布、召开立法听政会等，广开渠道，吸纳民意，"开门立法"，不断推进地方立法科学化、民主化、公开化。努力把改革和发展的重大决策同立法结合起来，同反映人民群众愿望、维护人民群众根本利益结合起来，以立法促改革、促发展，进一步形成与全国各地改革开放、经济发展和社会进步要求相适应，与国家宪法相配套，比较齐全的各级次法规系统，为国家的依法治理提供较为全面的法律依据。

重视并行使好重大事项决定权、监督权。以保障宪法和法律、法规在全国和各地的实施，促进"一府两院"及其工作人员依法行政、公正司法作为根本出发点和工作重点，切实加强和改进监督工作，完善监督机制，增强监督实效。着重加强围绕建立社会主义市场经济秩序方面的有关法律法规实施过程中存在的突出问题，以及人民群众普遍关注的社会热点问题，如打官司难、法院判决执行难、超期羁押以及政法队伍建设等问题，有针对性地加强监督工作，不断拓展全国和地方人大在依法治理中发挥主导作用的空间。

以保证人民行使民主权利为出发点，进一步加强人大代表工作。重视发挥全国和各级人大代表的作用，给人大代表反映民意开设"直通快车"，让他们直接把意见反映给党委、人大、政府机关主要负责人。完善人大代表参与人大常委会决策制度，拓宽人大代表知情执政渠道，推动人大代表调研视察制度化，完善人大代表闭会期间活动方式，提高人大代表依法履行职权的能力和水平。逐步扩大人大代表选举与被选举范围，使包括外来建设者在内的我市全体人民通过人民代表大会公平行使权力。

完善重大事项民主协商制度，扩大民主党派对党委政府决策程序的参与。中国共产党领导的多党合作和政治协商制度是我国的一项基本政治制度。坚持和完善这项制度，在推动依法治国、构建和谐社会方面有着不可替代的重要作用。要推动政协民主监督内容明确化、形式科学化、程序具体化，保证民主监督到位。为政协委员考察调研提供条件，加强和改进提案受理工作，畅通各界群众利益表达渠道，扩大民主党派对党委政府决策程序的参与。

（五）坚持依法行政，建设法治政府

各级政府行使国家行政权力，承担着广泛的经济社会管理事务，是最重要的执政主体。实行依法行政、建设法治社会，必须依法规范和制约行政权力。坚持依法行政、建设法治政府，就是要求各级政府机关行使权力、管理公共事务必须具有法律的授权，严格依据法律规定办事，按照法定权限和秩序履行职责，既不失职，又不越权，做到有权必有责、用权受监督、侵权要赔偿。为此，必须认真贯彻《中华人民共和国行政许可证》和国务院颁发的《全面推进依法行政实施纲要》，着力抓好"四个创新"。

创新行政管理体制，推动政府职能转变。适应社会主义市场经济发展要求，进一步深化行政审批制度改革，理顺政府与市场、政府与社会的关系，把政府的职能切实转变到宏观调控、市场监管和社会管理、公共服务上来，建设"服务政府"；加快建立行为规范、运转协调、公开透明、廉洁高效的行政管理体制，加快电子政务建设的进程，实行政务分开，建设"阳光政府"；建立完善集中统一的公共财政体系，总结推广同一地区公务员统一福利待遇、国库集中支付、政府采购和预决算等制度，从制度层面上消除执法中的利益驱动因素，确保执法队伍廉洁从政，建设"廉洁政府"。

创新行政决策机制，推动政府决策的科学化、民主化、法制化，依法核准、合理界定各级政府及各部门的行政决策权，实行行政职能的法定化；建立健全公众参与、专家论证和政府决策机制，完善政府内部决策规划和决策程序；建立健全政府法律顾问制度、决策咨询制度、听证制度和决策失误问责制度；建立健全并严格落实决策跟踪反馈和决策责任追究制度，强化对决策活动的监督，建设"责任政府"。

创新行政执法机制，提高行政执法的效率和水平。以规范行政执法主体及其职权为核心，依法核准、界定各级行政机关的行政执法权；按照决策与执行相对分离、行政处罚与行政许可相对分开的原则，依法调整、合理归并不同执法部门间相同或交叉的职能，进一步简化程序，减少办事环节，推进行政综合执法；以完善行政执法协调机制为保障，建立健全权责明晰、分工明确、配合默契、反应快速的行政执法协调机制，切实解决行政执法中各自为政、相互争利、相互扯皮等问题，建设"效

现代城市法治研究

率政府"。

创新行政监督机制，提高行政监督效能。落实党内外各种监督制度，自觉接受党委、人大、政协和广大人民群众的监督；完善依法信访制度和人民调解制度；建立健全对政府规划的统一审查机制；全面落实行政执法责任制，推行行政执法评议考核制和行政执法过错责任追究制；完善行政复议责任追究制度，进一步强化政府层级监督，探索建立各监督机关之间的联动监督机制，提高监督效能。

（六）坚持公正司法，促进社会公平正义

严格执法、公正司法是依法治国的关键和重点。一个国家的司法活动是社会法治程度和水准的"专业标尺"。司法职业和机构是国家法治的精锐之师，它决定着法治事业的兴衰成败。"社会主义司法制度必须保障在全社会实现公平和正义。"司法机关是社会争端的裁决者，是维护社会公平正义的最后一道防线。只有公正司法，才能切实保障公民的生命、财产、劳动、创造、人格和自由等各项权利，才能确保社会公平正义，实现社会稳定和谐。实行依法治国、建设法治社会，必须制定采取有效措施，确保公正司法，切实维护广大人民群众合法权益。为此，应考虑从以下几个方面推进法治化工作：

加强规范化建设，确保司法机关独立公正地行使职权。严格执法、公正司法首先必须解决制度与机制方面的问题，从制度上保证司法机关依法独立公正地行使职权。各级党政领导机关和领导干部要自觉配合支持司法机关独立公正地行使职权。禁止以任何形式干扰司法机关公正执法。要以规范执法为核心，以规范服务为重点，全面开展司法工作的规范化建设，提高立案、侦查、起诉、审判、执行等各个环节的规范化程度。同时，进一步加强对司法机关的政治领导和法律监督，逐步探索建立有利于公正司法的中国特色司法体制。

深入推进司法改革。适应社会主义市场经济和民主政治的发展要求，以证据和庭审制度为重点深入开展诉讼制度改革，完善诉讼程序，使人民群众的合法权益得到充分保障。积极推进审判公开、警务公开、狱（所）务分开，建立落实冤案、错案责任追究制，扩大当事人的知情权。改革和完善审判机关人民陪审员制度和检查机关人民监督员制度，提高办案质量，防止司法腐败。建立健全科学高效、规范严谨的执法工作运行机制，强化执行公开和执行监督，切实解决执行难问题。

加强政法队伍建设。实现司法公正，关键要建立一支政治坚定、业务精通、作风优良的高素质的司法队伍。加强司法队伍的政治、业务和作风培训，提高司法队伍的政治和业务素质，使广大司法人员从根本上解决"为谁执法、为谁办案、为谁服务"的问题，牢固树立起公正办案、执法如山的观念，不断强化执法为民观念。加快司法队伍职业化、专业化进程，推动司法工作与行政工作人员分离，完善法官、检察官资格认定标准和考试录用制度，实行司法工作队伍分类管理，着力提高司法人员的专业化、职业化水平。坚持从严治理司法队伍，对司法队伍中的害群之马，必须坚决予以清除，违法犯罪的还要坚决绳之以法。

加强法律援助工作。法律援助制度是司法公正的重要体现。要充分发挥法律援助"扶贫助弱、伸张正义、维护稳定"的功能，大力发展和规范社会法律服务业，探索农村公益法律服务的办法，实行义务法律援助制度，加强法律援助中心建设，将法律援助经费纳入财政预算，为开展法律援助提供必要的机构保障、队伍保障和经费保障。把外来务工人员、贫困和残障群体作为法律援助的重中之重，用政府行为保证困难群众能受到法律的保护，切实解决困难群众"打官司难"问题，最大限度地保障广大群众特别是困难群众的合法权益。

增强广大干部群众的法律意识。实行依法治国依法办事、建设法治社会，归根到底，要靠全社会法治意识的增强和广大干部群众法律素质的提高。为此，必须加大力度，深入开展法制宣传教育，继续抓好普法工作。要以各级领导干部为重点，建立健全领导干部学法用法制度，研究制订量化考核、评议标准，切实提高领导干部的法律修养，从而带动全民学法、懂法、用法、守法，在全社会上下营造崇尚法律、共同维护法律尊严的良好氛围。

第二节　社会主义民主政治的基本内涵

一、我国社会主义民主政治的本质

我国社会主义民主政治的本质是什么？这既是一个重大的理论问题，

又是一个重大的政治实践问题。其实，马克思主义的经典作家的著作已经回答了这类问题。今天的任务就是要完整地实现其核心价值，进一步彰显其本质意义。简言之，人民当家作主是我国社会主义民主政治最具本质的要求。民主的基本含义是人民主权，是通过多数人的统治保障公民权利得到平等实现的国家形式。一切权力来自人民，国家一切事务应该由人民主权，由人民来当家作主，这是马克思主义民主观的核心观点。在马克思主义看来，真正的民主就是人民主权，由人民按照自己的意志建立和规定国家制度，并运用其来保障和实现人民本来就应该享有的各种权利。这种民主观念是在唯物主义地认识社会历史的基础上形成的。全部社会生活在本质上是实践的，而人民是社会实践的主体，是历史的创造者，他们应当是国家权力的真正主体。

人民当家作主是社会主义国家制度的本质。民主政治作为一种特定的政治形式，是以特定政治统治的确立为前提的。民主作为国家制度，具有民主和专政的不同功能。我国是工人阶级领导的、以工农联盟为基础的社会主义国家，在人民内部实行民主，只对占人口极少数的敌对分子实行专政。在这里，国家权力的拥有者和劳动人民是同一个主体。所以，国家的一切权力属于人民是社会主义国家制度的核心内容和根本准则，人民当家作主是社会主义民主政治的本质。

人民当家作主是由社会主义经济制度决定的。民主是市场经济的要求。市场经济的基本特点是等价交换和自由竞争，这反映在政治上的要求就是平等和自由。平等和自由在法律规定上就是权利，而实现这种权利的形式也就是民主。社会经济关系是从两个层面上决定政治上层建筑的。首先，占支配地位的生产资料所有制关系以及由此形成的利益关系，决定着政治上层建筑的性质。其次，产品的价值实现方式以及由此形成的社会成员利益实现方式，决定着社会政治权力的构成、运行方式和规则。因此，同自然经济相适应的是专制政体，而市场经济则确立了民主政治的原则及其政体。我国的社会主义市场经济是公有制占主体、多种经济共同发展的市场经济，决定了这种民主是人民民主。社会主义公有制的主体地位、利益关系和政治权力，决定了占人口绝大多数的广大人民应该而且能够以其平等的经济地位和政治地位参与政治生活而实现平等的政治权利。

人民当家作主是社会主义的价值取向和不断发展的目标。社会主义革命的社会意义和目的，首先就是为了从经济上消灭人剥削人的制度，政治上推翻剥削阶级的统治，建立人民自己的国家。胜利了的社会主义确认工人阶级和劳动人民是国家的主人，拥有决定公共事务的最高权力，人民的利益是社会的最高利益和政治生活的最大价值取向。社会主义还要把民主原则贯彻到经济和各个社会领域，促进经济、政治、文化的不断发展，创造条件最终消除公共权力的阶级、政治性质，使每个社会成员完全平等、自由、自主地参加社会公共事务的管理，那时，"人终于成为自身的主人——自由的人"。①

所以，人民当家作主是民主政治的社会主义本质，也是民主政治的社会主义方向。当然，人民当家作主的实现程度必然表现为一个不断成长的过程。但是，我们的政治建设必须按照真正实现人民当家作主的要求来进行，这是决不应该有任何含糊的，因为这事关民主政治的社会主义规定性和发展方向。人民当家作主是社会主义政治文明的价值内涵，是社会主义民主政治的本质。保证和实现人民当家作主对于社会主义民主政治的这种地位，决定了其与发展社会主义民主政治中的其他要素的关系。

我国的民主政治有着鲜明的社会主义特色，我国的民主政治建设，始终坚持以马克思主义民主理论与中国实际相结合的基本原则为指导，借鉴人类政治文明包括西方民主的有益成果，吸收中国传统文化和制度文明中的民主性因素。

二、我国社会主义民主政治制度的主要内容

1. 坚持和完善人民民主专政制度。人民民主专政是我国的国体。对人民实行民主和对敌人实行专政是辩证统一的。只有绝大多数人民享有高度民主的同时，才能对极少数敌人实行有效的专政；只有对极少数敌人实行专政，才能充分保障绝大多数人民的民主权利。在新的历史时期，邓小平同志坚持和发展了人民民主专政理论。他把坚持人民民主专政列为四项基本原则中的一项，并特别强调："没有无产阶级专政，我们就不可能保卫从而也不可能建设社会主义。"在现阶段，我国要坚持、巩固和完善人民民主专政的国体。首先，必须看到，国内外敌对势力还将在一

---

① 《马克思恩格斯选集》，第 3 卷，第 760 页。

定范围内长期存在；在现实的社会经济政治生活中，还存在各种违法犯罪活动；国际敌对势力对我国进行渗透、分化和颠覆的图谋没有改变。在这种情况下，只有坚持人民民主专政，才能保卫和巩固社会主义制度，预防和制止动乱；才能打击罪犯，惩治腐败，维护政治稳定和社会治安；才能保卫国家主权和安全，抵御外来侵略和威胁。如果没有人民民主专政，就不可能保卫从而也不可能建设社会主义。其次，坚持人民民主专政，一定要立足于我们党对我国现阶段主要矛盾和中心任务的科学分析。最后，坚持人民民主专政必须同健全法制相结合，要依法行政，依法办事，依法治国，对违法犯罪分子也要依法审理。

2. 坚持和完善人民代表大会制度。人民代表大会制度是我国的根本政治制度。人民代表大会制度是同我国人民民主专政制度的国体相适应的政权组织形式，是我国的政体。我国宪法规定：中华人民共和国的一切权力属于人民，人民行使国家权力的机关是全国人民代表大会和地方各级人民代表大会。一切权力属于人民是我国人民代表大会制度的核心内容。在人民代表大会制度下，全体人民按照民主集中制原则，定期通过民主选举产生人民代表，组成各级人民代表大会，作为国家权力机关；人民代表通过人民代表大会选举产生其他国家政权机构，实现人民对国家事务的管理；人民代表通过人民代表大会代表人民意志决定国家及地方的一切重大事务。我国的人民代表大会制度是适合中国国情的具有中国特色的社会主义民主政治制度。我国的人民代表大会制度的优点和长处，就在于它符合我国人民民主专政的政权性质，符合中国共产党对国家的领导这一根本原则，也有利于保持社会主义的优越性。我国以社会主义公有制为主体的所有制结构和全国人民根本利益的一致性，决定了人民可以统一行使自己的国家权力。全国人民代表大会既是最高立法机关，又是最高权力机关，国务院及最高人民法院、最高人民检察院的主要领导成员由全国人民代表大会选举产生或者决定任免；"一府两院"定期向全国人大汇报工作；全国人大对"一府两院"实行工作监督、法律监督及业务监督等。这种制度保证了国家权力的统一行使，保证一切权力属于人民，也体现了"议行合一"的民主集中制原则。

3. 坚持和完善共产党领导的多党合作和政治协商制度。中国共产党领导的多党合作和政治协商制度，是我国的一项基本政治制度。"长期共存、互相监督、肝胆相照、荣辱与共"，是新时期中国共产党同各民主党派合作的基本方针。党的十一届三中全会以来，我们党提出了一系列重要措施，使共产党领导的多党合作和政治协商制度进一步规范化和制度化。政治协商，就是中国共产党同各民主党派、人民团体及各方面的代表人士，在共同遵守宪法和基本路线的基础上，就有关国家事务和地方事务的重大问题，进行各种形式的充分讨论，集中各方面提出的正确意见，采取协商一致的原则，解决问题。进行政治协商的主要组织形式是中国人民政治协商会议。中国共产党领导的多党合作和政治协商制度是一种社会主义的新型政党制度。第一，在我国的政党制度中，中国共产党是执政党；各民主党派则是接受中国共产党领导的，同中国共产党通力合作，共同致力于社会主义事业的亲密友党，是参政党，不是在野党，更不是反对党。第二，坚持中国共产党的领导，坚持四项基本原则，是多党合作的政治基础。第三，各民主党派都参加国家政权，参与国家事务的管理，参与国家大政方针和国家领导人选的协商，参与国家方针、政策、法律、法规的制定执行。第四，中国共产党和各民主党派都以宪法为根本活动准则，各民主党派都受宪法的保护，享有宪法规定范围内的政治自由、组织独立和法律上的平等地位。

4. 坚持和完善民族区域自治制度。民族区域自治制度是我国的一项基本政治制度。它是指在中央政府统一领导下，各少数民族聚居的地方实行区域自治，设立自治机关，行使自治权的一种制度。民族区域自治的核心，是保障少数民族当家作主，管理本民族、本地方事务的权利。实行这种制度，体现了我国坚持实行各民族平等、团结和共同繁荣的原则。实行民族区域自治制度，是中国共产党运用马克思主义民族理论解决我国民族问题的基本政策，它是根据中国的实际国情决定的。第一，中国自古以来就是一个统一的多民族国家。特别使近代以来，我国各族人民在长期的反帝反封建斗争中形成了休戚与共的关系。因此，建立单一制的多民族统一的国家，是我国各民族的共同要求。第二，中国各民族的发展在地区上是相互交错的，早已形成了以汉族为主体的各民族"大杂居、小聚居"的局面。各民族经济生活往来密切，科学文化的交流也很广泛，适宜实行统一国家内的民族区域自治。第三，中国的社会主义现代化建设需要在一个统一的多民族国家内，各民族互相支持，互相帮助，优势互补，共同繁荣。民族区域自治制度把民族因素与区域因素相结合，把政治因素与经济因素相结合，是我们党和各族人民的一个伟大创举。这对于保障少数民族充分行使当家作主的权利，对于促进民族地区的发展、边疆的稳定和国家的统一，发挥了重要作用。

三、在现阶段仍要进一步强调发展社会主义民主政治的重要性和紧迫性

第一，发展社会主义民主政治，有利于政党的"合法性"建设。

这里所讲的政党"合法性"，是指民主权利上的心理认同，即权力是人民群众的让渡。按照马克思主义的观点，社会是划分成不同利益群体的。这就需要有一种多数利益群体认同的力量来界定不同利益群体的"合法利益"，并且有力量来保护这种"利益格局"，这个力量就是公共权利。公共权利最重要行使者就是国家权力机关，这个权力是多数人（人民群众）权力的让渡。因此，选择谁来领导自己，即谁来管理，是人民群众的权力。《党的十六届四中全会决定》也指出："坚持和发展人民民主，是我们党执政为民的本质要求和根本途径。"因为这个政权的本质就是人民的政权（让渡）。在现代社会的政权运作中，政党、政治、群众这三个要素中的政党之所以能够存在，之所以有必要存在，是因为群众不可能全体都来执政。只能是通过一定的组织来代表他们的意志。这个代表在当今中国就是共产党。因而，我们党执政，发展民主政治就成为执政为民的内在要求。反过来说，我们党代表人民群众执政，也必须发展民主政治，让人民群众能够介入到政权运作中来，并达到心理认同，即取得"合法性"。

第二，发展社会主义民主政治，是我们党跳出"兴亡历史周期率"的重要路径。

中国历史长河浩浩荡荡，朝代更替，历代历朝"其兴也勃焉，其亡也忽焉"，总不能跳出这一"兴亡历史周期律"的怪圈。1945年，国民参政会参议员黄炎培先生在同毛泽东同志谈话时提到"兴亡周期律"，大意是希望中共能找到摆脱怪圈的新路径。毛泽东同志当时毫不犹豫地说："我们已经找到了新路，我们能跳出这周期律。这条新路就是民主。只有让人民来监督政府，政府才不敢松懈。只有人人起来负责，才不会人亡政息。"民主之所以能成为跳出历史周期率的新路，是因为民主是一种稳定的利益冲突解决机制，民主以平等的方式来对待每个人的利益，民主意味着宽容与妥协。

第三，发展社会主义民主政治，是社会主义国家制度的本质要求。

民主政治作为一种特定的政治形式，是以特定政治统治的确立为前提的。民主作为国家制度，具有民主和专政的不同功能。我国是人民民主专政的社会主义国家，在人民内部实行民主，只对占人口极少数的敌对分子实行专政。在这里，国家权力的拥有者和劳动人民是同一个主体。所以，国家的一切权力属于人民是社会主义国家制度的核心内容和根本准则，人民当家作主是社会主义的政治本质。

第四，发展社会主义民主政治，是建设和谐社会的重要条件。

胡锦涛总书记将和谐社会概括为："民主法治、公平正义、诚信友爱、充满活力、安定有序、人与自然和谐相处"。以民主打头，其他内容顺序排列，如此安排寓意深刻。需要指出的是，民主与其他各项内容不是对等关系，也不是并列关系，而是火车头与车厢的关系。民主一马当先，通过民主制约权力，落实其他内容水到渠成。

民主是一个理想与现实的大系统，可以有多个角度、多个层次的解释，它是制度，但首先是一种观念。民主作为一种社会观念，本质上体现为权利意识。"权力的共治和人民权利"早在古希腊时期就成为民主含义的权威写照，尔后无容置疑地成为人类政治文明和精神文明的一个不可移易的走向。经历过千年无数坎坷磨难，普通民众对社会公权的要求与主张始终是人类最富激情和感染力、创造力的理论旗帜和实践纲领。国家权利应当属于人民，这注定成为最大的社会正义。就全球而言，民主观念在不同时代、不同国度、不同民族尽管存在差异，但其追求平等和人民主权的精神实质是一致的、共通的，因而成为人类政治文明的一大成果。

民主说来也不是什么高不可攀的政治家们的理想，也不是什么深奥难懂的只受贵族和专家操控的技术和制度。民主是朴实的，是有人间烟火气息的，它实为任何人都可以接受并成为习惯的一种政治生活的方式。在眼下我们公众的社会生活中，民主的声响和气息正变得越来越浓。有一位伟人说过，民主就是让人说话，让大家的议事形成公理尔后大家都尊重和服从这个公理。当下的社会，天宽地阔，自由往来，思想观点、价值取向、生活方式、文化习俗的多元化不仅允许存在，而且得到越来越多的尊重，人们对政治生活、方针政策开始有了随意议论、品头论足的空间；这就是日常生活中的民主身影。投票、选举、参加社区公共论坛等等都是发生在街头巷尾、生活小区中的事，对社会公共事务的参与和管理都成为百姓生活的一个内容。网络的普及更催生出了网上民主，民意的无拘束地表达，这是多么重要又多么难得的民主啊。当然，生活中的民主也还是有级次之别的，民主差不多就像游泳，人们可以在水到半腰的泳池里认真的造浪搏击，也可以在海峡怒涛中顽强的举臂浮头。生活中民主内容多，老百姓受到的训练和养成就多一些好一些，反之亦然。总而言之，民主绝不是摆设，它应该是民间的一种常态。

和谐社会需要民主氛围的支持。党中央提出构建和谐社会的战略，建立在良好的政治环境基础上，这个环境就包括民主政治在内。社会和谐，是人民群众幸福生活的内在要求，是他们的权益得到尊重和保障的条件，而只有民主，才能营造出干群关系、人际关系的平等融洽。由人民共享和谐社会的成果，这显然是民主的一个现实目标，民主不能把一个庞大而复杂的社会变成一个充满亲情的家庭；但是，民主可以用平等、平权、互助、仰强助弱的魔杖使人性趋于理智，使争斗渐变为妥协，使矛盾转而为温和。民主是很平和、很友善、很包容的东西，它可以使湍急的水流顿收于山前，惊变为细浪全无的平湖。所以，人们可以坚定地认为，民主是群众的自慰，是个性的安抚，是"统治"的高招；是治理的艺术，是人心互通共鸣的大神经。民主与和谐是相辅相成、不可分割的统一体。

法制是民主的体现和保障。没有适合民主本质的政权组织形式，民主的内涵就无从体现、没有保障。而政权组织、国家制度必然要求有一定的法律表现。比如我国的宪法、选举法、各种组织法就是我国国家制度的体现。

民主不仅需要由法律来保障，而且民主权利需要依法来实现。也就是说，谁要享受权利，谁就必须遵守宪法和法律，履行宪法和法律规定的义务。只有民主制度化，法律化，才能使公民在法制轨道上正确地行使民主权利，保证社会主义民主建设胜利进行。此番结论，无非是强调，民主精神和民主诉愿和要求，构成了政治社会一切规章、一切程序化了的事务的天然内容。抽取了被叫做民主的这些相比较的好东西，其他的一切都只不过是空洞无物的外壳。

四、民主法制改革的借鉴

中国是一个大国，小国寡民条件下的民主令人羡慕但仿照起来容易失真走样。改革下的中国如何放开手脚搞民主呢？党的十六大报告在规划我国民主政治建设时强调，推进政治体制改革，是民主政治建设的首要工程，在这方面，要"借鉴人类政治文明的有益成果，绝不照搬西方政治制度的模式"。①

西方民主政治制度，从根本上说，并不完全适合中国的国情。但应当看到，西方民主及其庞大的制度是在反对封建专制制度的长期艰苦的斗争中建立并自我完善起来的。如果从 17 世纪初的英国资产阶级革命算起，到今天它已经走过近四百个春秋了，西方民主政治制度可以说已达到了相当完备成熟的程度，在全球范围内都具有重大的历史作用和积极意义，值得我们深入的研究和思考。有些理念和做法完全可以传承于西方，发扬光大于我们中国政治家和改革家之手。比如，下列的理论与做法，就是我们搞民主法治改革的参照：

1. 人民主权的政治理念

人民主权，就是指人民是国家权力的终极所有者，是国家权力的源泉，是国家权力的控制者，实质就是权力在民，就是人民当家作主。② 完整系统地论述人民主权思想的代表人物是法国思想家卢梭（1712—1778）。他提出，国家是人民订立契约、订立协议的结果，不是上帝授予的结果。这就是"国家契约论"。既然国家是人们制定"契约"的结果，那么，人民当然就是国家政治生活的真正主人。由于人民主权思想代表着正在上升的资产阶级的愿望与要求，因而在资产阶级革命胜利以后，自然而然地把人民主权作为政治建设的指导思想。需要指出，尽管西方各国在人民主权实现方面曾经出现过这样那样的问题，有的甚至还有极不光彩的历史，但总的来看，人民主权思想的确立，从根本上否定了王权至上、神权至上、君权神授的观念，撕掉了笼罩在国家头上的神授光环，从而完成了以神为中心到以人为中心，由权力在君到权力在民的伟大历史性转变，对推动西方民主制度的改革和发展起到了重要的思想解放作用。

2. 创造了代议制的政治形式

虽然各国都把人民主权作为指导思想，但现实世界中的任何国家都

现代城市法治研究

---

① 引自党的十六大报告。

② ［法］卢梭著：《社会契约论》，商务印书馆 1982 年版。

不可能使每一个人都去直接掌握国家权力，直接行使国家权力。① 因此，人民主权，就只能是具有法定选举权的公民通过选举产生代表，由代表代为议政。于是，以选举为基础的代议制应运而生。纵观当今世界各国，不仅人口众多、幅员辽阔的大国实行的是代议制，即使是一些小国也实行了代议制。可以说，现代民主政治的一个显著特点就是代议制政治。对此，列宁十分明确的指出，"如果没有代议机构，那我们就很难想象什么是民主，即使是无产阶级民主。"② 而代议制是资产阶级的创造。这一创造解决了权力行使者的合法性问题，解决了权力行使者是极少数、权力所有者是绝大多数这样的矛盾，标志着人类自我管理水平、管理技术的巨大进步。当然，代议制也有自身难以克服的先天不足，西方国家学者包括民间舆情对它的批评与不满也是此起彼伏，似乎永不落幕。但是，代议制的生命力是很旺盛的，它的存在就代表着一种经得起历史锤打的"合理"。对我国而言，间接的民主是恰当的，而类似代议制的制度建设，则可以是我们民主活动和民主保持的一个重头戏。

3. 确立了三权分立制衡的根本原则

所谓三权分立，指的是立法权、行政权、司法权这三权平行分设，地位平等，互不从属，而又互相制约。主张三权分立的代表人物是 18 世纪法国启蒙思想家孟德斯鸠（1689—1755）。在他看来："一切有权力的人都容易滥用权力，这是万古不易的经验。掌权者会无限制地运用权力，直到遇到界限才会停止。"因此，"要防止滥用权力，就必须以权力制约权力。""如果同一个机关既是法律执行者，又享有立法者的全部权力，那么，它可以用它的一般意志去蹂躏全国；因为它还有司法权，它又可以用它的个别意志去毁灭每一个公民。"③ 孟德斯鸠的这些思想，在资产阶级革命成功以后，成了构建资产阶级共和国政体的普遍指导原则，从而在根本上否定了不受制约、集各种大权于一身的封建君主政治，实现了人类政治史上以分权代替集权、以共和代替专制的历史性跨跃。对我们的认识而言，中国式的传统思维对集权有一种天生的依赖性，习惯性认识把集权的优势和好处放大了许多倍。扁平化的权力均衡观念近几年

① ［英］洛克著：《政府论》，商务印书馆 1982 年版。

② ［俄］列宁著：《国家与革命》，人民出版社 1980 年版。

③ ［法］孟德斯鸠著：《论法的精神》（上、下卷），商务印书馆 1982 年版。

深入了民心，权利制衡的做法已经在民主建设中逐渐列入了日程，成为创新的安排和做法。

4. 开创了世界政党政治的新时代

所谓政党政治，就是政党在国家政治生活中起主宰作用。之所以说西方民主政治开创了政党政治的新时代，可以通过下列两点来证明：其一，它创生了政党组织。政党这种组织形式和社会现象不是从来就有的。它是近代西方民主活动萌芽时期露头的，西方政党首先起源于英国。英国的众多政党组织和分支分派后来逐渐演变成了现在英国的保守党和工党。所以有人说，农业时代政治舞台的主角是皇帝和君主，而工业时代，政治舞台的主角就是政党。其二，在进入政党执政时期，设计了与执政党并存于世的反对党。而反对党的存在，正是西方民主政治的一个重要特点，它被西方人自豪无比地称赞为"19世纪人类民主思想和官僚队伍对政府艺术的最大贡献"。因为在西方政治家看来，反对党实际上是执政党的伺机前冲，雄心勃勃，谋事谋人的预备队。有这样一个预备队在后台等候着，有幸尚在前台表演的执政党哪敢懈怠，它们只能尽力演好自己的角色，不把制造政治机会的机会留给政敌。反对党的存在并不完全是善政的安排，但反对党会始终给执政党造成一种压力和威胁，迫使执政党必须尽最大努力掌好权、执好政。否则，就会翻盘倒灶。这就客观上可以有力地防止执政党的权力滥用。当然，反对党并不是反对一切，它的批评也必须是建设性的，否则可能会得不偿失。

5. 形成相对完善的政治运行机制并追求机制有效

（1）参与机制。参与是最直接的民主，反映了公民在国家政治生活中的地位和作用。在西方，参与被认为是公民传递其利益要求的渠道，是社会不满情绪的有效释放机制，是衡量政策是否合乎民意的晴雨表。从西方政治实践看，新政府的产生，国家重大决策的出台，政府官员行为的评定，公民均可以一定的方式参与。其中，最重要的参与方式是选举，所以西方的大选，是举世瞩目的一道政治风景线。

（2）监督机制。监督，包括两个方面，一是国家权力之间的相互监督，就是立法、行政、司法三权之间的监督；二是非国家权力对国家权力的监督，主要是政党、公民、社会团体、新闻舆论对国家权力的监督。在西方，新闻媒介被称为与立法、行政、司法并行的"第四种权力"，起着"政府第四部门"的作用。当然，新闻界的根本立场还是维护政府的，而在他们看来，批评才是真正的维护。

（3）竞争机制。在西方，竞争机制不仅表现在经济生活中，而且已经渗透到政治生活的方方面面。美国共有民选官员 52 万，为世界之最。尽管西方国家在政治竞争方面还有不少问题，但总的看，它解决了用和平方式实现国家权力更替的难题，调动了公民参与政治生活的积极性，为选优淘劣提供了制度化的渠道。

（4）法治机制。"王子犯法与庶民同罪"，法律面前人人平等。在西方法治发达的国家，法律上的平权、平等，简直就如每个人都有同样的呼吸一样不存任何疑虑。如果，实际与此稍有出入，这将犹如政局历来不稳定的国家发生了政变或兵变，那可是真正的国家乱象和民众悲痛事。法律若有规定，它对任何势力、组织、财团人物与普通市民包括狱中的待决死刑犯都将是"无差别对待"。平等对待、公平执法，这是法律职业人员的最基本操守，守法的公众也不会去想"走门子"、"递条子"、"捞人"这类的怪念头，法律上的人人平等是平日不发威，但内里火、电、光十足的高压线，谁也不愿去踩线惹事的。

以上列举点滴成果，乃是我国民主建设需要纳入思考的现实材料。民主政治本身绝非封闭的体系，民主的观念是不受时空与国界的限制的。我们的民主政治建设以西方世界为镜，是为了更好地照亮我们自己的世界，发现这个属于我们的世界的清楚路径。学习西方民主，从来就不是以丧失自我、无视国情为代价的。我国把民主政治建设放到和谐社会、科学发展的大背景、大框架中去施行，实为对西方政治取精华、去糟粕、古为今用、洋为中用的善政睿智之举。

第三节　依法治国与民主政治的依存与互动

前边我们已经分别论述了依法治国和民主政治的相关性理论与前沿研究成果。这两方面的论题看来似乎都有各自的边界和区域，其实二者又都是互为依存、相得益彰的。我国的民主政治建设形象的比较如是

"水银"，软体的、可流淌的水银泻地是需要规范成型的；而依法治国就很象是盛装水银的容器，这二者相互依存与互动。这种依存与互动首先要植根于一个核心的价值体系中，要在社会主义法律理念下协调行动。理论上可以从三个部分来筹划民主政治的建设和依法治国方略的实施以及它们依存与互动的社会实效。

一、切实加强三项政治制度建设，并将制度建设的创新之举固化为法律上的行动

人民代表大会制度、共产党领导的多党合作和政治协商制度以及民族区域自治制度，是我们党领导全国人民建立起来的具有中国特色的社会主义政治制度，也是我国宪法上规定的，实践中坚持的宪政制度。这是我国社会主义民主政治和法律体系的一大特点和政治优势。发扬社会主义民主，落实依法治国基本方略，构建社会主义和谐社会，必须切实抓好这三项政治制度和法律制度的建设，不断提高其制度作用效力，从而推进法治的完善和民主的进步。

1. 坚持和完善人民代表大会制度。人民代表大会制度是根据民主集中制的原则，通过民主选举的方式产生全国人民代表大会和地方各级人民代表大会，以人民代表大会为基础，组成整个国家机构，实现人民当家作主的制度。这一制度是我国人民民主的政权组织形式，是我国的根本政治制度，其本质就是中华人民共和国的一切权力属于人民，让人民当家作主。人民行使国家权力的机关是全国人民代表大会和地方各级人民代表大会。全国人民代表大会和地方各级人民代表大会都是由民主选举产生，对人民负责，受人民监督。国家行政机关、审判机关、检察机关都是有人民代表大会产生，对它负责、受它监督。[①] 实践证明，人民代表大会制度是符合我国国情、体现我国社会主义国家性质、保证全体人民当家作主的根本政治制度，也是党在国家政权中充分发扬认真、贯彻群众路线的最好实现形式。只有这个制度健康发展，人民当家作主才有根本保障，人民群众意愿才能得到充分体现，全体人民之间的大团结、大和谐才能够巩固，党和国家的事业才能顺利发展。坚持和完善人民代表大会制度，一定要从我国国情和实际出发，走中国特色社会主义政治

---

① 《中华人民共和国宪法》序言。

发展道路；一定要充分发挥这一根本政治制度的特点和优势，保证把国家、民族的前途和命运掌握在人民手中。① 对人类社会创造的政治文明成果，我们要认真学习、积极借鉴，但又要坚决抵制西方敌对势力的政治渗透，不照搬"多党制"、"三权分立"等西方政治制度的模式。

全国人民代表大会和各级地方人民代表大会是权力机关，这个机关的性质要反复宣传，说明、解释现实中人们思想上仍然残留的存疑。如何真正地体现人民代表大会的权力机关性质呢？首先要使全国人大和各级地方人大真正掌握行使法律、体现职责方面的实权。人大常委会是人民代表大会的常设机构，其中工作的公职人员应该是年富力强、有专业精神和专业能力的领导干部，而不能将其按旧的习惯思维当成了二线机构，当成临时安排退居二线的干部的岗位。比较好的做法是，人大常委会的工作人员可以因工作需要向党和政府的工作部门流动交换，为人大机关引入活力、催生活力。现在不少地方党委主要负责人兼任地方人大常委会的主任，值得推广，但要防止这种现象只是代表一种形式安排和人事关系上的姿态。人大主任如果在人大常委会的日常工作中不能投入较多时间和精力，缺位太多，这会直接影响立法机关工作的效果。其实可以考虑较多个地方党组织的常委级的负责干部兼人大常委会的相关职位。比如，中央多位常委和政治局委员级的领导兼任全国人大、全国政协乃至国务院的领导，这似乎是一个信号，它会明显地加强这些机构的决策影响力和实践执行推进力。各地方人大常委会还应该像全国人大常委会一样，设置占总数三分之一的专职常委的工作岗位，让有法律教育背景和领导素质和才能的中青年专家和才俊进入人大常委会开展专业化工作。与此同时，要大树人大的立法权威，彻底杜绝立法领域的部门利益和其他管理方面的潜规则，使立法工作纯洁和严肃、严谨起来，人大的立法若受外界的干扰和影响，公正立法，科学立法就将成为一句空话。在中国，立法定制固然重要，但法律的监督和人事任免方面的具体工作有时似乎更实际更重要，更能显示一个机构的作用和意义。各地人大常委会应将全国人大常委会的工作方式以更积极主动、负责的状态落实到位。法律监督是全方位的，不能遗留任何一个社会权力的死角，而对重要社会管理职务的选任与监督、质询，更是一种对权力行使的最好、最

————————————

① 《邓小平文选》第三卷。

有效的制约。在继续解放思想，深化政治体制改革过程中，人民代表大会的制度真正更成熟、更完善、更有效了，民主政治与依法治国就有一个良性互动的宽阔平台。

2. 坚持和完善中国共产党领导的多党合作和政治协商制度是我国的一项基本政治制度，是我国政治制度的特点和优势。共产党领导，多党派合作，共产党执政，多党派参政，各民主党派在国家重大问题上进行民主协商、科学决策，集中智慧谋大局、议大事；共产党与各民主党派互相监督，促进共产党领导改善和参政党建设的加强。我国这种新型的社会主义政党制度具有长期性、稳定性和巨大的包容性、凝聚力。坚持和完善共产党领导的多党合作和政治协商制度，在建设社会主义和谐社会方面有着不可替代的重要作用。

多党合作是政治协商制度的前提和基础，在推进民主政治和依法治国继续进步的思考和设计中，把多党合作的紧密度进一步提高，将政治协商的实效进一步加强，应该是思想解放和改革创新的重点。多党合作首先要关心和培植各合作政党的参政议政包括干政的能力，各参政党的社会实际影响力和本身的组织性以及规模都应适度增强。我国各大民主党派由于历史的原因和现实政治条件的某些限制，他们各自政党的属性、政纲的特点、政治活动的范围和方式、效果，以及人数偏少，声音不够响亮，社会对他们的了解程度还相当有限。改革创新，就是要进一步激活各大民主党派的政治热情和民主意识、法律意识，让他们积极投身于"生动活泼的政治局面"之中。在提供帮助、改善条件、赋予权利、强调社会责任等方面多出实招，让各大民主党派继续保持政治上的相对独立性，在合理的独立性的前提下增加与执政党合作共事的具体机会。这样就能实实在在地增多社会民主元素，民主的增量也可以是有序的、良性的。强调各大民主党派政治上的积极合作态度和立场，才会继续发扬光大我国长期坚持的民主政治协商的精神和做法。政治协商是社会广泛民主的一种高级形态，它最初的理念和程序设计都是很科学、很具有操作性的。在改革的新浪潮之下，政治协商仍面临着机遇和挑战，政治协商制度中的许多环节和安排事实上也还存调整、改良、提高的空间。政治协商要达到真正民主的效果和目的，除了在国家政党法制建设，全国及各级地方政协委员会和常委会建设，各民主党派、无党派人士的思想建设和组织建设上多下功夫以外，还有必要加强对民间公共组织和各种社会团体的联系与沟通。我们要扩大对社会公共组织概念的认识范围，政党、政府、人大、政协自然是最大最醒目的公共组织，除此之外，其实还有很多很多公共组织形式，包括志愿者协会、慈善机构、行业商会、演艺圈、追星团、宗祠、同乡会、读书会、体育会、病友会、狮子会等等都是可能成为某种常态化的公共组织的。

这些组织也都是与社会沟通、活跃民主气氛的必要管道，完全可能成为各地具体的民主政治协商的网络上的支脉。要加强民主政治协商、突出其民主效果，达到民主的目的，就应该给这些社会中介组织、公共组织乃至民间自发形成的组织形态更为宽松的生存环境，应用非政治化的思想去看待、分析类似的社会现象，要在社会层面上给他们以相当的自由程度，让千千万万的社会公众学会自治，让有自治愿望和能力的人可以去领导他所可以影响到的社会层面和基本人群，多让一些界别亮明观点和主见，多让一些基层的声音能形成各自不同的影响力和行动力。社会自由范围宽阔了，人们的精神面貌更加开放和意气风发了，参政议政的面更广了，政治协商的机会和路子更多了，我国多党合作、民主政治协商的风气才能日渐浓厚，民主自由才能给社会和老百姓多提供福音。

今后要继续坚持"长期共存、互相监督、肝胆相照、荣辱与共"的方针，发挥我国"共产党领导、多党派合作、共产党执政、多党派参政"的社会主义政党制度的优势，加强共产党同各民主党派和社会各阶层的团结，组织和支持他们参政议政，保证人民政协更好地发挥政治协商、民主监督和参政议政的作用，进一步巩固和发展广泛的爱国统一战线，通过发展党际关系的和谐来推动社会和谐。民主的基础夯实了，民主的社会内容和人民的权益增量发展了，依法治国方略的实施就有了坚实雄厚的民意支撑。通过多党合作民主政治协商的方式推进法治国家民主化进程就是有保障的。

3. 坚持和完善民族区域自治制度。民族区域自治制度，是在国家统一领导下，各少数民族聚居的地方实行区域自治，设立自治机关，行使自治权的制度。民族区域自治是我们党解决民族问题的基本政策，是我国的一项重要政治制度。实行民族区域自治，使少数民族人民当家作主，自己管理本自治地方的内部事务，保障了少数民族在政治上的平等地位和平等的权利，极大地满足了各少数民族积极参与国家政治生活的愿望，体现了国家尊重和保障少数民族自主管理本民族内部事务的精神，体现了民族平等、民族团结和民族共同繁荣的原则，同时也是我国民主政治与依法治国的重要内容。从区域上讲，我国各少数民族聚居的地方占了国土面积六成以上，以地方法治为基础的国家法治，离不开少数民族生活的地方的自治与法治。我国民族区域的民主比单一的汉族群众聚居地区的民主更具有特殊性和复杂性。从历史的角度看，民族自治区内民众的权利和民主条件以及民主意识、民主习惯相对落后一些，由此决定了这些地方的法制和法治传统更显得单薄和脆弱。要实现整个国家的民主法治进步，民族自治区域就要正视历史和现实，大胆面对民主法治建设中的"短板"问题。在这些地方，始终坚持和完善区域自治制度仍然是关键，自治的内涵其实就是法律的一种特殊规制，自治就是明确了权利范围的，有很大的自由空间的民主。民族区域自治是这些地方的人们探索地方民主、地方法治的最佳环境和条件。在坚持区域自治的大前提下，结合本地区的实际，在具体政务和地方社会事务中贯彻民主、普及民主风范、落实法律精神，推进司法因地制宜的改革，其实是大有作为的。而许多民主法治的改革创新的工作，鼓励少数民族的优秀分子带头试、带头闯、带头干，这恐怕不失为一个比较好的方式，因为中央乃至全国各地对少数民族干部和群众的积极性和改革之举历来是十分宽容并非常关心支持的。民族区域自治制度本身就赋予了民族地区不少机会甚至是独享的权力和权利，这是这些地区大胆创新、实现民主政治与依法治理二者良性互动的"原始资本"。当然，要看到我国民主法治水平因地域、因人口、因教育、经济、文化条件的不同而表现不平衡。先进和发达地区尤其是大中城市在民主法治建设中的经验和资源，也要有意识地向民族区域自治地区输送和倾斜。我们有责任无私地帮助少数民族地区的民主法治建设，尤其要支援这些地区改善人才结构，输送一批批政治法律英才，因为民族团结是社会稳定和谐的基础，各民族的进步尤其是民主法治的进步是我国政治文明发达的标志之一。正确处理民族问题、协调民族关系，使各族人民和睦相处、和谐发展，对和谐社会的构建具有十分重要的意义。要全面贯彻执行党和国家的民族法律法规，坚持和完善民族区域自治制度，不断巩固和发展平等、团结、互助、和谐的社会主义民族关系，促进各民族同心同德、团结奋斗，共同繁荣发展，共同开创民族团结进步的新局面，实现各民族的平等和各族人民的大团结、大和谐。这是在国土面积占总数的百分之六十以上的区域，实施依法治国，建设民主政治的根本目的。

上述三大国家政治制度的改革与创新，是一个长期的任务，在实施中要依法而行，按中央的政策步步推进，力求稳妥平和。三大制度的调整、改良、完善，必须依靠民主政治与依法治国的良性依存与互动。民主的健全和法制的完善及法治的深入普及，是最为关键的基础条件。

二、努力推进基层民主政治建设和基层法治建设

社会基层组织是我们国家和人民事业以及全部工作的根基所在，基层民主是当代中国民主建设中的难点和焦点，是直接牵动国家民主发展的不可或缺的一环。俗话说得好："基础不牢，地动山摇。"基层民主建设搞不上路，工作效果不好，整个国家的民主法治大厦就随时会有坍塌的危险。所以，抓好基层民主与法治建设至关重要。经过长期坚持不懈的努力，基层民主与基层法治可以说是齐头并进，互为条件，共创佳绩。

我国的基层民主建设和法治建设双双取得重大进展和显著成就。如：实行了县、乡两级人民代表的直接选举；积极扩大城乡基层直接民主，推进村民自治，发展社区民主完善以职工代表大会为基本形式的企事业单位民主管理制度；建立厂务、政务、财务公开制度；基层群众民主选举、民主决策、民主管理、民主监督的权利得到加强；基层干部和群众的民主意识和法律素质逐步提高等。基层法律设施和法律援助活动近年来都有大的改观，基层群众法律纠纷的诉求和解决机制已经形成，社区的法律教育，人们的法权、法益的维护都有专门的渠道和机制。我国法律专门机构如公、检、法、司等部门"情为民所系，利为民所谋，权为民为所用"，纷纷把法律资源和工作重点摆到基层群众面前，落到基层群众之中。我国近年来蓬勃发展的律师队伍，也将法律服务送到群众家门口，作为一种十分民间化的形式，律师的社会角色把亿万人民群众的生活和意识紧密地与法律制度和司法机关及办案程序联系起来。这些都为社会主义民主和法治建设奠定了良好的基础，也非常有效地连通了民主制度建设与法治实践活动的互动，使每一场民主的盛事和活动，都与法律的理性运动、司法的专业进步综合地维系在一起。但是，从建设中国特色社会主义民主政治和法治国家的目标要求来看，基层民主和基层法治建设取得的成绩仍然是初步的，存在的差距还很大，问题还不少。比如：关于基层民主建设的内容还不丰富，也并不清晰，与之配套的法律

法规尚不完备；基层民主和法治发展不平衡，一些地区基层民主和法治建设进展迟缓，有些城市的居民自治内容没有得到全面的重视；基层政权与基层群众性自治组织的关系尚未完全理顺，致使角色错位的现象时有发生，基层群众自治成效大打折扣；一些地方特别是农村基层民主选举或受宗族势力影响，或被少数人操纵；一些基层干部靠不正当手段拉选票，徇私舞弊等现象时有发生。一些基层执法和司法还不规范、不文明，公平正义的法律理信还需要启蒙，法律职业队伍素质不高、人员不齐、执法手段和条件落后、依法办事风尚还未普及，等等。这些问题的存在，严重影响了基层的党群关系、干群关系，影响社会的和谐稳定。

胡锦涛总书记强调指出，提高社会主义基层民主法治建设水平，保证基层人民群众直接行使民主权利，享受法治带来的安全、自由、平等、富裕生活是构建和谐社会的重要目的。所以，我们探讨基层民主与法治的工作，就要以人为本，以亿万老百姓的民心、民情、民权、民利为本。在认识论和实践论两方面我们必须坚持这一点。

1. 基层民主是社会主义民主最广泛的实践，基层法治是社会主义法治最实在的工作

基层民主与法治是人民群众直接行使民主权利，通过法律程序和授权依法进行自我管理、自我服务和自我发展的主要形式，是中国特色社会主义民主最广泛的实践。目前我国已经建立了以农村村民委员会、城市居民委员会和企业职工代表大会为主要内容的基层民主自治体系。广大人民在城乡基层群众性自治组织中，依法直接行使民主选举、民主决策、民主管理和民主监督的权利，对所在基层组织的公共事务和公益事业实行民主自治和寻求法律保障，已经成为当代中国最直接、最广泛的民主实践。目前，中国农村已建立起64万多个村民委员会，中国城市已建立7万多个居民委员会。全国农村居民平均参选率在80%以上，80%以上的村庄制定了村民自治章程或村规民约。建立工会组织的公有制企业中一半以上建立了职工代表大会。

实行民主政治，依法治理国家，重心在基层。上边谈到的众多基层组织和资源设施，就是加强基层民主法治建设的重要保障。我国的国情决定了我们不仅要发展全国及各级地方人民代表大会制度，更要加强基层民主政治建设。只有保证人民依法直接行使民主权利，只有激发人民群众的政治参与热情，才能更好地调动一切积极因素为构建和谐社会服

务。只有基层民主有着落了，基层的依法治理才可以有声有色地开展下去。

2. 基层民主与法治建设亟待解决的突出问题

从目前来看，我国的基层民主法治建设经过艰苦的努力，取得了较大成就。人民群众深切感到了发生在身边的诸多变化，主要有两点集中的反映：一方面，基层群众性自治组织在民主选举、民主管理等方面做法逐步改进，不断成熟，民主程序和制度日趋规范；另一方面，基层政权在政务公开、民主选举等方面做了不少探索和创新，由此反映到基层法治建设也出现了可喜的进步。比如，农村、企业、街道、社区、群团组织等等各种法律主体的地位逐渐规范、明确下来，各主体之间的权利义务关系逐渐清楚明了，权力和权利归位或复位，义务和责任落实，规章条令的执行程序严整、目标明细，法律监督也普及到了基层。除此之外，基层的法治资源配置基本合理，法律机构网络覆盖城乡遍地。"有法可依、有法必依、执法必严、违法必究"已经建诸于全社会富有人文法律精神厚土之上，法律的权威从来没有像今天这样得到亿万人民群众的遵从。但是，从社会主义民主和法治的发展要求和具体的基层工作实践来看，不尽人意、不合民意、不随法性的问题和现象还存在，推行民主、实行法治还有空白地带，还留有死角，还有不少问题亟须研究和解决，这一点我们必须有清醒认识。

一是基层组织体系呈现新格局。在农村，任命制的共产党的支部和村普选机构村委会的关系面临一系列前所未见的新问题。在城市，居委会和业委会关系面临同样新问题。原来的基层普遍实行的一元化权力结构逐步开始分解，不同基层组织之间的互动方式正在改变，组织之间关系不协调现象在增加，新的权力关系正在形成。而基层的地方法制和法治对这些问题似乎失去了话语权，没有可调配的调控能力和机制，出现法律缺位。

二是基层政府改革面临新任务。基层民主和法治的发展需要政府加快转变工作机制，转变工作职能。现在，基层政府在运行机制上还不适应民主发展和法治精神的要求。主要问题是大量的社会自治组织被行政化。在日常工作中，基层政府仍然习惯于将自治组织作为政府内部机构来管理，给自治组织下达各种任务指标，自治组织自身的服务功能没有发育起来。而政府的作为又受到诸多限制，市场经济条件下如何熟练地运用法律手段对社会公共事务进行管理和指导，政府还没有自信的答案。

三是制度化参与面临新问题。这集中表现为制度化参与渠道不畅通，难以有效地吸纳群众参与。以"流动人口实现民主权利难"为例，目前我国流动人口已接近两个亿，未来每年还会新增近千万人。一方面，大量农村青壮年劳动力转移到城市，一些村庄甚至无法召开村民会议和村民代表大会，自治难以正常开展；另一方面，现有暂住人口参加选举的规定过于复杂严格，大量流动人口实际上失去了民主参与机会。有的虽然能够参加选举，但是，利益表达渠道不畅，权利维护遇到的问题没有制度途径解决。除此之外，流动人口现象还给基层地方法治提出了不少难题，宪法上的各类人权规定，落实起来平添困难，地方执法、司法的压力也因地区的不同而各有不同。基层法治建设主要是靠人和制度的互动来体现，而人的流动性加大，其中的变数就增多。基层法制和法治并不是像在流淌的河水上架桥，它的具体目标和内容是要深入基层群众中的。所以，人口大量流动，同时也为基层法治建设设定了客观的变数。这个"变"是变好还是变坏，就要法律智慧来认真应对。

四是在乡镇公共事务决策中，民主的决策程序和参与缺少制度化的硬规定，随意性强，民众对公共事务决策所能产生的影响力极其有限。以这一问题，首先要从观念上找对症结的焦点和原因，一些有领导权限和优势的单位和个人，心中很少有群众的地位，很少有民主的考虑，他们视民众为阿斗，"为民作主"、"替民作主"的家天下观念还在顽固地起作用。尽管地方上有了诸如恳谈会、听证会、投票决定等等形式和措施，但领导者的观念不解决，一切又都会流于形式。民主就是让大家说话，法治就是放权于民，用权于民，民享权利。民主、法治的着眼点在"民"。公共事务、国家大计，若没有民意表达，民情折射就总是缺乏民主意味和法治精神芬芳的。我们要着力解决地方公共事务民众参与决策，提高民间民智的社会影响力的问题。只有这样，民主制度建设才是有意义的，依法治理国家和地方，城市和乡村，官员与平民才可落实，才有实效，点滴的进步才可以汇成民主法治滚滚向前的洪流。

五是基层政权的政务公开也缺少硬性指标，往往是"小事公开，大事不公开；项目公开，细节不公开"，因而在具体工作中，监督也难以执行，等等。公开是政治开明、法律公正的基本前提，只有封建统治才搞铁幕政治、黑箱操作。遇事不公开、不透明，主要还是想为私欲与私利、私事留下回旋的余地。

政务不公开是一种违背民主法治精神的陋习。而这一点在我国城乡基层具体的人和事上反映是很普遍的。为什么公共事务不能让大家心知肚明呢？什么样的理由在民主原则、法治原则面前都是站不住脚的。公开性是改革的切入口，也是民主政治、法律运行的一道关口。我们要将这个关口大胆地前移，使许多后来搞得复杂不堪形同一团乱麻的事情和法律关系，在关口上就公开透明不留丝毫避走民主框架和法律调整的空间和余地。

3. 发展基层民主应从人民群众最关心的问题入手

如何解决我国基层民主和法治发展中的上述一系列理论和实践问题，进一步推进民主和法治进程？社会主义基层民主政治和法治建设的实践主体是人民群众，人民群众的关心、支持、参与决定着社会主义基层民主政治和法治建设的成效。因此，发展基层民主，提升基层法治水平，要从广大人民群众最关心的事情入手，让城乡基层政权机关和基层群众性自治组织，都能坚守宪政精神、严把法律关口，健全民主制度，实行政务和财务公开，司法透明、公开、公正、服人服理。让群众参与讨论和决定基层公共事务和公益事业，参与对立法和执法敏感问题的讨论，对领导干部和司法人员实行民主监督和有效的法律监督。

第一，发展基层民主和法治需要巩固现有成果，解决现有民主政治和法律制度运行存在的问题，加强民主和法律制度适应性建设，使民主制度和法律制度更公开、公正和高效。因此，推进基层民主和法治进程，要特别重视提高质量，着重要把现有民主、法治形式组织好，使现有的参与渠道畅通高效。一句话，维持稳定的局面，发挥传统优势，积蓄民主法治力量，形成发展基地，培植发展生机，补足发展动力。

第二，还要稳步扩大基层民主的容量，逐步提升民主的质量并在此基础上让发展了的民主成为改革中的法律制度和司法体制、司法实践的促进力量。这是社会发展的需要，也是我国宪法和民主宪政发展基层民主与法治的一贯要求。在巩固完善现有民主与法治制度的同时，要积极将具体的民主活动引向社会生活更多领域，特别是那些亿万人民群众高度关注、发生利益冲突比较多的领域。如土地承包、征地、城市拆迁、医疗、教育、就业升职等事项都应成为基层民主和法律生活的内容，相关议题应交由村民会议、村民代表大会以及企业工会、社区代表大会、居民代表大会讨论。应该逐步扩大参与主体、开拓参与途径、增加参与领域，满足人民群众日益增长的对民主和法律事务的参与需求。要充分发挥社会组织在扩大群众参与，反映群众诉求方面的积极作用。① 要围绕群众高度关心、与群众利益密切相关的问题和重要事项，开展多种形式的民主参与和司法活动、立法活动参与，最大限度地减少不民主和法律外的不和谐因素，不断促进社会法治水平的提高。

三、以党内民主和党内法则带动人民民主和法治国家建设

中国共产党的十六大总结了我国民主政治和法治建设的实践经验，顺应当代我国社会的发展要求，把发展社会主义民主政治、实行社会主义法治、建设社会主义政治文明作为全面建设小康社会的目标，进而提出了我国民主政治建设和依法治国的基本原则，确认了以党内民主、以党在法律范围内依法行事来推动人民民主和国家法治的发展战略，为我国民主政治和法治发展确定了唯一正确道路。

大力发展党内民主是我国民主政治发展的首要条件，党所确定的宪政纲领和自身在法律范围内活动的准则，是依法治国的榜样力量。

政治民主化是一个民族、一个国家在现代社会中生存和发展的基础，也是现代政党政治追求的现实目标。随着政党政治功能的分化，传统政党职能有的弱化了，有的表现出继续增强的迹象，政党在纯政治舞台上的地位和影响日益重要，成为现代民主制度的重要组成部分。而包括意识形态在内的其他影响如经济的、军事的、社会事务方面的控制力则趋于退化和弱化。与西方国家民主政治发展道路不同的是，我国民主政治的发展要依赖于中国共产党自身强有力地推动。这一方面当然取决于中国共产党是中国民主政治建设的领导者，另一方面也取决于它是成功推进我国民主政治发展的主体力量和主要政治因素。发展中国家的民主发展历程一再证明，一个国家从传统政治走向现代民主政治，如果没有一个强大的政党来进行组织领导和政治动员，不仅社会稳定无法保障，经济发展和国家的现代化恐怕都将化为泡影。以政党的力量推动社会的民主化，已成为现代民主政治生成和发展的特点和条件。这就决定和要求我国民主政治发展必须以政党自身的民主化为前提。否则，执政党领导

---

① 摘自党的十七大报告。

和推动国家政治生活的民主化的资格和能力就会引起怀疑，民主化的进程就可能随时被中断。基于这个前提，大力发展共产党内民主，就自然成为当代我国民主政治的首要选择。在法治问题上道理也是同一的，中国共产党带领全国人民，将全国人民的共同意志写进宪法和法律，使宪法和法律成为国内一切政党、团体和人民的行为准则。中国共产党作为执政党带头遵纪守法、带头按既定的法律办事，这对于社会主义法制和法治的实现是很关键的。只有信法、崇法、执法、守法，法治国家才是可能和真实的。党的领导是覆盖社会的一切领域、所有空间的，法律机构和法治机制中无处不见共产党的坚强领导。所以依法治国、依法办事，关键是中国共产党都要这样想、这样干，法治的理念和措施才会产生预期的效果。

有人提出，先发展党内民主并强调依法治党风险太大，担心会上演前苏联和东欧众多共产党政权垮台的结局。其实，前苏联和东欧共产党丧失政权绝非因发展党内民主和法治政党所致，而恰恰因为党内民主生活长期处于不正常状态，党的章程条令得不到一体遵行，党内集权甚至专横独裁的问题长期得不到民主力量的有效纠正和解决，导致广大普通党员对党内事务的冷漠及社会公众对党的冷淡和失望。随着社会经济的发展、人的素质的提高和信息传播速度不受限制的加快，社会大众的民主意识越来越强，扩大民主的要求越来越高，要求法治、要求权利的呼声越来越紧。如果党内民主长期落后于人民民主的发展，党被人民抛弃、被时代淘汰的危险性将大大提高。因此，党只有把发展党内民主、健全党内规则并按党章办事作为当前民主政治和法治建设的重点和首要，加快党内民主和规章建设的步伐，才能使党在今后的社会主义民主法治发展中得以继续保持应有的领导地位，其领导的资格、能力和权威才能得到亿万人民的广泛认同。

需要强调的的，在中国社会，离开中国共产党自身的民主法治建设来谈中国社会的民主法治化进程，只能陷于纸上谈兵，是毫无实际意义。中国共产党目前的政治地位和组织力量，决定了党唯有大力发展和完善党内民主，首先实现党内政治民主化，坚定地弘扬法治精神，才能"牵一发而动全身"，带动国家的政治民主化、地方的政治民主化，加速基层的政治民主化，最终实现一切民主因素的法律化。可以说，21世纪中国民主法治发展能否有一个大的推进，关键取决于执政党自身的建设和改革能否有一个大的进展，特别是党内民主建设和法治精神的弘扬能否有一个大的突破。

经过20多年的反复摸索探求，我们党已经找到发展党内民主和发展人民民主的最佳路径。这就是党的十六大报告和十六届四中全会《决定》阐述的基本思路："发展党内民主，是政治体制改革和政治文明建设的重要内容"。要"以发展党内民主带动人民民主"。这一思路凸显了党内民主的极端重要性，说明党内民主与人民民主相比较而言，不能不是重中之重。在社会主义国家，党内民主是民主发展的主要方面，必须先行一步。这是因为，政党组织和党员经过了专门的训练，在党内先开展民主建设，比直截了当地在全社会开展人民民主，容易避免风险和失误。没有党内民主，人民民主将受到很大的影响、限制；假如党内民主未果，而人民民主先行，则可能出现失控、混乱的局面。法治国家的情况也如出一辙，政党是由章程和严密的组织系统和共同信仰的精神力量合成的政治体。没有党内的规则至上、章程至上，党法党纪松弛，信仰失去感召力，党员各行其是、各执己见，它怎么去领导国家法治的运转？假如党不把法律放在眼里、记在心上，社会的法治谁能信服，谁去遵从？

对于中国共产党来说，发展党内民主，弘扬法治的基本目标应该是：充分发挥广大党员和各级党组织的积极性、主动性、创造性，保持党的先进性、纯洁性，增强党的创造力、凝聚力和战斗力，改进党的执政方式，提高党的执政能力，增强党员干部拒腐防变的能力，巩固党的执政地位，最终在我们党内和国家内，要造成既有集中又有民主，既有纪律又有自由，既有统一意志又有个人心情舒畅、生动活泼的那样一种政治局面。

当前要着力解决党自身建设的一些问题，包括：

一是重视党务公开制度。党务公开是党内民主的前提，贯穿于党内权力运作的方方面面。只有公开，普通劳动者党员群众才有可能介入权力运作，参与决策才有可能实现。建立党务公开制度，需注意四个方面的问题。第一，各级决策者需有"人民是国家权利主体，党员是党内权利主体"这一最基本的理念，没有这一理念是不可能建立公开制度的。第二，公开是指决策过程的公开，而不仅仅是结果的公开。参与决策只能在决策过程中参与，因此决策过程应当是开放的过程，其开放程度是一个政党、一个政府现代民主法治程度的标志之一。第三，公开制度应是双向度的公开，即需要公开的事项不能由领导机关单方面决定，愿意公开什么就公开什么，而应当先有制度化的规定，除涉及国家安全事项如军事、外交、重大商业机密外，均应公开。第四，决策者的主要社会关系背景公开。因其行使的是党的权力也就是一种公共权力，事关广大党员利益和公共利益，因此其个人的隐私权应有所"减损"，权力越大其"减损"的幅度应越大。在多元利益群体同时并存状态下，这对于决策的公正性具有重要意义。

二是建立通畅的上下沟通机制。这一问题关系到党员和群众的意愿能否真实地反映到决策机构，关系到决策能否适合大多数人利益，关系到党能否有向心力、凝聚力。如果大多数人的利益和需求不能充分表达出来，政治信息失真、失实，就谈不上沟通。调研资料表明，在上下沟通中，普遍存在的问题是很多人认为难以表达自己的真实意见，缺少平等讨论不同意见的环境。因此，改革和完善上下沟通机制对于民主决策是十分必要的。党的各级组织和领导干部要深入了解民情，充分反映民意，广泛集中民智，切实珍惜民力；建立起有效有用的社情民意反映制度。① 社会尚且需要如此，党内就更应该做到领先一步，更胜一筹。普通党员群众与上级和机关有了良性来通，党内民主和党法党规的遵行就不存在问题。第一，改革和完善用人机制，在干部的选拔任用上提高党员群众的参与度。第二，开拓多种沟通渠道。在资讯发达的时代，沟通的渠道、手段可以是多种多样的，不存在技术上的障碍。比如，重大问题决策时，可以设立专门的网页，征求各方意见。第三，以制度化的方式营造民主氛围。任何人发表意见，只要坚持四项基本原则，不得对持异见者追究，不能搞人身攻击，不得以言获罪。当然，意见表达自由的底线在于坚持党的领导和对决策结果的坚决执行。

马克思、恩格斯曾经提出：工人阶级政党组织在性质上是完全民主的，它的成员一律平等；党内实行民主选举，自下而上地选举产生党的各级机构；党的代表大会是全党的最高权力机关，决定全党的一切重大问题；中央委员会是党的最高权力机关的执行机关，有义务向代表大会报告工作；党内实行民主决策；实行民主监督，党员可以随时罢免和撤换他们选出的代表等等。依据马克思主义经典理论的指导，我们党要推

---

① 摘自党的十六大报告。

进党内民主，必须进一步加强制度化建设。

一是健全党员民主权利的保障机制。应该在深入贯彻《中国共产党党员权利保障条例》的基础上，从体制和机制上保障党员对党内事务的参与权、建议权、批评权和监督权，以及检举揭发、申诉、辩论和控告等权利的实现，同时严厉查处侵犯党员民主权利的人和事。

二是加强党的代表大会制度建设。定期召开党的代表大会，建立党的代表大会代表提案制度，充分发挥代表大会制度的作用。对于实行党的代表大会常任制，十六大报告要求进一步扩大其在市、县的试点，继续积累经验，积极探索在党代表大会闭会期间发挥代表作用的途径和形式，这具有十分重要的意义。

三是切实发挥党的委员会全体会议的作用。按照党章要求，全委会在党代会闭会期间，是同级党组织的领导机关，执行上级党组织的指示和同级党代会的决议，领导本地区的工作。其作用必须强化而不能削弱。但长期以来，不少地方全委会职责履行不充分，开会次数少，常委会替代或包办全委会的工作，甚至全委会形同虚设。这不仅严重损害了全委会的权威，影响了全委会作用的发挥，而且妨碍了党内民主，也是造成重大问题的决策上由少数人说了算、甚至个别主要领导搞个人专断的重要原因。为此，必须按照"集体领导、民主集中、个别酝酿、会议决定"原则，进一步发挥党的委员会全体会议的作用，不断完善党委内部的议事和决策机制。

四是改革和完善党内选举制度。从以往实践来看，在一些地方和部门，存在着党内选举形式多于内容，甚至是有形式无内容的现象，从而严重阻碍了党内民主的充分发扬。为此，必须结合贯彻《党政领导干部选拔任用工作条例》，改革和完善党内选举制度：逐步扩大直接选举范围；适当扩大差额选举的比例，坚决杜绝变相等额选举，努力克服搞形式、走过场的现象；要健全和完善候选人提名方式，候选人的产生必须充分发扬党内民主，广泛听取党员的意见；建立与选举制度相配套的弹劾罢免和辞职制度，等等。

五是加强党内监督，对权力实行有效制约。深入学习贯彻《中国共产党党内监督条例（试行）》，切实加大对各级党组织主要负责人的监督力度；健全和完善相互制衡的监督机制，特别要确保各级纪律检查委员会切实履行职能，能够有效监督同级党委；建立"以权力制约权力"的

现代城市法治研究

监督体制，完善各项监督制度，确保监督严密有效；充分发挥党内舆论监督的作用，促使领导干部正确行使权力；最终通过制度创新，强化各种监督主体的相互配合和制约，形成监督合力。

在党内民主和法制健全完善、党的民主性以及法治化增强提高后，国家的民主化、法治化才能顺利进行并彰显成效。党在宪法和法律规定的范围内活动，党集中精力管好党事、党务、党员，这绝对是国家民主与法治的希望所在。

以上全篇我们论民主谈法治，从二者各自的内涵和中心任务，国家历行的三大制度既是重点又是难点的基层民主法治建设；从作为国家和人民的领导核心中国共产党党内的民主政治和政党法治建设记述了民主政治与依法治国的共同价值理念基础，其实也展示了二者的依存与良性互动关系。只要共产党领导下的中国宪政得以继续坚持和发展，民主的目的和依法治国方略就一定会早日实现。

第二章　城市法治的理论探索

　　城市作为一定行政区域内经济、政治、科技和文教的中心，是一个汇聚人口、物资、资本、信息和各种需求，以经济活动为基础、以各种社会组织为纽带，履行政治、经济、科技、教育、文化、交通、服务等多种功能的综合实体。随着城市化以及城市现代化进程的加速发展，城市治理的法治化已经成为城市现代化建设的基本要求。

　　法治作为人类创造的政治文明成果，在社会发展中越来越显示出不可或缺的重要作用。在当前全面启动城市新一轮发展的关键时刻，"法治化"建设在城市推进和实现其市场化、信息化、国际化建设中，以及在适宜居住、适宜创业的文化立市、人本立市、民生强市、民主盛市运动中处于特别重要的地位。

第一节　法治与城市的一般关系

　　法治即是市场经济和民主政治的必然要求，而城市，是经济的集散地、聚宝盆，是交易商品的黄金之地，城市还是民主政治的发祥地和大舞台。因而，法治的所有元素都是在城市生活中孕育和生成的。城市是法治的孵化器，城市自筑墙建寨之日起，就滋生了法的苗头，而城市的发展，几乎总有法、法制、法治的伴随。今天，城市的进一步发展，更加需要法治的精神引领和制度保障作用，城市中的一切，都十分需要法治创造的安定、团结、有序、和谐的社会生态和政治环境。因此，城市的发展离不开法律制度，更离不开法治。另一方面，城市自身发展了，也会促进法治的完善，二者是相生相随、相辅相成、互相影响、协调发展的。

从"人类的一切制度因素和文明因素都原始于人们之间的交易需要"① 这一观点来看，法治与城市历来具有非常特殊的联系。历史发展表明，法治与城市是社会发展的伴生或共生现象。商品交换形成了市场，进而产生了交易市场的集散地和伴生物——城市，与此同时，城市天天有、日日新的交易行为产生了重复上演的交易规则，各种交易主体的不同诉愿在政治强力下形成了社会强势认可的法律关系，法律关系生发出纵横交织的权利和义务。可以说，法律关系发端于城市市民社会的交易行为，市民社会是形成城市法律及其制度和机制的基础条件。由此可见，交易行为需要交易规则，交易规则形成了法律规范，法律规范产生了法律制度，法律制度伴生了法治城市和法治国家。这就是说，交易、法制同城市的兴起有着天然联系，市场经济和城市法治发展互为因果。随着当代城市的现代化进程，法治现代化的需求在城市内里愈益迫切。从这个意义上说，没有法的活动，便没有法治引领下的城市进步，没有法治的现代化，便没有现代化的城市。

城市社会何以如此紧迫地需要法治建设呢？因为城市社会的特点就在于它本能地追求一种正式的并且是服众的社会控制手段，也就是变动不拘的城市情态的法律控制。城市社会人口密度大，人际关系、人际交往趋于业缘化、间接性，形成了更为零散、非完整的社会交往和联系。社会组织和物质关系的复杂性、多样化，社会活动的功利性，使城市社会无论在社会结构还是在社会关系内容上与乡村社会都截然不同。城市中以人为基础的社会关系难以建立在友善与感情的道德基础上。因此，城市社会在形式上和内容上需要正式的控制手段和基于"平等"的观念，借以调控复杂与多样的社会组织与关系，这从一定意义上也体现出了对法治的社会本源性要求。城市人群往往倾向于以此理性立场出发，去追求与实现城市复杂多变生活中的公平与正义，这就是法治在城市得天独厚的社会大众心理基础。事实上，机械而自闭的城市生活极容易"使法

---

① 张文显：《二十世纪西方法哲学思潮研究》，法律出版社 1996 年版，第 31 页。

律成为冷漠的、代价昂贵的、不确定和不透明的东西。"① 这就使法律统治的社会在实质正义与程序正义，抽象公平与具体公平之间产生了距离，有了双方紧张的关系。为和缓局面，城市社会势必更注重法治而不是法制，因为城市法治既约束管理者、组织者的威权，又限定公众的权利义务，形成一种平衡的社会生活常态。这无疑是法治的天然基础。

城市社会之所以能够成为法治的社会基础，这与城市社会中存在的两个特有的结构性因素有莫大的关系。这就是：公民——社会关系的主体；契约——社会关系内容的协调依据。第一，公民身份最能表达城市社会人际关系的平等特质。在城市社会，城市人口之第一性的社会性身份是公民，公民身份的确立，有一个漫长的过程，但它一旦流行于世，就使市场经济、民主政治在城市的推行成为普遍的可能。同样，公民身份又使市场经济、民主政治下的人的身份地位得以准确的定位，为人与人之间关系的协调与处理提供了一个通用的指导。公民身份找到了社会关系在社会学上与法学上的契合点，公民主体身份使法律与社会得以有机地融合。而这一切，都是顺其自然地在城市中发生的。

此外，契约这一人类极富智慧的发明，经过历史的大浪淘沙，最终成为城市社会人际之间社会关系内容的表达与界定形式。城市中人与人基于业缘等形成松散多样的关系，血缘、亲缘难以成为广泛的城市社会活动中相互联系的纽带，契约关系使素不相识的、没有其他社会联系的人公平地、理性地联系起来，使人们在城市中广大的市场经济、民主政治的活动空间内产生的各种社会关系的内容得以合理地规范和明确，"使这些诸如人人平等、等价交换、守诺诚信、违约承责等等内容方便而又清晰地归纳和确认到各种各样的契约中，并在交易往来活动中得到同一类或同一个标准的贯彻。"② 契约成了人际活动的规范和准则，广泛多样的城市社会活动因为契约的存在而变得有序。契约自由原则，为人们在社会活动中善于广泛地采用契约扫除了技术上和情理上的障碍；而"契约是法"，则为城市社会人际关系找到了法律保护伞，使"法"得以正式介入城市社会活动。契约被形容为由建筑这些硬器堆积起的城市的"软

---

① ［美］诺内特·塞尔兹尼克著：《转变中的法律与社会》，张志铭译，中国政法大学出版社 1994 年版，第 75 页。

② 苏东斌著：《人与制度》，中国经济出版社 2006 年版，第 440 页。

包装"，它把城市人的意愿、选择、行动、利益合理成型打包，"因契约必然具有关于未来合意的性质，从社会法的角度看，契约不过是有关规划将来交换的过程的当事人之间的各种关系"。① 所以，城市生活中契约化解了许多问题和矛盾。城市因契约而变得灵活、变得有序、和谐、理性，城市法治因契约而更人性、更美丽。

总之，城市社会结构特质规定了其追求法治这种正式的控制手段来规范人们的行为，而城市社会结构的特质又为法治提供了良好的社会基础。

据现代城市社会学和管理学的研究报告，GDP 在人均 5000 美元到 8000 美元的这个阶段，城市社会经济的发展会有一个很大的变化，人们对经济生活和政治生活的要求都会更上一个层次，不仅满足于生存的需求，而且还要满足发展的需求。在这一阶段，城市法治制度、机制乃至精神的构建，对于强化法治城市建设将起到效果更佳的保障作用，而且城市法治化建设实际上是适应了社会和广大市民对社会生活和政治生活的需要，同时也是社会发展的需要，法治程序化，也使得社会发展的风险降低。人均 GDP 增加，市民的生活水平就会有很大的提高，对财产的安全会比以前有更高的要求，所以，市民就希望城市政府的运作透明化，实行政务信息公开，让市民充分行使知情权，了解城市政府决策和本身利益的关系，因此法治建设为市民提供了这种安全感的平台。另外，随着市民生活水平的提高，社会的良性发展，碰到的各种情况也会比以前多，比以前复杂，特别是危机，也会比以前多，对付这样的社会突发事件也需要法治。城市是社会发展的中心，软环境的建设是非常重要的。法治是软环境建设方面的一个重要组成部分。社会发展了，要对社会资源进行动员，要对社会加以管理、控制，都需要有一定的手段，而法律作为这种手段可以加以保证和反复使用。从许多发达城市的经验看，哪个城市软件环境好，法治环境比较好，这个社会就会发展得比较好，经济发展会比较平稳，治安状况也会比较好。半世纪以来，城市追求现代化目标构成了社会公认的新一轮城市建设与发展史的热潮。现代化是一个以产业现代化为纽带的经济社会协调发展的多领域推进和一体化过程，其中包含了国家和城市社会的法治化、法治的现代化。"城市生活使法律

① ［美］麦克尼尔著：《新社会契约论》，中国政法大学出版社 1994 年版，第 3 页。

得到了迅速的发展",① 而城市越发展就更需法律的介入，因为"人类越文明，对法的需求就越大"。② 实践证明，法治化经济和法治化民主是资本主义现代化列车的两轮，而且现代化的国家与城市必然要求是法治化的国家与城市。现代化的实现必然伴随着法治化，因此，现代化离不开法治化的支撑。不论根据梯度发展理论或协调发展理论，经济型大城市必须先发展起来，先搞现代化。要率先实现现代化，必须率先实现法治化。只有法治化，才能实现现代化，只有法治现代化，才能实现城市现代化。城市现代化是一场全球化的竞赛，城市的助推力来自城市自身的核心竞争力，有人把城市法治力量视为城市的软实力，将其作为城市竞争力中处于高端的那一部分。现代城市竞争力是一个整体的、全面的、内涵协调、外延衔接的系统性结构。其中，具有法律意识的社会关系主体，按照法律规范运行的社会机制，分配合理合法的权能资源，公正有效的法律救济，具有吸引力、凝聚力、感召力的法治环境等等都是城市综合竞争力不可或缺的重要因素。随着现代文明城市的群体性崛起，迅速提高法治化水平，确保城市经济与社会的安全、有序、健康、协调发展，保障市民安居乐业，是提高综合竞争力过程中的必然要面对的法治命题。再从居之于城市的数以亿计的城市人出发，他们已经不再是布衣素食、只高看油盐柴米的"生活者"，他们的诉求与精神是过去任何一个时代的城市人所不能比拟的。因为有过太久远的历史经历，承载过太多的城市变迁故事，现代城市人的心理世界既是复杂的，又是脆弱的。精神追求的偏执与好走极端，这是现代城市人群的一大共性。在城市里，正如德国著名法学家古斯塔夫·拉德布鲁赫所说："每一个具体的人都生活在双重伦理秩序的统治之下，其一方面的概念序列可以称为：义务、和平、仁爱、谦恭；另一方面的价值概念可以称为：权利、斗争、荣誉、自尊。第一类词语见诸我们的良心，第二类词语则主要见诸我们的正义观念之中"③ 不管是良心还是正义，法律都将其置于核心价值的囊中，城市人的互信与互助，是以法为底部的，所以，城市法治乃是城市人口安身立命之"摇篮工程"。法治对于城市社会心理特有的暗示与矫正，对于

① ［美］E·霍贝尔著：《原始人的法》，贵州人民出版社1992年版，第8页。
② ［美］E·霍贝尔著：《原始人的法》，贵州人民出版社1992年版，第6页。
③ ［德］古斯塔夫·拉德布鲁赫著：《生存的悖论》，舒国滢译，中国法制出版社2001年版，第9页。

城市人口精神空气的爽朗洁净，也是需要进一步强调的，这可视为城市法治的深意和新义。

第二节　法治城市是人类法治史上最具震撼力的法治印象的集成

　　法治是世界先进城市的常规治理方式，西方有名望的城市与法治在历史与现实交合中都具有同构性，法治是一种依良法而治的制度系统和状态，它首先肇始于城市而不是乡野。世界先进城市不仅是经济高度发达和财富高度集中的人居之地，而且也是法治建设完备健全的制度乐园。这后一点似乎在城市自我发达史上更为紧要，因为它决定着城市可持续性生存与发展的一系列重大问题。城市，说到底是许许多多在一起的人的生存记录，而法治，又是人的一种社会性的高级文明生活状态。法律对人与城市的共治，因人是多样的具体的而无法统一将人与法的共舞同塑表现出来，法只能将城市打造成一个比较接近理想的"模具"，让千姿百态的城市人的生活注入其中，最后塑造成一个城市生活形态。因而，城市是一个什么样的"模具"，这很重要，这很需要良法优制的表现。在浩瀚历史的某一个点上，好在城市选择了法律。法律建构了世界城市的制度框架，法律引领着世界城市的有序运转。数千年的城市运动史，营造了许多人类奇迹，而法律名城更是其中的亮点，这些法治城市的种种外化表现历数起来具有以下共性特征：

　　一是法律无所不在并且处于不中断的运转状态。几乎所有世界城市都织就了一张法网，有效地控制与调节着社会与经济生活，而且随着社会发展，这些法律规范还在不断增补、修正，所以，这张法网不仅是巨大的而且是严密的。特别重要的是，世界城市绝大多数法律是运转有效的法律，也就是说，这些法律有公民的遵守，律师的推动，行政的执行和司法的保障，所以是活的法律。如亚洲名城新加坡现行法律就有400多种，法律调整的范围非常广泛，从政府权力、商业往来、旅店管理、交通规则，一直到公民生活的各个方面，几乎无所不包（包括口香糖不得在新加坡生产和销售）。一旦发现无法可循或需要修正，立即由国会立法。在新法未至的空档期，社会政策和民间自律起补缺作用。

二是司法享有至上权威。尽管法律制度不同，但是几乎所有世界城市司法都享有至上权威。司法机关自成系统，不与其他机关发生隶属或者交叉关系，这样就明确了司法机关权力边界，保证了司法机关人员素质；法官按照法律独立审判并且只对法律负责。制度保证司法不受"法外法"和"法上法"的影响和干预。由于司法服从法律，而且只能服从法律，所以在城市生活中不容置疑地确立了法律至上的权威。因此，在世界城市中，一般情况下，司法机关都一直是受到社会公众信赖的，它们是解决社会纷争的最后手段。一旦在城市各种关系中发生了纷争，人们很少选择私了或者暴力解决，通常会诉诸于法院，尽管诉讼成本很高。有事找律师，愿意打官司，愿意服判决，从法理，是世界城市的一道法律风景。这种情况在一定程度上反映了这些城市司法的效率与公正。在亚洲，东京、首尔、新加坡都是法律名城，民主宪政制度在城市畅顺施行、政治权势和组织的法律管治十分到位。比如，新加坡于 1954 年组建"人民行动党"（简称 PAP）。1959 年 PAP 成为执政党，但不是至高无上地领导一切，而是在宪法和法律的范围内通过政府贯彻党的主张，通过它的党员来宣传党的纲领与政治价值观。PAP 党员干部犯法与老百姓犯法一样治罪，党不会仅以党纪"内部处理"而袒护他们的违法行为。这样，PAP 赢得了极高的声誉。党不干政，党要管党，从严治党，是保证新加坡法治成功的一个重要因素。法治条件下的司法是城市社会的"第一权威"，要做到这一点，就必须确定政治权力、政治组织和政治人物与宪法和法律的从属关系。否则，"司法权威至上"，就只会是一句口号。

三是城市政府管理高效，并且只承担有限责任。国际社会一致公认，世界城市都有一个高效精干的任期制政府，管理效率较高。世界各成熟的城市一般都实行"小政府、大社会"管理模式，政府定位清楚，其主导理念是"把市场的交给市场、把社会的交给社会"，① 政府职能只限于经济调节、市场监管、社会管理、公共服务。因此，再小的事，只要与政府职责有关，政府也会出面管理，出面调停，否则，就遭到市民以不

---

① ［英］丹宁著：《法律的训诫》，杨百揆、刘庸安、丁健译，法律出版社 1999 年版，第 59—71 页。

作为，以违宪失职的投诉甚至是抗议。例如，纽约市民抱怨电话促销扰民，2001年，纽约州很快出台了《反电话促销法》。但是，再大的事，如果交由市场管理效果更好，政府也会理智地、主动的放权。例如，机场一般都是国家投资营建并且经营管理，但是，伦敦希思罗国际机场名义产权属于政府，而实际投资者和管理者却是有实力有良好声誉的私人公司。还有一点更为重要，城市政府都乐于表白自己是有限政府，不仅权力有限，而且责任有限，政府既不享有无限的权力，也不承担无限的责任。发生重大财政危机，政府是有可能破产的，发生普遍存在信任危机，政府同样可以在政治上"破产"。1978年，纽约市政府就曾主动宣布过破产，当时政府欠债近200亿美元，曾有好几天没有钱雇警察。当然，城市政府的危机也有快速适当的危机处理办法和机制，总的说来，原则是民主的，手段是依法的。

四是法律服务精当完善并且形成以法为名义的服务产业体系。城市中星罗棋布的，由律师事务所、审计师事务所、会计师事务所、评估师事务所，社会法律心理咨询所构成的法律服务机构是法律有效实施和运行的职业实践者和推动者。所以，一个城市若没有一流的法律服务机构，可以说这个城市就不能说已经具备了一流的法治环境。世界城市大都拥有健全和完善的法律服务市场，都联通着世界上一流的国际法律服务中心。世界律师事务所50强有13家在纽约，8家在伦敦。纽约有律师十万之众，伦敦有律师八万余人，香港地区有律师超过了六万人。值得关注的是，世界已经进入消费法律时代，享受法律服务成为一种时尚社会需求。所以，城市法律服务机构是否齐全，法律服务市场是否发达，也是法治化水平高低的重要标志[1]。世界城市法律服务机构已经是一个庞大产业，2000年有一个统计，世界律师事务所50强第一名Skadden, Arps, Meagher&Flom的总收入超过10亿美元，第二名Clifford Chance年总收入超过9亿美元。与之相关形成的"产业链"的经济效益自然是很难估算，总量是惊人的。

五是尊重服从法律并且养成守法习惯。世界城市公民的法律品质和道德素养普遍受到赞誉。一般认为，世界城市社会系统运转基本协调，并且产生较高效益，在很大程度上，是绝大多数社会成员尊重法律、遵

---

① 林正编著：《美国说客》，青海人民出版社1999年版，第52—70页。

守法律的结果。首先，尊重法律成为社会的基本理念。人们怀有一种对法律的敬畏之心。即使人们并不认同某个法律具体规定或者某个案件判决结果，但是只要法律或者判决是经正当合法程序产生的，人们也会接受并且遵照执行，这就是西方法律世界人们普遍持有的一种"愿打（官司）服输"的良好法律心态。其次，遵守法律成为人们的自觉行为。因法律传统的熏陶和法律氛围的影响，世界城市绝大多数公民自小已经养成守法习惯，并且在社会公共生活中，守法已经内化成为一种文明行为方式。如新加坡反对党工人党领袖在 1988 年和 1992 年大选期间，都曾在群众集会上批评政府政策时，人身攻击李光耀。结果，遭到司法起诉，最后被罚赔偿名誉损失 26 万新元。同样，执政党如果犯法，反对党或公民也可以到法院起诉。老百姓发生纠纷也是通过律师或司法途径来解决。只要本人没有触犯法令，公民就会受到法律保护，即使自己家中有人犯法，也不会受牵连；如果犯法就得面对刑罚治罪的后果。城市首脑的家庭、首富的内室都要充满法律生活的意味，城市中的千家万户，没有谁可以例外。生活中时时处处有法律，法律之城才名不虚传。

根据法治理论，结合城市运行的实际，现代法治城市至少还有以下几方面的制度特征需要强调：一是建立完备的法制。法治城市应当具有结构严谨、内部和谐、体例科学、协调发展的法律体系，城市社会生活绝大部分领域都有内容与形式完备、科学的法律来规范。二是切实保障市民权利。具有地方立法权的城市政府制定的法规规章应体现广大市民的意志和利益，城市法制以民主的政治体制为基础，实现民主的法制化和法制的民主化。在政府权力和市民权利中，市民权利是第一位的。三是权力受到充分制衡。这种制衡主要表现为，以国家法律和城市地方法规制衡城市政府权力，以市民权利制约城市政府权力，以城市政府权力制衡城市政府权力，以社会力量监督城市政府权力。越权与不按正当程序办事等权力滥用和权钱交易、徇情枉法等权力腐败现象基本得到防止与消除。四是法律权威在城市社会真正确立。所有组织和个人都认同法律至高的权威，法律得到广泛普及，市民知法守法，少数领导者个人权威至上、权大于法的现象得到基本消除。五是依法行政得到很好的贯彻。城市政府的行政能力对于城市的管理和市民生活极其重要，好的管理和好的行政措施，是化解城市复杂矛盾，解决人本主义各种急需的先决条件。城市政府的行政有时是琐碎和具体的，涉及城市人口的各种问题。

現代城市法治研究

政府能否很好地依法行政是判断法治城市的一个重要标志。在法治城市中，一切抽象与具体的行政行为都遵循了法律法规，行政机关依法行政就有望达到较高和更高的水平。六是司法独立真正贯彻。司法独立是法治城市的基本要素。在法制城市中，司法系统人事、财政不受制于地方城市政府，司法系统正当程序不受政治组织和政府部门的干扰，法官断案以事实为依据以法律为准绳，不受上级法院和本院领导非程序化的干扰。七是城市各方面有序稳定运作，具有很好的抗风险打击能力。法治城市并不必然意味着城市经济实力和文化等其他综合实力跨越式发展，但是法治城市条件下城市的综合实力必然可以得到一种稳定地增长的预期，法治能适时地纠正制度层面的缺陷，减少政治层面的风险，使城市平稳发展。① 以上我们描述了城市，特别是现代城市法治的特征，实际表明了现代城市法治的基本构成。它既有制度和技术的构件，更有传统的、历史的、文化的、心理的构成要素。城市法治是一个综合的体制和体系，它概括的是城市全方位的理性规划与科学实践、科学发展，这一切，既以法律为底线，又以法治为主线。

第三节　城市法治是一种通过区域化浓缩 为标本的政治文明

　　早在希腊雅典城邦时代，伟大的城市公民、政治哲学家亚里士多德就将法治与君主专制或寡头政治相对立，提出法治应当优于人治的主张。这里，亚里士多德已将城邦生活中的法治和民主政治制度直接联系起来，并将君主专制或寡头政治视为并非公民社会所求的人治。到了近代，觉悟的知识分子从资本主义商品经济和民主政治制度的角度提出法治的要求。英国的洛克认为，立法权是最高的不可转让的国家权力，但它也不能危害人民生命和财产等自由权利。立法机关应该以正式公布的既定的法律来进行统治，这些法律不论贫富，不论权贵和庄稼人都一视同仁，

---

① 沈宗灵著：《现代西方法理学》，北京大学出版社 1992 年版，第 312—360 页。

并不因特殊情况而有出入。① 孟德斯鸠认为，我们可以有一种政治，不强迫任何人去做法律所不强迫他做的事，也不禁止任何人去做法律所许可的事。② 卢梭认为，法律是人民公意的体现，一个人，不论他是谁，擅自发号施令都绝不能成为法律。③ 美国的潘恩提出，在专制政府中国王便是法律，同样地，在自由国家中法律便应该成为国王。④ 资产阶级思想家对法治的解释往往是同其政治主张联系在一起的，洛克主张建立君主立宪民主制，卢梭鼓吹民主共和国制，孟德斯鸠更强调三权分立。但是，他们都有一个共同点，那就是认为法治是同专制对立的，法治代表民主制度，人治代表君主专制、等级特权等。事实上，资本主义法治就是在资产阶级推翻封建专制之后，作为资产阶级民主制度的体现而建立的。从作为民主政治制度的体现这个意义上说，法治是一种政治文明。政治文明是在历史长河中经长时间的沉淀与升华逐步形成的。政治文明是一种综合的极有包容性和扩张性的文明，法治只是它的一种制度表现，是一种人类生活样式的规范性表现。与政治文明历史同样悠久深远的法治，在历史的一个个环节和时段上集中在人类聚居活动最明显的城市中上演，城市的法治当之无愧地代表着各个朝代法治的最高水准，出产着各个时代法治的最好经验和最佳成果。

现已作为文明常识的法治的基本原理是：在实行法治的国家，政府权力是有限的权力，在个人权威与法律权威发生冲突的时候，个人权威必须服从法律的权威，而不是个人权威凌驾于法律权威之上。因为政府的权力来自法律，所以，法律权威主要表现为法律和宪法至上，只有政府的权力受到宪法和法律的制约才是法治的政府。法治的这一基本原理说明，任何一个国家或城市的法治制度都必须达到权力受到法律制约这一基本标准，同时它也是衡量一个国家或一座城市是否具有良好法治环境的重要评价标准之一。

从已经约定俗成的关于法治内涵的论述中可见，现代社会的法治的基本精神是限制国家权力的滥用，保障公民人权。我国对法治理念的继受传承并未超出法治概念的通义，"依法治国"，"逐步实现社会主义民主

① 张宏生主编：《西方法律思想史》，北京大学出版社 1983 年版。
② 张宏生主编：《西方法律思想史》，北京大学出版社 1983 年版。
③ 张宏生主编：《西方法律思想史》，北京大学出版社 1983 年版。
④ 张宏生主编：《西方法律思想史》，北京大学出版社 1983 年版。

的制度化、法律化，使这种制度和法律不因领导人的改变而改变，不因领导人看法和注意力的改变而改变"。我国在法治理念中突出了法治的现代精神，最显进步的是将保障人权列进现代社会主义法治的本质内涵。法治结构中人权是基本的构成要素，法治结构中的其他因素是人权保障这一最高价值的不同形式的具体化。成熟的法治是人权价值普遍受到尊重的理想的法治状态。因此，现代社会中评价法治状况的主要指标是人权价值的确认与维护程度。在不重视人权或者人权价值得不到尊重的国家中，即使强调法律的功能，它的法治只能具有形式的意义，不可能建立实质意义的法治。因此，"实质意义的法治是以人权价值的尊重为核心的一种法律制度，其出发点与归宿点都是人权价值的维护与人权环境的改善"。① 城市法治的原点，比较容易立定在人权实现和人权保障上。根据美国麦肯锡公司近期发布的预测报告，全球有 47 亿人口聚居在大中小城市及其周边。中国的城市化更是风起云涌，到 2025 年城市人口将达到9.26 亿，在 2030 年将至少突破 10 亿，到那时中国将有 70% 的人口居住在城市里。城市与人口的对比，突显出城市治理对于实现政治文明和法律文明的极端重要性。解决人的自由与平等，城市无疑是一个宽阔的理想平台。所以，法治从城市开始，在城市发展和成其伟大，这是一种规律的演绎。

城市实行法治，理论方向解决之后，对具体法治工作的铺展，需要多方面的城市行业和界别的工作来推行，这就有必要确立总体的工作方案和原则。对于城市法治的指导原则，各个城市的表述不尽相同，取决于各个城市政府对依法治市所涵盖的内容、目标取向以及工作范围的理解。一般来说，可以分为基本原则、一般原则和法治原则。

在我国的城市法治中，首先得到强调的是基本原则，基本原则是政治原则，即坚持马列主义、毛泽东思想和邓小平理论，贯彻"三个代表"重要思想，坚持党的领导。政治原则的要求，概括起来就是解放思想、实事求是，它要求在城市法治建设的决策和运作要从实际出发，遵循客观规律，着眼现实发展。城市治理坚持与时俱进，城市政府坚持执政为民。在决策和实施过程中必须体现人民的主体地位，发挥人民的主体作用，保障人民当家作主。通过实践，不断扩大社会主义民主，健全社会

① 何勤华主编：《二十世纪百位法律家》，法律出版社 2001 年版，第 252—254 页。

主义法制，并以是否符合最广大人民群众的根本利益作为实施成效的根本评价标准。

一般原则是我国城市在解决同类相同关系和问题时不约而同奉行的路线方针，它主要包括：改革、发展和稳定相统一，政治、经济与社会相协调，市场经济、政治文明和先进文化共同发展的原则。这些原则，要求将改革、发展和稳定三者的协调统一建立在法律和制度的基础之上，而不是寄托在少数领导者身上。既要立足于现实的政治、经济和文化条件，又要着眼于通过法治化的方式，促进物质文明、政治文明和精神文明的协调发展。必须通过不断的制度创新，保障人民充分行使民主选举、民主决策、民主管理和民主监督的权利，建立健全依法行使权力的制约和监督机制，实现社会主义民主的制度化和法治化。通过法律制度的不断完善，推进经济的市场化改革，维护公平的竞争环境，革除一切影响、阻碍市场经济发展的体制障碍和机制弊端，不断开拓促进生产力发展的新途径。通过制度化建设，保障历史文化资源和民族优秀文化的继承发展，弘扬民族精神，保证文化发展为社会公众服务的方向。其实，城市法治的一般原则，涵盖的都是城市生活中为市民大众提供的公共服务和公共事业以及公共产品。在满足城市人口物质和精神需求上看，城市法治奉行的一般原则，是放之城市而皆准的。

法治原则是指法律作为一种治理方式所必须遵循的原则。从法治的要求出发，可以概括出诸多的原则，从现阶段依法治市的实践来看，必须严格遵守以下重要原则：

一是法制统一原则。建立以宪法为基础的法制统一，是维护国家统一、政治安定、社会稳定，建立和完善市场经济体制的法制保障。城市法治建设所依据的法律必须具有内在的统一性。我国是实行单一制的国家，地方必须服从中央的领导，在基本法律制度、政府权力结构等方面，地方没有发言权，必须在中央设定的架构内行事，作为地方也必须紧紧围绕我国宪法宣明的依法治国、建设社会主义法治国家的基本方略来推进法治工作。同时，在基本的制度框架内，地方可以充分利用其灵活性和资源优势，在建设法治城市方面做一些创新性的尝试，当前，需要警惕的是，各地的地方、部门、行业、区域利益法制化的倾向进一步蔓延，"法治割据"的现象比较严重，甚至有愈演愈烈之势，地方的规范性文件实际效力大于法律，各部门规范性文件互相冲突的状况普遍存在。① 保障法制统一，要求在立法上必须坚持地方性法规、政府规章和规范性文件不得同法律、行政法规及上位的规范性文件相抵触，地方性法规、政府规章和规范性文件之间不得相互矛盾。地方性法规、政府规章及规范性文件必须及时进行清理，对其中不符合上位法的规定应予修订或废止。在执法和司法方面，必须坚持法律面前人人平等的根本准则，排除各种诸如地区、官位、财产等非法律因素的干扰，就同样的事实适用同样的法律。贯彻这一原则，必须进行体制上的变革，非如此不足以遏止这种"法治割据"现象。要改变以往对地方性法规、政府规章及规范性文件的备案、审查大多有名无实的状况，切实从制度上加强这一工作。更为重要的是，有必要割断法院与地方政府之间的利益联系，从体制上保证司法的独立，并保障法院对地方政府行为行使司法审查权。

二是法律至上原则。法律至上原则是现代社会秩序的根本，作为一个原则，它首先表征着人与法律的一种关系，意味着法律在社会生活中具有极大的权威，政党、政府、社会团体等各种组织及公民的行为受到法律的支配，在法律规定的范围内活动，并在法律面前一律平等，没有任何人或任何组织可以凌驾于法律之上，成为超越法律的特殊主体。其次，法律至上原则还体现为规范选择的取向，表征着法律与其他规范的一种关系。一个社会总是存在着多种行为规范，将道德规范奉为至上的社会是德治的社会，将执政党的政策奉为至上的社会是党治的社会，将法律规范奉为至上，则是法治社会的必然要求。法律至上强调的是法律在各种社会规范中的地位，它意味着法律在各种社会规范中具有最高的权威，重要社会秩序的确立，主要应当依靠法律。法律高于权力，即使是社会的最高统治者也必须依照法律行使权力，以法律作为最高的行为准则。再次，法律至上原则的一个重要补充，就是重大社会冲突的法官裁定原则。法律作为权力运用者的行为依据，其权力的运用是否合法，不能由自己来做最终的判断。法的权威需要法的可诉性来维持，缺少可诉性的法律只是徒有形式的具文，法的可诉性的必然实践方式就是司法。"一个社会是否将纠纷包括重大的社会冲突交由司法解决，反映了法律在

---

① 越东辉、刘红灿：《调查表明：中国地方法治割据严重》，《法律与生活》（半月刊），2003 年 2 月合刊。

该社会中是否具有真正的权威，是衡量该社会法治化程度的标志之一。"①
缺少独立的司法体系和公正不阿的法官对重大社会冲突作出最终的裁判，
法律至上原则就不能真正实现。具体来说，法律至上首先要求城市党政
官员同一般社会团体和公民一样，平等地受到法律的约束。尤其是党政
主要官员是否在法律规定的范围内活动，是否依法决策、依法行政，是
衡量法律至上原则是否得到贯彻的基本依据。同时，法律至上还要求政
府行为的合法性引发争议时，必须受到法院的司法审查。是否切实维护
法院的审判独立，坚决杜绝对法院的不法干预，是落实法律至上原则的
关键。

　　三是正当程序原则。从法律学的角度上看，程序主要体现为按照一
定的顺序、程式和步骤来作出法律决定的过程。正当程序关注的是程序
本身所蕴涵和表达的价值与正义，如公正、合理、自由、人格尊严等等。
正当程序的主要作用首先在于"营造一个理性支配的空间，为法律决定
的形成提供了自主判断的条件，从而克服恣意因素，保证管理和决定的
理性、公正与客观"。② 其次，正当程序的实质在于程序主体之间制度化
的平等交涉以及在此基础之上的自主选择。正当程序要求程序主体成为
理性的协商者、对话者、说服者与被说服者。"缺乏程序主体的自主选择
以及平等的论辩和说服，正当程序就失去了实质的内容"。③ 再次，程序
主体的自主选择与自律是互为前提的，程序主体行使权利的同时，要对
自己的程序行为负责，这就意味着程序的过程和结果在一定程度上成为
当事人自己行动的产物。因此，正当程序本身也是一种使程序结果正当
化的机制。法律规范向社会的渗透，主要以程序为桥梁，正当程序是法
治由规范状态向现实状态转化的关键环节，是法治的制度基础。法治不
仅是以法律来管理国家和社会，而且首先要求解决法律本身的"自律"
问题，实现"依法治法"。如果法律本身的运作缺乏程序的规制，恣意和
任性得不到约束，必然成为权力的附庸，同样也没有真正的法治可言。

---

　　① ［英］丹宁著：《法律的训诫》，杨百揆、刘庸安、丁健译，法律出版社 1999 年版，第
97 页。

　　② ［英］麦考密克、魏因伯格尔著：《制度法论》，中国政法大学出版社 1994 年版，第 4
页。

　　③ ［英］麦考密克、魏因伯格尔著：《制度法论》，中国政法大学出版社 1994 年版，第 6
页。

在这种情况下，无论实体法制定得多么完备，其运作也逃脱不了权力的直接支配，改变不了本质上的"人治"。因此，在城市法治的实践中，必须高度重视程序的意义和作用，要在官员和公民中大力提倡一种程序的道德观，培养一种尊重和遵守自身具有正当性的程序，按照正义的要求审视与设计程序的精神追求。必须明确，程序必须具有最低限度的道德性，体现社会正义的基本要求。缺乏基本道德标准的程序，即使非常完备实用，也不具有正当性。要坚决杜绝以权力指挥法律，轻视程序，以及基于自我利益滥设程序的做法。贯彻正当程序原则，需要牢牢把握正当程序的精髓，那就是在理性的基础上建立真正有效的法律说理机制，通过和平、说理来解决社会存在的冲突、纠纷和意见分歧。法律在本质上是一个根据话语力量而形成的说理机制，其力量即来自于说理。正当程序则是为法律的说理提供一个制度化的环境，为理性的对话与交流提供保障。是否存在一个允许并使人们能够充分讲理的法律制度，反映出一个社会的文明程度。同样，能否坚持正当程序的要求，充分保障理性的对话与沟通，则是考验一个城市依法治理活动是否文明的基本标尺。

四是突出良法之治的原则。法理上对法有善法和恶法之分。善法与恶法的最明显区别在于前者制约权力保护公民权利促进社会发展，而后者保护强权侵犯公民权利阻碍社会发展。[1] 我们建设法治城市之所以要突出善法之治，是和现在的地方立法现状分不开的。众所周知，广义上的法不但包括国家的法律法规，还包括地方法规、规章及政府的规范性文件。现在有些地方和城市政府在行政管理过程中出台的一些规范性文件，有时在客观上发生一种效果，即置市民权利和市场经济主体权利于不顾，随意处置他们的财产和自由权利，如果政府各部门按照这些文件去"依法行政"，那后果只能是市民权利受到损害，市场经济受到严重的干扰甚至破坏，最后"依法治市"变成了以长官意志和政府短期行为"依法治民"。另外，现在地方和一些城市立法中有关财产处置和经济方面的法规较多，很多法规是依当时当地情况制定，市场经济瞬息万变，很多法规、规章和规范性文件可能已经不适合新形势新情况而有待清理，如果不加处理继续让那些法规和规范性文件实施下去，也会影响城市社会的继续发展。在建设法治城市过程中尤其要注意这一点，明确立法主体，规范立法程序，加强立法民主，

---

① 张文显：《二十世纪西方法哲学思潮研究》，法律出版社 1996 年版，第 360—400 页。

提高立法质量，及时清理已经过时的不利于城市生活和经济发展的法规、规章和其他规范性文件，充分保护广大市民和市场经济主体的合法权利，使法治与城市经济社会发展之间形成良性循环，这样才能把法治一步步地推向前进，最终建成社会主义法治城市。

五是党政引导和社会推进相协调的原则。在现阶段全国各地的依法治市过程中，党政组织是主体，作为法治的倡导者和组织者，应该着重考虑制定建设法治城市的战略目标和分阶段实施步骤；必须完善城市立法，清理修改与城市发展不相适应的法规和规章；必须花大力气在城市人群中推进行之有效的普法工作，使人们在都市生活中亲近法律、熟悉法律，形成重法、懂法、守法用法的城市生活习惯；必须严格规范党政组织自身的行为，提高领导城市法治和具体实施依法行政水平；必须有意识地为城市中的法律职业群体创造一个良好的执业环境，培植出一个为民服务，实现城市法治目标的大市场，要防止党政权力过多地干预司法独立；为持续扩大城市社会民主的增量，还要更大胆地搞好选举、市民参政议政等等多种法律形式的民主试点，逐步推进社区、街区、厂区等基层民主法制建设，夯实法治城市的基础。从党政各套组织班子的职责和任务分工来看，主要应大力发挥党委的领导作用，人大的主导作用，政府的组织作用，"一府两院"的执法主体作用和政协的民主监督作用。同时，从长远看，法治城市不但包括依法治市，还有多方面的内容，比如逐步培育理性的法治文化、提高全体市民的民主法律意识、增强城市社会对政府权力运行的监督能力，激活城市的外来因素和国际因素的作用，增强与国际城市法律治理的信息与经验交流，以互联网为吸纳民意民言的自由平台，开放言论、鼓励思想创新，活跃城市民主法治气氛，等等。这就要求城市之中全社会各方面的力量都参与到建设法治城市的具体工作中来，万众同心，共同建设民主之都和法治之城。总之，对于建设民主首善之区和法治文明之城，不可忽视党和政府在启动和推进这项工程中的重要作用，但是党和政府又不能唱"独角戏"、搞"一头热"的大包大揽，否则虽然有可能接近依法治市这个工作目标，但是缺乏市民群众自觉自愿、长期有为的参与，缺乏理性的城市法律文化环境和强效的城市民主权力监督机制，法治城市最后也可能只是镜中花、水中月。热热闹闹一阵子，过后留下许多"半截子"，最终无人收摊子。

第四节　法治在城市建设与发展中的地位和作用

　　法治，是现代城市的核心价值理念之一，也是城市新一轮发展的核心竞争力的一种表现形式。城市社会有自己漫长的历史，有自己鲜活而独特的城市综合文化品质和精神气度，这就是我们所说的城市核心竞争力。任何一个城市当它发展到了一定的历史阶段，城市的软件建设就要比硬件建设显得更为重要，法治环境更显得比经济速度要重要得多。整体法治环境如何，这事关一个城市的境界和形象，是城市群众公认的分级、排位的重要指标。与世界级的城市相比较，我国内地城市的法治化程度显然差距很大。香港作为一座国际知名城市，近期虽然经济不甚景气，但是世界舆论仍然认为香港数十年来建构和营造的城市法治环境，是中国大陆短时期内不能企及的核心优势。新加坡人也认为他们所具有的城市竞争优势在于口碑不错的法治环境，以及多年来赢得的尊重民主、自由、人权以及尊重物权、知识产权的国际形象和国际声誉。所以，在新一轮的发展中，提高城市竞争力一定要打法治牌，应当通过建设法治城市、营造法治环境进一步提升城市境界和改善城市形象。因为，法律的规范化能够保障城市市场的安全，有利于吸引外来和本埠的资本投入；法律的透明化能够保障人们对各种利益的预期，有利于减少城市中人流、物流等交易成本；公正的司法制度和高效的仲裁机制能够有效裁断城市人群中的社会纷争，平息城市生活的矛盾。所有这些，都将构成城市新一轮发展的影响力和推动力。

　　法治是城市新一轮发展最公众化的最热烈的社会需求。当资源和财富的积累和消耗到达一定程度，工业时代的社会生活印记全面让位于金融时代、信息时代的风情的这个阶段，社会经济的发展尤其是城市的发展会有一个很大的变化，衣食足而知荣辱，物质丰而精神贵。人们对城市的经济生活和政治生活以及精神文化生活会有更高的要求，这是城市社会发展到现阶段很自然的社会现象。以广州为例，这个领改革开放风气之先的特大城市，通过城市法规的形式确定广州到 2010 年全面实现

"十一五"规划，人均生产产值超过 1 万美元，基本完成全面建设小康社会的主要任务。① 在这样一个阶段加强城市法治建设实际上是适应社会和广大市民对社会生活和政治生活的需要，同时也是社会发展的需要，城市法治的程序化，也使得社会发展的风险降低。市民对财产的获取和安全的占有、享用比以前有更高的要求，希望更多了解政府运作、政府决策和其他利益之间的关系，法治化可以提供这种安全感。另外，应对社会突发事件也需要法治。

法治是城市新一轮发展的重要制度资源。这种制度资源直接决定着其他城市资源的合理配置和公平享用。可从根本上解决城市人群深恶痛绝的不义不公的问题。制度建设总体属于软实力、软环境的建设，软环境的建设可以迅速提升城市其他硬性设施和条件的品质，因此，城市软环境的建设是非常重要的。法治是软环境建设方面的一个核心圈的重要组成部分。城市社会发展需要对城市资源进行动员，要对城市社会加以有效管理、合理控制，非常需要有一定的手段，而法律作为这种手段可以加以保证和反复使用，对城市的塑造是可靠和有功效的。② 从许多发达城市的经验看，哪个城市软件环境比较好，法治环境比较好，这个城市社会的各方面就会发展得比较好，经济发展会比较平稳，治安状况也会比较优良，财富资源分布比较均衡，人与人的关系比较祥和，街区面貌比较美丽，居民的自豪感、幸福感比较强，城市政府受拥戴的程度比较高。

法治化是城市发展、社会进步的现代重要标志。是否具有法治精神是评价一个城市文化先进与否的重要标志之一，所以，加强法治环境的建设已经成为一种全球城市观的共识。经过城市政府和居民多年的不懈努力，法治城市所要求的一些与城市人口与生活密切相关的、城市社会普遍接受的观念也逐渐开始集中化和常识化。比如说"人人平等"的思想，"民主至真至上"的思想，"法权法益"的思想，"天赋自由"的思想、"居者有屋、政府责任，不作为必究"的思想。有了民主法治思想，我们就可以从生活和生命、健康规则层面上来认识城市全部的法律。法律就是一种造福于人、服务于人的规则，法治化水平高，权利义务就界

现代城市法治研究

---

① 广州年鉴编纂委员会编：《广州年鉴 2007》，广州年鉴社 2007 年版。

② ［美］德沃金：《法律帝国》，李常青译，中国大百科全书出版社 1996 年版，第 126 页。

定得很清楚，城市政府、组织和各界别的市民就并行不悖的按规则办事，而不是按命令、服从办事，这种状态，就是城市民主的真实写照，就是城市法治的务实状态，也是城市社会政府与民众、公权与私权、公益与私利相对平衡与和顺的佳景。

第五节　城市法治的制度安排与精神内涵

根据现代定义上的法的本质、法治的理念和我国各级各类城市多年来的法治实践，我们得到的启迪是，对于法治城市的理解，应侧重于对其基本精神内涵的深度挖掘和法治现状的动态分析，也就是说，一个城市是否达到了高度的法治化，要看其城市的现实运转及建设与管理是否在优良法治的框架之内，依法、规范、有序、自觉地进行。除了规范、制度上的设计与安排外，规章条令在城市中的运行与作用，不是唯一靠刚性力量的强制就可以实现预期的。城市的法治还有更为重要的另一个方面，这就是要有法治的属于精神世界的调理与滋养。简言之，是有固本强基、扶元养气作用的城市法治精神，这种精神，以城市人口为集合主体，笼罩在城市上空，流行于城市大街小巷，即使城市突然全部消失了，它却可以奇迹般的生存于某处，一遇适宜的机会，又衍生于世，蓬勃于世，游走于今。

关于城市法治精神的讨论已很深入，而关于它的具体内涵，还需要有一个科学的确定，由于城市法治精神的构建是一个长期的、渐进的过程。因此，在构建城市法治精神的过程中，既不能脱离实际，过于理想地去片面追求高标准，从而使法治城市的创建流于形式；也不能仅仅基于法制宣传的层面去抓法治城市的创建工作，必须在深刻理解城市法治精神内涵的基础上，站在国家法治建设的宏观大局中去探索和实践法治城市的创建工作，才能提高构建城市法治精神的起点和标准，从而提升城市的法治化水平，最终实现法治国家在城市层面的特定法治目标。城市法治精神从属于城市精神，在城市精神的大环境下构建城市法治精神其实跟制度设计与安排是一体的两面。其具体内涵大致应包括：

一、以人为本

以人为本，强调人的本源性、目的性，强调人的独立价值和自由，特别是个人自由和权利。具有法治精神的法治化城市的内涵中首先应该贯彻"以人为本"的理念。人是目的，人是主体，法治化城市为人而生，为人而存，必须高扬人的主体性精神。① 在我国当下的法治实践中，法治的工具性色彩在一些地方依然浓重，"依法治国"在实践中似乎表现更多的是"以法治民"，这与法治的核心价值旨趣背道而驰。② 因此，城市法治精神的构建应立足于增进每一个市民的福祉，而不是仅仅将人作为治理的对象。只有在"以人为本"理念之下，才能发展出尊重和保障人权的良好制度，才能在城市各项事业建设中切实体现和维护每一个人的生命、尊严和自由。只有这样才能真正建成具有亲和力的适合人的生存和发展的法治化城市。

二、人民主权

人民主权，又称主权在民，是指人民掌握国家权力。作为宪政最重要最基础的原则，它主要用以表明国家权力的来源，国家权力与人民的关系问题。城市法治的内在要求是在地方政权建设和权力运行中，时刻遵循并体现"一切权力属于人民"，人民是城市法治精神构建的主人。因此，作为主人的人民的一切实际生活中的合法、合理权益理应受到保护。同时，人民的主权者地位必须和人民能够实际参与国家和地方政治生活、参与重大社会事务的决策联系在一起。人民主权也是法治化城市中人民监督评判政府、防止权力腐败的正当性基础。城市法治精神的构建要求在法治化城市建设过程中应当落实"人民主权"原则，开辟更通畅的渠道，让人民的利益得到及时、充分地表达。任何政府的公共政策的制定、实施，必须向人民公示、请人民听证。法治化城市建设中的法治型政府、服务型政府，必须接受人民监督、回应人民的要求。特别是在代议民主制下，权力的终极所有者和现实享有者分离时，张扬人民主权原则对制

① ［德］古斯塔夫·拉德布鲁赫著：《法律智慧警句集》，舒国滢译，中国法制出版社2001年版，第83—91页。
② 郑永流著：《法治四章》，中国政法大学出版社2002年7月版。

约权力、保障人权显得尤为重要。

三、立法（包括制定公共政策）民主和规范

城市法治精神要求建立起与国家法律法规相配套，与国际通行惯例相衔接，与城市经济和社会持续稳定相一致，与现代化城市管理和维护社会主义市场经济秩序相协调的城市性法规和公共政策体系。

众所周知，立法和制定政策是为一般人创设行为规范，对人们权益和社会秩序的形成影响很大，更为重要的是，法治化城市的地方立法和公共政策制定必须民主和规范。民主是现代立法和政策的正当性基础，只有民主的立法，才能真正落实人民当家作主，制定的法律和政策才能真正代表最广大人民的利益和意志，切实保障城市法律政策的科学性、合理性。只有借助较高民主含量的立法，公民权利的保障和实现才不致被虚置。① 而且，民主和法治是难以分离的两种社会现象，只有民主的立法和政策才能保证其内容的优良、保证法律被大众普遍的信仰和遵守。所谓立法和政策制度的规范，从内容上而言是指其必须在遵守宪法、法律和上位法规的基础上制定，同时结合地方城市特有的经济发展与社会情形来加以合理安排，体现权利保障和最大利益的实现；从程序上而言，则必须确立严格的法规制定程序，确保人民代表的意志能够真正得以体现。法治化城市的立法和政策决不能成为部门争取利益的手段，不考虑人民的切身利益，不尊重民主原则，将立法和政策制定简单当作贯彻政府和领导意图的一种形式。

四、行政高效和民主

行政的生命在于效率，而效率本身又是以行政的合理定位作为基础的。高效的行政要求政府的性质、职能、活动程序等方面必须反映人民的意愿，体现人民的意志。具体而言，城市法治精神的构建要求法治化状态下的城市政府必须具备三个基本特点：

第一，城市政府突出其人民性质。"人民政府"就是要求政府必须是民主的政府，必须体现人民当家作主的制度特质。特别是我国加入 WTO 后，必然对民主提出更高的要求。首先，市场经济体制是保证中国经济

---

① 刘作翔著：《迈向民主与法治的国度》，山东人民出版社 1999 年 6 月版，第 64—66 页。

与世界经济接轨的制度基础，而市场经济的核心即在于它是一种民主的经济形式，在这样一种体制之下，经济活动并不是由政府来决策、决定，更主要的，它是由分散于市场中的千千万万个参与者根据自己的知识、经验来作出独立的判断，从而发挥"看不见的手"对市场的调节作用。其次，即使就政府必须对市场进行宏观调控的角度而言，同样也必须以民主原则作为政府活动的核心。"民主"意味着任何一项重大的政府决策都不是领导者和掌权人随心所欲的产物，它必须在集中众人的智慧和倾听人民的呼声下，通过法定的程序进行。同样，民主也意味着消除歧视、差别，保证国家决策对各地区、各行业以及各种类型的经济组织的平等对待。再者，"加入 WTO"更深远更积极的意义在于激发每个中国人的权利意识和竞争意识，激发他们的市场参与和政治参与意识，这就真正有可能使我国政府特别是城市政府成为一个"民有、民治、民享"的高度民主的政府。城市有着实现民主的优越条件，城市政府理应在履行其人民性方面做出表率。在这方面欧洲和北美许多中小城市的政府最能提供好的范例，即使你是作为一个外乡来的游客，只要进入这些城市的市政厅，就会强烈地感受到民主政府给你的震撼。

第二，城市政府必须是有限政府。"有限政府"是人类进入近代社会以来对政府角色的基本定位，也是政务文化中最为精彩的部分。有限政府的理论本身就是以承认人民的自主、自治地位为前提的，按照这种观念，政府在市场经济体制运作之中，所扮演的主要角色是"守夜人"的角色，政府的功能即在于确保市场的正常运作，并在"市场失灵"时加以调节。总之，限权政府本身就是宪政的本义，而当我们提出建立法治社会同时又强调"宪法至上"时，实际上已经蕴涵着对"有限政府"的期待。这就必须消除原来我们将政府视为"父母官"的角色安排，真正体现人民自治的基本理念。[①]

第三，政府必须是"阳光政府"。"人民政府"的基本含义，还在于政府必须受人民的监督，政府的活动必须公诸于众。严格地说，当"政府"冠上"人民"的头衔时，它不仅仅是以整体的人民概念来取代社会民众的独立判断，更在于它必须体现为任何一个国家权力的拥有者都有对政府活动进行监督的权利。要实现阳光政府的要求，就必须做到：政

---

① ［英］洛克著：《政府论》上卷，商务印书馆 1982 年版，第 88—91 页。

府的重大决策必须向社会公开，一方面这是政府推行其决策的前提，另一方面也有利于人民参政、议政，对保证决策的科学性、民主性也是有益的；具有普遍约束力的规范性文件必须公开，这些规范性文件尤其是政府规章往往直接关系到企业、公民的切身利益，没有公开的规范性文件不应具有约束力；行政行为内容、结果以及行政程序必须公开，这既方便了企业和老百姓办事，又有助于加强对行政机关的监督，减少乃至避免"暗箱操作"；应该顺应信息时代要求，积极推进电子政务。电子政务是政府民主化、科学化的产物，是政务公开和政务效率相结合的产物，符合市场经济发展需要，符合世界发展潮流。总之，法治化城市的行政应当具有职权来源合法、遵循程序、权责一致、民主高效等内涵。城市的文明程度和施政的器物条件及社会公众心理承受能力，使政府的公开化、信息化、民主化运作变得相对易行。民主政治在政务领域其实也应验了一句商业广告词："只要想得到，没有做不到"。政府的政务，在现代条件下没有神秘，无须垄断，最应"阳光"普照。

五、司法公正

城市法治和法治精神的构建，要求司法活动以公正为中心。司法机关被人们看作是公正的化身，司法审判机构在人们心目中是正义的殿堂，或者说是社会实现公平正义的最后屏障。[①] 如果司法机关不能做到公正，那么社会就再无公正可言了，因此，司法应是现代城市中和平化解社会纷争、维护公民权利、制约权力的最具权威和重要的力量。具有高度的公信力的公正司法应是城市法治及法治精神构建的重要内涵。所以，司法文化是城市法治精神中最富有专门化、职业化特性的精神要素，它对于整个城市法治精神有巨大的牵引作用。

司法公正首先必须依法保障人民法院、人民检察院独立行使审判权、检察权，这是宪法上的规定，也是城市宪政的结构性条件，只有坚守这一点，才能在城市里使司法机关真正做到只服从法律。同时，在审判独立问题上，还必须明确上、下级法院之间是监督与被监督的关系而非领导与被领导的关系，上级法院不得直接指示下级法院如何作出判决；其次，要确立公正、中立的司法体制，实行对抗制的诉讼模式，改革原有

① ［英］詹宁斯著：《法与宪法》，龚祥瑞、侯健译，三联书店 1997 年版，第 89—90 页。

法院主导诉讼的状况，真正使当事人能够参与程序，影响程序；再者，要确保当事人在法庭中的诉讼权利平等，法院不得偏袒任何当事人一方，必须给予双方同等的诉讼权利与诉讼义务；最后，司法公正还表现为必须设立合理有效的纠错机制，为当事人寻求法律救济提供途径。为此，必须真正发挥上诉、申诉制度的作用，为人们提供维护自己合法权益的司法手段。司法机构集中在城市，它既是城市生活中政治气息、法律精神、法治思想的主要生产地，又是法治在城市的影响和作用的表现之所在。司法活动如何进行，是城市法治状态的表象，决定着城市法治的优劣和水平的高低。

六、建立完备的法律服务体系

城市法治及法治精神构建，要求必须建立完备精良的法律服务社会体系，拥有健全和完善的律师、公证、仲裁、司法鉴定等制度和机构，满足城市经济建设、社会生活等各方面对法律服务的需求。特别是保证律师在提供法律建议、维护当事人合法权益方面的特殊作用；律师的职业自由被认为是国际社会公认的法治的要件之一。法治化城市应有完善的法律援助制度，保证广大弱势群体和贫困人口同样能得到律师的帮助，确保诉讼中"武器"的平等；应加强基层法律服务建设，提高法律服务队伍的整体水平，真正实现"把法律交给市民"的目标。

七、普遍的守法状态和全社会良好的法律意识

城市法治不仅要求有良好、健全的法律体系、制度规范，同时还包括法律得到普遍的遵守。并且，人们守法不仅仅是出于对法律的畏惧或功利的考虑，而是内省式的守法，是基于对法律的价值认同和信仰，即法律的要求内化为主体自觉的行为方式的选择，从而保证法律发挥着实质效力。从政府机构、官员到普通市民良好的法律意识、执著的法律信仰，自觉守法、用法甚至护法，是构建城市法治及法治精神的应有内涵。要做到这一点，城市的领导者和建设者要有意识将法律像一块方糖溶入一杯水中一样，让"法治化生存"成为都市公民的基本生存状态。"法治化生存"的第一要义是法律能够维护社会的正常运转，包括法律足以维护公民正常地行使自己的权利，而不只是法治社会的"点缀"，特别是公民的权利能够免受权力的侵害；其次，法治介入社会生活的方方面面，面对社会之间、个人之

间的各种冲突，人们最终愿意选择由法律进行"裁决"；第三是法律足以与社会道德、社会权力构成一个和谐有序的治理结构。① 在我们向城市化迈进的过程中，法律渐渐地成为广大老百姓保护自己合法权益的工具，是人民权利的守护神。这一权利体系不仅仅可以防止其他公民在行使个人权利时对自己权利的侵害，而且足以与国家权力相平衡。现代社会，"法治化生存"成为公民崇尚的新的生存模式，都市人与法律开始了"亲密接触"。总之，社会的发展必然产生新的行为模式，法治的深入使都市人产生了新的"规矩"，"法治化生存"成为都市公民的基本生存状态。即便是有许多新的城外移民进入城市生活，他们也会积极主动地接受和适应这种法治化生存态势，进而无限扩大着这种生存范围。

八、个人的主体性地位强化，权利意识具有了独特的内容

主体性主要指人作为活动主体在对客体的作用过程中所表现出来的能动性、自主性和自为性。② 城市文化首先打造的是现代化的主体——"人"，缺少了人的现代化，城市法治现代化就等于零，法治现代化可以极大地促进人的现代化。在最早的城市法生活状态下，法律曾是市民畏惧之术、城市居民曾经逃脱不了作为法律专政"对象"的命运。法律的主要功效曾用于镇压市民的反抗，但后来法律作为在城市社会的发展过程中发生了变化，这就是人已不再是法律专政的"对象"，法渐渐地成为普通老百姓的"工具"，成为每个人的武器与"保护伞"，个人的权利意识增强，使得个人已经能够成为单独的活动主体或者社会的主体单位而存在。

城市居民也不再是权力的"奴隶"。人们已经意识到了权利不是别人给予的，而是大自然的赐予与恩赐，权利与权力的关系不再是权力决定权利，而是权力来源于权利的授予，权力必须接受权利的监督与制约。因此，人已经从权力的枷锁中解放出来，公民权利不再是国家权力的奴婢。③ 权力与权利的哲学解读，在城市公民中间不胫而走，影响了一个又一个的城市风尚与习惯。由此引出另一个话题，城市法治新潮观念的链接与共鸣，能够在城市与城市的友好往来中发展出一种类似共同体的城

---

① 刘作翔著：《迈向民主与法治的国度》，山东人民出版社1999年版，第192—194页。

② ［德］康德著：《历史理性批判文集》，何兆武译，商务印书馆1997年版。

③ ［德］古斯塔夫·拉德布鲁赫著：《法律智慧警句集》，舒国滢译，中国法制出版社2001年版，第114页。

市法治精神内涵。

　　事实上，城市的发展使得城市居民具有更宽广的胸怀，城市的法律更要率先拥有世界情怀。中国的城市早年已经从闭关守国的封锁状态走进了改革开放的新时代，在这个过程中，我们已经不再停留于研究了解外国的法律的学习阶段，吸收西方法律中对我国有益的部分，使我们的法律与法治更多的具备现代的色彩。在经济全球化的背景下，我国法律与世界法律有了前所未有的接触和"融合"。我国法律的世界情怀最突出地表现在加入 WTO 后，各类法律，特别是经贸方面的法律、法规与世界的接轨以及我国的立法对世界法律的借鉴，当然，这种融合并不是一方"吞并"或者"同化"另一方，而是在保持两者独立性基础上的统一，即"对立统一"。这种统一性具体表现在两个方面：一是两者相互依赖，任何一方皆不可孤立地存在与发展；二是两者之间的相互贯通性，这又表现为两者的相互渗透。我国城市的开放性使许多城市具有了国际都市的风韵。城市的国际化激活了城市法治中的多种世界要素和全球元素。城市法治需要与国际法律与惯例联通、接轨，这也是提升我国城市法律治理水平的一个良机。

　　城市法律的世界情怀，表明了城市居民心胸的开阔，表明了社会主义社会完全可以吸收、借鉴资本主义社会有用的文明与制度，这是社会主义法律制度史上的重大的思想观念的转变，这一转变标志着城市和城市法律文化以及居民意识的成熟。"宽广的法律情怀"必将给城市的社会主义法治现代化建设提供更加坚实的心理素质与法律文化内涵。

第六节　城市法治精神的基本要件

　　城市法治在制度建设、机构设置、落实目标、明确目的的内涵基础上，在城市思想文化建设的精神平台上筹划一种以法为荣，依法而治的城市与市民的集体意识，这是十分重要的。法治绝非是一种依制度画葫芦的样板式活动。法治与法制的历史与现实的重大区别就在于理念上的迥然不同。坚持法治而不权限于法制，就是要把合乎现代法律本质精神的部分突出放大，使之成为一种指导城市生活中法律与制度理性运作的哲学，一种精神的力量。所以，我们愿意把城市法治与城市法治精神一概而论。借用两千多年前古罗马皇帝马可·奥勒留在人生感悟《沉思录》中的一句名言："环顾历史，那些赫赫有名的人物都到哪里去了？他们像一股青烟消失了。"法律何尝不是跟这里的人物一样，岁月流逝，显赫一时半会儿的具体法条法款也许会"迅速落入忘川"，而唯有超然于法律实务之上的法治精神，才是真正千年不朽的。所以，一个有深邃思想和眼光的城市，在营建城市法治机制时，更应注重塑造城市的法治精神。

法治化城市需要城市法治精神的支持和保障，而法治的城市为城市法治精神的构建提供了良好的环境。在不断构建城市法治精神的情况下，法治城市要为其提供诸多的要件以支持城市法治精神的构建，其主要要件包括：

一、有序化是城市法治精神构建的前提性要件

有序是法律基本价值之一，也是构建城市法治精神的前提要件。法律即规则。法律规范的功能就在于使社会生活纳入良性的轨道，保障经济、社会的有序发展、协调发展，而这种功能是通过其公开、透明的特性，使社会主体可感知、可预测，从而自觉信守规范来实现法律。城市无法治或法治化程度低下，必然出现生活无序、市场混乱、经济失调、权能失衡、社会动荡的局面。由此可知，有序指的是全部城市生活领域的有序，是构建城市法治精神的前提性要件，是提高城市竞争力的基础要素、前提要素。当前，对刚刚转入市场经济轨道的我国的一些城市来说，尤其需要整顿市场秩序，规范市场行为，完善法人治理机制，确保有序竞争，以树立有序化城市的优良形象，为构建城市法治精神提供良好的秩序化要件。有序对城市而言，对城市的法治而言，其重要性怎么强调都不为过。城市对金融资金、对技术和人才、对商机和消费购物群，对物流、人流、思想意识流都有吸附和散发功能作用。有序，则人进，财进；无序，则人退、财退。城市的繁荣兴旺，时来运转，往往是在有序和无序转换的过程中突然发生的。温州、汕头等城市提供过经验教训和实践证明。现代百业、当下人流，何去何从，带旺何地，首选的条件就是有序的市面、平安的场景，创业的力量总是与有序的城市攀亲结缘的。所以，有序是城市法治精神的前提要件。

二、公信度是构建城市法治精神的实质性要件

公信度是城市法治化的实质性要件。公信是一个包含公正、公开、公平、公道、威信、诚信、信用之意的综合性概念。同有序一样，公正也是法治的基本价值之一。法律的目的就是为了公正地制订规则，公开地公布规则，公平地遵循规则，公道地执行规则，一切法律关系的主体都要信守诚信、信用的原则，当法律关系主体违反法律时，公开地予以矫正与制裁。唯其如此，法律才是有公正性、权威性、公信性的。城市，对于初来乍到的人来讲，其实是个陌生人的世界。人与人之间的信任缺失，社会心理的信任恐慌极容易诱发蔓延开去。一个失真的信息，一个错位的提示，一个谎言都会让一个范围的生活失控造成社区乱象，城市生活的脆弱度由此反映出来。城市依靠法律与法治，目的在于重建城市人口相互的信任，守信乃是法律生活设置的一道门槛。

城市的法律呈现多样性，因而要求法制的高度统一，这有赖于法治的公正与威信。只有公正，才能统一，即各领域法律关系及其权利义务配置统一于公正，各个地域的立法与执法统一于公正。不公正，必然产生社会主体自选标准、自立规则、各行其是、各自为政的种种不统一。不统一的法制必然失去权威，缺乏信用。有序并不必然导致公正，但公正必然促进有序，化无序为有序。可见，通过法治的公信度来提高城市的公信度是一个重要的途径。由此而论，公信度自然可以成为城市法治精神的实质性要求。

三、高效率是构建城市法治精神的形式性要件

效率本身就是法律的基本价值之一。法律的规则，表面上似乎是约束方方面面的框框，实质是引诱人们的意识与行为沿着人类理性社会需求的良性轨道前行。只有多数人遵从多数人的法则，才有社会性的效率。法治在实现人类社会效率最大化方面具有其他任何规范所不具有的优势。

要构建城市法治精神，就要提高城市的社会效率。因为，经济一体化大潮中，如果其他社会资源配置大致相仿，效率的高低就将成为人们评估、判断城市竞争力的首选目标。为此，必须提高法治内涵的效率，即法治机制。

在法治化城市中，法治精神与法治原则几乎渗透一切领域，提高了

法治效率，必然提高物流、人流、经济流等的效率，从而全面提高城市生活的效率。为此，又必须填补法治领域的缺口与空白，清除阻碍提高效率的人为障碍，克服因情势变更而出现的新情况、新问题等的客观性障碍。法治效率的提高促进了经济与社会效率的提高，反过来又促进了法治效率的提高，这是一个多角度的，互相感应的城市法治精神的形式要件。

四、民主性与自由度是构建城市法治精神的保障性要件

追求民主与自由，也是法律的基本价值。法治的实质是民治，法治是对人治的否定，是对民主的确定，是对人性的张扬和人权的保护，是对自由选择的界定和保护。法治城市应该充满着民主的氛围、民主的制度、民主的原则、民主的程序、民主的方法、民主的意识、民主的人际关系和民主的城市形象。

自由是民主权利的行使，是行使权利的意志选择，是人权的基本体现。法治城市理应弥漫着自由的意味，议政的自由，市场交易行为的自由，人流、物流、资金流、信息流等的自由，是一个城市自由度的体现和标志。

法治必须确保城市的民主性和自由度，民主性越强，自由度越大，意味着法治化水平越高。因此，民主性和自由度是构建城市法治精神的保障性要件。

五、国家法制的统一是城市法治精神构建的重要的依据

城市法治实质上是整个国家制度设计的重要组成部分，首先体现为一种区域性较强的制度形态。创建法治城市，只是国家法治建设整体工程的有机组成部分，是以国家的法治建设为大背景、为参照的，应当在国家现有法律制度的总体框架内推进。因此，开展法治城市创建活动，首要的任务就是要确保国家的各项法律、法规在城市中得到切实的贯彻、落实，按照国家的法律法规规范城市的管理。法制的统一实质上是国家统一的精髓。地方上所有的制度创新和体制创新，必须在国家法律许可的范围内进行，不能突破现有的法律框架搞改革，不能在没有相应的法律的规定下搞体制创新。

六、法治政府建设水平是衡量城市法治精神构建的指向标

政府是国家法律的主要执行者和城市经济、社会的主要管理者，城市法治精神的风范与品味，要体现在政府这一精神主体上。城市政府是城市法治的直观形象，其职能定位是否合理、执法水平的高低和依法办事的能力是衡量一个地区法治化水平的主要尺度。这里面，需要重点考察以下几个方面的问题：一是政府职能定位是否合理，是否真正做到了政企分开、政事分开，管办分开；二是政府决策的科学化、民主化水平；三是政府执法体制是否完善，执法监督是否有力；四是政府政务公开水平和行政透明度以及公民对政府工作的知情权、参与权和监督权方面的保障程度。

七、良好的社会法治环境是城市法治精神构建的大平台

法治国家是以成熟和发达的市民社会为基础的，法治在某种程度上就是民治的制度化、程序化和规范化，① 是国家、社会和个人三者之间利益和活动范围的合理配置。法治城市也必须以城市社会管理和调节功能的相对完善为基础。没有相对完善的社会法治环境，法治城市只能成为无源之水，无本之木。社会法治环境主要包括以下几个因素：一是社会自治组织的发育程度。社会自治组织作为连接市民与政府的桥梁和纽带，其作用发挥得如何，实际上决定了一个城市的社会管理水平。二是城市公共安全体系建设。这虽然是政府的一项基本职能，但同时也是城市社会法治环境的一个重要方面，它直接关系到城市的社会稳定和社会和谐。三是法律服务水平。一个法治的城市，必须有相对成熟的法律服务体系和发达的法律服务市场以及一套健全的法律援助机制。

八、法治心理结构是城市法治精神构建的社会思想基础

在我们这样一个主要依靠政府推进法治建设，法治传统相对缺乏，法治的社会思想基础相对薄弱的国家，提高城市广大市民的法律素质，使他们真正从思想上认同法治，在日常生活中养成依法办事的习惯，具有特别重要的意义。市民法律素质的高低与城市法治化水平之间存在着

现代城市法治研究

---

① 华友根：《庞德的社会法学在中国的影响》，《政治与法律》，1993 第 5 期。

一种相互依存的关系，提高城市法治化水平一方面要以提高市民法律素质为基础，同时也有助于市民法治观念的树立和法治行为的养成。

第七节　构建城市法治精神的原则和理念

作为一种治国模式的现代法治，其内涵是极其复杂的，远非一个简短的定义所能包容。它体现的是一种治国的价值选择，即追求良法的统治和对公民权利及社会利益的保障，而非对法的工具主义诉求。

按照什么样的理念去进行法治化建设，这是非常重要的。理念不同，出来的结果就会不一样。城市法治精神不仅包含了法律制度的工具性，也包括了城市法治的目的性，最重要的是法治的价值——对公权力的制约，法律形成对公权力的制约表明了社会的先进性。

城市法治精神的构建要求实现对公权力的法律性制约。法治就是要求公权力按照法律办事，运用法律的手段性作用制约公权力，把公权力限定在为人民服务的理念之内，这样才能带来城市社会的稳定、健康、和谐发展，才能保证城市社会的长治久安。

城市法治化要求一个建构法律秩序并且自身受到法律秩序约束的法治政府。法治的实质是秩序，人们需要法律是因为人们需要秩序。法律建立了秩序并且维持着秩序，人们在法律秩序下能够满足需求并且获得利益保障。当然同时法律也约束着人们非分的欲望并控制着违法的行为。所以，法律秩序实际上设置了社会发展轨道，引领着社会有序地发展。社会正是通过法律秩序得到协调，获得发展。所以，秩序对于法治非常重要。这里必须强调的是，秩序一旦建立运行，所有的人都应受到约束，无论公民、法人还是政府、机构。政府机构既是秩序的建立者，也是秩序的遵循者。对于建立法治城市来说，城市法治化强调政府以法治精神确定的原则、规则、模式和手段来主导城市的各种活动，因此，政府遵循规则、秩序要比公民遵循规则、秩序更为重要。只有政府率先遵守秩序，秩序才有权威。如果政府可以随意违反法律，任意修改法律，那就很难建立法治城市所需要的秩序。因此，在这个意义上，"没有法治政府也就没有法治城市。而实际上更为重要的是政府行为受到规范，有利于政府减少盲目和随意的行为，有利于决策趋向睿智和理性"。① 社会管理是多元化的，不只是政府这一家，关键还是政府让应该属于社会的这一部分回归社会。政府的职能有限，它的责任也应该是有限的。人大、各社会组织也应该发挥作用。政府与社会也不只是管理与被管理关系。各个社会个体都应该发挥作用，这样社会才能更好发展，调整诸多社会关系靠的就是法律。

城市法治化追求的是发展的协调而不是发展的速度。法律一定要在社会生活中产生效果，这个才是法治状态。建设法治城市的目的是为了城市发展，而法治追求的是发展的协调，它是通过表达利益诉求和协调利益纷争，在整体上推动经济发展进步的。在社会实际中，真正实行法治的话，可能要以牺牲短期的经济增长速度和局部的经济发展利益为代价。所以，建设法治城市要着眼于城市整体的发展和长远的利益，不能只考虑到局部的发展和眼前利益，要着力追求发展的协调，而不是单纯追求发展的速度。所以，一个真正法治化的城市其发展不一定是快的，但一定是稳的，而稳的发展最终一定是又好又快的发展。

法治化强调的是法律的效用而不是法律的数量。法治社会要求有法有治，目前法有余、治不力现象困扰着我国法治建设进程。建设城市法治需要立法，但是，法律并非越多越好，关键在于法律必须运作有效，能够无障碍地得到遵守与执行。所以，在建设城市法治时，应当接受立法节制这一新的理念，法治建设工作重点应当放在促进法律有效方面。

法治化是一个逐步推进的历史进程。罗马不是一天就建成的，建设法治城市亦然。世界城市法治化进程，长则超过百年，例如纽约、伦敦；短的也有近50年的历史，例如新加坡、香港。虽然我国内地一些先进城市已有一定法治基础，但是大力建设城市法治仍然需要时间。因为法治建设是一个庞大的系统工程，需要综合考虑，统一筹划，重点部署，逐步推进。

以上五个方面反映了一个成熟的城市法治社会的意识构成全景，这对于我国城市来讲，并非是遥不可及的。构建城市法治精神在我国具有

① ［美］庞德著：《通过法律的社会控制、法律的任务》，沈宗灵、董世忠译，商务印书馆1984年版，第7—10页。

充分的现实可行性，这一点我们需要有充分的信心。我国《关于在公民中开展法制宣传教育的第五个五年规划》中，明确提出了"要在全国开展社会主义法治城市、法治县（市、区）创建活动"的工作要求，这在我国法制宣传教育的历史进程中还是首次，这充分体现了党和政府对于法律制度建设的重视，也说明了法治和法律文化、法治精神在社会生活中的重要性。

第八节　我国现阶段法治建设现状

一、我国法治创建实践成效

事实上，在我国不少政治、经济较发达的地区，"四五"普法期间就已经开始了城市法治的创建实践，并取得了显著成效，积累了一定的实践经验。构建城市法治精神，实际上是二十年普法的必然结果，是落实"五五"普法规划的具体措施，是依法治国依法治市的具体实践，也是构建和谐城市社会的客观要求。

（一）20 年普法为构建城市法治精神奠定了重要的思想基础

从 1986 年至今，我国已实施了四个普法五年规划，目前正在实施第五个五年规划。通过 20 多年的普法教育，我国的宪法和基本法律得到了广泛宣传，广大干部群众学法用法的自觉性不断增强，初步实现了从启蒙教育到提高以领导干部为重点的全民法律素质的跨越，初步实现了由注重依靠行政手段管理向注重依靠法律手段管理，进而提高全社会法治化管理水平的跨越，初步实现了从单一普法向全面推进依法治理实践的跨越。普法教育无论在规模、内容和形式上，在推进依法治国、建设社会主义法治国家的历史进程中，都起到了重要的基础性作用。目前，全国上下能够普遍接受并一致认同依法治国的基本方略，正是得益于普法教育的广泛开展。回顾我国普法教育的进程，我们不难得出这样的结论，普法教育是法治城市创建的重要思想基础。在今后一个相当长的历史时期，普法工作还应得到进一步的重视和加强。构建城市法治精神将因普法工作的深化更加受到重视，更加深入人心，其发展空间也将更加开阔。

（二）依法治理为构建城市法治精神提供了丰富的实践经验

我国绝大多数省（区、市）早在实施"二五"或"三五"普法规划时期就开展了依法治理工作，10余年来，作为普法教育的生动法治实践，各地深入开展地方、行业、基层的依法治理工作，在立法、司法、依法行政、法律监督、法律服务、行业治理和基层民主政治建设等方面进行了广泛而卓有成效的探索和实践，依法治省、依法治区、依法治市等等活动如火如荼，硕果累累。由于城市是我国社会管理的最重要层面，依法治理活动的深入开展对"法治城市"的创建活动具有极其重要的实践意义。可以说，构建城市法治精神在实质上就是依法治理的结果和目的，我们正是基于实施了若干个依法治理规划，积累了丰富的实践经验，才使得我们积极开展法治城市的创建，以期进一步推进城市的法治化进程，从而通过法治城市的引导和辐射作用，推动建设社会主义法治国家进程。

（三）构建和谐社会使构建城市法治精神具有鲜明的时代特征

民主与法治是和谐社会的基本特征，也是调节各种利益关系，维护社会公平与正义，构建和谐社会的重要保证。城市是国家的缩影，开展构建城市法治精神，推进城市的法治化进程，是一个城市实现政治、经济、社会、文化协调和可持续发展，不断提升城市综合竞争力的有力保障。因此，构建和谐社会的时代主旋律，也使城市法治精神的构建工作更加具有了鲜明的时代特征，成为依法治国、建设社会主义法治国家的重要环节。

二、法制建设面临的挑战

法治是一种"法律至上"、"法律主治"的社会状态。伴随着改革开放，中国开始了法治化的进程。法律法规的不断健全、公民权利开始愈来愈多的受到关注、执法队伍执法能力的不断提高等都是法治化建设的成果。但是中国法治化仍然困难重重，法律体系不完备、理论不完善、全民的法律意识比较淡薄、国家的法律整体建设有待加强等等，这些都对城市法治精神的构建带来了一定的影响。因此，要构建良好的城市法治精神体系，就有必要对构建城市法治精神过程中出现的问题进行探究，尤其要对困难的存在有足够的认知。主要的困难有：

（一）公民法律意识淡薄，仍然阻碍着城市法治化的进程

在我国，现代意义上的法治一直被认为是属于从西方引进来的，缺

少本土文化资源为基础，甚至和本土文化中某些部分相矛盾。也就是说，公民思想一开始就缺少现代法治文化的润泽，且法治文化的培养又非一蹴而就的事情。法律意识要求包含的法律权力意识、法律权利与义务意识在中国公众的思想中无法完整的找到。这主要表现在：（1）在政府内、党内，某些人员人治观念严重，自律意识不够，工作中常视法律而不顾。腐败、违法现象长期存在；（2）司法工作人员的法律服务意识不足，公正意识不到位，执法工作中也常忽视法律的效率要求；（3）其他社会公众对宪法认识不清，长期缺少主体意识、平等意识、权利与义务意识、参与意识和民主意识；（4）世代相传的法律虚无意识，使得人们对法律体系的健全和法治的重大进程，或多或少地表现出冷眼观望的态度，法治进程也因缺乏民众参与而受阻；（5）人情对法的侵蚀，使民众的规范意识淡薄。

（二）法律、法规仍不健全，且缺少一整套完备的法律运作机制

近年来，由于法律法规不够到位，在对社会问题整治中，法律空白大量显现；随着经济的发展，特别是加入 WTO 以后，法律滞后、与时不适也不断体现出来；许多法律缺少相应的运行保障。规范是有了，但是执行问题又没有得到解决。

（三）法治理论研究与实践相脱节

一些学者在作理论研究的时候，没有很好地从事实际的调研工作，靠搜集一些报刊信息，凭此作为事实依据来进行故作高深的理论研究与创作。如今，许多法治理论中忽视了对法治行为研究的部分；一些有可实践性的法治化理论又被仅仅当作学术成果用作圈内的一般性交流，没有真正起到实际效果。理论无法真正发挥指导实践的作用，致使表面上我国法治化理论超前繁荣，而实践中还是存在两张皮的问题。此外，在一些法治理论中甚至拥有一些含糊不清的思想认识，不但不能够起到推动法治化的作用，反而带来一些信息杂乱，相互减损的负面影响，阻碍城市社会的法治化。

（四）政府推进法治与权力制约存在冲突

长期以来，我国主要靠政策调整政权活动，这在特定条件下是有成效的。但改革开放改变了封闭的社会结构后，长期的法治理论缺失，着实让我们在建立与社会发展配套的民主与法律制度时，显得漏洞较多，

应对忙乱。迄今为止，法律在规制国家和城市政治生活、经济文化生活方面还难有作为，这从一定程度上导致了公法与私权利存在着一种无形中的紧张关系，使政府在推行法治的进程中不得不考虑寻求权力上的支撑。在面对现有社会条件，寻求推进法治途径时，我们发现自己仍然没有选择的余地。就目前而言，推进法治的现实方案不外三种：第一，强调强权国家在法治建构中的主导地位，法治前景在很大程度上取决于政府对法制目标和实现步骤的战略设计与思考，取决于国家意志从整体上设计出立足于我国国情条件的切实可行的发展方案。第二，以政府进行法制改革为主导，辅之以社会推进。第三，把法治视为渐进过程，利用本土资源，重视社会活动中形成的习俗、传统。显然以上方案都明确了权力推进法治的必要形式。① 在第三种说法中虽然没有对权力的直接确认，但明确指出了最重要的是政治资源，即对政府推进法治予以肯定。看来由政府推进法治仍然是现实答案。这就加剧了我们的矛盾心理，从现实需要看，不得不利用政府的力量实现法治秩序，就历史教训看，又不能不担心法制和法治由此走形变异。

（五）等级秩序

传统的等级制度，在现代中国已失去了法理基础，各级官员都是人民的公仆，应全心全意为人民服务。但是，在实际生活中，等级传统仍无形地影响着人们的行为。一些官员声色犬马，对上唯唯诺诺，对下盛气凌人，更有甚者，少数官员恣意侵犯公民合法权益，动辄放言"这地方我说了算"，"我的话就是法"，"不服你告去"。遇此类专横官员，平头百姓往往以认命自慰；有不服命者，上告上访，惊动高层，幸得领导批示，然后，各级官员迅速行动，问题得以解决。这类现象的发生，原因固然复杂，但等级传统显然仍在起作用，而这与法治的要求相去甚远。

（六）关系社会

办事讲关系，也许并非中国特有的传统，但中国人重情面、讲关系则是不争的事实。对此，有的学者认为，中国的小农经济造成的人们生活地域的狭窄，导致我国社会成为"熟人社会"；有的学者认为，以家庭为基本的生产、生活单元而形成的家族宗法制度，为关系社会提供了社

① 孙笑侠等著：《沙漠地方法治进程研究》，浙江人民出版社 2001 年版。

会条件；而儒家学说所主张的"忠、孝、信、义"则为关系社会、情面情节提供了思想意识上的依托。在中国的传统政治文化和法文化中，桃园结义、同富同贵被奉为人际关系经典，"父为子隐，子为父隐"被视为天经地义。官场上讲的是世交、同乡、兄弟，而不是法治。在当代中国，虽然中央三令五申，禁止用公款请客送礼，禁止跑官要官，禁止官员家属、亲友、部下利用关系谋取不当利益，但收效不大。近些年来，打官司变成打关系，已成为司法腐败的典型现象之一。而这种关系社会、情面情节与法治是根本不相容的①。

（七）市场经济尚未充分发展

在一个法治理念和法治精神远未形成并得到广泛认同的社会中，法治总是不得不凭借各种形式寻求生存和成长的因素，不论是马克思对商品经济的经典分析，还是西方商品经济发展的历程都给人以足够的启示：商品经济是培植法治的沃土，是法治的经济基础和决定因素。（1）法治需要以民主和法治的社会意识作为其文化基础，而唯有商品经济才能孕育出民主和法治的社会意识。这种民主和法治的意识主要有"社会契约观念"、"政治市场观念"、"思想市场观念"、"主体意识"、"权利观念"和"平等自由观念"；（2）商品经济解决了法治的基本制度框架：保护自由平等和限制、约束国家权力的宪法、民法、行政法和诉讼法等都是以商品正义为价值基础的；（3）法治的实现程度取决于商品经济的发展程度，而我国目前商品经济落后，政府干预企业仍未解决，民众的独立意识、主体意识、权利意识和民主意识、契约精神和法治观念尚未完全形成；还存在高度的权力垄断；企业竞争力较弱等等。随着我国政府加入世贸组织，市场逐渐由国内扩大到国外，然而由于国内市场基础不雄厚，技术资金等方面满足不了国际市场的需求，同时国内法律规则与国际贸易规则及其价值观念，认识与操作方面的差距，限制着我国市场经济的快速，成熟发展，而市场经济得不到充分的完善发展，法治就不会有根深蒂固的经济基础。②

（八）宪政机制未建立

近代中国以来的宪政充满了艰难和痛苦，民主宪政的缺位是我国在近

---

① 《法治与人治问题讨论集》，社会科学文献出版社 2002 年 4 月版。
② 郑永流著：《法治四章》，中国政法大学出版社 2002 年 7 月版。

代落后的根本原因，从晚清到国民党的历代政府始终没有在民主参政的道路上迈出有决定意义的一步，新中国建立后我们最大的失误在于始终没有摆脱人治的困扰。没有从思想上真正认识到建立和实行民主宪政是我们社会和国家的唯一政治选择。我国多次制定和修改国家宪法却没按宪法所确立的机制组织社会和国家的生活，宪法的根本机制未真正运作，未建立宪政机制，宪法最大权威受到威胁，其根本原因也是缺乏宪政程序，宪政是宪法的生命，是活的宪法，没有宪政机制，宪法等于一张白纸。以至于在我国出现：违犯刑法是犯罪，违犯宪法则无事的怪现象。

（九）缺乏司法独立与司法公正

司法独立是法治的一个重要原则与要求。没有司法独立难以实现法治，而我国宪法虽没规定司法独立，但是规定了"人民法院依照法律规定独立行使审判权，不受行政机关社会团体和个人的干涉"，但是实践操作中人民法院却受着方方面面制约。审判制度地方化、行政化使法院院长任命由党委考核提名，人民法院向地方党委请示汇报，一旦当党委或政府有某项不符法律要求时，面对这种要求人民法院怎能独立行使审判权？倘若满足权力则必然失去司法公正，倘若追求公正则必然影响自身生存，人民法院在如此狭缝中成长，难以建立起法治的参天大厦。①

以上列举的九个方面的困难，既是法治实际的困难，也是困扰法律意识形态的社会文化难题。城市中的法治或许困难的严重程序会减轻一些，但从精神内涵和文化心理困扰层面上讲，或许问题更多。它们构成了城市法治精神的弱项，使城市社会心理与城市法治产生隔阂和距离。城市法治精神的补充和滋养，应从上述这几个方面着力。

第九节　构建城市法治精神的基本措施

法治精神的构建是建设法治城市的精神因素和力量的支持，为进一步促进城市的现代化建设提供了法律的推动力。构建城市法治精神是一

① 李步云著：《走向法治》，湖南人民出版社 1998 年版，第 14—17 页。

项全局性、长期性的系统工程，必须在城市党组织和政府的领导下，发挥各方面积极性，积极推进，形成城市社会各方广泛参与的齐抓共管、协力推进的工作格局。

法治作为一种治国治市方略和治国治市模式，不仅受着物质生活条件的制约，而且受着传统文化、现实的政法体制以及法律人才等诸多因素的影响，因此，法治精神的构建理应成为法治城市建设是一个系统工程，这就要求在系统工程的建设过程中，必须把物质文明建设与精神文明建设结合起来；把体制改革与人才培养结合起来；把加强党的领导与改善党的领导结合起来；把加强立法，提高立法质量，与严格执法和公正司法结合起来；把权力机关的监督、专门机关的监督与社会监督、舆论监督结合起来；把普法和提高公民的法律素质与培养专门法律人才，发挥法律专家的作用结合起来，多方面有效地推进城市法治精神的构建。总结我国城市法治精神凝炼的一般做法是：

一、塑造城市精神为构建城市法治精神提供全方位的文化支持

城市精神是一个城市发展的灵魂，它体现民族精神，反映时代的要求，是在长期的历史发展过程中逐步积淀而成的。城市精神是凝聚人心、展示城市形象和城市文明程度的重要内容，而城市法治精神是城市精神的重要组成部分，是城市精神在法治轨道上的具体体现，对城市精神的创新和完善发挥着保障作用。进一步说，城市法治精神的自我创新、发展和完善不断地丰富着城市精神，为城市精神的建设增添活力。因此，城市精神塑造与城市法治精神构建具有内在的互动关系，具体表现在：（1）城市精神的塑造与城市法治精神构建相辅相成、同步发展。城市精神塑造是城市法治精神构建的内在品格和素质要求；城市法治精神的构建是城市精神塑造的重要内容，城市精神塑造与城市法治化建设同步发展。（2）城市精神的塑造需要城市法治化的支持。城市法治化为城市精神的塑造提供动力支持；城市法治化为城市精神的塑造提供各种援助；城市法治化为城市精神的塑造提供保障；城市法治化的过程也是城市精神塑造的过程。（3）城市法治化建设同样需要城市精神的支持。城市精神的塑造可以通过对人的塑造实现对城市社会的控制，城市精神的塑造对城市法治化建设具有明显的评判功能，城市精神的塑造对城市

法治化具有多方面的维护功能。实现城市精神与城市法治化的内在互动关系，有利于两者协调发展，对于城市的和谐发展具有重要的支持功能。

二、通过立法创新从源头保障社会正义

立法活动是法治精神内涵的源头，它决定着某种法治精神的初始形态。好的立法，像一个好的胚胎，它的将来是可以作美好的期许的。如何在立法源头上保证法治精神的优质品性呢？

首先，立法应当与国际接轨。由于我国已加入了WTO，我国的经济、法律已融入国际背景，WTO的原则和规则已初步纳入我国的法制制度系统，因此，当前我国在市场经济规则立法方面与国际接轨相对比较成功。但在人权领域特别是权利保障方面，我国立法就显得相对滞后一些。作为联合国常任理事国，《世界人权宣言》当然适用于我国，同时我国还是《经济、社会、文化权利国际公约》和《公民权利及政治权利国际公约》的签字国。2001年第九届全国人大常委会第20次会议决定批准我国加入《经济、社会、文化权利国际公约》，《公民权利及政治权利国际公约》的批准也已提上议事日程。因此，我国作为负责任的文明大国，应当积极履行国际承诺，把国际人权法的内容和精神转化到国内法中。因此，在涉及人权保障的立法方面，应当改变传统的"安全高于人权"模式，采取"安全与人权并重"模式，并逐步过渡到"人权优先"的模式。在宪法中确立罢工自由、迁徙自由等基本人权，取消具体法律对公民宪法基本权利的不合理限制，同时应按照国际公认的不得以牺牲司法公正或威胁基本人权为代价而换取控制犯罪或建立秩序的原则，来调整或部分重塑我国刑事诉讼的理念和制度。[1]

其次，必须制定良法。"良好的法律"一直是人们所向往的目标，指的是体现公平、正义精神与理性价值的法律。它要求立法者在立法时必须公正和真正地体现民意，否则，将无法保障公民的生命、自由和财产。因此，应当完善立法体制，坚决破除立法垄断，摒弃落后的部门立法模式，立法绝不可与民争利，所立之法应当真正立足于民意，成为社会之公器。此外，在立法价值选择上，应改变传统的"效率优先、兼顾公平"

①　李步云著：《走向法治》，湖南人民出版社1998年版，第474—479页。

的模式，采取"公平与效率并重"模式，并逐步过渡到"公平优先"的模式，通过立法完善社会保障体系以解民忧。

再次，进一步提高城市立法的质量。要注意法律和城市社会经济发展的协调，所立之法要具有很强的针对性，要能解决问题，而且城市立法和国家法律之间、地方立法和地方立法之间是要相互协调的，要充分发扬民主的立法精神，提高立法的针对性和目的性。

最后，法治城市是法治国家的组成部分，创建法治城市，应当在国家现有的法制框架下推进，建立具有城市特色的法规体系。也就是说，创建法治城市，首先就是要坚持法制统一原则，确保国家的各项法律、法规、政府规章在地方得到有效的贯彻实施；其次才是在"不抵触、有特色、可操作"的要求下，着手城市的制度创新和体制创新，加强城市立法工作，提高城市立法质量，逐步完善城市性法规体系，使城市立法与区域经济发展和社会事务管理的需要相适应。当前，应重点加强促进和规范经济发展、政府职能、城市财政及重大投资项目监督、公共卫生、教育、社会保障、城市管理、资源环境保护等方面的城市性法规和政府行政规章的制定。①

三、政府严格守法

法治意味着政府的全部权力必须都有法律依据，必须有法律授权。现在由于改革开放进行了三十年，大量法律法规的颁布使"无法可依"的时代已基本成为历史，现在突出的情况往往是"有法不依"、政府带头违法及政府与民争利，这是法治政府最大的障碍。因此，我国政府应当从"经济建设型政府"转变为"公共服务型政府"，把制订规则、确保公平和正义、为社会提供公共产品作为自己的核心职能，在执法中应当奉行克制、比例、法律保留、法无授权即无权等原则，而不能任意扩大边界和自我授权。

政府守法的关键在于执法者必须严格依据程序执法，没有程序的公正，实体公正的价值往往会被削弱殆尽。法治社会中人们不仅要求正义，而且还要求"看得见的"正义，因此，宪法与法律中必须确立正当法律程序的原则，明确规定程序违法亦违法，并应承担相应的法律后

① 刘兴桂著：《城市管理法治问题研究》，法律出版社 2004 年版，第 4 页。

果。同时，任何决策都应当在平等地听取各方意见的前提下做出，禁止任何政治势力违背正当法律程序，盗用国家机器实施压倒性的管理行为。

政府是国家法律的主要执行者和城市经济、社会的主要管理者，其执法水平和依法行政能力的高低，直接关系到一个地区法治化水平的高低。在这个层面的意义上说，创建法治城市，首先就是创建法治政府。只有政府工作实现了法治化，城市法治化的进程才能有效推进。创建法治城市，必须考虑法治政府是否建立这个因素。建设法治政府，推进依法行政，就是要求政府切实转变职能，真正做到科学民主决策、依法行政、政务公开、接受监督，使政府权力的行使切实受到法律的制约，有效防止公共权力的滥用。

四、进行政治体制改革破除权力怪圈

现代社会中，市场经济、民主政治、法治社会三者是一个密不可分的整体，割裂任何一个方面其他方面都不可能存在。当前，政治体制的滞后已给市场经济和民主法制建设及社会发展造成了巨大的阻碍，而市场经济所取得的成就已为民主政治建设打下了较好的物质和思想基础，面临社会变迁带来的压力，政治体制改革已显得极为迫切。应当对掌握各种权力的公职人员进行"思想政治教育"的同时，加上制度控权模式管理，加强控权法律制度建设，为避免绝对权力的形成，应当在权力之间进行科学的分权，达到社会层面上的各种权力均衡分布，相互对应并有效制约。

政治体制改革的一个核心任务是改革现行的展示权力来源的选举制度，充分保障公民的参与权、表达权、讨论权、知情权等合法权利。首先，改革人民代表大会制度，真正实现城乡选举形式上的平等；其次，减少全国人大代表的人数以提高效率；再次，改变全国人大代表的构成，降低人大代表中官员的比例，适当扩大人大代表中法律职业者的比例。从选举这一社会委托形式入手，恢复正确的权力观，坚定"权为民所系，权为民所用"的思维，根除官场潜规则的恶劣影响。

五、通过司法来保障社会正义的实现

司法对社会正义的保障有极其重要的意义，法院和法官不仅是私人之间所生争执的公断人，而且还是行政权力乃至立法权力的"宪法裁决人"。①

坚持公正司法，维护社会公平与正义，是法治国家的必然要求，也是创建法治城市必须考核的内容。在创建法治城市的进程中，我们应着力在稳步推进司法体制改革上下功夫。目前，我国司法权力受到一些非制度性、非法治化的"信访"、"双规"、"双指"、"协查"以及连法院本身也有所追捧的"调解"解决纠纷方式的强烈冲击，司法特有的功能在法的领域也不能得到充分的发挥，其在实践中的作用亦大打折扣，人民群众对司法机关和司法程序的信任程度不高，也就可以理解了。

有效地破解上述困境，根本之办法在于确保司法独立的地位。司法有效规范权力的前提在于司法的独立性。司法独立作为当代司法的一项基本原则，已为世界各国所公认，成为现代西方社会的一项宪法性规范载于绝大部分国家宪法之中。在司法独立问题上，首先必须破除将司法独立与党的领导相对立以及将司法独立视为资产阶级专利的错误认识。应当认识到党的领导是政治领导，党组织不应当干预司法，党在行使其权力时，应当严格按照一定规范和程序来行使，并通过立法对这一权力进行约束。"以党代审"损害的是司法的权威，最终只能使党在人民心目中的形象和威望大打折扣。此外，司法独立乃基于人类经验得出的结论，虽然是资产阶级革命所确立，但并不是资产阶级的专利，无产阶级革命导师马克思恩格斯也对司法独立予以高度关注，认为只有保障司法独立才有自由。② 我国立法对司法独立原则也有所涉及，《中华人民共和国宪法》第 126 条规定："人民法院依照法律规定独立行使审判权，不受行政机关、社会团体和个人的干预"，可以看出，该规定采取的是列举排除的表述方式以及法院独立的形式，与世界各国惯常所采用的概括式表述方式以及法官独立形式尚有较大的距离，应当予以完善。

结合我国的实际，当前社会转型时期社会矛盾的解决、公平正义的实现呼吁司法独立，当务之急是实现司法系统人、财、物的"中央化"，去除司法的"地方化"，在制度层面改革人大对司法的监督方式，

第二章 城市法治的理论探索

---

① [德] 古斯塔夫·拉德布鲁赫著：《法律职业人与法律学术》，中国法制出版社 2001 年版，第 137 页。

② 李步云著：《走向法治》，湖南人民出版社 1998 年版，第 326—329 页。

废除"个案监督"方式，真正实现司法的独立，使司法成为社会正义的屏障。

六、发掘特色法律文化资源，展开法律文化宣传、教育工作

西方国家中，法治得以实现依靠的思想文化根源可简单归结为以"个人"为主体的自由理论。但在传统的儒家思想中，存在着以"家"为单位的利益中心理论。二者在本质上有相似之处，古代中国以"家"为单位，注重"家"的利益，要求充分发挥一个家的独立而不受干扰的社会地位。这也充分体现了追求自由的思想，因此，在传统儒家思想中的这种思想可以发展成为建设法治所依靠的文化根源。①

在法治化过程中，要充分发挥政府与民间社会团体的作用，共同宣传"法律至上"、"人民主权"、"个人自由"等相关观念。政府还要充分调动社会公众的参与意识、民主意识，实现政府与公众法律意识的共同提升，最终要实现"转变权力至上观念，树立法律权威观念；转变人治观念，树立法治观念；转变义务本位观念，树立权利义务统一观念；转变厌诉观念，树立依法行事观念"，通过宣传教育，完善社会公众的法律意识。

七、优化法治规则，推进依法管理

有序、公信、高效、民主与自由，不仅都是法律的基本价值，而且更重要的是，这些基本价值之间是互为因果、互相渗透和互动互制的。失去民主与自由的有序与效率，城市必将失去活力；缺乏有序、效率的民主与自由，城市必将严重失范；形不成有序、高效、民主与自由的城市，就不可能有公信。② 因此，必须为城市法治精神构建系统设置相应的法治规则，尽快形成并进一步完善同全国法律体系相统一、同亚洲区域经济发展相适应、同 WTO 规则相匹配的实施性的城市法治系统，以确保这些基本价值的实现。

不仅要从量上去设置法治规则，更要从质上去优化法治规则。首先，面对新世纪和 WTO 的需求，必须适时创制、修改、废除城市的各项法治

---

① 吕怀玉著：《法治与德治新论》，社会科学文献出版社 2006 年版。

② 刘云耕主编：《现代化与法治化：上海城市法治化研究》，上海人民出版社 2003 年版。

规则，特别是有关外贸、外资方面的法治规则。其次，必须通过制定适量优质的法治规则来获取生机，迎接挑战。一些既符合 WTO 规则，又符合国家利益，更符合城市的地位、功能、作用、经济与社会发展实际情况的地方性城市法治规则，必须优先创制。创制的要求是科学性、可行性、创见性。

城市要发展经济，城市要提高综合竞争力，就必须开掘和利用法治资源。法律规则是综合权衡诸多利弊得失，对权利义务资源给予妥协性协调处理的结果。因此，城市要发展，必须从法治资源的合理配置上提高城市的综合竞争力。

八、增强法治意识，营造法治氛围

构建城市法治精神，推行法治城市进程，首先要普及必备的法律知识，也要树立法治的权威、法律的尊严、法律的信念、法律的精神、法律的理念、宪政的意识、法制的意识、民主的意识、自由的意识、公信的意识、人权的意识，有了这些知识和一系列法治意识，才能有效推进法治实践。

没有城市社会主体的法治意识，就不可能有城市的法治氛围，就谈不上形成法治化城市，更遑论高法治水平的城市。要创建法治城市，市民的法律意识和法律素质的提高显得尤为重要和紧迫。必须进一步加强法制宣传教育工作，不断增强普法教育的针对性和实效性，广泛深入持久地开展以宪法为核心的全民普法教育，增强广大市民尤其是国家机关工作人员的社会主义法治理念，提高全体市民的法律素质。在全社会形成崇尚宪法和法律权威、严格依法办事的社会环境和舆论氛围。以提高市民的法律素质为基础，推进法治城市的建设，以创建法治城市为契机，进一步促进市民法治观念的树立与法治行为的养成。

在增强法治意识、营造法治氛围方面，各级各类法制部门具有不可推卸的义务和不可否认的示范作用。一切守法主体犹如法网上的网眼，政府官员和法制机构要率先成为法律的"哨兵"，成为法治城市的法治因子，然后才能促使市场主体、社会关系主体积极循法而为，从而增强城市的法治意识，营造出城市的法治氛围，提高城市的综合竞争力。

九、培养法治人才，优化法律素质

工欲善其事，必先利其器。为了构建法治型的城市，必须拥有相当数量的优质法治人才。这些法治人才必须是具有丰富的专业及其相关知识，具有政治道德和政治良心，具有强烈的法治意识，具有理性的思维，具有丰富的社会法律实践经验的复合型人才。一个具有较高竞争力的城市必须具有人才资源优势，而法治人才便是不可或缺的人才资源之一。

首先，法治人才资源要在各级各类政府官员中培养和配置。环顾周围世界，没有一个法治国家不是凭借一批法治型人才来依法管理。城市是一个小社会，是市场经济相对发达和集中的市民社会，更需要法治型人才来管理。法治型城市和法治化国家是互动共进的。城市法治化水平越高，政府廉洁度也越高，这是一般的规律。政府越廉洁，竞争力就越大。

其次，法治型人才更应普及性地在各类法制管理部门中配置。如果身居法制部门而缺乏法治素质，这是不可想象的。立法偏私、执法不公，司法腐败的现象与此是有关联的。各类人才资源相对集中的城市，有条件、也有必要在培养和配置法治型人才方面走在前面，为在全国率先实现法治化创造人才条件。

十、理顺权能机制

构建城市法治精神，也要理顺以下各种关系：执政党与其他党派的关系，政党（尤其是执政党）同国家的关系，政党同代议机关的关系，政党、代议机关同政府（公共行政）的关系，政府同市场经济及经济实体的关系，国家政权机关中各类权限（尤其是立法权、行政权、司法权、监督权）之间的关系，作为"第四种权力"的新闻媒介同国家诸种权限的关系，国家权限同各种社会监督的关系，国家、社会和公民权利之间的关系，等等。

理顺权能机制，可以一举四得：一是有利于政党功能的合法发挥，摆脱政务、社会事务过多的干扰；二是有利于政府的复位，使其依法行使行政权能，逐渐从陷得过深、过繁、过细的经济生活中摆脱出来，只当裁判员，不当运动员，有利于建设一个廉洁、高效、勤政、精简、法治的政府；三是有利于市场经济自主发展，既可以避免因政府不适当干

现代城市法治研究

涉而步履艰难，又可以避免因政府过分呵护而难以发育成长、自我完善；四是可以使国家层面的生活与社会层面生活适当剥离，让社会生活回归社会，增加社区的自治功能，以扩大市民的生活空间，拓展基层社会的民主自治，从而有利于民商法律关系在市民社会中生根发育。① 历史实践证明，凡是民商法发达的地域，市场经济便发达，意思自治的法治原则越牢固，外来投资越活跃，人流、物流、商业流更加通畅，从而增强了城市吸引力和凝聚力，提升了城市综合竞争力。

十一、健全监督体制

要确保城市的建设与管理严格控制在法治的框架内进行，加强监督体系建设，有效加大监督力度，加强对权力制约，确保公共权力置于严密的监督之下，非常必要。在创建法治城市的过程中，一定要注重社会监督体制的健全和完善，要以地方国家权力机关监督为重点，充分运用法律监督、行政监督、群众监督、舆论监督、民主监督及党内监督等各种监督手段，构建全方位的监督网络，健全制度、完善机制、规范程序、创新形式、保障效果。要逐步改变目前官方既是法治的推进者又是法治的评估者的情况，充分调动和发挥社会中介组织和专家学者的作用，定期开展对本地区法治建设工作的社会化评估工作。

十二、规范法律服务市场

市场经济是法治经济，离不开高效优质的法律服务。成熟的法律服务体系，发达的法律服务市场，配套的法律援助机制，是城市法治状况良好的基本表现。创建法治城市，必须考虑法律服务市场拓展与规范的问题。目前，就是要不断完善包括律师、公证、基层法律服务、法律援助、司法鉴定在内的法律服务体系，拓展法律服务领域、方式及功能，规范法律服务主体、行为、秩序和管理。稳步推进公职、公司律师及公证、司法鉴定体制改革，坚持并完善行政管理与行业自律两结合的管理体制。建立健全法律援助质量监督机制和经费保障机制，加强对弱势群体的法律援助工作。

---

① 王光主编：《城市法治环境评价体系与方法研究》，中国人民公安大学出版社 2004 年版。

第十节　加快推进广州城市法治建设的建议

　　根据广州市有关城市定位和施政纲领，广州的城市民主法治将有新的发展举措，更有新的目标和发展路径。新阶段广州城市民主法治建设的总体目标是在马列主义、毛泽东思想、邓小平理论和"三个代表"重要思想指导下，树立和落实科学发展观和社会主义法治理念。按照以人为本、民主为上、民生为重的要求，全面推进民主法治进程，用法律的权威和理性作用，促进经济、政治、文化和社会的发展，为加快实现省委、省政府对广州提出的"精心打造经济中心、文化名城、山水之都，把广州建设成为带动全省、辐射华南、影响东南亚的现代化大都市"的目标要求，提供良好的发展环境和坚实的政治法律保证。

　　为了城市法治建设目标的落实，需要将这一目标转化为具有反映功能的指标，以便能够对城市民主法治的文明水平进行客观描述和评估监测。依据广州经济社会发展趋势及民主法治建设的现状，主要指标包括：(1)"民主科学决策概率"——城市政治法律文明的基础指标。(2)"法规结构的健全程序"——城市政治法律文明的重要指标。(3)"依法行政与公正司法状况"——城市政治法律文明的关键指标。(4)"腐败案发率"——城市政治法律文明的逆向指标。(5)"社会安全系数"——城市政治法律文明的保障性指标。[1] 为了实现总体目标，满足各项指标要求，广州建设法治城市是一项综合性的工程，涉及到政治、经济、文化各个方面，其中有些问题是建设法制城市中的瓶颈性问题，有些问题对建设法治城市具有基础性作用，应当从机制创新入手，以党内民主推进人民民主，实现由法制向法治的转变，努力探索现代民主政治发展的新途径。建议将以下几个方面作为当前广州现代法治城市建设的重点：

　　1. 进一步加强党内民主建设。今后应该在全面落实科学发展观中加强党的先进性建设。应积极发展党内民主，应以保证党员权利为基础，

----

　　① 莫吉武著：《广州政治文明理论与实践》，社会科学出版社 2006 年版，第 269 页。

建立健全党内民主制度；进一步完善党的代表大会制度，充分发挥党代表的作用；进一步完善党内选举制度，扩大选人用人上的民主；进一步完善常委决策机制，增强决策的科学化和民主化；积极探索党务公开的新形式，落实党员的知情权；完善党内监督制度，确保权力的正确运行。

2. 切实加强基层民主法治建设，明确基层自治组织的地位和责任。按照中央的统一部署，结合广州市的实际，扩大城市社区基层民主，保证城市公众逐步直接行使宪法列举的民主权利，依法管理自己的事情。加强社区街道居民委员会和郊区市县村民委员会建设，健全民主选举、民主管理、民主决策、民主监督制度，推进城乡基层民主建设的进程。在城市居民区实行居民自我管理、自我教育、自我服务，并结合城区管理体制的改革，实行居民区事务公开，推进社区建设、社区管理和社区服务工作。村民委员会实行村务公开，依法制定村规民约，实行村民自治。坚持并完善以职工代表大会为基本形式的企事业职工民主管理制度。国有企业、集体企业、国有和集体控股企业要实行厂务公开，加大职工对企事业事务的民主参与、民主协商、民主监督的力度，维护职工的合法权益。当前基层民主法治建设重点要做好的工作，一是保障基层自治组织的自治权力，减少乡镇一级政府对基层组织的行政干预，杜绝乡镇政府随便更换基层自治组织委员现象的发生；二是普及居委会的直接选举工作，提高村委会直接选举的质量；三是在解决基层纠纷同时加强普法工作，使广大群众切实感受到法治的重要性，培育基层良好的法制环境。选举是民主百试不厌的好形式，选票不是最干净最好的东西，但现阶段也算是较好的民主形式。[①] 谁在民心中没有地位，在民意中印象含糊，最贴近民主的办法就是用选票把他选下台去。城市民主与法治今后应更多地体现民选的意义和作用。

3. 着力抓好城市政府依法行政，推动城市法治化进程。首先，要增强各级行政机关及其工作人员依法行政观念，严格按照法定职责、法定程序行使行政职权，建立科学的行政决策、行政管理制度，确保行政机关的行政行为合法、适当、有效，把依法行政、廉洁勤政、高效务实作为城市政府自身建设的首要任务。其次，要切实实施政务公开。具有社会管理和服务职能的行政机关和法定授权组织，要向社会公示办事内容、

---

① 何勤华主编：《二十世纪百位法律家》，法律出版社 2001 年版，第 125—128 页。

条件和程序；行政机关、法定授权组织和法定委托组织实施的行政许可、行政检查、行政处罚、行政强制等行为，凡不涉及国家机密的，都要告知当事人实施行政行为的依据和理由，并告知当事人享有的法定权利。第三，要进一步加强行政执法工作，普及行政执法责任制，完善执法主体资格确认和行政执法评议考核等制度，促进严格、规范、文明执法，提高执法效率，改善执法的社会效果，做到有法必依、执法必严、违法必究。完善听证和罚缴分离等程序制度，规范行政处罚行为。加强行政执法队伍建设，严格实行行政执法人员的培训制度和资格管理制度，形成持证上岗、定期轮岗、不合格者下岗的管理机制，提高执法人员依法办事、维护公民合法权益的能力和水平。第四，要健全行政机关内部的自我监督、层级监督制度。加强行政监察工作，认真执行行政监察法和行政复议法，防止和纠正违法和不当的具体行政行为；加强对规范性文件合法性的审查；严格行政机关及其相关责任人员的法律责任。建立和完善对不履行法定职责或违法行使职权行为的过错责任追究制度，完善行政官员的责任制，实行行政赔偿制度。第五，要加快转变政府职能，实现政企、政事职能分开，建立不同行政职能协调配合、相互制约的机制。加强行政组织体系的法制建设，实现行政机构组织、职能编制和工作程序的法定化。

4. 加快推进城市司法体制改革，维护司法公正。司法机构和各种司法资源，集中地是城市，尤其是各大城市。城市司法对全国各地有牵一发动全身之功效。司法的改革只能从城市做起，然后推而广之。城市为地方司法提供了较明显的空间。司法是法律的活体，城市中的司法应激活各种可变动的因素，在法律的具体行动中，寻找改良与完善体制的机会。城市司法体制的许多传统功能，在新城市运动中还需继续优化和强化，首先还是要强化司法机关惩治犯罪、调节经济和社会关系、保护国家和集体财产、维护公民法人和其他组织合法权益的职能作用。坚持程序公正、实体公正并重，严格执行诉讼法律制度，提高办案质量和办案效率，加大执行力度，维护法律的尊严与权威。积极推进城市司法的率先改革，全面落实公开审判制度，建立符合审判工作规律，具有审判工作特点，适应审判工作需要，确保司法公正的长效机制，进一步提高审判质量和效率。逐步推行检察改革，实行主诉检察官办案责任制，不断完善检察委员会的工作运行机制。积极推进警务体制改革，进一步完善快速反应机制。建立健全维护司法公正的各项监督制约机制。完善公开审判的相应措施，推进人民陪审员制度，落实检务公开、警务公开制度。强化公、检、法、司分工负责，互相配合、互相制约的机制，充分发挥检察机关的法律监督职能。全面实行办案责任制、重点岗位权力分解制、案件复查制、执法违法的举报通报制、冤案错案责任追究制度。强化监察监督，充分发挥执法督察员和警风警纪督察员的作用。保障律师参与诉讼活动的权利，发挥其在维护当事人合法权益、促进司法公正中的作用。健全选拔任用、考核录用、资格考评、不称职人员辞退等人事管理制度。继续加强政法队伍的思想政治教育和专业知识、办案技能培训，全面提高队伍的政治业务素质。要理顺城市司法机关与同城同级的党委、政府和人大的关系，优化城市司法体系及其运作的外部环境。市县两级党委特别是纪检委和政法委，要探索在新的形势下领导司法工作的新形式，既要加强党对司法工作的领导和监督，又要保障司法机关依法独立行使职权。同级人大及其常委会对司法工作的领导和监督，对于实现司法活动的民主化，保障司法公正，防止司法腐败具有十分重要的意义，但人大对司法的监督也应严格依法进行，不能影响正常的司法程序，干涉司法权的独立行使，损害司法独立。要继续着力推进司法机关人、财、物管理体制的改革，使城市司法机关不因财政的来源而依附于城市政府，听命于城市政府的意志，保障城市司法机关依法独立公正地行使职权，积极运用法律手段调节各种社会关系，为经济、社会发展提供有力的司法保障和良好的法律服务。

5. 加强城市社会治安的综合治理。良好的城市社会治安状况与和谐稳定的城市秩序是社会生产和经济生活正常开展的前提条件，也是市民安居乐业的重要保证，因此社会治安的综合治理是依法治市的基础性工程之一。广州城市人口流动大，传统的社会结构功能松弛，以往的社会控制手段已逐渐失去组织依托。加强城市社会治安的综合治理，必须适应社会和城市转型这一总体趋势，从现代城市生活的实际出发，创建新的城市社会治安综合治理网络。具体来说要把综合治理工作的重心转移到预防为主上来，形成较为完备的城市治安防控体系，包括灵敏的预警机制，快速的行动机制，有效的协调机制以及相对完备的救济体系。要创建新的整合机制，广泛利用各种社会资源，将政法部门、社会团体、基层群众组织和广大人民群众整合到城市社会治安综合治理网络之中，分工负责，形成共同维护城市社会治安的局面。一是要落实治安综合治理领导责任制，每年组织一次综治检查考核，对因失职、渎职或工作不力导致治安长期混乱和发生危及社会稳定的重大事件的地区和单位，坚决实行综合治理一票否决，严肃查处有关领导的责任。二是要深入开展严打整治斗争。大力整治治安重点地区和突出治安问题。三是采取综合治理措施专项整治治安突出问题。四是深入开展矛盾纠纷排查调处工作。五是深入推进社会治安防控体系建设，着力推进城市治安防犯网络。六是积极探索加强对流动人口和出租屋的服务管理，及时掌握流动人口和出租屋的治安动态，加强对流动人口犯罪的研究。七是大力加强城市综治基层组织和群防群治队伍规范化建设，逐级整合，规范管理，使其成为维护城市社会治安的重要辅助力量。

6. 培育理性的城市法治文化和具有法治内涵的城市精神。培育城市法治文化的工作需要长期努力，不是一朝一夕就能完成。法治文化是包括立法、执法、知法、守法等各个环节和层次的现象文化。它是包括整个法治的完事精神实质和文化体系的东西，是法治在全部城市精神中的闪亮体现。城市法治文化的载体是城市中的人，这个大写的"人"字包括法律职业者和更多人数的非法律职业阶层和人士。法治文化并非仅指单独可以立项成立的法律文化、制度文化、司法文化、治安文化、诉讼文化、刑罚文化、律师文化、法官文化等等，它是法治精神在城市文化中的渗透和染色。在城市大文化中要突出法律精神的本色，当前着重要做好下列几方面的工作：

一是继续深入推进普及法律文化的工作。要认真贯彻落实国家法制宣传教育工作部署，着重抓好各级领导干部的法律知识学习和法律修养的提升。处级以上领导干部以及行政执法、司法人员和企事业单位法定代表人，必须认真学习宪法以及刑事、民事、行政、经济等与工作职责相关的法律、法规，树立依法决策、依法行政、依法经营的法制观念，提高依法管理、依法办事的能力和水平，关键是培养固化在脑子里、融化在言行中的法律意识。党校、行政学院（校）要对党政领导干部和国家公务员进行系统的法制教育，并使之制度化。法制宣传教育是城市主流意识形态的宣传工作的重要内容，专司宣传工作的部门和司法行政部门要密切配合，搞好全市法制宣传教育的指导、协调和检查督促，建立健全有效的工作制度。要以宪法为重点，开展群众性法制宣传教育工作，使依法治市、建设社会主义法治城市的观念深入人心。引导人们遵纪守法，鼓励和保护人民群众与不法行为作斗争，依法维护合法权益。把法治宣传教育与加强道德建设、社会治安综合治理、创建文明小区等结合起来。充分发挥新闻媒体的主渠道宣传作用，注重法治实践活动的宣传教育功能，运用各种生动活泼的形式，提高法治宣传效果，推进法治宣传教育的制度化、规范化。各政府部门要分阶段进行较大规模的普法教育，制定各阶段的具体目标任务。完善以学校教育为主渠道，家庭教育和社会教育有机结合的青少年法治教育工作体系，加强青少年法治教育基地建设，把法治教育作为青少年素质教育的重要内容，不断推进青少年法治教育的系统化、规范化，把法治教育和行为规范、道德规范教育结合起来，培养青少年遵纪守法和自我保护意识。

二是完善法律服务体系，培育法律服务市场。成熟的法律服务市场、完善的法律服务体系是法治城市的重要标志，也是培育法治文化的必要条件。职业法律群体对推进城市的法治工作起着不可缺少的作用。当前要完善律师、公证、仲裁、企业法律顾问、基层法律服务、法律援助等法律服务体系，充分发挥法律服务功能和市场中介作用，维护法律的正确实施，维护市场的有序竞争，维护社会的稳定。坚持依法规范法律服务，严格执行法律服务业的各项管理制度，建立健全监督机制。运用法律、行政调整等手段，促进法律服务机构内部运行机制的改革和完善，增强法律服务行业的自律性和机构内部管理的规范性。加强法律服务队伍的政治、业务建设，提高法律服务队伍的素质和服务水平。

三是进一步铸造广州的城市精神并丰富其中的法治内涵。第一，城市精神是一种复合的人文的产物，它由多种文化元素构成。文明是多层次的复合体，但是它有一定固定的内核。我们现在的城市已经是多元构成的了，这样的城市就要有一个集合化的精神现象，透过现象可以看到其内核即城市价值观，用法律的观点来讲就是城市法治论。法治化生存状态对市民生活质量而言，对公民法律权利、对公民的自由发展而言，都是极其重要的，这也是对城市制度功能的高要求。如何善治社会、以最大的容量达到满足各种类型、各种层面的城市公民对自由与权利的要求，并以细致的关怀保证城市公民向往自由、追求自由、享受自由的条件日臻完善。这是城市制度建设的目的，城市精神的亮点无不源出于此。第二，广州要建立自己的城市精神，在城市精神理念中充分体现法律的内核，就必须打造一种系统化的法律生活状态，并且，法律意识的强化必定是从政府做起。广州铸造自己的城市精神，发展自己城市精神中的法治观念的突破口就是建立真正民本主义的"善治"政府。善治的政府首先是法治的政府。政府领导人在民主选举中产生，在任期中完成自己为市民服务的目标、兑现初任时的承诺。在没有把法治的精神贯彻在整个行政的活动和行政理念之际，政府领导者其实就是容易与法治城市产生矛盾的带根本性的问题，不从这个根源上去解决问题，很多制度的设计和施政的改革其实上是无法推进和完成的。善治政府大都要求有五大性格，即：开放性、责任性、回应性、有效性、亲民性。广州的善治政府应以社会主义法治理念为精神动力，在上述五大性格中再塑自己的品牌，多出法治城市的政绩。法治化是城市政府的首义。城市政府因法治而生，因法治而强，这是现代国际大都市的写照。城市法治化有许多目标和任务，最关键的是依法行政，实现民权与公权的平衡。此外，法治政府还必须高度重视高效与廉洁。政府、社会、单位甚至个人高效廉洁，是城市功能聚合反应的添加剂。城市精神和对城市建设与发展的作用往往突显于此。此外，市民品质与民间社团的功能作用历来是城市精神的重要环节。现代的政府不能孤注一掷地将治理城市的重担放在传统体制内人员或者少数领导者身上，新的城市治理观念必须把民间社团的力量、市民的自治以及市民的主体作用提到更高层面上去认识。强调市民和民间组织的作用，这也是未来平衡政府权力，限制政府权力过大的比较有效的方式。公民的自治和公民对城市治理的有序参与需要持续推进。市民与民间社团的质的提升是城市精神自我丰富的有效方式。市民是城市社会的主体，民间社团是实现"共治"社会的重要元素，对政府的治权合理分解、分流是当前城市治理模式的发展趋势，从自治到共治是城市的进步方向，要在其中为民间组织和市民力量确定一个合理的位置。广州需要大力培植一种超前的精神素养。这种精神素养就是形成崇尚法律的城市新风尚，否则就很难形成城市法治内核，更不可能以法治的内核去影响整个城市的精神。我们所追求的诚信、公平、安全、自由、人权等要素就没有实现的基础。

7. 加快政治体制改革，转变政府职能、建设服务型政府。为适应市场经济的发展以及 WTO 规则的要求，作为依法治理的主导者，政府自身的管理职能也在以经济市场化为参照坐标进行着根本性的转变，对经济社会的管理方式要从直接管理转变为间接管理，从命令式管理转变为服务式管理，从人治型管理转变为法治型管理。依法治理活动主要是依托政府的管理职能来进行的，因此依法治国、依法治省以及依法治市的工作都必须体现政府职能的转变并与政府职能的转变进程、转变方向相协调。基于此，依法治理需要确立的一个主导方向，就是如何充分地发挥市场机制的作用和社会主体的创造精神。必须把依法治理的重心放在妥善解决政府与市场、政府与社会的关系方面，通过完善市场竞争秩序和规则来推进市场的发育和成熟，通过规范和引导促进社会自治组织的成长和社会自我管理能力的提高，并通过制度安排形成政府、市场、社会之间的互动关系。

8. 建立健全监督制度，确保法律有效实施。如果有完整的法律体系但法律没有被很好的执行，所有法律只能是一纸空文，法治也就成了无本之木、无源之水。实施依法治市、建设法治城市，健全对权力运行的监督制度十分重要，而保证监督的有效性更是当前完善监督制度的核心。完善监督制度，要建立健全依法行使权力的制约机制，把法律监督与党内监督、司法监督、行政监督、政协民主监督和群众监督结合起来，并发挥舆论监督的作用。城市的各级人民代表大会和人民代表大会常务委员会要依照法定职权，全面加强对宪法、法律、法规实施的监督工作，强化对同级人民政府、人民法院、人民检察院的工作和执行法律、法规情况的监督。要完善执法检查监督、听取和审议工作报告、计划预算监督、工作评议、个案监督、质询、特定问题调查等方面的程序。认真受理人民群众对国家机关及其工作人员的申诉、控告、检举。加强对人民代表大会常务委员会任命的国家机关工作人员的述职评议。各级人民代表大会常务委员会要自觉接受人民群众和人大代表的监督。要加强政协的民主监督，充分利用政协代表素质高、社会接触面宽的优势，为政协的参政议政创造各类平台，使广大政协委员在建设法治城市中发挥重要作用。此外，要加强社会公众和新闻舆论对行政执法和司法工作的监督，逐步推行议事公开制度，加大舆论监督力度。法治是活动的法律，监督是城市的明镜，广州的法治要树名城形象，就要在日常工作中多下功夫，城市法治的形象才让人可亲、可信、可敬、可服、可学。

广州是一座千年商都、文化名城、历史名城。史书记载的不少中国先贤、南粤先贤都曾在广州城内外留下过他们影响历史、影响城市、影响民心的痕迹。近代以来，粤人梁启超就在广州率先传播法国人卢梭的自由、平权思想，要求以民约论来统领打理广州城内事务，效法海外城市，创生民间富庶与繁荣。林则徐在广州城外虎门之地禁烟，他在同洋人们打交道时，除了感慨西夷的船坚炮利，还极为欣赏他们的典章制度和法度，林则徐被后人誉为"睁眼看世界的第一人"、力主学西制的中国官人。作为一位大清国派往南粤重镇的地方大员，林则徐在珠江岸边广州城下，秉烛独行、甘当前驱，畅想广州这座先浴西风、早通洋制的沿海城市的未来样式，启导广州市民知新求新。容闳、黄遵宪更是为南粤之城首传一系列普世性的价值观念如自由、民主、平等、博爱、公平、正义等等，为广州的城市精神送上了一阵阵海派音韵。黄遵宪作为一个地道的粤产大师，他曾领"中国第一个真正走向世界的人"之美名，把一个世人为之惊讶的世界情怀回赠给五羊古城。伟人孙中山更是以盖世之名将广州民主法治精神集约成型。广州城内有多少孙中山打造近代文明城市的劳作遗迹，至今不能尽数。他在广州城门之内，古榕树下，激扬文字，挥斥方遒，启迪人们要"内审中国之情势，外察世界之潮流"；面对世界各大名都宏城民主、科学、法治的昌明和进步，喊出"世界潮流，浩浩荡荡，顺之则昌，逆之则亡"的声音。其实从近代几位大贤为广州著书立说、开启民智、吹旺星火之时开始，广州就已经进入了民主筑城，法治养成历史的前端。汇总起来讲，广州的先贤和历代名士豪杰已将民主建城、法律治城的基础铺垫起来，广州近百年的民主努力和法治初试的成效也是有目共睹。在新一轮的城市科学发展大潮推动下，城市法治必在广州古老城头上旗帜高扬、影响至远。

第三章　城市法治的实践探索与建议

第一节　依法治市是城市法治化的实现途径

依法治市是从依法治国概念中派生出来的，指的就是在贯彻依法治国总体方略的过程中逐步形成的以城市行政区域为范围、以法律法规为基本工具或手段、以区域内的国家和社会事务、经济文化事业为对象的依法治理活动。

依法治市和法治城市是两个不同的概念。依法治市的主体是政府，它要求城市立法、行政、司法机关树立法律至上、依法办事的意识和观念，严格按照法定程序自觉运用法律法规管理全市的政治、经济、文化和社会事务，保证城市各项治理工作都依法进行，实行管理工作的规范化、制度化。法治城市的主体是社会，它是城市法治化达到高级阶段一种理想状态，具有丰富的内涵。依法治市是建设法治城市的基础步骤和重要内容，而建设法治城市的内涵和外延要比依法治市丰富得多。对依法治市，结合具体工作实践可以设计出相应的评价指标体系，对于建设法治城市，则应该结合法治理论和当前各大城市建设法治城市的经验设定法治城市的具体目标框架。

一、依法治市是城市法治化的核心

依法治市是国家法制统一前提下的地方依法治理，法制的统一性是依法治市的首要目标。

1. 依法治市是法治作为价值目标与治理手段的有机统一

依法治市的价值取向和依法治国、依法治省的内在精神是一致的，其共同的价值追求目标是法治的实现。法治是与人治相对的范畴，其基本内涵在于法律控制与支配权力和保护公民的权利自由。

一方面，法治在制度上起始于法律对最高国家权力的限制。法治所要解决的首要问题，就是通过权力制约和权力法定解决权力的来源及其合法性，将权力纳入宪法和法律的支配和控制之下。法律对权力的制约，是法治政府的基本特征，只有政府的权力受到宪法和法律的制约才是法治的政府。① 权力受到法律的严格制约是任何一个国家或城市的法治制度都必须达到的一个基本标准，也是衡量一个国家或一座城市是否具有良好法治环境的重要评价尺度之一。建立良好的法治环境，必须首先建立对国家权力的严格控制制度，只有这样，才能确立法律在社会调控体系中的至上地位，成为社会生活的基本统治形式，保证国家机关和国家公职人员不仅运用法律，其本身也为法律所支配和制约，才能使法律真正成为公民维护权利的可靠手段。

另一方面，法律对权力的制约，主旨在于公民权利自由的保障，其出发点和归宿都是人权价值的维护与人权环境的改善，这是现代法治的本质内涵。法治是公民权利自由普遍受到尊重的理想状态，公民权利自由在法律上受到确认与维护的程度，现实的法律制度如何对待公民的权利自由，是评价法治状况的主要指标。在不重视权利或权利价值得不到尊重的法律制度中，即使强调法律的功能和严格的依法治理，法治也只能具有形式的意义，不可能建立实质意义的法治。因此，追求法治的内在价值取向，就需要确立以权利为本位，依法界定国家权力的范围、限度及其运作的条件、方式，监督国家权力的正当合法行使，防止国家权力的恣意滥用。② 所以，依法治市的一个首要条件就是要在全市公民尤其是领导干部中间牢固确立权力制约和人权保障的观念，以及法律面前人人平等、任何组织和个人没有超越法律的特权的基本观念。深刻理解和把握现代法制的精神原则，坚决摒弃那种将法律单纯视为"治民之具"

现代城市法治研究

---

① ［英］维尔著：《宪法与分权》，苏力译，三联书店1997年版，第一章"分权学说和制度理论"。

② ［英］维尔著：《宪法与分权》，苏力译，三联书店1997年版，第8—10页。

的扭曲观念或法律工具主义的态度。在依法治市实践中，要追求法治作为价值目标与治理手段的有机统一，坚决杜绝以"人治"推行"法治"，以"枉法"治理"违法"的现象。

2. 依法治市是政府推进法治化的主要方式之一

从宏观层面上来说，依法治市的目标取向应当是双向并举，一是依法治理社会，将社会主体的行为纳入法律设定的轨道，实现法律对城市的政治、经济和文化生活等各个方面的调整，以保持社会的稳定和有序发展；二是依法治理政府自身，实现政府及其公职人员行为的法治化，使法律成为政府管理国家事务和社会事务的基本依据和评价政府行为的基本尺度。任何一个城市的依法治市活动，都应当保持这两个目标取向的平衡，尤其要重视依法治理政府自身，这是依法治市能否保持健康发展的基本保证。作为政府推进法治的主要方式之一，依法治市的目标取向和工作重心不应仅仅着眼于每个城市中各种具体事项的治理，还必须将其纳入依法治国这一整体框架之内，以我国社会转型的整体过程为背景，从宏观上加以把握。

3. 依法治市是城市法治化的实现途径

法治是一项包括立法、执法、守法、普法、法律监督等各个环节的全方位社会工程，依法治市的一个基本目标，就是要建立起从法律的形成，到实施，再到产生社会效能的相对完备的法治运行机制和科学的治理结构。依法治市工作范围应当分为两个既相互关联、又互有区别的层面。第一个层面是法制本身的理念及制度环节，包括立法、执法、守法、普法、法律监督等各个环节。第二个层面则是以法律法规为手段的各个领域和层面的依法治理活动。具体的依法治理活动涉及面很广，治理目标也千差万别，而且随着法律调整的触角向社会经济生活的深层延伸，依法治理的范围还将不断扩大。但是，任何具体的依法治理活动都包括了法律法规或规章的制定、施行、遵守、监督以及强化法律意识等具有共性的内容，这种共性的东西就体现为法制的理念和制度环节。依法治市工作必须从依法治理的共性出发，大力增强全社会的法制理念，建立健全并不断优化法治的制度环节，以此推进各项具体的依法治理活动的开展。依法治市的工作范围应围绕法制建设本身的目标来设定，以法制的理念和制度为主要内容，同时根据城市治理中阶段性的实际需要，包括一些特别重要的依法治理活动。因此，可以说，城市治理的法治化是通过依法治市来具体实现的。

二、依法治市是构建和谐城市的重要保障

和谐城市一定是以法治为前提的城市。城市和谐是不可能自然形成的，它只能在调节中实现，实现的手段只能而且必须是法治。法治是实现城市和谐的制度屏障。

我们在城市生活中孜孜追求的和谐，应该是民主法治、公平正义、诚信友爱、充满活力、安定有序、人与自然和谐相处的城市愿景。其中民主法治、公平正义、诚信、安定有序等，都与法治有着直接的密切关系，因此，法治是社会主义城市和谐的本质要求和现实需要。

1. 和谐城市是由法治保障的稳定有序的城市。法的功能得到应有的发挥是社会和谐有序的根本标志。越是面对复杂化、多样化的社会冲突和社会的急速变化，法律的权威性应当越大，它对社会的调节功能应当越强。用法律以外的手段解决社会冲突，一方面增加了解决方式的随机性、解决结果的不可预测性，一方面必须提高解决社会冲突的成本或代价，甚至产生人治的结果。① 加强法治必然意味把树立崇高的法治权威作为基本原则，法律是公民行为和政府活动的最终导向，任何人或任何组织都无例外地受领法律的约束以及恩惠，因此，法治是社会调整摆脱偶然性、任意性和特权，形成高度稳定有序的秩序与和谐状态的必然要求。

2. 城市生活中的公平、正义必须依靠法治保障才能实现。法治的基本特征在于它的公正性、正义性、公平性。它包括立法公正和司法公正。法的功能在于：一是切实保证社会成员的基本权利；二是确立和维护机会平等的规划；三是确立和维护按贡献进行分配的规则；四是实现社会调剂的规则，② 即立足于社会的整体利益，使社会成员不断得到由发展所带来的利益，进而使社会生活的质量不断提高。

3. 法治是解决我国城市众多社会问题、促进城市人际关系和谐的

---

① ［英］哈特著：《法律的概念》，张文显等译，中国大百科全书出版社 1996 年版，第 49—52 页。

② ［美］布莱尔著：《法律的运作行为》，唐越、苏力译，第一章"总论"。

现实需要。当前的城市生活面临着很多矛盾，甚至是社会的隐患。如弱势群体的出现；社会诚信危机凸显；利益分配不公导致贫富悬殊；社会治安形势严峻，不安定因素依然大量存在，以及各种不安定因素和势力的破坏，特别是一些地区民族分裂活动猖獗。面对种种复杂的情况，构建社会主义和谐城市所面临的挑战和困难是巨大的，而解决这些社会矛盾和社会问题的最根本、最有效的措施就是厉行法治，使法治调整和化解社会矛盾的作用得到充分发挥。城市和谐需要倾法治之力推进下列事项：

第一，制约公权力扩大私权利，保障主权在民，实现政府管理社会的和谐。

法治社会的一个重要特征，就是对国家公权力的制约和限制。法律是社会中合理分配权力、合理限制权力的一种工具。[①] 法律以明确的规范，确认各公权力主体行使权力的职能、范围，对权力行使规定法律责任条款，尤其对滥用权力、越权、扩权等行为，明确规定其法律责任和要承担的后果。法律是全体人民意志的集中体现，行政权力的产生又来源于法律的授权，因此行政权力的行使就必须符合法律的要求，遵循法治的原则，体现人民的意志，实现政府管理社会的和谐。法治意味着清晰地界定政府活动的范围，政府的一切权力均须具有法律依据，受法律监督。在行使职权时，遵循公平、公正、公开的原则，严格按照法定程序，平等对待当事人，合法、合理地调整公民、法人和其他社会组织之间的利益分配，化解利益矛盾。一旦人民群众的合法权利受到行政权力的侵犯，他们可以获得及时而有效的法律救济。法治的政府应该以服务优化作为行使管理职责的指导思想，依照法律赋予的职责，提高在义务教育、社会保障、医疗卫生、科技服务等方面的质量和水平，满足不同阶层的需求，促进社会和谐。法治调整政府与人民的关系、国家与社会的关系，从而保障主权在民——这是和谐社会的前提和基石。城市法治要进一步加强对权力的制约和监督，建立起结构合理、配置科学、程序严密、制约有效的权力运行机制，从决策和执行等环节加强对权力的监

① ［英］维尔著：《宪法与分权》，苏力译，三联书店 1997 年版，第一章"分权学说和制度理论"。

第三章　城市法治的实践探索与建议

督，保证人民赋予的权力真正用来为人民谋利益。① 一是加强对人、财、物的管理和使用的监督；二是进一步完善权力结构及运行机制，使其更科学、更合理、更协调；三是强化对权力的法律监督，确保人民代表大会监督权的充分行使，使权力的运行更加廉洁高效。

第二，化解社会矛盾，维护城市稳定。

法治是一种宏观的治国治市方略，表现为以法律为主的社会控制手段，化解矛盾，保障秩序，维护社会稳定。和谐城市必然有稳定安宁的社会政治环境和有条不紊的社会生活秩序。如果社会动荡不安，秩序混乱、矛盾激化，人们就不可能和睦相处，安居乐业。社会正义是社会文明进步的重要标志，也是和谐社会的核心价值取向，维护和实现社会的公平正义，关键在于妥善处理各种利益关系，在全社会形成合理的利益格局。任何一个城市都存在着矛盾、冲突，随着改革开放的深化和社会主义市场经济的发展，我国的利益主体和利益需求更加多样化，城市中的利益关系更加复杂。如果各种利益关系和矛盾不能及时得以调整和解决，就会在各个城市阶层和群体之间造成对立，甚至引发城市大面积的不稳定。法治城市里，法律和司法承担着城市人群中矛盾"减压阀"的作用。当人们在政治生活中发生分歧和冲突，当人们的利益受到来自他人或组织的损害时，通过公开、平等、公正的法律程序，得到保护，获得公正。法治是以法律的规范性、强制性为特点，通过立法和法律实施，调整城市关系，平衡城市利益，整合城市资源，维护城市秩序，做到经济、政治、文化、社会生活各方面都有章可循、有法可依，用文明、平和的方式消除社会不稳定、不和谐的因素，真正做到政治文明、社会安定、人心稳定团结。和谐城市能够运用制度和规则的力量来化解冲突、弥合裂痕。我国的法律法规在民主基础上制定，以最广大人民的根本利益为出发点，确定利益主体，界定利益范围，指导利益分配，协调利益关系，并对城市困难群众给予救助，维护城市的公平正义，避免城市内矛盾激化，使各个阶层之间实现和谐共处。从这个意义上说，法治对于建设和谐城市具有独特不可替代的作用。

第三，崇尚法律精神，统合城市公众理念。

城市要保持稳定和谐的发展，应当有一种为大多数社会成员认可的

① ［英］戴维·赫尔德著：《民主的模式》，中央编译出版社1998年版。

意识形态。在此意识形态作用下，人们自觉不自觉地遵循着一套共同的道德规范和行为准则，这是城市具有凝聚力、保持稳定和谐的一个重要因素。"法治包含了现代社会所需要的主要思想品质和元素"。① 它强调规划之治，强调法律面前人人平等，这正满足了现代社会主体进行经济往来和参与政治事务的需要；法治强调平等主体的意思自治，强调法律关系主体的自治，这为现代社会公民的自治、自律提供了重要的思想资源；法治强调行为主体对自己行为的责任，这是现代城市人们之间进行商业交往和日常活动所必不可少的。因此，在中国城市由传统向现代的转型过程中，由伴随着原有秩序的松动而出现伦理价值亏空、是非观念多变的情况下，法治由于其满足了现代城市所需要的多元、开放和宽容等基本的思想品质和元素，而可以成为社会城市公众共同的理念和追求。

第四，构建城市诚信体系，维护城市经济秩序。

和谐城市是市场经济和谐发展的城市。我国市场经济的发展以利益为导向，充分调动各方的积极性，促进市场资源的合理优化配置，使经济社会的发展充满动力和更具活力。然而，由于市场经济的盲目性、自发性等特点，还有市场主体的多元化，难免发生各种利益主体之间的冲突和矛盾，这是市场经济自身所无法克服的，这就需要运用法治等手段，协调和平衡市场主体之间的利益关系，来实现市场经济运行的和谐。法治以商品经济—市场经济为经济基础，以诚信的契约关系和契约观念为重要条件，并通过法律的强制力维护市场经济的秩序和规则。目前，我国社会主义市场经济法律体系框架已基本形成，它通过法律的手段，规范市场秩序，引导市场行为，调整市场关系，保障市场主体的财产权利和人身权利，要求人们按照诚实信用、平等互利、等价有偿的原则从事市场经济活动，使得社会全体成员在一个平等、自愿、有序、规范的竞争环境中发挥其聪明才智和创造力，公平占有社会资源并参与社会财富的分配，所以，在市场经济的运行中，法治将发挥越来越大的作用。法治城市通过建立健全稳定的信用制度和诚信管理制度，形成针对信用活动的约束机制、防患纠错机制、评估奖惩机制和导向机制，借助国家公

① ［德］施塔姆勒：《现代法学之根本趋势》，张季忻译，商务印书馆1945年版，第42—43页。

权力的强制力量，以法律的形式赋予上述要求以权威性的普遍效力，这是现代城市诚信体系的鲜明特征。

法治为诚信友爱创造良好的城市生存环境。在城市之中，只有人与人之间相互诚信，才会有相互的合作和普遍的社会认同，才会有整个城市和社区的和谐。和谐城市要求城市公民与公民之间诚信友爱、和睦相处。没有良好的社会环境也就谈不上社会成员之间的诚信友爱，法治可以创造诚信友爱所必需的社会环境，法治的完善有利于规范人们的行为，使我们遵纪守法，引导大家诚信友爱的相处。可以说，法治是实现诚信友爱的重要条件，诚信友爱是法治追求的目标之一，在城市喧闹的市井生活中，提倡法律调整下的和谐，正当其时。

第五，规范人的行为，调整城市人际关系，实现人与人之间相处的和谐。

法治是一种理性的行事原则。法治的理性在于法律是人们事先设定的规则，具有稳定性、连续性、普遍性、一致性，体现为可预期，从而规范人的行为，调整人际关系。和谐社会是矛盾能够获得及时解决的社会，人是社会关系的总和。这种社会关系除了表现为亲属、朋友等具有人身性的关系外，很大程度上表现为各种经济关系、利益关系。在深化改革、扩大开放的过程中，单个的人作为民事主体，经常性地参与到大量的社会活动之中，这种活动分布在城市的各个领域，由于人们利益的多元化，不可避免地会产生各种各样的矛盾和冲突，形成许多不和谐因素。这就需要通过法律的引导、适用、执行来消除产生的矛盾、冲突，实现人与人相处的和谐。

法治以对公民个人权利的保护为着眼点，"以对公民间权益冲突的协调作为社会关怀的一种手段"，① 为社会提供了明确的行为规则，建立了平等主体之间的权利利益协调机制，引导群众以理性、合法的形式表达利益要求、解决利益矛盾。严格地遵守法律，社会矛盾和冲突就可以最大幅度地降低或者减少，起到"定纷止争"的作用，促成人与人和睦相处，为构建和谐社会创造条件。

在社会转型期，"没有理性的预期将导致社会成本的急剧增加，因此

---

① 〔日〕高桥和之：《法国宪法学说史研究序说》，《国家学会杂志》第85卷，第3、4号，1972年版。

必然要求通过法治来构建普遍主义的人际关系"。① 普遍主义的人际关系模式要求政府行为尽可能透明，可以预期。现代社会随着科技的发展，通讯技术的进步，人们之间可以不通过面对面就能完成自己所要完成的行为，人与人之间的陌生化程序加强。即由所谓"熟人社会"向"陌生人社会"转变。在"陌生人社会"中，解决人们彼此之间的相互信任、相互约束、理性交往问题，最有效的手段就是法治。

第六，保护城市生态和资源环境，促进人与自然和谐，实现城市的可持续发展。

和谐城市不仅是人与人和谐相处的城市，而且是人与自然和谐相处的城市。维护生态平衡，实现人类社会与自然环境的可持续发展，是贯彻落实科学发展观的客观要求和必然选择。这同样需要借助于法治的力量。

法治是一种理想的社会状态，很重要的方面就是达到人延长自然的和谐状态。在社会和城市经济转型时期，由于人类自身的破坏，自然资源急剧减少，生态环境日益恶化，越来越严重地威胁人类的生存和发展。我国城市经济、社会发展迅速的同时也带来了环境污染、资源紧张、人口膨胀等严重的问题，保护和改善城市生态环境，提高资源利用率，是当前一项迫切的任务，也是实现可持续发展的客观要求。法治的形式制定人与自然和谐相处的法律法规来严厉打击破坏城市生态环境的行为，走生产发展、生活富裕、生态良好的良性循环发展的必由之路。法治为适应和谐发展的需要，面对当今环境资源危机的严峻形势，其重心亦向环境资源的保障转移。法治为人与自然的和谐相处提供制度支持。我们身处的自然环境是人类生存的前提和物质条件。城市历来是为人群的栖息和创业而生成的，环境变化是城市发展的副产品，虽不能完全消除，但通过法治的力量可以将问题和危机置于城市和人力可控范围之内。新一轮城市发展对环境与生态的考虑，已经达到了一个前所未及的高度。城市法治，除了治理公共事务、治人、治官，重点还要逐渐转而为治自然与人所依赖的环境。法治城市的纯自然因素，看似超人化的，其实仍然是人文的、人本的，是城市法治核心价值向更新领域的理性延伸。

① ［法］狄骥著：《宪法论》（第一卷），钱克新译，商务印书馆 1959 年版，第 48—49 页。

第二节　广州民主法治建设的简要回顾

改革开放以来，我国在城市中进行的民主法治建设始终引领全国民主法治的潮流。众所周知，经济体制的改革是从我国农村星火燎原开来，而政治体制的松动与改革，则是从城市悄悄萌动，尔后产生连锁反应的。城市集中了政治体制的"全部构件"，城市又是政治活动中心、制度中心，法律要素聚集中心，社情民意和舆论信息集结中心。城市，尤其是作为国家精神中枢的首都、直辖市以及各地区枢纽的省会城市，更是国家民主法治建设的主战场，主阵地。城市上空的政治气氛和法律声息是中华大地以法治国的晴雨表和进度表。国家政治文明向前推进的步态，一般都会首先在城市的政治和法律生活中得以表现出来。我国城市的民主与法治实践是否早些年就有"过河卒子"、"先行先试"的特许，这不得而知，从今天的情形来看，这似乎已经不太重要。因为实践中，城市已经在做的尝试包括已经获得的可喜进步和小小成功，已经为城市在法治上的探索前行，给予了民意上的肯定和制度上的"恩准"。尤其是近年来城市法治的大张旗鼓、高歌猛进，已经为城市的新一轮的民主法治实践打通了关口、架设了桥梁。一些先锋城市的做法，受到全国公众的注目和捧喝，一些改革型、激情型的个性城市书记、市长，被国人口口相传的热议好评，这些都是城市民主法治难得的机会和条件。

城市的法治，首先依赖于城市的民主建设，依赖于城市的用新规取代旧制，依赖于城市的思想领先，观念进步。在这些方面，深圳、上海、南京、哈尔滨、厦门、珠海、北京、成都、张家港等城市都曾在改革开放的不同时段和涉及城市政治法律文明的不同事项上，留有先拔头筹、早吃螃蟹、率先破茧的光荣记录。本文对全国各处名城的辉煌实践探索暂不详述，仅只对领改革风气之先的广州城市民主、法治实践略作审视，以期引发更多研究者的注意。

广州民主法治建设问题在理论上隶属于区域政治法律建设的范畴。区域政治法律建设的难题之一，就是如何处理好区域政治法律建设与国

现代城市法治研究

家政治法律建设之间的关系。广州在推进民主法治建设的过程中，首先就如何妥善处理"点"与"面"之间的关系，如何为自身的健康发展赢得良好的政治生态环境和较为广阔的法律发展空间方面进行了不懈的探索。

推进社会主义民主法治建设，是一个内容广泛的系统工程，需要长期努力。从过去一些年广州的实践来看，广州在民主法治领域敢想敢试，不少试验进展有序、绩效有观、引人注目。党的领导、人民民主和依法治国三位一体的政治文明建设内容在确定并施行之后，广州市委、市政府紧密结合广州城市生活实际，采取了一系列大胆而务实的举措，推进民主法治建设向城市社会纵深发展，为广州城和广州人追求理想，创造幸福，追赶世界先进城市提供了强有力的政治法律的保障。

一、广州依法治市的历程

广州的城市法治建设随着国家法治建设的脚步而不断深化，通过进行机构改革、重点立法与系统立法、城市法治化管理等探索，现在已初步形成与现代城市政治文明相适应的法治体系与框架。根据广州依法治市不同时期的工作重点，可以把依法治市进程分为三个阶段，从中可以看出广州法治实践所呈现出的地方特色和时代特征。

（一）1988 至 1997 年：机构建设阶段

机构建设是开展依法治市工作的前提，建立什么样的领导机构和办事机构不仅关系到依法治市的运行，而且反映出对依法治市工作的认识与重视程度。早在 1988 年，广州就提出了依法治市作为城市发展的目标。1990 年开始正式制订依法治市五年规划，同年 5 月成立了统一领导全市的依法治市领导小组，组长先后由市委副书记曾庆申、石安海担任。领导小组职责是对城市立法、执法、普法和法律监督等方面工作进行协调，并且每年制定年度工作要点转发党政机关执行。依法治市工作由党委领导，这是依法治市的客观要求，党委的权威能够很好地发起和领导城市法治工作。为此，广州市依法治市领导小组以市委、市人大、市政府名义联合召开了广州市依法治市动员大会，明确要求"各级党委要在市委的领导下，把依法治市工作列入重要议事同程，积极推进依法治市工作的开展"。为了便于工作，领导小组下设办公室，负责日常事务。依法治市领导小组办公室设立在市司法局。这一组织形式在推进法治宣传和办理综合性的法律工作上占有较大的优势，但是从另外的侧面也反映出当时对法治的认识还停留在"法制"上，认为法治工作主要就是法律教育和法律业务，是一项"行政性"工作，还没有形成法治化治理的概念。

"十四大"的召开、邓小平同志南巡讲话使中国经济发展进入一个新的探索阶段，广州更是在这一形势下取得了全国瞩目的经济成绩。经济的发展对法治建设的要求迫切提高，广州对依法治市的认识也开始加深。1996年8月市委召开主题为"反腐保廉，依法治市"的常委扩大会议。会议强调，要进一步提高认识，明确依法治市的重要性；要充分发挥各级人大及其常委会和政协在依法治市工作中的作用。1997年6月，市委在《关于转发〈广州市依法治市第二个五年规划〉的通知》中进一步提出："市各部门、各单位的主要领导要亲自抓，并指定一名副职分管依法治市工作。各区、县级市和各单位都要根据各自的实际情况，制订实施方案或规划，做好年度计划，使依法治市工作真正落到实处。"7月，为了更好地发挥人大常委会在推进依法治市工作中的督促检查作用，市委决定依法治市领导小组办公室设在市人大常委会办公，充分发挥其综合、指导、督促检查的参谋助手作用。参照省的模式，领导小组组长由市委书记担任，副组长由市长、人大常委会主任等担任，有关机关和部门的主要负责人担任小组成员。这种市委直接领导，市委书记担任组长，党政机关有关部门负责人为成员，办公室设在市人大常委会的领导机构，一直延用至今。这种模式提高了依法治市的领导权威，有利于党委总揽全局，有利于各部门形成合力推进依法治市的工作目标。各区、县级市依法治区（县）的领导机构及办事机构也都参照市的模式设立；市直各委、办、局也有部分单位设立了领导小组；城郊农村中的镇多数也设立了领导小组。依法治市工作覆盖到全市基层，表明广州已经充分认识到依法治市作为城市发展所要实现的一个重要目标，是全市性的工作，各级政府部门都要转变观念实行法治化管理。

（二）1998至2002年：重点立法阶段

有法可依是法治工作的起点，特别在我国，改革开放后立法工作几乎都需要"白手起家"，立法成为我国法治建设发展最快的方面，立法的质量与数量也成为影响法治运行的重要因素。20世纪80年代开始，省、自治区政府所在地的市和国务院批准的较大的市有权制定地方性法规和地方规章，广州的城市立法也从此展开。90年代后，立法步伐随着经济

现代城市法治研究

建设加快，针对改革开放的新情况、新形式，广州颁布了很多开地方立法先河的法规、规章，在全国引起很大反响。1993年广州开始制定五年立法规划，使立法更加规范化。纵观这一阶段的立法，基本围绕着建立社会主义市场经济的内容，以保障改革开放为目的，立法数量众多，适应了当时社会发展的需求。但是，部门立法、立法程序不健全，过于偏重经济立法等问题的存在，说明广州的立法过程对法治精神尚有所偏离，立法质量还有待提高。

1998年到2002年五年间，市人大把立法指导思想调整为提高立法质量，首先在人大常委会中改革法案审议制度，建立法制委员会，完善立法程序。第一，遵照《立法法》的精神，倡导科学立法、民主立法，广开途径，吸纳专家学者和市民群众的意见。第二，制定所需立法的清单，并根据轻重缓急，确定立法步骤和计划。第三，立法内容增加城市管理、社会事业、文化卫生等方面的比重，贴近百姓，关注民情。经过这一时期的重点调整，广州的立法树立起正确的理念，通过为市民提供各种规则，满足城市生活的内在需求，还潜在地塑造了市民的法治品格。可以说，这一时期标志着广州法治建设开始向纵深发展。进入21世纪后，广州依法治市工作更具有现代精神，并且呈现出一派生机勃勃的气象，与这一时期立法工作的成绩与影响是分不开的。

（三）2003年至今：法治化治理阶段

中国加入WTO以后，世界资本在中国的流动加快，国内外竞争加剧。对一个城市来说，尤其是像广州这样经济、社会一直保持稳定进步的大城市，城市的法治化治理不但是自身发展的必然要求，也是建设现代化大都市，与国际社会接轨的必然选择。法治化治理是当今发达国家的城市普遍采用的治理模式，它既要求政府部门管理的法治化，也要求社会生活的法治化，就是将城市的政治、经济和社会文化活动都纳入到法治轨道中，显然这也正是我们依法治市的目标。然而，这个目标不可能一蹴而就，将会经历一个较长的发展阶段才能实现。广州的法治建设已经步入这个阶段，依法治市工作在政府和社会两个层面全面铺开。

在政府方面，除了立法，行政执法、司法和监督等方面的制度建设或改革逐步规范化、民主化，政府机关的依法办事意识、责任意识、服务意识明显提高，法律的尊严与权威日益增强。在社会建设方面，广州把保障社会的安定和有序运行作为依法治市工作的重要内容，例如通过打击犯罪、实施再就业工程、流动人口管理等措施，来缓解社会矛盾，解决市民困难，为市民生活创造良好的社会环境。此外，广州还注意发展各种社团组织，鼓励公民参与，引导社会力量依法自治、依法参政议政，为今后的法治建设培育坚实的社会基础。总之，城市法治目标的实现，是一个需要政府与社会共同努力、探索的长期过程，广州依法治市工作仍然任重而道远，既需要发扬以往的经验与优势，又必须对未来的情况进行理性的分析和思考，通过理论和实践创新，不断推动法治进程。

二、广州成功坚持的几项做法

上述几个阶段的划分，主要是为了方便我们对广州这样一个城市进行法律治理的发展线索的了解，不能因此而减损对广州城市法治的思想与行动主线的认识和理解。从开放改革至今三十年来，广州城市法律治理始终坚持了下列成功的做法。

（一）发扬人民民主，保障人民当家作主的权利

广州民主发展中，最突出的两个方面一是以人民代表大会制度为主的民意代表系统得到广大群众的认同，形成"广州现象"；二是民意表达系统发达，作用显著。前者是在国家政权中发扬民主、贯彻群众路线的形式，反映了广州民主制度建设的逐步成熟；后者是吸引公民自觉自愿参与政治生活，进行民间政治表达的渠道，反映了广州民主机制运行的良好状态。

广州市人大及其常委会在民主法治建设中，在国内首创的一些人大运作的新形式，具有一定的民主示范效应，被全国各地人大及新闻媒体誉为"广州现象"。立法工作中，广州市人大及其常委会在法规案的起草、审议、施行、宣传等环节中，坚持开门立法、公开立法、民主立法，防止和克服立法中的部门利益权利化、部门权利法规化的不良倾向。通过在报纸上刊登法规草案、召开立法听证会、建立立法顾问制度等民主途径，提高立法质量，取得了比较显著的成效。人大代表严格履行法律赋予的职责，通过持证视察、执法检查、询问、监督、立法等有效途径，实实在在地为市民排忧解难，显示出人大代表在现代政治生活中不可替代的作用。例如，荔湾区人大开展的人大代表向选民述职的活动，是一个把人大代表的荣誉与责任很好地统一起来的新举措，是基层人大工作的创新。而"羊城论坛"这个在广州影响深远的大型政论性电视公开论

坛，是由广州市人大常委会和广州市电视台联合主办的，这是加强公民有序地参加城市管理，参与地方政府自治的一个有益而成功的尝试。多年以来，这个充分体现民主精神的论坛，及时把社会的热点、难点问题让公民参与讨论、参加辩论，使政府官员更及时地听到公民的心声和呼声，论坛成为推进社会主义民主政治的大平台。

人民代表大会制度提供了我国民主宏观上的制度安排，那么公民的多渠道积极参与才能提供民主坚实的微观基础。随着广州市经济社会的快速发展，公民政治参与形成了多渠道、大范围的参与特点，呈现出快速发展的态势。广州公民的政治参与主要包括：一是政府性民意表达机制，有政府信息公开制度、信访制度、市民接待日制度、重大决策征求意见制度等；二是协商性民意表达机制，即主要通过政协和统战部门来实施的一项民主参与活动；三是咨询性民意表达渠道，即各行各业的专家为政府重大技术性决策出谋划策而建立起来的政治参与体制，如社情民意调查中心、各专业科研部门以及专门的智囊机构等；四是舆论性民意表达体制，广州的传媒业实力雄厚，《南方日报》、《广州日报》、《羊城晚报》、《南方都市报》、《南方周末》、《二十一世纪经济快报》、《南风窗》、《共鸣》等报刊杂志以及广东、广州的几大电台、电视台成为传达管理者信息、监督管理者工作，帮助广大市民收集信息、分析信息、传播政治参与意识、锻炼和提高政治参与能力的重要载体。广州公民的民主法律意识今天比过去任何时期都显得实在和浓厚，这是市委、市政府注重制度安排，优化民主实现条件和途径，不断深化民主教育，正确引导民众有序参与的必然结果。

（二）扎实推进"有法可依、有法必依、执法必严、违法必究"工作

民主与法治紧密结合，是实行依法治市的保证。民主是法治的内在精神，法治是民主实现的制度性保障。法治需要建立在民主基础上，民主需要在法治规制之下。社会主义民主和法治是一问题的两个方面，二者的有机统一，是社会主义政治文明的基本内容和要求。依法治市的推行必然会促进城市民主的发展，实际上依法治市就是要通过对公民权利的确认，保障公民平等地享有各种宪法规定的权利，包括人身人格权利，经济、社会、文化权利以及政治权利，为公民参与民主政治生活，实施对国家事务的民主管理提供前提。

按照"一切权力属于人民"的社会主义民主要求，广州市所制定的

地方性法规、规章以及相关的立法、司法、行政执法等方面的制度，重视公民的参与和监督，重视权力运行的程序化，大多体现了民主的原则和精神。如立法程序中，法规在起草时就广泛和反复征求各方面人士、利害关系人和群众的意见，使制定出来的地方性法规能符合客观规律和人民意志；市法院全面落实公开审判制度，促进法律更加公正公开；市检察院自1991年起开始聘请民主党派和无党派人士为特约检察员，列席检察委员会会议等。在制度建设上，广州也做了大量的工作，为不同权力之间的相互分工、合作与制约提供合理的法律框架，建立起与群众利益密切相关的重大事项社会公示和听证制度、专家咨询制度，落实依法决策、民主决策、科学决策的工作机制。同时扎实推进基层民主建设，通过完善城市居民自治、村民自治以及职代会等企业民主管理制度，让人民群众依法直接行使民主权利，管理基层公共事务和公益事业。通过这一系列的制度建设和法治活动，广州基本实现了对公民权利的确认和保护，有效地规范了政府部门的权力以及权力运行机制，在社会管理中确立起法治高于人治、"法"高于"权"的状况。法治状况的进步使民主在规范化的基础上有序运行，从而更具有稳定性和连续性。

（三）政治参与是广州城市法治的重要内容

政治参与是民主政治建设的重要内容，对促进城市法治精神构建具有重要的意义。政治参与（Political Participation）又称参与政治，是指公民"或多或少以影响政府人员的选择及（或）他们采取的行动为直接目的而进行的合法活动"。改革开放以来，伴随着经济的飞速发展，先行一步的广州公民与经济体制改革相适应，在政治参与方面也表现出了极大的热情，公民的政治参与有了很大的发展，极大地推动了广州市的民主政治建设。

1. 改革开放以来广州公民政治参与的发展历程

十一届三中全会以来，广州改革开放走过了近三十年的光辉历程。从1978年12月至今，广州经济体制改革取得了辉煌的成就。与经济体制改革相适应，政治体制改革也经历了酝酿、提出、实施到突破四个发展阶段。相应地广州公民政治参与的发展也经历了相应的发展。

2. 酝酿期的政治参与（十一届三中全会—1980年）

1978年12月26日，中共广州市委发出《关于认真学习党的十一届三中全会精神的通知》。通知要求各单位立即广泛深入地开展学习和宣传，使广大干部、职工群众的思想和工作迅速跟上当前的形势发展。自此，广州市民在新的市委、市政府领导下积极投身到改革开放的伟大实践中，在积极推进经济体制改革的同时也积极促进政治民主化。

这一时期广州市民以主人翁的精神投身揭批"四人帮"的斗争中，积极参加真理标准的大讨论，在解放思想、实事求是精神的指引下对"文革"中的冤假错案进行彻底平反，实现了工作重点的转移，为即将开始的改革开放打下了良好的基础，同时也培养了公民参政议政的政治素质和主人翁意识。

3. 启动期的政治参与（1980 年—中共十三大）

党的十二大以后，我国的经济体制改革从农村到城市全面展开，不断深入，广州按照中央的要求，在贯彻执行特殊政策，灵活措施过程中，创造性地开展工作，始终坚持以经济建设为中心，使广州经济持续快速地增长。广大干部群众思想解放，观念更新，民主意识和主人翁精神进一步加强，普遍形成了理解、支持和参与改革开放的社会心态和心理承受能力。广州设立了"市长专线电话"，开展了"假如我是市长"和评选"广州十大公仆"等活动，开通了《公仆与市民》的广播电台节目，同时更加注重群众的来信来访，大大调动了公民政治参与的积极性和主动性，收到良好的社会效果。

4. 定型期的政治参与（中共十三大后—十四大）

党的十三大之后，政治体制改革正在有领导、有步骤、有秩序地进行着。1992 年邓小平南巡讲话，强调要坚持"一个中心，两个基本点"的基本路线不动摇。之后，经济体制改革有了长足的进展，而对政治体制改革则作了重大调整。在这期间，广州以她特有的务实、理性的政治敏锐性和坚定性在全国率先建立起公民政治参与的新渠道：开办全国最早的"市长专邮"；社情民意中心的成立，架起了第一座反映公民意愿的桥梁；市人大全体会议设立旁听席扩大了公民政治参与的知情权和民主权；开办全国第一个大型政论性公开论坛——《羊城论坛》。

5. 调整期的政治参与（中共十五大至今）

随着改革开放的深入，经济体制改革取得了举世瞩目的成就，而政治体制改革却严重滞后，这就客观地要求必须在政治体制改革问题上有所调整、有所突破。党的十五大以邓小平理论为指导，在认真总结近20年来民主法制建设的基础上，明确提出了依法治国，建设社会主义法治国家的任务，把依法治国确立为党领导人民治理国家的基本方略。这就在客观上为公民的政治参与提供了法律依据，开创了民主建设的新时期。这一时期的特征主要体现在：依法治国为公民的政治参与提供了最基本的法律保障；为公民政治参与制定法律依据，这说明了广州公民在政治参与、民主监督方面将拥有更大的主动性和积极性。

总之，这一阶段在党的十五大报告确认了"法治"概念，突破了"法制"和"法治"的界限，在"依法治国，建设社会主义法治国家"目标的指引下，广州公民依靠法律权威，通过法律途径积极参加各种基层民主政治活动，尤其是实行厂务公开，既提高了企业的管理和经济效益，又增强了职工的主人翁意识。而《广州市人民政府规章制度制定办法》又为广州公民在政治参与、民主监督方面提供了法律依据。

（四）广州采取措施进一步促进公众政治参与

历时近三十年的改革开放使广州公民在参政议政、促进广州民主政治建设方面积累了一定的经验，但同时也存在着公民政治参与物质基础不够强大、政治文化素质较低和政治参与制度化建设不够等方面的问题，因此，广州市根据实际情况进一步优化公众政治参与的条件。

1. 大力提高公民政治参与的物质基础

由于我国处在社会主义初级阶段，社会生产力水平不高，决定了公民政治参与的机制还不很完善，公民政治参与意识和政治认知水平的程度还不很高。一般而言，社会经济越发展，政治参与的机制越完善，公民接受政治信息的能力就越强，参与政治的可能性就越高，实施政治参与行为的主动性就越大。改革开放后的广州经济有了很大的发展，人民物质生活水平有了极大的提高，与之相适应，造就了一大批参与型的公民，公民参与政治的量和质较之前都有了很大的变化，从《羊城论坛》的踊跃参与到旁听人大会议的积极报名就说明了这一点。但也应看到，广州公民的政治参与毕竟还处在一种初级阶段，受到社会物质条件的限制和制约，如《羊城论坛》这一至今仍是国内唯一的政治性公开论坛，想缩短举办周期、扩大论坛规模、改进论坛形式等等都需要强有力的物质基础，许多外地省、市想学习《羊城论坛》，但最终都未能坚持下来也是由于此。因此，要大力发展生产力，降低政治参与的成本，保证公民具备政治参与的能力与条件。同时，拓宽现有的参与渠道与形式，建立新的参与渠道，为公民的政治参与创造更多的切实可行的条件，以满足公民日益增长的政治参与愿望，真正有效地推进与完善广州的公民政治参与。

2. 培养和提高公民政治参与的政治素质

培养和提高公民的政治参与素质，对提高公众政治参与度也是一个比较重要的因素，能够真正较好地实现政治参与。通过宣传教育，塑造全新的政治文化，加强对公民的政治教育，向公民灌输政治参与的价值及参政知识和技能，让公民准确地掌握自己的基本权利和义务，掌握一定的政治知识，提高参政技巧和技术，树立正确的政治观念并在此指导下运用已有的政治知识，参与技术和技巧正确地进行参与活动。同时也要从外部对公民进行公民意识、民主意识、义务意识、责任意识的教育和培养，激励他们关于政治并参与政治。

3. 逐步实现公民政治参与的制度化、法律化

制度化的政治参与就是程序化的、规范化的政治参与，它能够稳定地持续地对经济和社会的发展发挥积极的促进作用。从广州目前政治参与制度化程度较低的情况下，加强政治参与的制度化、法律化建设对于推进社会主义民主政治的进程具有突出的意义，这就要求我们加强政治参与的制度化建设，使广州迅速发展起来的公民政治参与纳入制度化的轨道，即对公民政治参与的内容、方式、范围和途径等做出明确规定，并用法律形式进行规范，使公民在行使参政权利时有法可依、有章可循，使公民的政治参与经常化和秩序化，最终实现公民依法参与政治。在此基础上，要加强对公民政治参与的正确引导，提高公民政治参与的理性程度，约束非理性的政治参与。一方面要积极引导公民认识自己的政治权利和自由的基础上，也要认识到自己应承担的义务，把权利和义务统一起来；另一方面，也要引导公民正确认识我国的国情和广州市的市情，使公民的参与行为符合社会主义民主政治建设和维护社会政治稳定的需要，尽可能减少和避免影响和破坏民主政治建设和社会稳定的参与行为，使公民政治参与在制度化、法律化的有序机制中进行。

近三十年的改革开放不仅使广州经济得到迅速增长，也为广州公民

参政议政、积极参与政治提出了一个大舞台，使广州超过九成的公民对国家政治生活中的大事表示"关心"和"非常关心"。随着广州公民政治参与综合素质的提高将会更好地促进广州的民主政治建设。

（五）积极稳步推进城市立法建制工作

在现代社会，城市日益成为区域内政治、经济、科学、文化、教育和居住的中心，承担着繁重复杂的管理职责，城市的重要地位和功能决定了城市立法的重要性。在我国，城市立法是地方立法的一部分，在坚持法制统一，做到不同宪法、法律、行政法规相抵触的前提下，应该充分反映本地经济、政治、文化、风俗、民情等对立法调整的需求程度，及时准确地解决发展中出现的问题。20 世纪 80 年代广州开始城市立法以来，根据本地实际，遵循科学民主的立法原则，在市人大立法和市政府的行政立法两类立法上均取得较大的成就。

首先，关于广州市人大及其常委会立法情况。立法是人大及其常委会的一项十分重要的职权。对于此项工作，广州市人大及其常委会不仅十分重视，而且采取得力措施，有规划有步骤地进行，保证了立法质量和立法效果。到 2004 年 10 月 31 日止，广州市现行有效的法规数为 89 项，全市经济社会生活的各个方面都基本实现了有法可依。

从立法工作进程来看，广州市地方立法经历了从偏重经济立法到经济立法与城市管理、科教文卫等各方面立法并重发展，从偏重立法数量到着重立法质量、兼顾立法数量的变化过程。人大立法大致经历了三个阶段：

第一阶段，探索起步阶段（1982 年 12 月至 1993 年 6 月）。1982 年 12 月 10 日，五届全国人大五次会议对地方组织法作第一次修改，规定省会市人大常委会可以拟订地方性法规提请省人大常委会审议制定。1984 年 9 月 21 日，广州市八届人大常委会第九次会议审议通过了拟订的地方性法规草案——《广州市征用土地和拆迁房屋实施办法（草案）》，经广东省六届人大常委会第十次会议修改通过为《广州市国家建设征用土地及拆迁房屋实施办法》，市人大常委会立法的探索迈开了可喜的第一步。1987 年 1 月 17 日，广州市八届人大常委会第二十五次会议表决通过了第一部地方性法规——《广州市饮用水污染防治条例》，五天后广东省人大常委会批准了该法规，揭开了广州市人大常委会立法工作新的一页。这一时期市人大常委会立法数量比较少，主要针对改革开放初期出现的新情况、新问题，在对外开放和规范市场行为方面的经济立法进行了初步尝试，同时也围绕城市管理和环境保护进行了一些立法。共拟订法规草案 3 项，新立、修订法规 19 项，其中：消防条例、妇女工作条例以及青少年工作条例 3 项，未获省人大常委会批准。

第二阶段，加快立法步伐阶段（1998 年至 1997 年 9 月）。根据邓小平视察南方后广州出现的新局面及党的十四大提出的建立社会主义市场经济法制的战略任务，1993 年广州市十届人大常委会制定了有 55 个立法项目的五年立法规划，其中经济立法项目计划 31 个，占计划项目总数的 56.4%，经济立法成为首要任务。规划的指导思想是：以宪法、法律为依据，从广州市的实际出发，以改革的精神加快制定地方性法规的步伐，用法律、法规来引导、推进、保障改革开放和社会经济的发展；以规范市场主体、维护市场秩序，促进经济建设和改革开放为重点，同时继续抓好社会治安、城市管理、科教文卫等方面地方性法规的制定。通过立法来引导、促进、保障改革开放和经济建设的顺利进行为目标。实施五年规划的第一年——1994 年就完成了 21 个立法项目，在加快立法步伐的四年中，常委会共完成立法项目 63 个，是十年立法起步阶段完成立法项目总数的 3 倍。

第三阶段，提高立法质量阶段（1997 年 10 月至今）。1997 年 9 月，市人大常委会将立法的指导思想从加快立法步伐调整为提高立法质量。首先对法规案实行了会审制度，加强对法规案合法性的审查；选举产生了市人民代表大会专门委员会——法制委员会；2001 年为贯彻实施立法，保证地方立法工作依照法定的权限和程序进行，由市人民代表大会作为立法主体制定了第一部地方性法规——《广州市地方性法规制定办法》。对立法项目的选择，着眼于贯彻落实科学发展观。如广州市十二届人大常委会制定五年立法规划过程中，从广州的实际出发，增加了城市管理、社会事业、市场管理等方面的立法比重。39 个立法建议项目中，有关城市管理的项目 10 个，规范市场经济秩序的项目 14 个，有关环境资源保护方面的项目 8 个，规范政府行为、保障弱势群体、推进文化体育事业发展等方面的项目 7 个，以适应广州市经济社会全面、协调、可持续发展的需要。从人大立法的形势和内容来看，有三个突出方面凸现了广州市人大立法的特色和优势。一是自主创新立法。广州制定的不少地方性法规，以其鲜明的先行性和地方特色，在广东省乃至全国都产生了较大的影响。例如，1992 年 6 月 1 日公布施行的《广州市销售燃放烟花爆竹管理规定》开创了全国禁炮的先河，这一勇于挑战传统习俗的成功尝试，使得国内的其他大城市在之后纷纷效仿，《人民日报》载文称之为"广州的奇迹"。1996 年 9 月 5 日市人大常委会颁布的《广州市社会急救医疗管理条例》，使急救指挥中心从医院独立出来，实行就近救治的急救模式改革，挽救了更多人的生命。2005 年 3 月 28 日全国首个人大议案条例——《广州市人民代表大会议案条例》在广州市第十二届人大三次会议上通过，这又是一项具有开创性意义的地方法律创制活动。二是民主立法、公开立法。为了使法律充分反映民意，调节多方利益，广州注重在法规制定过程中，努力拓宽人民群众参与立法的渠道，在报纸、网络公开刊登法规草案征集民意。2004 年以前，对市民关注较高的法规公开征集意见，2004 年开始，市人大所有的立法项目都在提交常委会一审以后，在人大网上广集民意，以供常委会二审修改作为参考，重要的、关注面广的立法项目还将同时在报纸上公开征集意见。例如在制定《广州市城市市容环境卫生管理条例》时，印刷了 30 多万份征询意见信发到居民家中，并通过《羊城论坛》电视专题节目组织讨论活动，共收集到 300 多条意见，并据此对法规草案的 10 多处作出修改。2004 年 8 月，在网上全文公布了《广州市大气污染防治规定（修订草案征求意见稿）》，并且为便于社会各界人士理解法规条文并提出意见，特在条文后注明立法依据。三是不断完善立法程序。立法程序的完善是科学立法的要求，这方面人大的主要工作有：（1）注重立法前的调研与论证。广州市人大在立法前，不仅慎重筛选立法项目，与省有关部门联系沟通，而且注重调研与听取专家库意见。（2）清理现行地方性法规。对现行法规的修改和废止也是立法过程中的重要一环，通过清理法规，把那些早年制定的不能适应经济和社会发展变化的、与新出台的上位法或者经过修订的上位法不一致、与加入世贸组织后的新形势等不相适应的法规进行修改或废止，才能在总体上保证立法质量。例如，《行政许可法》出台后，广州市人大常委会从 2003 年 10 月开始，对广州市现行有效的 89 部地方性法规中的许可事项进行了一次大规模清理，逐条对照、甄别，并将其分类、列项、制表、讨论、协调、论证，反复研究，七易其稿，最后经广州市十二届人大常委会第九次会议审议通过，业经广东省十届人大常委会第十二次会议批准。经过清理，其中 33 个法规有需要取消的行政许可事项，共 68 项。这

现代城市法治研究

对于维护法制统一具有重要意义。

其次，关于广州市政府行政立法情况。行政立法是地方立法的重要组成部分，它包括市政府和政府各部门制定、发布的规章、规范性文件。广州市行政立法工作内容主要有：一是围绕年度立法重点，参与制定和修改地方性法规、规章。根据经济、社会发展的要求和每年度的立法计划，市政府有重点地制定、修改了大量的法规、规章。例如，1999年为实现"一年一小变"目标，行政立法工作着重于改善环境，组织起草承办的地方性法规（草案）、规章和规范性文件共48件，其中规章（包括政府令和通告形式发文）25件，调整内容中属于城市建设管理、道路交通管理和配合"一年一小变"方面的有14个，占规章总数的56%。2000年，广州市为全面推进依法行政，配合"三年一中变"工作，完成了《关于加强对"三无"流浪乞讨人员管理的通告》、《广州市流动人员IC卡暂住证管理规定》、《广州市摩托车报废管理规定》、《广州市村庄规划管理规定》等规章和规范性文件的起草送审工作。这些规章和规范性文件的实施对于规范城市管理、优化城市环境，促进"三年一中变"目标的实现都产生了积极作用。二是严格立法程序，提高立法质量。为了提高行政立法效率和质量，1994年11月15日广州市人民政府印发了《广州市行政规章制定办法》（穗府〔1994〕100号），该办法对广州市政府制定颁布的行政规章的含义、行政规章的名称和办法、规定和实施细则的区分、制定原则、规划与起草、审定与发布等程序作了系统规定，为广州市政府的政府立法工作提供了程序上的保证。同时，市政府还统一制作了《规范性文件备案报告表》、《规范性文件备案登记表》、《规范性文件备案季度统计表》，使备案工作规范化，并维护了广州市法制、政令的合法、统一。1998年，林树森市长提出"搞好立法工作，促进依法行政"，法制局贯彻落实了保障法规规章质量的相关制度，强调了依法立法、按计划立法、民主立法的原则。该年审议的项目有的两次通过，有的作重大修改，有的还专门请示国家立法部门才作出决定。2001年，为使规章起草更加规范，还颁发了《广州市人民政府规章草案办理程序有关问题的规定》，对规章草案的上报程序和格式进行了统一规范。该规定的实施对提高规章的审议和制定质量和效率起到了较明显作用。三是清理规章和规范性文件。随着广州市经济、社会和改革开放进一步发展及国家新的法律、法规的出台，广州市许多旧有的地方性法规、规章和规范文件显得滞后或与新颁布的国家法律相抵触。为坚持维护国家法制的统一，适应广州现代化建设的发展要求，更好地贯彻广州依法治市战略，市政府建立了定期清理法规、规章、规范性文件的制度。1992 年，市政府发出了《关于清理法规、规章和规范性文件的通知》（穗府［1992］10 号］）（以下简称《通知》），要求对广州市当时的法规、规章和规范性文件进行一次清理。《通知》指出，凡是不适应当前政治、经济形势要求的，阻碍生产力发展、不利于改革开放的，都应提出修改或废止意见。2001 年 11 月，作为履行 WTO 协定和加入世贸组织承诺的第一步，广州市全面开展清理法规工作，到 2002 年建议废止的法规性文件共 60 件；建议修改的地方性法规和政府规章 153 件。此次清理工作主要遵循法制统一原则、非歧视原则和公开透明原则。凡是国家法律、行政法规已经作出修改的，地方性法规、政府规章和其他政策措施都要作相应修改；凡是不符合 WTO 非歧视原则要求的地方性法规、政府规章和其他政策措施都必须修改或废止；凡是与贸易有关的文件、措施都必须对外公开，不能以内部文件发文执行，并且公布与施行之间要有一段时间间隔。这次清理范围扩大到中共机构、社会团体以及司法部门，不再只局限在人大、政府系统展开，清理对象也不仅限于法规规章，还包括各种规范性文件、政策措施、决议命令、会议纪要等。通过清理，保持了法规的生机与活力，也为广州的改革开放及现代化建设的发展扫清了障碍。

（六）深化行政体制改革，树法治型政府、服务型政府的良好形象

依法治市，要有一个熟悉法律，用活法律的政府。广州市政府在全国率先建立健全了政府法制机构。早在 1984 年，市政府就在办公厅设立了法制处，随着形势的发展和法制建设的加强，于 1990 年 5 月，又在办公厅法制处的基础上组建了政府法制局，2001 年经过调整与改革，又更名为市政府法制办公室。法制办是一个综合性的机构，但重点还是行政执法与执法监督功能。同时，广州还根据社会与法治发展状况陆续建立了与政府法制工作相关的机构：1985 年建立广州市人民政府经济法规研究中心，1987 年市政府聘请法律顾问，1992 年成立广州市行政经济法规服务中心，1993 年成立广州市侵犯企业经营权投诉室，1993 年成立广州市人民政府行政复议办公室，1997 年成立广州市人民政府立法咨询委员会及办公室，2001 年成立广州市人民政府行政执法督察办公室。此外市

现代城市法治研究

各委、办、局设立专门法制工作机构，各区、县人民政府成立专职法制工作机构，在全市形成了一个政府法制工作网络，引导全市的依法行政工作。二是在依法行政内容上，市政府重点强化了行政执法监督职能。政府法制监督职能是《宪法》和《地方政府组织法》赋予各级政府的一项重要权力，是保证法律、法规正确实施的一项重要措施，为使政府法制监督工作逐步走向规范化和程序化，广州市政府着重建立和推行了以下几项制度：第一，推行行政执法责任制和行政执法过错责任追究制度。20世纪90年代初，广州市政府决定在全市的政府部门推行行政执法责任制，发出了《关于市政府部门建立和实行执法责任制的通知》（穗府［1991］36号），全市有50多个市行政机关制定了行政执法责任制。1998年，为贯彻中共十五大报告关于政府机关都要"实行执法责任制和评议考核制"的重要精神，市政府发出《关于进一步建立和推行行政执法责任制的通知》，决定把推行行政执法责任制作为行政执法检查的重点内容。根据这一通知精神，各区、县级市及53个部门重新建立和完善了行政执法责任制，取得新成效。20世纪90年代初时，行政执法过错责任追究制度也开始推行，有40多个市级行政机关参与。1998年，广州市加大力度，发出《关于建立与推行行政执法过错责任追究制度的通知》，明确了行政执法过错责任追究制度的含义、追究的范围、免于追究的范围、追究的种类与方式等问题，同时将公安、工商、技术监督、城监部门作为开展实施行政执法过错责任追究制度工作的试点。对其中市公安局的做法予以了肯定，并在全市进行推广。第二，建立行政复议制度，规范行政复议工作。根据《行政复议条例》（国法字［1991］1号）和《行政复议法》，广州从抓制度入手，订立程序，规范做法，保证了行政复议工作沿着有序、健康的方向发展。《市行政复议案件办理程序规定》、《广州市行政复议案件办理程序补充规定》、《广州市行政复议案件办理程序暂行规定》等，对行政复议申请和行政复议受理、审查、行政复议决定和行政复议文书以及行政复议机关送达行政复议文书方面都作出了办理的程序规定，以保证办案质量，提高办案效率。广州市每年接受大量的行政复议案件，取得许多成功的经验。1993年，广州市中级人民法院受理了新光花园不服市政府复议决定而提起的行政诉讼。经两次公开庭审，市政府获得胜诉。国务院法制局在广州召开了全国行政复议工作经验交流会，对广州市的经验进行充分肯定。1999年在办理各类案件的同时，

第三章　城市法治的实践探索与建议

市法制局与中央电视台等单位联合制作了"依法维护你的权益"——《行政复议法》系列电视宣传节目；与省府法制局等单位联合举办"行政复议法咨询周"活动，受到了广泛好评。第三，推进执法检查和持证执法制度，加强政府系统内部的自我监督。通过制定《广州市行政执法监督检查暂行办法》，对行政执法、行政执法检查、行政执法监督的原则、程序以及在行政执法检查中发现问题的处理等方面都作出可操作性具体规定和要求。每年由市政府列出要检查的法律法规规章项目，各区、县级市人民政府结合本地区的实际，成立执法检查组，对与本地区有关的法律和法规的执行情况进行检查；市政府各有关部门，对属本部门主管的法律或法规的执行情况，要认真进行自查；市政府配合市人大常委会进行执法检查情况的抽查；执法检查工作贯彻检查和改进相结合的原则，对发现的问题，提出整改措施，尽快解决；需要上级政府或有关部门协助解决的，在书面报告中反映；各区、县级市政府和市政府有关部门，应对执法检查的情况作出书面总结报告，限期报送市政府法制局，由市政府法制局综合报告市政府。

　　1993年广州市率先在全省实行行政执法人员统一持证上岗制度，制定颁发了《广州市行政执法证件管理办法》。到1994年底，全市经培训、考核合格领取"行政执法证"和"行政执法监督检查证"的达11100人和1500多人。持证上岗是行政执法的一项重大举措。它的基本内涵是指执法人员必须具备执法的条件与水准，水准不够，条件不具备，就不能上岗执法。这个制度的推行，有力地促进了广州公职人员的培训工作。仅1999年，全年培训公务员5000多人，处级公务员任职培训7期共500人，军队转业干部上岗培训近500人，经考核不称职公务员的离岗培训134人，专业技术人员继续教育12万多人。这样，从制度上保证了依法行政工作的顺利进行。

　　在国家行政体制改革总体思路指导和借鉴国内外经验的基础上，广州市政府改革的方向和途径得到明确。在机构改革上，与国务院改革相适应，广州政府机构经历了几次大的变革。特别是近年来通过调整撤销专业经济管理部门，党政机关与所办经济实体和管理的直属企业脱钩，促进政企分开；通过发展各种中介组织，将社会可以自我调节与管理的事务逐步交给社会中介组织或事业单位，减轻了政府管理负荷，提高了政务管理水平。经过向市场、企业和社会放权的转变，广州政府职能转变成有限政府、服务型政府，工作内容集中到规划制定、经济调节、市场监管、区域协调、社会管理等方面上来。

人是行政体制的活的因素，人事制度的合理与否直接影响行政体制改革的效果。结合机构改革，建立起国家公务员制度。对政府机关新招工作人员，按照"公开、平等、竞争、择优"的原则，实行面向社会公开考试、严格考核、择优录用。在公务员管理过程中，建立了公务员交流、回避、培训、辞职、退休等法规，健全了考核制度，形成一支精干、高效的政府工作队伍。这支队伍秉公办事、依法办事、践行社会主义法治理念，使全社会养成了遵法守纪的观念和行为习惯，法律的权威一旦树立，社会秩序、城市法治就有了保证。

（七）通过平安广州的建设，强化人权保障，树立法律权威

近年来，随着广州城市化和现代化进程的不断深化，大量人、财、物都快速地流入和流出广州，各种社会矛盾、冲突不断显现，这就对广州城市的管理能力、控制能力提出了更高的要求。广州市公安机关为适应广州经济的发展和城市建设，不断探索新方法、寻找新思路以适应新形势的要求。经过几年的努力，广州市公安机关在加强维护国家安全能力的建设、加强驾驭社会治安局势能力的建设、加强处置突发事件能力的建设、加强为经济社会发展服务能力的建设等方面都取得了长足的进步，并提高了公安机关执法水平和公安队伍正规化建设水平。具体说来，广州市公安机关在社会治安方面所取得的成绩与突破有以下几个方面：

1. 治安防控体系基本建立，积累了打击、控制犯罪的可贵经验

广州警方把巡警、交警、治安警和武警等多警种的巡逻勤务整合起来，加强宏观指挥、协调、监督，按照"全面覆盖、突出重点、以快制快、有效控制"的原则，以巡逻警区为基础，建立以110为龙头，以群防群治力量为主要补充力量，以步巡、自行车巡、机巡和定点控制等为主要巡逻方式，形成"点、线、面"结合，动静结合、相互呼应、整体联动的全时空巡逻防控网络。不仅如此，广州的治安防控体系不断创新，适应不断变化的动态环境。主要表现在：

一是形成便衣大队。因为路面"两抢两盗"逐渐活跃，为了有针对性地打击犯罪，变被动为主动，广州市建立起便衣大队。所谓便衣大队就是不穿制服而在街面巡逻的警察队伍，他们实行弹性上班制，仪态仪

表平民化，装备方面则以实用性为主，不仅有手铐、枪支、警棍，甚至还配有摄像录像取证设备，方便追捕歹徒。便衣大队成立一年多以来，战绩辉煌，有力地打击了街面现行犯罪。目前广州市有2000名便衣警察，2006年刑事拘留的犯罪分子比2005年上半年增加了1000多人。2006年上半年"双抢"刑事案件同比下降了19%，5月份的群众报警总量比上年同期下降了51%。

二是建立社会治安视频监控系统。2000年底，广州市委常委会议做出了全面建设广州市社会治安视频监控系统的决定。市委领导当时表示，将用两年时间完成25万个监控摄像头的建设和改建，覆盖全市70%以上公共场所，届时取证难的问题将得到缓解。目前广州市已着手推进社区治安视频监控系统建设，规划建设4万个摄像头，已建了2.3万个。通过建立社会治安视频监控系统，就可以形成有效的实时监控，这些"电子警察"的上岗，有效地守护着广州市民的安宁。

三是形成摩托车整治专业队。针对广州市的摩托车抢劫案件的频繁发生，广州市公安机关为打击这些"飞车党"专门形成了摩托车整治专业队。整合交警、巡警、刑警力量形成的摩托车整治专业队的主要任务就是打击"飞车党"，尤其是五类摩托车，公安交警部门将做到"见车必查"，先查疑后纠违，严厉打击利用摩托车进行"双抢"的违法犯罪行为。公安部门所称必查的五类摩托车包括驾驶无牌、外地牌照的摩托车；牌照倒置、模糊不清或卷起、遮挡、纸质复印号牌，新车旧牌，旧车新牌的摩托车；在银行、大型商场门口停车未熄火的摩托车；长时间低速慢驶的摩托车；两名男性成年人同乘一辆摩托车等五类。根据警方经验，这五类摩托车是"双抢"犯罪分子利用率颇高的作案工具。摩托车整治专业队将主要在城市主干道、公路、城乡结合部、车站、码头、银行等公共场所周边道路，或其他摩托车行驶秩序混乱、事故频发路段、"双抢"案件多发路段，采取伏击、设点查截、便衣先踩点后警力跟上等手段，加强对可疑摩托车的盘查。

四是对高发案地带和时段重点巡逻。广州市近年来不断充实巡警队伍，强化巡警的巡逻职能，加强其街面防控主力军的巨大作用。积极探索和实践合理的巡逻勤务方式，根据景区治安复杂程度的不同划分时段，将机动车巡逻和徒步巡逻有机结合起来，把有限的警力以科学、合理的方式投入到实战中。同时，进一步整合全市交警、巡警、派出所民警力

现代城市法治研究

量，实行警力下沉，发挥武警在重点时期对重点地区的巡逻、堵口作用。近年新增的300多辆警车全部用于街面巡逻。在13个出入市区主要干道设立治安执勤点，在高发案治安复杂路段设立600多个临时查车点。

五是充分利用群防群治力量。充分利用治安员、义警等群防群治力量，构建新型社会治安防控体系。目前，全市已建立起由政府出资的约6300人的专业治安联防队伍，专职社会面的治安巡逻。以巡警为主力军，其他警种部门和群众性治安组织广泛参与多元化巡逻防控网络的形成，增强了预防与打击社会面现行犯罪的整体能力。

2. 为治安防控工作建立了良好的信息平台和指挥平台

目前，广州公安系统已初步建成了四支警情信息收集网络：（1）110接报警网络，即通过接听110电话系统收集大量警情信息；（2）互联网信息网络，即通过网上信息系统海量采集信息，为维护稳定和协助破案、追逐逃犯提供决策参考依据；（3）群众信息网络，即通过充分发动群众举报违法犯罪获取了大量线索；（4）专业信息网络，即公安机关内部人员主动采取多种方式手段收集信息，并发挥秘密力量在情报信息收集方面的作用。

以上四种警情信息收集网络中，110接报警网络收集的信息量最大，是治安防控工作的主要信息来源。该接报警网络年接处警设计容量可达1000万宗，同接处警设计容量近3万宗。这个容量，是依据广州市近5年来社会报警求助需求大幅增长的态势，前瞻10年内社会报警求助需求，着眼受理社会发生突发事件时的报警峰值确定构建的。2004年，该网络接警量达523万多宗，其中涉及警务类警情占32%。而互联网信息网络则不通过声音传递警情信息，是重点针对聋哑人报案的形式。群众信息网络则利用全体人们群众的力量来收集需要的信息，可以大大地降低信息收集成本。专业信息网络则弥补了前三种网络的非专业性，专门用于收集一些较难获取的、对破解案情有重要作用的信息。以上四种网络互相配合，互为补充，为治安防控工作的信息收集和信息处理提供了强有力的支持。

同时，广州建立了110联动指挥系统，其指挥调度能力大幅度提高。2003年，广州市公安局建立了110联动指挥系统，该系统是在对英、美等国家城市紧急救助中心进行考察的基础上，采用了先进的信息技术、通信技术、电子技术以及智能技术等现代科学技术，并结合广州地区的治安和城市管理事件构建而成，在全国处于领先地位。由于各项硬件建设完备先进，当城市发生重大或特殊事件需要进入紧急状态指挥调度时，承担城市管理职能的各个联动单位可以进驻大厅进行联合指挥调度。在不断强化硬件建设的同时，广州市公安机关不断加强人员培训和实战演练，110联动指挥中心有一支全国首创的文职接线员队伍，实现了接处警人员的专业化，从而也实现了人力物力的双优组合。全市公安指挥系统已实现互联，并实行社会联动，有效地提高了全市公安机关内外的整体有机配合和应变能力。

3. 形成了快速反应机制，对突发事件有较强的应变能力

近年来，广州市公安局精心制定了各种暴力、突发案件处置预案，反复组织合成演练，提高了公安机关对突发事件的应变能力。110联动指挥系统实行一级接处警工作机制。一级接处警工作机制通过对全市巡逻警区和警员组合进行重新划分，逐步形成全市网格式警区划分和部署，建立一套"就近处置为主，属地管理为辅"的新接处警原则。突破了原来的二级处警机制的框架，减少了接处警中间环节，使110联动系统实现从接警型向指挥型转变的重大突破，大大地提高了警方的反应速度。伴随110指挥中心的成立、打防控一体化建设进一步开展、城市社会治安防控体系探索实践的不断深入，形成多种警种联合作战快速反应机制。并且在实践中也证明了广州公安机关已形成了全方位的治安网，建立了快速反应机制。在全国第九界运动会安全保卫、"非典"时期警务运作、处置群众"涉日"游行活动和大规模群众性事件的处理，都充分说明，广州市公安局已基本具备了应对和处置大规模突发事件的能力。

4. 采取了一系列行之有效的预防犯罪措施

针对广州外来人口犯罪比例高，青少年犯罪比重大，重复犯罪频繁等事实，广州市采取了一系列行之有效的预防犯罪措施。一是加大"严打"力度，震慑违法犯罪分子。在法律许可的范围内，什么手段有效就用什么手段，什么形式管用就采用什么形式，采取从严治理，把违法犯罪分子的嚣张气焰打下去。二是采取多种方式宣传威慑犯罪分子。如滚动字屏、公益广告牌、广播、列车液晶显示器、发放刊物等，都成为公安的宣传阵地，用以提高全民治安防范和协防意识。三是加强对出租屋的管理，最大限度消除治安隐患。按照每100—120间出租屋配一名出租

现代城市法治研究

屋管理员的标准，建立全市约 5000 人左右的出租屋管理员队伍，凡是不符合出租屋条件的，一律不给出租。四是建立信息库。对原有的犯罪人员资料库，随时补充更新，对一些"老面孔"将采取关注提醒、公开驱赶等措施。五是积极推进禁毒工程。扩建强制戒毒所和劳教戒毒所，加大对吸毒人员强制戒毒和劳教戒毒的力度。六是加强羁押场所建设，为有效打击提供保障。2003 年，市政府划出 1500 亩地，新建强制戒毒所、治安拘留所、收教所等，确保违法犯罪分子及时得到有效整治。

5. 把高科技运用于现代警务工作中

近年来，广州市公安局以"金盾工程"建设为龙头，大力推进以信息技术、光纤网络为基础的数字警务，在现有信息化应用系统的基础上，加快各项科技应用平台建设，大力推进科技强警示范城市建设。经过近两年的努力，广州市科技强警示范城市创建工作取得了突破性进展，在基础建设、应用成效、科技意识、管理水平等方面都有显著提高，科技在各项公安业务工作中发挥着越来越重要的作用。如 2003 年启用了具有国内领先水平的 110 社会联动指挥系统，每天接警量由 4000 宗提高到如今的 17000 宗，接到报警电话后 1 分钟即可将指令传到处警单位，有效地提高了全市接处警能力。又如初步建立起的跨警种、跨区域地信息共享与应用机制，人口信息系统、办公自动化系统等主要业务应用信息系统，"DNA"、指纹自动识别系统等多项技术都处于全国领先水平，在侦查破案、防控犯罪、治安管理等方面发挥了重要作用。安全是城市法治的显性指标，安全是人的自由权乃至整个人权构成的基础性权利。广州建立法治秩序，遇到的第一个机遇和挑战就是城市安宁，市民人身和财产安全的问题。市委市府将平安广州作为法律治理广州的头号任务来抓落实，这是惠及人权、惠及全城百姓的民生大计，抓好了这项工作，法律的光影在广州这个千万人口的大城市就能不留死角，市民大众就能充分地感受到法治秩序的重要，感受到法律顾问对人权的呵护、保障。在改革开放的一段时间里，广州这座南中国大都市曾被城市治安的乱象所困扰，曾被全国各地涌来的犯罪因素所裹挟，改革开放名城一度为之蒙羞、为之蒙难。由于坚持依法治市，打击犯罪，搞好治安，广州经法律之风雨洗礼，城市生活面貌焕然一新，法律的权威震慑了城市生活中的不法因素，法治的秩序在城市发展的身姿下如影随行。

第三节　广州民主法治建设的亮点

一、马克思主义民主观和法律观是根本指导思想，社会主义法治理念是思想基础

广州的民主法治建设之所以能够取得显著的成绩，首要的经验在于坚持以马克思主义民主法律观为指导，以正确的理论武装党员、干部和广大市民。广州市委、市政府在广东省委、省政府的领导下，坚决贯彻党的人民民主和依法治国的方略，将中央的各项民主方针和法治措施落到实处，为广州的民主、法治做出了积极的贡献。实践表明，只有坚持马克思主义民主观和法律观，坚定不移地走中国特色社会主义民主法治道路，经济社会发展才能取得更大的成就，人民群众的幸福生活才能得以真正的保障。社会主义民主和社会主义法治才能得到人民群众的衷心拥护，广州的民主法治事业才能兴旺发达，持久发展。

二、党的领导是最根本的政治保障

回顾广州民主法治建设的发展历程可以看出，在每个发展阶段上，加强党的建设都是民主法治建设的重要内涵。广州市委、市政府在充分尊重国情、省情和市情的基础上，始终注意把国家的依法治国方略摆在民主法治建设全局工作的第一位，严格落实党中央的各项路线、方针和政策，模范实践省委的各项方针、要求，重法务实，张弛有序，缓急相济，在广州的基础性工作中，既赢得了民主制度和法治环境良好的发展空间，又创造出了良好的政治法律声誉。

三、继承与创新相结合是必由之路

发展的灵魂就是创新。广州正是因为在处理改革、发展、稳定三者关系的过程中，科学地处理推进民主法治进程的速度与社会变革的承受度之间的关系，因地制宜地推动理论创新、实践创新和制度创新，从而不断开创民主法治建设的新局面。创新的前提是继承，广州市委在理论

创新的过程中，始终注意科学地继承前人的智慧结晶。在实践创新的过程中，不忘自近代以来广州走向共和、民主、自由、法治目标的成功经验与失败教训，在制度创新的过程中，不忘继承已有民主法律制度的历史合理性。只有实现继承与创新的有机结合，尊重历史，尊重民主与法治的实践，尊重民主与法治的现代发展趋势和国际进步潮流。才能在不断变迁的历史环境中谋得民主与法治的事业的一个个突破乃至长效应的成功与兴旺。

四、点面结合是基本策略选择

广州民主法治建设问题在理论上隶属于区域政治法律建设的范畴。区域政治法律建设的难题之一，就是如何处理好区域政治法律建设与国家政治法律建设之间的关系。广州在推进民主法律建设的过程中，始终坚持妥善处理广州这个"点"与中国这个"面"之间的关系，立足全国，服务大局，准确定位，大胆实践，稳步推进，从而为自身的健康发展赢得了良好的政治生态环境和较为广阔的法律发展空间。

五、以人为本是持续发展的动力源泉

执政的合法性源泉首先在于民意的认可。民主法治建设如果不能够同经济社会发展相结合，民主法治建设的成果如果不能惠及千百万民众，民主法治建设也就失去了它本来的意义。广州在以人为本理念的指引下，努力践行科学发展观和社会主义法治理念，广州市委和市政府首先把民主活动与法律运行下的"办实事"作为始终如一的政治选择，把广州市民的现实民主与法律权益与长远的人权利益紧密结合起来，着眼于广州的长远发展，使得民主法治建设获得了相对更快的速度和相对更大的成果，体现了民主性与法律性的兼容、人文性与科学性的融合。

六、广州在构建城市法治精神方面有所建树

广州在特定的经济、政治和文化条件下依据法治规律，创建了独具特色的治市模式，体现了广州市民构建城市法治精神的创造性精神。可以说，广州的文明发展与法治建设是分不开的。广州把依法治国的基本方略应用到具体的实践中，确立了依法治市的城市法治理念，在法治化城市建设的过程中不断探索城市法治精神的构建，以法治精神的构建来

优化法治城市的建设。广州构建城市法治精神就要大胆探索符合法治精神和具体市情的法治之路，让法治精神与具体市情相结合，达到法治精神与城市精神的相融通。处于改革开放的前沿阵地的广州，在城市法治精神的构建方面也应该具有"超前性"，为国内其他城市法治建设的完善发挥表率作用。

精神的塑造涉及多方面的内容，城市法治精神的构建需要经济市场化、政治民主化、思想多元化、社会多元化等等一些基础条件的支持，正如树木的成长必须有一定的土壤。缺失这些条件而只是盲目地引进或者不切实际地制定法律，可能会造成城市法治精神的"营养不良"或者"营养过剩"，造成法治精神构建的负面影响。条件的限制性作用不容忽视，但是城市法治精神构建过程中的其他因素也是不容忽视的，例如，领导者的素质、法制环境建设、公民的政治参与度和法治意识等等，因此，广州在构建城市法治精神过程中坚持统筹结合，多方面考虑构建城市法治精神的影响因素，力争把城市法治精神融入到城市精神的发展中。比如，岭南精神和广府文化就是广州构建城市法治精神的本土资源的文化支持，在这一强大精神文化力量的支持下，广州初步展现了城市法治文化的新风尚。

广府文化作为岭南文化的重要分支，具有良好的文化底蕴，对广州构建城市法治精神具有重要的文化支持作用，是城市法治精神构建的内在品质反映。因此，积淀已久的广府文化对城市法治精神的构建具有积极的影响，其表现是以下三点：

一是开放兼容的广府文化有利于促进城市法治精神的兼收并蓄。以一种开放的胸襟来应对法治城市建设过程中遇到的问题，能平等地与其他文化融合，可以积极、主动地对待传统文化和外来文化，实现兼容并蓄，以此不断完善城市法治精神的文化内涵。

二是开拓、冒险精神有利于探索和创新城市法治精神。可以说，近代凡与西方有关的事和物，大都是由广东人最先尝试。作为改革开放前沿阵地的广州，接受正统思想的束缚较少，易于接受新事物，吸收新思潮，所以造就了敢于冒险，勇于任事、大胆革新，追求自由的精神特质。这些精神特质也是城市法治精神构建中不可或缺的重要品质，对于探索和创新法治精神具有重要的意义。

三是"敢为天下人先"的宝贵的性格特征是构建广州城市法治精神

的外在要求，改革开放的"领头羊"在法治城市建设中处于全国的前列，那么在于完善法治建设方面也应该更进一步，通过构建城市法治精神来促进法治城建建设的完善，在全国发挥示范作用，展现广府"为天下先"的探索精神。

广州在城市法治精神构建中的探索和实践中基本搞清了解下列一些现代法治化的基本性问题。

1. 依法治市的理义宗旨

改革开放以来，广州对城市法治化治理的追求过程，也是从传统社会向现代化转型的过程。当"市场经济就是法制经济"较早地成为广州主流社会共识之后，广州作为一个都市型社会的立法、执法和司法状况和环境得到比较稳定、持续的改善。"有法可依，有法必依，执法必严，违法必究"的社会法律意识逐渐形成并趋于浓厚。现实的发展不断推动着广州对城市法治理论的深入领会和自觉掌握。"依法治市，建设社会主义法治化大都市"的治市方针与建设目标，也就应运而生。所谓依法治市，就是广州的各界人民群众在党组织的坚强领导下，依照宪法和法律规定，通过各种途径和形式，参与管理城市公共事务，管理和分享城市经济文化等社会事业和公共产品，保证城市建设和发展的各项工作都依法进行。依法治市，是市委领导全体市民建设、发展和治理广州长期的任务，是党的地方组织在一个区域内全面实现科学而务实的领导的现代化手段与方式。也是广州城市和它的市民促进社会进步，提升"人城品位"的目的化追求。在广州的法治实践过程中，依法治市在理论认识上可以说已经实现了由初期的工具理性到现阶段的价值理性的飞跃。

目前，法治建设和法治水平已成为广州政治文明发展的主要内容之一，也是外界对广州评头论足、综合定位、衡量打分的主要指标之一。从历史上来说，广州仍是一个相对缺乏法治传统的城市。近代以来我国对法治的追求是在强烈的民族危机感之中对西方文明的移植，法治更多的是被当做民族复兴、国家富强的"器"，是国家管理的工具，而不是一种具有内在价值的文明范式。这一点对广州社会及其大众意识有着刻骨铭心的影响。依法治市的提出，深刻反映了现代法治的精神实质，法治这才由手段上升为目的，成为有特定价值追求的、非人格化的恒常的权威，具有至上性与普遍性。它的内涵包括：法律应该是其他社会系统的价值标准。在现代都市，政治、经济、文化各系统都必须通过而且只能通过法律来构筑，没有法律对其他社会系统的目标定位和导向，都市社会的发展必然是盲目的、自发的。"法律具有绝对的最高权威和优势，城市政府应对法律负责，法律应该成为权力的控制器，权力的内容、行使范围及其方式都有法律明文规定，超越法律规定的权力行使都是无效的、非法的"。法律应当是解决都市社会冲突的首要渠道。法律通过把都市社会冲突"纳入法律轨道"而大大降低都市社会震荡的可能。有了对法治价值的追求，依法治市理论的基本认识也就框定了。此外，还有下列三种认识必须稳固建立。

一是依法治市的主体。也就是说谁来依法治市，这是法治理论的首要问题。依法治市必然是民主的，即人民群众依法治理城市，而不是单纯的政府依法治民，因此依法治市的最大主体应该是生活在城市的人民群众。政府及政府官员只是通过市民的授权来管理城市经济、文化和社会公共事务，并不是实质意义上的唯一主体。政府与市民的关系是从属性的，并且要接受市民监督，否则，有执行权的政府和体现公意的法律就成了"治民之具"，这反而与法治精神相背离。都市的市民群众与包括政府在内的执行机构和组织作为法治的共同主体，构成了城市法治建设的根本动力，城市法治进程最终还是要依赖来自广大市民的自主、自觉的巨大推力，所以，广大市民对依法治市的参与是十分紧要的。明确了城市法治的主体，才能更深刻地理解到城市法治的目的在于塑造一种民主、自由、公正的政治文明秩序。这对于广州都市化建设尤为重要。

二是依法治市的对象。依法治市的对象是城市各项事务和各项工作，其中的重点在于依法治权。城市政府权力从理论上讲最终来自于市民的授予，但是权力的运行有它自身固有的逻辑，权力如果不加以限制，很容易扩张膨胀，造成权力的滥用和官员的腐化，侵害到广大市民的利益。在现代社会，法律是对权力的最好约束方式。法律可以通过界定城市政府各部门的权限、规定权力的具体内容及分配、行使程序等，对权力进行管理、监督与控制，使公权力与其责任相符并在法律范围内运行。法治实质上意味着对权力的限制，只有当实质上掌握权力的不是某些操纵者而是法律及其法律的精神的时候，现代城市政治才具有民主性、科学性与合法性。也就是说，权力只有在获得了法律的承认后才被视为一种由国家意志和民意力量保证的合理的能力，法律既是权力关系的表述，又是使这种关系正式化和合法化的重要机制。依法治权，为权力的运作和制衡提供一个稳定的法律秩序框架，是实现政治文明的必然要求。因此，依法治市必然对城市政府的崇法、守约、民主、责任、效率、亲和、服务、善治有高标准的要求。

三是依法治市与权利保障。权利是文明政治的核心概念之一，对权利的尊重意味着对人的尊严和人格的尊重。在畅行民主法治的国度，地方政府的权力从渊源上来说来自于公民权利的让渡，给予与获得都是有边界的，需要定性、定量的规范，从这个意义上说，获得的权力多了一分，让渡的权利也就少了一成。因此，我们需要认真考究权力与权利在一个公式上的比例关系。政府存在的主要目的，也是为了维护公民的自由、安全与幸福。现代市场经济是权利型经济，现代民主政治是权利型政治。在现代市场经济与民主政治的前提下，公民对正当权利和利益的理性追求，显而易见是合理合法的，它既受到社会主义伦理精神的支持，也受到宪法和法律的保护。我国宪法和法律规定了人民管理国家事务和社会事务的各项基本权利，依法治市必将进一步表明对人权的全面确认和充分保障。今后，进一步扩大人民参政议政的范围，增强公民的权利意识，通过规范化、多样化的渠道扩展权利的广度和深度，是城市法治建设的重要内容。广州在这方面积累了相对较好的物质条件，城市公共产品的供给和保障是有基础的，市民在权利意识以及行使权利的范围和效绩上能够在国内城市中处于相对优先地位，下一步应该在这方面有更多的彰显和建树。

2. 依法治市是依法治国在城市区域的具体实践

在我国，依法治市是依法治国方略的重要组成部分，是将依法治国从中央推向地方的一个不可缺少的层面和环节。因为依法治国作为一个全局性的国家治理过程，需要通过各个地方和各个部门的依法治理来体现并推行，才能贴近普通民众的日常生活。作为区域层次上的依法治市，既诠释着社会主义法治的基本理念和原则，又发挥着自己对全局的特殊的作用和巨大影响，构成了依法治国的具体内容。对此，我们可以从下列方面理解：

（1）依法治市是维护国家法制统一与发挥地方创造性的有机结合。依法治市是国家法制统一前提下的依法治理，法制的统一性是依法治市的基本要求。广州领改革开放风气之先，快速发展近三十年，各方面的条件具备了它可以在民主与法治建设方面创新求变的能力。在城市现代化进程中，广州深感民主法治的重要。城市法治，就是要追求法律精神在这座人口超千万的都市"君临一切，主宰万端"的恢宏气度，广州应充分发挥自己的创造精神，在严格遵循国家法律的立法精神和原则的前提下，结合城市生活的具体情况和实际需要，针对城市建设、发展、治理的特点进行自主立法和完善法律的实施机制。依法治市还一定是多样性与统一性的有机结合。由于广州这座特大城市发展的多样化，同一城市的不同区间、不同行业与人群在经济、社会发展水平、发展目标、文化素质和价值观念取向以及面对的主要问题等方面也有明显的不同，广州依法治市的具体措施和治理重点因而也有所选择。因此，广州的依法治市，是以国家宪法和法律为依据的、富有岭南文化精神和南国城市特点的多样化的治理实践，具有鲜明的多样性特征。但是，多样化也是在依法治市总体框架内展开的，贯穿着法制统一性的原则，需要保障国家法律法规在本市的有效实施。所以广州的依法治市是多样性与统一性的有机结合，多样性展现了法律调整的丰富性，统一性则表征了法律调整的规范性。

（2）依法治市是法治作为价值目标与治理手段的有机统一。法治作为一种价值目标，当前所要解决的首要问题就是通过权力制约和权力法定，来解决城市内部运行的权力的来源及其合法性，将权力真正地无一遗漏地纳入宪法和法律的支配和控制之下。法律对权力的制约，主旨在于公民权利自由的保障，在于人权价值的维护与人权环境的改善。为体现法治这种价值目标与治理手段的统一，依法治市要在全市公民，尤其是领导干部中间，牢固确立权力制约和人权保障的观念，以及法律面前人人平等、任何组织和个人没有超越法律的特权的意识。此外，依法治市是一项全方位的系统工程，依法治市工作同样有着复杂的内容，涉及广泛的领域。概括而言，依法治市的工作可以分为两个既相互关联，又互有区别的层面：第一个层面是法制本身的理念及制度环节，包括立法、执法、守法、普法、法律监督等各个环节；第二个层面则是以法律、法规为手段的各个领域和层面的依法治理活动，这些活动随着法律调整的触角向社会经济生活的深层延伸，范围还将不断扩大。实际上，就两个层面而言，广州都有充分发挥城市功能和城市作用，体现城市管理工作需要和特色的平台和空间，只要敢作敢为，依法治市是可以为法治目标和法治手段的有机统一提供成功经验的。

（3）依法治市是一场城市政府推进与市民社会演进的民主政治的互动。纵观我国的改革，无论是经济体制改革还是政治体制改革都是以政府为主导力量来推动的，法治建设也不例外，它的启动和完成需要政府推进。我们方兴未艾的民主政治建设历史还不长，广州虽建城两千余年，但市民社会的自治能力还未最终形成，依靠市民自发力量主导广州城市法治进程的客观条件尚不具备。在这种情况下，城市政府推进就是广州法治建设的必由之路，而且也只有城市政府才有足够的权威主导推行依法治市。但是，应该看到政府的主导地位与法治的限权精神之间构成内在的矛盾，作为法治推动者的政府力量本身却是法治的主要对象。这个矛盾的解决，一方面城市政府应该主动遵守法治精神，将其权力运行纳入到法治的轨道中，将手中的权力完全归顺为法治的力量；另一方面，当法律运行与法治制度步入正轨、形成规模的时候，城市政府就要注意发挥市民社会各种力量的作用。毕竟，广大市民是依法治市最深刻的社会基础，是推动法治进程的最根本的、决定性的力量，广大市民对法治建设的直接参与，决定着我们广州依法治市的成败。政府与社会应该形成上下合力的互动机制，政府在推进法治建设的同时，也要逐渐培育社会的独立性，扩大社会自治范围，最终使广州的城市治理的法治化依赖本土资源自然演进。

概括而言，广州的依法治市就是在中央所确定的依法治国的宏观框架内，从自身城市实际出发，充分发挥广州这个多元化特大城市的法律创造精神，对全国性法律制度进行具体化，进一步补充、发展、完善法律的实施环节，从而形成既与全国性法律法规相一致，又具有本市特色的地方性法规规章和法律实施机制，将城市经济、政治和文化生活等各个方面纳入社会主义法治的轨道，实现城市治理的法治化。

3. 依法治市工作的全面推进

围绕着经济建设与社会发展的内容，广州的依法治市工作在党委的领导和重视下顺利实施，立法、司法、行政执法、普法和法律服务、基层民主政治建设等有关法治工作全面展开，市民的法律意识普遍提高，城市管理呈现出制度化、秩序化的趋势，为新世纪广州政治文明建设打下了良好的基础。

制定法律的目的在于执行，我国的执法机构主要是行政部门和司法部门。行政部门和司法部门的价值取向分别为效率和公正。在现代社会，追求效率与公正的基础是依法办事。有法不依，会使法律变得毫无意义。因此，依法办事是执法工作的前提。

首先，关于依法行政。依法行政在西方国家有的也被称为行政法治或法治行政，其基本含义是，行政权必须受法律的约束，必须在法律允许的范围内行使。在对国家权力的限制中，对行政权的限制一直是重中之重。在我国，依法行政是社会主义法治建设和政治文明建设的必然要求和关键因素。《国务院关于全面推进依法行政的决定》指出："行政权力的运用，充分体现着国家政权的性质，密切联系着社会公共利益，事关中国特色社会主义事业的兴衰成败。"为了严格执法，广州渐进改革与完善了政府法制机构以及有关做法和制度。

七、广州大力建设公正司法体制

为了推进依法治市工作，维护司法公正，广州市对司法制度进行了改革，使公、检、法三机关各司其职，各负其责，同时又互相配合，有针对性地开展各项斗争，有效地维护社会稳定和良好的社会经济秩序。

一是为改革发展稳定大局提供有力司法保障。司法工作服务大局是社会主义法治的本质要求，也是司法部门的重要使命。广州市公检法部门这些年来紧紧围绕党和国家的中心工作，坚持司法工作与经济社会发展要求相一致，为改革发展稳定提供有力的司法保障。

随着社会主义市场经济的快速发展，法院工作中民商审判领域不断拓宽，如在1998—2002年五年间全市法院共审结一审民商事案249140件，解决诉讼标的金额高达1112.58亿元。其审判工作以维持市场经济秩序和促进经济进步为重点，涉及金融证券、企业管理、土地开发等多方面的案件，有效地保护了各类市场主体的财产、契约和信用关系。例如，市中院承担广东国投系列破产案中广信企业发展公司、广东国际租赁公司两宗破产案的审判任务后，在没有先例可循的情况下，创造性地开展工作，率先结案，共4.50亿债权获得受偿，为稳定金融秩序、树立国家法治形象做出了贡献。2004年，市中院审结翠湖山庄物业管理纠纷案，确认了业主委员会的诉讼主体地位，维护了业主的物业管理权；审结哈尔滨黑天鹅集团股份有限公司诉广东黑天鹅饮食文化有限公司商标侵权及不正当竞争纠纷案，判决广东黑天鹅公司停止侵犯注册商标使用权、赔偿损失50万元，被最高法院列入2004年度全国十大知识产权案例。

维护社会稳定也是司法工作的主要职能。珠三角经济迅速发展带来的人口流动使广州的流动犯罪率大大增加，根据广州的治安形势，公安机关坚持"严打、严防、严治、严管、严控"，扩大警情实时监控范围，整合群防群治队伍，将警务和群防群治力量的巡控有机地衔接起来，提高驾驭社会治安局势的能力，降低了广州的刑事发案率。市法院则健全严打经常性工作机制，积极开展严打整治百日行动，把打击锋芒对准杀人、绑架等严重暴力犯罪，抢劫、抢夺、盗窃等多发性犯罪，毒品犯罪和黑恶势力犯罪。全市检察机关也密切配合公安、法院等执法机关严厉打击各种严重刑事犯罪，坚持对重特大案件适时介入，认真做好快捕、快诉工作，不在检察环节上贻误战机。

二是建立健全公正高效的司法工作新机制。广州市法院遵循司法工作规律，进行了一系列改革。其一，深化审判方式改革，包括全面落实公开审判制度，做到庭前公开、庭上公开、宣判公开；实行立案审理相分离的制度，实现审判方式由纠问式向听证式的转变；在各基层法院全面推行适用简易程序审理民商事案件改革，大幅度提高了审判效率，等等。其二，推行审判组织改革。例如实施审判长和独任审判员选任制度，保证优秀审判人员在线办案；规范合议庭及审判委员会的运作，强化合议庭和独任审判员职权，改变了审判工作长期存在的行政管理模式；落实人民陪审员制度，1998—2000 五年来人民陪审员参加审理的案件有30354 件，健全对法官的管理、考核和监督制度，建立了法官审判业务档案。2002 年，全市各基层法院民商事法官人均结案 147 件，比 2000 年增加约 36 件，适用简易程序审理的民商事案件中，当庭宣判的占 42.84%，市中院审结的一审民商事案件，改判率同比下降 5.83 个百分点。其三，健全执法程序，完善了立案、审判、执行等各个环节的工作制度，规范执法行为。民商事审判方面，制定了广州市法院破产案件审理规程；执行方面，制定了规范指定执行、提级执行的规定。四是强化审判监督，坚持检查评查案件制度，定期通报案件质量，及时立案复查当事人的申诉，保证裁判结果公正。

广州市检察机关也不断改进工作方法和管理机制，促进检察工作全面发展。在工作方法上，对于检察工作中出现的新情况新问题，及时调整工作思路，积极采取相应对策。例如，2000 年针对有影响的重大案件，探索了重大案件的侦查指挥机制，初步形成以市检察院为龙头、以基层院为支点的区域联动、上下配合的办案体制；针对渎职案件查办难的问题，市检察院牵头召开了 15 个执法部门负责人参加的全市查办渎职侵权案件工作联席会议，完善了线索移送制度，使查办渎职犯罪工作取得新突破。在管理上，强化监督制约，规范执法行为。例如，规范了对诉讼参与人的告知制度、执行公务事由通报制度，以检务公开促公正司法；推行主诉检察官办案责任制，有效地改变了办案工作环节多、权责不明晰、错案追究制难落实的状况；加强了特约检察员工作，通过列席检察委员会，参与检察机关重大问题和大要案、疑难案的讨论，发挥他们参政议政和民主监督作用，等等。

广州市公安机关 2001 年下半年以来，在全面实行警务公开的基础上，在警务规范化建设方面进行了积极的探索和实践。市公安局成立了警务规范化建设领导小组，并制定下发了《广州市公安机关警务规范化建设实施方案》等文件。首先规范了单位、领导和每位民警的职责，落实岗位职责；其次规范了各项公安业务的工作流程。如市公安消防局开发了"消防监督法律文书软件系统"，规定消防服务窗口、建审及执法队等科室的工作流程、审批程序等，并且通过软件设立了重点检查自动提醒与审核超时报警等，强化了工作时限；三是规范了民警执行公务时的各种行为，严密了各项工作制度。通过规范化建设，提高了民警的责任感，促进了依法办事和公安执法的公平公开。

八、法治教育与法律服务

普法和发展法律服务业是依法治市的基础性工程，是培养市民法治观念和解决市民法律问题的主要途径。广州从 20 世纪 80 年代开始实行五年普法规划，至今"四五"普法已经实施完成，市民的法治意识得到很大提高。法律服务业也从 20 世纪 90 年代起不断扩大，逐渐形成适应经济社会的发展的新格局。

广州市的普法活动主要分为两个方面，一是领导干部的学法用法；二是对市民的法制教育。其中领导干部的学法用法是普法工作的重点。领导干部是各项事业的组织者、管理者和决策者，领导干部加强法律知识的学习，对提高全社会的法治化管理水平有着重要的影响，而且对全民普法有着重要的示范作用，是搞好普法工作的关键所在。广州市在 20 世纪 90 年代初开始建立领导干部学法培训制度，举办领导干部法律知识培训班。这一举措被全国人大检查团评价为"在全国先行一步,这个办法值得推广"。全市各地区、各系统、市直局以上单位(部门)普遍建立了党委(党组)中心组学法考试考核制度,两级人大常委会和政府还对拟任命的干部分别进行任前法律知识考试制度,明确规定不参加考试或考试不合格者不予任命,将干部学法工作落到实处。《广州市干部学法考核的通知》的出台,使每年组织干部参加学法统一考试形成制度,各级领导干部学法考试考核情况,都送组织人事部门备案,作为任免、提拔、使用干部和评先的重要依据之一,使领导干部学法工作逐步走上了规范化、制度化的轨道。实施依法治市,全体市民法治意识的增强是一个必要条件。广州市每年以市委、市政府办公厅名义下发年度普法工作要点,对广大市民、在校学生以及外来务工人员展开经常性的法治教育。

在社区,成立法律服务(普法)志愿者队伍,建立法律图书室、法制宣传栏等,开展各区(县级市)、街(镇)、居(村)委三级法宣橱窗(栏)年度检查评比、法制文艺汇演评奖等活动,在提高社区居民法律素质的同时,促进居民积极参与社区建设和管理。市普法办与广州电视台合办的电视法制专栏《普法视角》,配合各时期的法制宣传教育工作,产生了良好的社会效益。2002年11月建立了"广州普法网",进一步提高了普法工作的社会宣传效果和影响力。此外,广州还积极探索利用户外大型电子彩屏、手机短信等平台开展普法教育,在全市逐渐形成一个多层面、全方位、网络化和大众化的立体普法格局。

"普法教育必须从娃娃抓起",青少年一直是广州普法重点对象之一。根据青少年的特点,所采取的主要普法措施有:一是建立和推行法制副校长聘任制度,全市2000余所中、小学校普遍建立和推行了法制副校长聘任制度,130余万中、小学生在校园内能受到经常性和系统化的法制教育。二是组建青少年法制教育讲师团。三是以教育、普法主管部门为主体,充分发挥青教办、共青团、妇联以及街道、居(村)委会的作用,形成一个庞大的普法教育网络。四是净化学校周边环境,严厉打击各类针对青少年的违法犯罪活动,共同营造适合青少年健康成长的良好社会环境。2003年还进一步建立了广州市青少年法制教育基地,通过模拟法庭、禁毒教育、网络教育、法制图片展览、法律咨询、法制图书阅览以及法制课等多种形式,对青少年学生进行生动直观的普法教育。通过这些努力,广州市中、小学生的法律知识水平、法制观念和自我保护意识得到有效提高，学生违法犯罪现象大为减少。

加强广大外来工的普法教育是维护社会稳定和促进企业发展的有效手段。针对外来工流动性大、分布广、人员素质参差不齐和法制观念普遍较薄弱等实际状况，1996 年至 1997 年在全市 100 余万外来工中开展了历时半年多、规模大的"三个一"法制教育活动（即读一本书、考一次试、发一个合格证）。此后逐步建立起各级普法辅导员队伍和岗前学法培训制度，并把外来工法制教育纳入社会治安综合治理工作中，要求企业与有关职能部门签订"社会治安综合治理目标管理责任书"，使外来工法治教育既有利于外来工综合素质的提高和企业的发展，又有利于维护社会稳定。目前，广州的外来工遵纪守法和运用法律武器维护自己合法权益的现象明显增多，用人单位、企业与外来工所发生的各类纠纷也得到有效缓解。

广州法律服务业的发展，突出表现在两个方面：一是深化改革，发展适应市场经济体制的法律服务；二是积极开展法律援助和司法救助，保障社会弱势群体的权益。这些都为城市改革与发展提供了支持。1994年 2 月，广州市司法局根据司法部《关于深化律师工作改革方案》的精神，结合广州市律师工作实际，制定了《关于进一步改革广州市律师工作的实施方案》，允许专职、兼职律师辞去公职、自愿组合，申办不占国家编制与经费的合作、合伙及股份制律师事务所。通过律师体制改革，全市律师事务所从 1991 年的 23 家，发展到 2002 年的 140 家，而且均为不占国家经费和编制的合伙制律师事务所，执业律师也从 418 人发展到1431 人。律师业务适应发展社会主义市场经济和世贸规则，从担任刑事辩护为主向市场领域扩展，办理各类诉讼和非诉讼法律事务每年递增10% 左右，特别在国企改革、知识产权、金融证券等方面提供法律服务，帮助大中型企业重组，处理经济纠纷，解决破产清算、股份制改造、上市等的法律问题。例如，明浩律师事务所帮助广州南方轴承厂等多家企业进行破产清算、股份制改造工作；中诚律师事务所律师担任中国联通广东分公司的法律顾问，参与处理中国联通上市中涉及的复杂法律问题，提供了重要的法律意见，为中国联通顺利上市扫除了障碍。

广州市公证业务从 20 世纪 90 年代开始迅速发展。国内民事公证从原有的继承、赠与、遗嘱、收养、遗赠、抚养协议等 20 多种公证又增加了现场监督、签名印证属实、宅基地使用权、证据保全、拆迁协议、赡养协议、合伙协议、夫妻财产协议等业务公证；国内经济公证从原有的租赁承包、抵押贷款、招标投标、预售商品房等40多项公证又增加了还款协议、土地使用权出让转让、法人资格、公司章程、公司会议记录、执行许可证、提存、抵押登记等类公证。据统计，从1990年至2002年的十三年间，全市办结公证2973040件，其中国内民事公证586231件，办理国内经济公证1198197件，办理涉外和涉港澳台民事公证1131116件，办理涉外和涉港澳台经济公证57496件，较好地发挥了公证工作在社会经济生活中的沟通、公证、监督、服务的作用，取得了显著的社会效益和经济效益。市司法行政机关在1999年开设了"148"法律服务专用电话，统一组织律师、公证、基层法律服务组织和乡镇（街道）司法所，面向群众和社会组织，提供便捷、高效的法律咨询和各方面的法律服务。市公安机关除开展专项斗争外，1986年11月在全国率先开通了"110"报警电话，普遍设立"报警亭"、"治安岗"，在处置各类案件、事件、重大治安灾害事故，为群众排忧解难，密切警民关系等方面，都较好地发挥了职能作用，被社会各界和广大群众誉为"热线卫士"和"急救星"。市公安局还以窗口单位硬件改造为重点，实行敞开式办公，设立便民服务台，提供纸笔、茶水、休息场所、服务指南、业务流程、提供服务手册和办事须知供群众免费索取，方便群众办证、咨询、查询有关信息。

司法救助是指人民法院对于当事人为维护自己的合法权益，向人民法院提起民事、行政诉讼，但经济确有困难的，实行诉讼费用的缓交、减交、免交。广州市法院审判工作中对民商事案件、行政案件中生活确有困难的当事人，尤其是涉及老年人、妇女、未成年人、残疾人等追索赡养费、扶养费、抚育费、抚恤金、养老金和交通、医疗、工伤等事故的受害人要求赔偿等诉讼案件，依法实行救助，切实解决困难群众"打官司难"问题。并且针对劳动纠纷日益增多、群体诉讼逐年增加的特点，注重保护下岗职工、外来工和其他企业职工的合法权益，对劳动者追讨"欠薪"等案件，优先审理、优先执行，及时帮助他们解决生活困难。对刑事案件中被告人因经济困难没有委托辩护人的，以及被告人是盲、聋、哑或者未成年人而没有委托辩护人的，依法为其指定辩护人。

法律援助，是由政府组织律师服务机构，专门为需要通过法律途径保障自身合法权益但又无力支付聘请律师费用的公民和组织，指派律师为其提供援助性法律服务的社会保障措施。1995年11月，广州率先成立了全国首家政府法律援助机构——广州市法律援助中心，为弱势群体提供法律援助。1996 年时任司法部部长肖扬在广州召开的全国法律援助经验交流暨工作研讨会上，赞扬广州市法律援助中心创建一年来成绩显著，其工作经验与制度模式，对于大中城市的法律援助工作具有重要的借鉴作用。1997 年，法律援助工作又有新进展，先后成立了"广州市青少年法律援助处"和"白云区法律援助处"，目前，市属各区、县级市，共青团市委、市总工会、市妇联、市残联都已建起类似机构。法律援助工作调整了民事案件法律援助的审裁标准，使援助的民事案件有较大的增长，占援助总量的 31.5%。新闻媒体把法律援助中心视为广州法制建设的一件盛事，中央电视台 3 次采访广州市法律援助中心，播发了"法律援助在广州"、"法律援助离你有多远"等专题节目；美国有线广播电视网（CNN）和美国哥伦比亚广播公司也对广州市法律援助中心进行了采访、报道。国务院新闻办公室把广州市法律援助中心建设作为我国人权司法保障的重要措施载入《中国人权状况》白皮书。

九、基层依法治理

国家结构在位一体，重点还是落实到基层、民主与法治也是如此，城市的基层是社区，遍地开花式的依法治理是关键。

居民代表、户代表和直选三种形式，是广州基层民主和基层法治活动的版本。选举是市民政治权利中最广大的首选权利，广州较其他城市更早地对条件成熟的社区首次实行了直选。各社区普遍制定和完善了《社区居民自治章程》、《社区居民代表大会制度》、《社区居民委员会工作制度》、《居务公开制度》等一系列规章制度，提高了居委会依法自治能力和服务居民的水平。在部分社区居委会，建立了"议行分设"工作机制的试点：社区居委会是议事层，其成员不脱产，不直接管理和从事社区同常工作事务，实行任期职务补贴；社区居委会通过聘请专职人员具体负责社区公共事务、公益事业等社区建设事务和社区居委会的同常工作事务。也就是说，社区内所有符合选民资格的公民都可以当选为居委会成员，在兼职基础上参与居委会管理，这种机制为依法推进社区自治积累了经验。

2005 年，结合第二届社区居民委员会换届选举，广州市再一次对部分规模过大或过小的社区作了适当调整，并且完成了全市 138 个城中村转制为社区居委会的工作。目前，全市共调整划分为 1421 个社区，每个社区平均管辖人口为 1800 户左右，调整后的社区边界清晰，规模适度，资源配置合理。这次居民会选举，广州市部分社区在全国首创"两委一中心"居民社区管理架构，即在社区党委、居委会的基础上新增与居委会平行的社区政务中心。据此，居委会的工作重心就放在开展社会性、群众性服务工作上，包括维护居民合法权益、教育居民依法履行应尽的义务、调节民间纠纷、办理本社区居民的入托、养老、社区文化生活等公共事务和公益事业等；社区居委会实行"一户一票"直接选举，社区居民代表大会取代街道办和相关政府部门负责对居委会的工作进行评议。社区政务中心则全部承担上级政府职能部门指派的各项政务和行政执法工作，包括创卫、计生、社保等；社区政务中心工作人员由街道办事处委派。"两委一中心"模式进一步推进了议行分设，被有关专家评价为"在基层民主政治改革方面具标志性意义"。

综上所述，广州市的民主法治建设实践路径，反映了从改革开放之初到今天三十年间，广州这座城市与我们国家和民族发展的一样，走的是一条从人治到"刀"制的法制，政策之治，到法治之治的转型之路，广州在三十年中经历了三次大的城市转型，一是经济转型，二是以政府转型为代表的城市综合管理的转型，三是以科学发展观为前引的城市由法制健全到普遍施行法治的转型。第一个转型是经济的社会的巨大变化，即整个经济和社会分工从原来的计划的、管制型的、统一僵化的体制，转向一个宽松而有适度单性的相对自由的体制。这个转型，使名扬海外的商埠——广州得以复苏，使以实干低调著称的广州人活力迸发，给满城点燃创造的热情，使广州城市的经济和财富要素奇迹般的巨境，能量的释放震惊全国、震惊世界。这也为下一步的民主增量、权利意识普及、制度建设开启新里程提供了坚实的物质基础。第二个转型集中表现为城市管理机构，主要是城市政府职能上的变化，即从高度计划体制下的全能政府，逐渐转化为管理型政府在相对成熟条件下又由高管理型的政府转而为有限政府、中低管理管理型的职权范围明晰的政府。接下来的这种转型还将继续，它将是以建立服务型城市政府为目标。总之，政府转型的过程，也就是建设"权责一致、分工合理、决策科学、执行顺畅、监督有力"这个法治型、服务型城市政府的过程。第三个转型可以说是广州城市全方位的表现，总的来说就是整个城市由人治文化、政策之治文化向法治文化和全面贯彻法治的城市文化的转型。在这个过程中，广州建立起自己的城市法治理论和行动系统，建立起了有广州文化传承和现代化特色的城市法治精神。这种法治精神一旦完全成熟，广州城市治理就犹如驶入快车道的法治文明列车，它将一往无前，不可阻挡。

第四节　广州依法治市的基础、特点与启示

一、城市竞争力——依法治市的基础

对城市来说，提升城市竞争力已经成为物质文明建设的主要内容。20世纪90年代以来，随着经济全球化和区域一体化的发展，世界各国城市之间的竞争加剧，城市竞争力成为一个国际性的理论和实践热点问题。一般来讲，城市竞争力是指一个城市通过提供自然、经济、文化和制度方面的综合比较优势，在资源流动过程中，拥有比其他城市更强的集聚、吸收和利用资源的能力，并最终表现为更为持续的发展能力和提高市民福利水平的能力。这是以城市为主体的竞争概念，由于城市是多种要素综合构成的有机统一体，城市竞争力的大小也就取决于全部要素形成的系统合力。我国加入世贸组织后，按照WTO的统一、规范、透明规则，人力、技术、资本等要素资源在地区和国家之间的流动加快，这些要素的流动既为国内城市资源的重新整合创造了条件和机会，也增加了竞争的压力。应对这一局面，广州的城市发展战略始终以保持和扩大中心城市综合优势为重要发展目标。2008年，在世界银行发表的《改善投资环境，提升城市竞争力：中国23个城市投资环境排名》研究报告中，以及2004、2005年中国社科院倪鹏飞发布的《中国城市竞争力报告》和《2008年城市竞争力蓝皮书：中国城市竞争力报告》中，广州的综合竞争力在全国一直处于前列，其中综合GDP增长、综合收入水平、综合生产率、区位竞争力、基础设施竞争力、人才竞争力、资本竞争力、科技竞争力和结构竞争力等项实力都很强。这与广州对城市发展的正确定位是分不开的，也为广州的法治工作奠定了坚实的物质基础。

依法治市工作在发展这个主题下，努力为发展创造适宜的法治环境。

现代城市法治研究

一方面通过立法引导城市经济建设，保障经济体制改革和市场经济发展，扩大改革开放、对外交流，提高城市国际化水平。另一方面将城市管理列为依法治市工作的重点内容，塑造有吸引力的城市面貌。我国经济学家樊纲也指出，中国20年的经济高速发展，对于很多城市，特别是沿海城市来说，基础设施建设已经相当完备，而城市竞争力的差距实际在政府的工作效率和公共服务的提供方面等。这意味着法治建设本身成了城市竞争力的软因素。广州市委、市政府也认识到自己所扮演的角色和承担的责任，加大依法行政力度，建立健全了多项制度进行规范管理，并且大力推进普法宣传教育，增强了领导干部和国家公职人员依法领导和依法办事的意识，增强了普通公民对法律的认同感、信任感以及通过法律维护自己权利的观念，在城市中形成法治化社会风尚。于是，广州的发展呈现出一种开放、秩序、稳定的状态，为依法治市工作营造了良好的政治和文化氛围。

二、广州依法治市的特点

与其他城市相比，广州的依法治市具有一些自身的特点。这些特点涉及不同的层面，既有目标层面，也有目标实施方面的内容，同时还与监控体系有直接关联。正确认识和把握这些特点，是依法治市取得成效的重要因素。

1. 认识和把握依法治市的基本特征。广州依法治市工作的整体思路，是建立在对依法治市活动规律正确认识的基础之上的，如果缺乏对法治特征的认识，是很难把握其规律的，更谈不上顺利发展。从广州这些年的情况看，依法治市要取得好的效果，必须把握好其广泛性和系统性这两个基本特征：一是功能上的广泛性。依法治市，建设社会主义文明城市涉及政治、经济、文化、社会生活各个领域，是结构复杂，规模庞大的法治建设系统工程。它要求在本市行政区域内，所有国家机关、社会团体及其街道、村组、工厂、商店、学校等单位，一切政治、经济、文化、社会生活方面的事务都要纳入社会主义法治轨道，在法律的调整、规范、引导下，健康有序地进行。因此，依法治市是全方位、多层次的依法治理，不能出现"断层"和"死角"，需要广泛发动群众，周密部署安排，全面实践，整体推进，才能形成大气候，互相促进，深入发展。二是环节上的系统性。依法治市涵盖了法治管理社会整体功能，在这项复杂的系统工程中，需要各个环节协同配合，各个方面发挥作用。具体讲，立法、普法、行政执法、司法、监督、守法和法律服务等，须环环相扣、相辅相成，构成一个较为完整、严密的法治运行体系。实践中，有的地方把依法治理变成一项单纯的抓执法、司法和普法，忽视依法行政、法律监督等方面的工作，出现一些薄弱环节。鉴于此，广州采取了与专业执法部门及人大权威部门联合下发文件、联合开展活动、联合组织培训、联合组织竞赛等措施，避免了工作上的"虎头蛇尾"，收到良好效果。其次，把规划的制定与实施有机结合起来。广州依法治市一个很重要的特点就是注重规划的起草与制定。广州从 1990 年开始制定了三个依法治市"五年"规划，第四个规划也已经制定实施。规划不仅提出了明确的目标、任务和要求，而且还有主要的保障措施。从执行的情况看，这几个规划是切实可行的，取得了预期的效果。究其原因，从规划本身来说有三个方面。一是切合实际。规划的立足点是广州，而不是其他地方。尽管全国其他一些地方的做法可以借鉴，但根本性的仍是广州自身的情况，只能因地制宜，否则就会失去针对性，难以取得实效。二是切实可行。目标高了达不到，会失去意义，低了也不能从根本上解决问题。最好是适度，既不能低又不能高，这样才切实可行。广州的规划比较好的体现了这个特点。三是可操作性强。如"二五"规划，不仅把目标设定为 7 个指标，而且每个指标都提出了一些具体的保障措施，具有很强的可操作性。制定规划是第一步，落实规划才是最根本的。为此，广州采取了一系列重大措施，保证了规划的有效实施。一是分阶段有序推进。规划的实施不是一步到位的，它有个循序渐进的过程。在这个过程中法治建设会呈现出不同的特点，只有抓住这些特点，不断地解决阶段性的问题，才能实现既定目标。想一步到位，一下子解决所有问题，是违背法治建设规律的，是不可取的。二是突出依法行政这个重点。在我国的法律体系中，80% 以上的法律法规是由行政机关来执行的，行政权力行使得如何，直接影响到广大群众的切身利益。因此，依法行政就成了依法治市的关键和重点。三是治标与治本相结合。依法治市首先要治本。所谓治本，就是要在立法、行政执法、司法和普法这些重大方面，做扎实的工作，取得突破性进展。同时还要治标，充分发挥教育、引导、规范、保护、治理的功能，只有标本兼治，才能保证依法治市的顺利进行，以达到最终法治的目的，为政治文明进步创造长治久安的环境。

现代城市法治研究

2. 正确处理法律与权利的关系。在领导层，决策不依法，办事不讲法，以权代法，以言代法的现象时有发生。在群众中，有事靠上访，谁官大找准，聚众围困政府大院、堵截领导车辆等行为屡见不鲜。这些问题的症结，实际上是权大还是法大，是"人治"还是"法治"的问题。一方面，政府官员必须按法律规定行使好人民赋予的职权，严格依法办事；另一方面，公民个人或群众，要学会依法维权，有事找律师、找法官，而不是围追堵截政府领导。

3. 处理公共权力与公民权利关系。各级领导干部和国家机关工作人员是人民的"公仆"，检验公仆形象的关键是看他能否正确行使手中的权力。根据马克思主义的观点，国家是代表统治阶级管理社会的公共权力。依法治国、治省、治市，首先是治理公共权力，是治吏。自古以来，对法制构成危害和威胁的，主要不是来自公民个人，而是来自公共权力；有法不依、执法不严、以权压法、以言代法，都是来自上面，来自官员。至于权钱交易，矛盾的主要方面，也是掌握国家权力的官吏，而不是一般群众。所以说，依法治国、依法治市，首先是把国家权力的运行纳入到法律规范的范围内，以依法决策、依法行政、依法办事为主要内容的依法治理，关键是各级国家机关工作人员特别是各级领导干部要学好法、用好法。要督促行政机关依法行政、司法人员严格依法办事。国家赔偿法和行政诉讼法就是为了保护老百姓的利益，是人民监督政府公正执法的法律保障。因此，把依法治理片面的作为"治民"的手段，是一种误解，只有动员和组织广大人民群众参与依法治理，才能取得实际成效。

4. 认真处理局部与全局的关系。依法治市涉及到各个部门的利益，在工作中难免会出现本位主义。从广州以往的情况看，突出表现在三个方面。一是立法上的部门倾向。由于市人大立法力量所限，许多地方性法规是由政府的各个部门来负责起草的。这就不可避免的会出现"立法要权"和"立法取财"的现象，尤其是一些职能交叉的领域，部门之争就更加突出。二是执法上的利益取向。一些执法部门常常为了自身利益而相互扯皮，即有利的争着干，无利的不执行。结果造成"有的事多家管，有的事无人管"的不合理局面，既损害了相关人的利益，又损害了政府的形象。三是地方保护主义严重。有些行政执法部门在打假中，对本地出产的假货"假打"，面对外地进来的假货才"真打"。有的部门还擅自订立一些"土政策"，加重和转嫁负担，侵犯群众的合法权益。

对于法治建设中出现的上述问题，广州有针对性地进行调控：一是加大宣传力度，要求有关单位和人员必须牢固树立法律至上和全局观念，正确处理好局部与全局的关系，并把立法质量和执法效果作为其考核的重要标准，维护了法制的尊严；二是立法上实行专家立法与部门立法相结合，限制部门倾向的空间，堵死其漏洞；执法上采取联合执法，协调进行的手段，取得了较好的效果；三是突破地方保护主义的樊篱，狠狠打击假冒伪劣，维护消费者的权益。总之，依法治理，就是要从全局出发，依法保护广大人民群众的利益。这样，依法治理才会有坚实的群众基础，才能得到人民的拥护和支持。

5. 正确把握法律与政策的关系。政策与法律是两个不同的范畴，但两者又具有内在的联系。政策是指党和政府在一定时期所制定的指导政治、经济、文化等各项工作的规范性的规定，也就是人们常说的"红头文件"。政策与法律相比具有阶段性和灵活性等特点，不像法律那么稳定和规范。政策对法律的功能主要有两条：一是通过人大立法程序把政策变成具有强制约束力的法律，以规范人们的行为；二是政策对法律的补充，发挥互补功能。广州比较好地处理了两者关系。一方面，注意把握正确的方向，坚定不移地贯彻执行党的路线、方针、政策，促进经济建设和各项事业的发展；另一方面，随着法治建设的发展和完善，尤其是在对外开放的市场经济条件下，逐步实现由过去主要依靠政策办事转变为既靠政策、更要靠法律办事。当然，政策与法律也是有矛盾的，有时甚至会出现冲突。如果出现这种情况，就应因势利导，进行协调，使之朝着正确的方向发展，这是依法治市所必须认真解决的课题。

三、广州依法治市的启示

改革开放以来，在全市共同努力下，广州依法治市工作在探索中不断提高，积累了不少好的经验，给人以启迪。

党委领导，协调各方，是实行依法治市的关键。党委领导，协调各方是广州依法治市的一条基本经验。依法治市是一项涉及社会生活各个方面、各个领域、各个环节的庞大的社会系统工程，需要在党的统一领导下，有计划、有步骤的推进。同时也需要全社会的大力支持配合。1999 年市委书记黄华华在依法治市工作会议上说道："各级党委要充分重视和发挥人大、政协和'一府两院'在依法治市中的职能作用，共同推进依法治市工作……各级领导都要根据各自的职责范围考虑：在依法治市过程中，怎样发挥党的领导核心作用，怎样发挥人大的主导作用，怎样发挥'一府两院'的执法主体作用，怎样发挥政协的民主监督作用"。广州在实践中逐渐探索出"党委总揽全局，协调各方"的工作机制，使各部门能够有效发挥其特有的作用。实践证明，这个机制是非常有效的，是落实依法治市的关键。

1. 党的统一领导。作为一项全市性的重要工作，一定要在市委的直接领导下，才能认真抓好，做出成效。干部思想认识的统一、领导的加强、规划措施的研究制定等，都需要市委强有力的领导；涉及到地方国家权力机关、行政机关和司法机关的关系及职权的行使，更需要市委协调和支持；工作中可能遇到的比较大的困难，也需要市委及时指示和帮助。广州市委的领导，主要体现在三个方面：一是市委高度重视，由书记亲自出任领导小组组长，定期召开会议，加大工作力度；二是统观全局，依法办事，对每一时期的突出问题进行重点治理；三是把依法治市工作列入各级党委的重要议事日程，上下结合，发挥整体效应。

2. 人大及其常委会的主导作用。依法治市所涉及的立法、监督、法律实施等多方面的工作，基本是人大的主要工作任务。因此，人大及其常委会在依法治市工作中，义不容辞地应当发挥主导作用。一方面，人大及其常委会把依法治市摆到重要的工作日程上来，在集体行使职权的前提下，领导明确分工，担负起在依法治市中人大应尽的责任。另一方面，人大及其常委会作为地方国家权力机关，及时把党委关于依法治市的决策和主张，通过法定程序，作出决议、决定，交"一府两院"实施，动员全市人民认真地贯彻执行。再一方面，人大及其常委会运用立法权限，继续坚持以城市法治化管理为重点，使立法工作更好地适应改革开放、经济发展和社会进步的迫切要求。此外，广州人大及其常委会还把行使法律赋予的监督等职能，也与推进依法治市结合起来，促使行政执法部门依法行政，司法部门公正司法。人大及其常委会的主导作用不但有利于其在发扬人民民主、促进依法办事中发挥积极作用，更有利于依法治市工作的整体推动。

3. "一府两院"的执法主体作用。"一府两院"作为依法行政和依法司法的主体，在依法治市工作中于理于法都应当发挥执法主体作用。"一府两院"的主体作用，主要体现在严格执法和公正司法上。也就是说，我们的行政机关的一切行政行为，必须在法律规定的范围内严格依照法定程序进行，决不允许滥用权力。对滥用行政权力行为而造成的损失，应按照国家赔偿法的规定追究法律责任。司法公正，则要求司法机关依法独立行使检察权、审判权，不受任何行政机关、社会团体和公民个人干预。不仅要有科学的审判制度、检察制度，还必须有严明的追究错案责任的制度。正因如此，广州在依法治市活动中一开始就比较注重抓"两头"（依法行政、公正司法和基层民主政治建设）建"两制"（行政执法责任制和冤错案责任追究制），突出推进依法行政、公正司法和基层民主政治建设这三项重点工作，初步走出了有广州特色的依法治市工作的路子。

4. 政协的民主监督作用。民主监督在依法治市活动中居于十分重要的地位。这种地位是由民主监督的性质和特点所决定的。政协作为各民主党派、各人民团体和社会各方面代表的最广泛的爱国统一战线组织，它有三大功能，即政治协商、民主监督和参政议政。其中民主监督是主要的职能，这种监督是其他监督主体无法替代的。一般来说，民主监督的形式是视察和专项调查，由政协组织实施，可以是定期的，也可以是不定期的，主要视工作情况而定。这方面，广州抓得早，投入大，先后建立了专项制度和工作机制，对法规实施情况进行了有力监督。

5. 与时俱进，大胆创新，是实行依法治市的重要条件。经过近三十年的改革实践，中国发展的重心已从改革推动发展转到通过创新推动发展上。与全国同步，广州也不失时机的实施了这种转换。早在 1995 年，广州市委主要领导就指出"随着对外开放在全国全方位推进、建立社会主义市场经济体制的全面展开以及国际范围内的激烈的经济竞争，广州原有的政策比较优势已经弱化。面对这种态势，为继续保持社会经济的持续发展，广州整个战略对策已从主要依靠政策比较优势转向主要依靠体制创新优势……"而"这一战略对策的实施离不开法制的强有力的支持。事实上，这一对策本身就包括了法制建设的内容"。显然，法治已成为这一战略转向的重要力量。为了给体制转换提供指导和保障，广州依法治市工作在立足本地实际的基础上大胆探索。

广州法治工作的创新首先表现为观念创新，也就是自觉地把思想认识从那些不合时宜的观念、做法和体制中解放出来，使思想和行动更加符合改革开放和现代化建设的要求、符合时代发展的要求。对于经济社会发展中涌现出的积极的新生事物，广州通过立法等形式及时给予法律上的支持和确定，用法规保证新经济体制框架的确立，把新经济关系法律化。例如20世纪90年代在全国较早明确提出"个体私营经济是国民经济的重要组成部分，是社会主义市场经济的主体之一"的论断，并先后颁布一系列有关规定和私营企业权益保护条例，率先为各种经济成分发展创造了一个平等竞争的环境。对于政府自身建设，广州也先行一步，倡导法治化治理新方式，例如在全国首先提出政府信息公开规定，倡导"阳光法案"、透明政府的观念。广州市委、市政府还经常组织有关依法治市的理论研讨会，邀请国内外专家学者为法治工作提供新思路。

广州法治工作的创新还体现为制度创新。制度创新的目的就是为了设计出符合现代政治理念的制度，规范人们的行为，规范政府和企业以及其他各种社会组织的行为。好的制度安排会在一些根本问题上给人们的行为提供稳定的、被大家所认可、能够不断重复的行为模式，从而顺利地达到预期的制度目标。为此，广州着力加强了立法和机构等方面的建设。在立法方面，试验性、自主性的地方法规根据社会需要先行制定，以提供制度创新的原则和指导；在执法方面，率先推出行政执法人员统一持证上岗制度、法院立审分离制度等；在普法教育方面，把领导干部学法用法作为普法重点，健全了各级领导班子学法制度、干部法律培训和登记考试制度等。通过制度创新，不仅扬弃了原有制度中的一些消极成分，如组织机构中的低效率、责权利不明确等，并且为体制转换提供了具体的渠道，保障了体制转换的平稳过渡。

6. 督促检查，狠抓落实，是实行依法治市的根本。依法治市的根本是落实，而落实的关键是督促检查。没有督促检查，落实就是虚的、毫无意义。督促检查有两个方面的含义：一是年度的执法检查；二是规划的检查验收。这两个方面都十分重要，缺一不可。所谓执法检查，主要是指对各个层次的法律、法规执行情况所进行的督查。具体有三个层面：第一，积极配合全国的执法检查，开展相应的执法检查工作；第二，抓住改革开放和经济建设出现的一些实际问题，以及人民群众反映强烈的问题开展执法检查；第三，针对突出问题进行反复检查，巩固检查效果。为了使执法检查收到实效，在具体做法上采取普遍检查与有针对性的突击检查相结合的方法。对人民群众普遍关心、检查中容易出现虚假现象的问题，采取突击检查的方式，以利于及时发现问题，了解和掌握真实情况。对一些实施面较广的法律、法规，则大张旗鼓地进行宣传，充分发挥舆论的作用，把执法检查的过程当做宣传法律的过程。对规划的验收，主要采用的是分值评级制度。如"广州市依法治市'二五'规划验收评分细则"，把测评的内容分为八个指标，即组织领导，依法行政，公正司法与司法行政，普法宣传，法律服务，社会治安综合治理，整顿、规范市场经济秩序和基层民主政治建设与基层依法治理，并根据各自特点和重要程度设定分值，最后按百分比的大小分出达标等级：一是59分以下为不达标；二是60至69分为基本达标单位；三是70至84分为达标单位；四是85分以上为达标良好单位。先进个人的评比，与达标良好单位挂钩。可见，督查对依法治市的落实很重要，应当引起人们的高度重视。

7. 一手抓经济建设，一手抓法治建设，是实行依法治市的主要任务。邓小平同志指出："为了实现四个现代化，必须发扬社会主义民主和加强社会主义法制。""搞四个现代化一定要有两手，所谓两手，即一手抓建设，一手抓法制。"这些论述深刻阐明了健全社会主义法治与实现社会主义现代化的辩证关系，经济建设是法治建设的基础，法治建设是经济发展的保障。社会主义市场经济的有效运行离不开法律法规，实际上市场经济可以说就是法治经济（依法治国方略提出之前，一般称为法制经济）。市场经济的复杂性和广泛性都要求有统一的制度化的规则作为公共的准则，成为经济良性发展的保障。具体来说，市场经济的主体，即自然人和法人，其资格需要法律确认，其活动方式需要法律引导，其正当利益需要法律保护；市场经济的秩序和竞争机制需要法律的维护；市场经济的宏观调控需要法治规范。总之，市场经济的本质决定市场经济依赖法治。同时法治也依赖市场经济，市场经济以商品生产和交换、劳动力、契约等自由和平等为前提，反映在政治要求上就是公民的平等自由权利，因此市场经济为法治所要求的公民权提供了最根本的依据和支持，市场经济的利益机制也就成为法律至上原则被普遍化要求的客观前提。

第五节　对广州民主立市、依法治市的新期待

广州城有过领改革开放风气之先的光荣历史，贡献了全国上下为人乐道的"敢为人先，务实进取、开放兼容、敬业奉献、先行先试，干好才说"的广州人精神。但是，历史的辉煌与成就，因其是历史的、代表的只能是过去，不能证明一种继往开来的当然传承。"当亚当只有一个的时候，所有的夏娃都报以倾慕的眼光，当亚当成批涌现的时候，夏娃的目光就变得扑朔迷离，飘忽不定了"。① 广州城市民主法治的破茧，联发了沿海大中城市，后又波及全国大中小城市的依法治理的开篇布局。而后起谋动的城市以追兵的速度，追出了广州城市法律治理的忧患意识和新的发展观。我们看到，南京市的电子政府、电子政务虽非"一枝独秀"，但人们公认是南京这座古都名城，引发了全国城市政府阳光行动的"满园春色"；余杭市"法治余杭"闹出的动静，让许多人翘首，从余杭市制定"法治指数"这一创新行动看，余杭人在培养城市法治的土壤，促进城市管理者的法律意识，将余杭法治提升到更高的水平方面确有实招和作为；深圳更是以"忧患意识"的文化自省，以"解放思想"的人文支点，以"世界眼光"的广袤思维，以"国际通例"的制度潜因，以"民主宪政"的精神发散来谋划城市的治理与进步。深圳的声音是：再不攀上一个新的政治文明台阶，深圳就极有可能沦为一个普通城市，失去名城的光彩。深圳下一步的希望，应全部寄托于城市民主政治和法律治理的制度创新。民主政治，城市法治是人类的共同财富，城市对这一"共同财富"不仅只是享有，更重要的还需创造和补充。对广州民主立市和依法治市要始终怀有激情、心存期待，思想才可解放，舆论才是开放和自由的。在新一轮城市民主法治建设热潮中，广州应找好发展开拓的动力源泉，营造良好城市社会机制，从以下几个方面寻找路径：

---

① 《不应忽略观念和文化的 GDP》，《南方日报》，2008 年 3 月 5 日。

一、解放思想、再兴改革，争创我国宪政和首善之区

现代城市政治，应大张旗鼓厉行宪政。广州城有为宪政奋斗超过百年的历史，有条件在此基础上弘扬现代宪政精神。宪政的实质是民主，民主的第一关口是解决权力来源问题，解决人民的权利合法性问题，民主是城市中运营的所有权力的基础。广州应在选举制度和选举法方面力求突破、争取更多更好的实效。让社会公共事务和权力委托领域真正实行"一人一票"制，实行普选、公选制。要大胆把"选票"、"一人一票"作为普世性的政治常识和政治权利，落实每一个城市公民的知情权、参政议政权、监督权乃至弹劾、罢免权。只有公民的选举权是真实、有效的，民主的作用和力量才能"落地生根"。另外，广州城市公民选举的范围需要扩大，选举的事项需要"提升级别"，比如，能否选举城市立法部门的主要领导，能否对司法机构的首长投不信任票，能否直接选举区长、市长。选举是民主宪政百试不厌的的一种形式，不能说它最干净最管用，至少在限制威权主义，保护民主权利和法益上，公民选举是有合理性的，况且它早在城市政治中拥有了合法基础，我们应以最大的诚意、最大的宽容、最大的期许来对待城市公民的选举权，把他们手上的选票作为一切城市政治和法律事务的去污剂和照明镜。

选举的问题解决之后，要顺势解决立法机构、行政机关和司法部门的权力制约平衡的问题。宪政说到底是要解决权力的科学合理结构问题，这是现代民主精神在各个政治组织和体制中的贯彻。没有这些组织机构按宪政要求去塑造，城市中社会权力就有可能经常犯上邪气和恶气。城市掌权执法机构都需要继续改革，它们各自内部的结构性改革事项不少，但最重要的还是这些部门之间的权力划分与平衡。上世纪 90 年代，深圳市曾准备按科学的现代分权理论再造"深圳权力"，最后因条件不成熟而告终。海南岛早年也尝试过"大部制"，但未能形成什么经验。上海、重庆、石家庄等城市试图搞出些地方司法体制改革的例子来，最后影响也不大。广州应在争得允许、集中条件优势的前提下把现代宪政精神实质引入到城市权力运行模式中，使"广州权力"比同类城市的权力更民主、更法治。

宪政条件下的城市政治，是政党政治。除了执政的中国共产党以外，我国宪政生活中还有八个有历史传统的民主党派，相当多的无党派人士

和一些社团组织是城市中活跃的民主成分。成熟的宪政一定要让人清楚明白地看到非执政党的活动和身影。我国的各民主党派，说穿了都是城市的党群，广大的农村地区是民主党派考查调研比较多去的地方。我国各民主党派既然都以城市为政治舞台，那么，像广州这样的民主城市，就更应该为他们提供履行职责，推行宪政活动的舞台和空间。广州应更多地让各民主党派组织和干部有权有职地参与城市领导和管理，不能只把这些政治力量放在监督权力、评判法治程度和水平的位置上去考虑。在固化的权力结构模块中夹杂非执政党的民主党派因素，其最大的用意是打破城市权力的神秘僵化结构，使之更透明、更阳光、更民主、更有法治意味。

宪政条件下的城市执法与管理，需要用宪法营养培育出一支城市政府公务员队伍。城市政府应是法治、善治的政府，它是服务型、问责制、高效、创新型政府。政府和它的公务员其实是忠于法律，服务社区和市民的法律世界的纪律部队。政府和公务员应强调只向法律和市民负责。广州在这方面已有了不少开局破茧似的举动，但比起国际上先进发达的城市，差距还十分明显。

宪政条件下的城市生活，应是充满民主气氛、依循法律理性的市民社会生活。城市人群必须有强烈的民主愿望、果敢的民主选择能力、坚定的法律信仰。如何使广州市民接近或达到这种城市生活水准，关键要看广州如何去运筹"公民教育"这个大工程。

二、积极努力扩大民主增量，丰富人权内容，提高广州的国际认可度

广州正在努力建设各种基础设施，争取早日成为国际化城市。其实最重要的建设，当数现代城市制度、企业制度、市场制度、人权制度、保障制度的建设。广州现在有越来越多的外来人口，不光是外省来的外地来的，还有许多是外国来的。人口在城市空间的快速流转，这是国际人文交流的重要表现形式。虽然我们不能以人的皮肤、种族、语言、生长地来判断人口素质的优劣高下，但是，人的思想观念和行为模式对他人、对环境、对城市社会的影响及其客观存在的差别，仍是不容忽视的。广州应在合乎国际法惯例，合乎现代人权精神、合乎我国宪法和法律的基础和前提下，控制外来人口的流动，充实城市涉外管理资源，加强管

理手段和措施，提高队伍的管理能力。激活对提升广州城市品牌有益的外来因素，尽量消减有负面影响的因素。通过作为文化活生生载体的人员往来流动，使国际上先进城市的风尚、经验以及民主法治习惯进入广州市民的生活圈，逐渐形成一种国际化都市的社会生活特色。

在上述城市人口的人文支点上，广州应尽可能动用社会资源，解决好城市中的公平正义问题，限制垄断行为和威权主义的东西，提供更多更好的平民化服务，把凡属民生的问题都上升为法律问题，迅速提供法律上的支持和援助。广州城市生活中要扩大民主活动范围，开放舆论，保护市民的知情权、了解权。要更加关心城市市民的生存权、就业权、教育权、救济权、结社集会集中表达诉求权。让民主在广州城市生活中不断增量，让国际普识的人权在广州逐步丰富其内容。一个城市的风姿，是许多城市人形象的集结。如果广州城内，千万市民与北欧国家都市居民有着相同的志趣爱好，趋同的民主法治价值观，不谋而合的城市生活模式选择。广州的国际知名度和国际文明认可度自然就会大大提高。

三、提高广州市民社会自治水平

广州城区的基层民主自治，是一个薄弱环节，但又是一个民主法治发展的关键环节。社会自治是城市民主的精华所在，其原则是市民群众自己的事情自己管、自己办。市民大众通过城市社区、街道、企业、事业单位、社会团体和各种民间组织，实行多种形式的自我管理、自我教育、自我服务、自我发展。建立健全各种城市基础自治组织，使其发挥基层民主、基层管理的民主法治城市细胞作用，这是广州城市发展的工作重点。国际上发达成熟的民主城市，市民的自治水平非常高。市民在民主鼓号下的动员性和组织性极强，这可以将城市中残存或重新滋生的非民主、非法治因素消除在早期阶段。城市中的反民主、非法治因素好像人身体上的毒瘤，而城市中的公民和自治组织就是不可估量的健康细胞，这些细胞的常态化作用，是城市社会免疫力的体现，它对城市民主法治的健康肌体，具有其他任何东西都不能替代的保护功能。广州要大力培养社会中间组织，以自治精神组织起市民的力量，这是把广州推向民主立市、法治强市的最能让人乐观的生力军。

四、确保社会安定有序、司法公正、建法律名城

广州的平安建设已有成效，安定有序已有了物质上的保障。社会安全、人身安全这是有序社会的首义。广州下一步要向高科技要手段，要向警力要防控效果，扑灭犯罪，减少犯罪，让市民的安全感日日新、日日升。

广州是经济繁荣、交易频繁的商都，正义的恢复，公平的重现，权益的归属，这些都要表现在城市司法方面。城市司法是一个城市公正的窗口。市民在城市司法体制和程序中失落了公信，找不到公理、得不到明判，不光司法机关和法律职业者，整个城市都会为之蒙尘蒙羞。国际都市中因某个错判、误判而使全城名声扫地、一蹶不振的事例是史书有录的。广州城因生活的前卫，许多涉案涉法的新鲜事和奇怪人都会在广州出现。广州城在涉法事件中的态度，完全可以影响到更多地方的民主法治事业。因此，广州应把司法公正看做头等大事，把司法公正当做提高广州城市核心竞争力的工作来做。在维护司法公正上，广州城要像眼里不能容沙子一样，坚拒善拒一丝半点的地方和人情偏私。当下社会，司法口碑在文化印记中绝对不会稍逊于广州的五羊雕塑城碑。我们要把司法公正当着广州城市法治精神的主要界面来设置。司法公正既是城市民风所养，又确实是法律精英团队的前赴后继的杰作。广州的司法界要千方百计、千辛万苦地把法律高手和精英学者吸引到城市司法体制中来。广州是一个开放的城市，对高端人才是有吸引力的，试问，这么些年来，我们吸引了多少名师大家来演绎城市民主法治的逻辑，来处理变化万端的城市法律事务，来执掌广州用权用法的重要岗位？广州城应该是出名案、名律师、名法官、名法学家的地方，如果它没有能够很好地将法律资源组织起来，这将无疑是一个城市历史性的巨大损失。为了有朝一日，使广州成为法律名城，对法律人才的筹划，适逢其时，深中肯綮。

第四章　公平正义实现的重要路径
——法律监督的新视觉

　　法律监督在公平正义保障体系中的地位如何？公平正义在我国已经制度化、程序化的法律监督机制中如何得以实现？这是本章着重要研讨的问题。

第一节　公平正义的解读

　　公平正义是既古朴深远又趋时鲜活的大概念。从学理上讲，政治、法律领域搭成的共识是：公平指平等、公正，即人与人之间相一致、相平衡，制度规制或司法裁判对人们要一视同仁，不偏不倚，没有歧视，强调的是人与人之间在可比事项上的平衡与和谐。① 而正义的辞典内容就更为多样，说法各一，走位飘忽；内容极其丰富、深邃。正义中包含着几乎所有归于公正的分子，但又不限于公正的构成要素。古往今来，关于正义的描述与联想生生不息，选择与追求也是继往开来，蔚然成风。学者们对正义的解说也可谓乐此不疲，莫衷一是。最早的宏篇巨论来自西方古希腊时代，哲学家苏格拉底说："正义就是以善待友，以恶对敌的

---

　　① ［美］庞德：《通过法律的社会控制、法律的任务》，沈宗灵、董世忠译，商务印书馆1984年版，第3页。

現代城市法治研究

艺术。"① 善与恶以及区别的艺术构成了人类正义的最初思想内涵,扬善抑恶直接组成了正义的活动序列,善就是原始的正义,行善即为人类的正义。另一位古希腊时代的伟大哲学家亚里士多德认为,"正义的美德是国家的特征,因为正义就是政治社团的安排,正义感决定了什么是正当的"。"凡是谋求共同善的政体都是正确的,同时是符合绝对正义的;相反,凡是仅仅为了实现统治者的善的政体都是错误的。"② 亚历士多德的伟大之处,是将正义的概念首次社会化、利益化、政治化,他认为正义并非全个体化的概念,也不只是一种感情和理念,它是一种社会急需的调整人类复杂关系的政治体制,只有在体制中正义才可以生存、复活。亚历士多德的正义观其实就是善良优越的社会政治政体的理想化。正义就是好的政体。这是亚历士多德的定律。美国现代哲学家罗尔斯则将正义与社会结构相联系,他说:"对我们来说,正义的主要问题是社会的基本结构,或更准确地说,是社会主要制度分配基本权利和义务,决定由社会合作产生的利益之划分的方式。""正义否认为了一些人分享更大利益而剥夺另一些人的自由是正当的,不承认许多人享受的较大利益能绰绰有余地补偿强加于少数人的牺牲。"③ 利益的创造、占有、分配,牵动着公平正义的变形与复位,当下经济风潮引领时尚的信息社会,各种结构性的问题和矛盾正好凝固了公平正义的基本考虑,形成多种公平观和正义观。

其实,正义历来就是一个包容性极强的复合型概念,任何一个有感觉、有思维、有诉求的人站在各自同与不同的角度,将其理想、思考、想象乃至受他人影响而怀有的"善的"、"美的"、"亲近的"、"好的"、"正确的"意念置入既定的视觉客体,就会出现可能完全不同的印象和结论。人们根据不同的标准,曾经将正义作过多种划分,如政治正义、经济正义、法律正义、道德正义、自然正义、规则正义、国家正义、社会正义、分配正义、矫正正义、程序正义、实质正义、形式正义等等。④ 可

---

① 张乃根著:《西方法哲学史纲》,中国政法大学出版社 1993 年版,第 10 页。

② 张乃根著:《西方法哲学史纲》,中国政法大学出版社 1993 年版,第 37、38 页。

③ [美] 约翰·罗尔斯著:《正义论》,何怀宏、何包钢、廖申白译,中国社会科学出版社 1988 年版,第 9、12 页。

④ [美] 约翰·罗尔斯著:《正义论》,何怀宏、何包钢、廖申白译,中国社会科学出版社 1988 年版,第 9、12 页。

以说，这些可以作为抽象正义的一种具体表现形式。就正义的精髓和实质而言，尽管其本身内涵复杂、时有变动、构成精密、含义无穷，但有一条是可以归纳总结并推而广之的，即它是"人们内心所认为的法律、制度及一切事物正确、正当、合理、合适、恰当、良善、美好等词汇的集中和概括，表达着人们的认同和憧憬"。① 在法律多元化的意识形态世界，西方和东方的思维取向和成熟观点，无一不在此取得基本的相近和相同。

"谁不在争取正义？谁能不受正义问题的影响？政治制度、宗教、科学——特别是伦理学、法理学和政治理论——全都关心正义问题，而且全都渴望有一个按照他们的特殊概念来看是正义的世界。谁能不考虑怎样才算是公平的报酬，什么是公平的价格和公平的合伙条件？我们谋求有公正的制度和在一切人际关系中有正义。总之，正义是个无处不在的问题。"② 公平正义，是人类的共同理想和追求，是社会中每个人都能受到尊重、认同和恰当对待的表现，也是衡量社会制度优劣与否、社会与人和谐与否的全球通用标准。不同历史、不同民族、不同生活环境、不同语言的人群，竟然能在公平正义的标杆下走到一处，想到一起，构成人类共同的价值判断和追求，这无疑就是人类文明进步的一大奇观。

公平正义是个好东西，但是，纵观人类社会发展史，公平正义从来都不是也不可能是自发实现的。人类学的经验表明，人性中的兽性如自私、贪婪、残暴、冷酷，似乎是人类挥之不去的原始习性中顽强的一部分，它并不会自然消隐，甚至还会再殖和重生，历史中它还与时俱进，会变换形式，变小恶为大恶，变单丑为群丑，从自然状态下的个体之恶变成群体状态下的阶级之恶、制度之恶、习惯之恶、种姓之恶、社会之恶。③ 作为有思想、有理性、有组织和利益符号的人类，在追求文明、幸福的过程中，所能做的就是在某个时段，以某种方式，最大限度地遏止当时被锁定的人性之恶、制度之恶。而弘扬人性之善，除了说教与信仰，还必须依赖于能作用于社会与人的公平正义制度；最大限度地满足人们的物质文化生活需要，以消除人们之间的利益争斗。只有这样，正义的

① 杨一平著：《司法正义论》，法律出版社 1993 年版，第 3 页。
② ［英］麦考密克、［奥］魏因贝格尔著：《制度法论》，周叶谦译，中国政治大学出版社 1994 年版，第 249 页。
③ ［法］达维德著：《当代主要法律体系》，漆竹生译，上海译文出版社 1984 年版。

形象方才清晰，公平的效果方才彰显。由此可以推论，公平正义要在国家政治和社会管理体制层面得到充分的体现和细化，才有生活的意义，才有人性的基础。而这一点，亚历士多德的正义论、公平说，似乎已经提供了初步的答案。

第二节　法律监督的解读

所谓法律监督，是指对国家的宪法、法律能否得到正确的理解与实施所进行的规范性、制度性监督。法律监督于社会、于公众，于法律活动本身，再怎么强调它的重要性也不会为过。法治社会相对于非法治化的社会当然是安全的，这十分类似于在高速公路上你乘坐的是一部全欧洲标准的轿车，还是一辆几近散架仍在飞快猛跑，且毫无线路感的人力车。然而，法治社会这部轿车除了有速度、有动力、有质量和舒适度以外，还必须有制动装置，即刹车性能要好，如果忽略了法律监督，这就像高速奔驰的好车全然没有了刹车功能，那也是极其危险的。这里所探究的法律监督，并不包括人民群众、新闻媒体、党派等对法律实施所给予的一般监督，尽管一般监督是一种发生普遍效应的监督，它对于社会法治极端重要。本节所言及之法律监督，主要是部门化了的监督。它仅仅指依据宪法和法律的规定，由专门的机关或特定的机制对法律实施所进行的监督。在我国，法律监督是特指人民检察院依照宪法和法律所进行的监督，我国宪法上规定，人民检察院是国家的法律监督机关。有法律就客观上需要有关于法律能否正确实施的一种特指的规范性监督，这一点世界各国皆同，不同的只是表现在法律监督的方式、方法上。从全球范围来看，法律监督存在着学界定义为"内置型"和"外设型"的两种可比较的制度模式。在西方国家严格实行"三权分立"的法制框架内如英、美、法、德等，法律典章和操作机构内并没有设立专门的法律监督机关，但绝不能就此定论这些法治系统内没有法律监督。它们从某种意义上讲更重视法律内部的监督机理和作用，以解构分析的法律眼光看，这些国家的法律监督是通过立法权、行政权和司法权的相互制衡实现的，监督机制蕴涵在三权制衡的不断作用中，因此，它是一种我们所说的"内置型"的法律监督，或者说是制度与制度，程序与程序的对接和反向式监督。如在美国，宪法、法律制定之后，掌握行政权的政府负责贯彻实施，对于违反宪法和法律的人和事，由隶属于政府的检察机关或民众进行追诉，提交法院审判。法院有权对政府的行政行为进行司法审查，以判定其是否违反宪法和法律，是否有效，但法院不得主动启动司法审判权。对法院的判决或裁定如果认为有错误，检察机关可依法律程序提出复审要求。国会和总统可以通过新法案或法令影响司法判决或试图使其被改变。美国的法院可以对违宪事项进行审查，这当然会使国会的立法案也处于其监督之下。美国分权模式下的立法、行政和司法三权的相互制约，是法治史上最大胆、果敢的创举，逾百年的实践经验证明，它完全可以令人信服并确实有效地保证国家权力的正确行使，能保证法律精神和法律最终目的的实现。长此以往的法律秩序犹如和谐的自然秩序一样默默无声、有动有静、万变不离其宗，成为法律史上一大奇观。相比之下，我国及一些类似国家的法律监督被学界认为具有"外置型"的特征。即国家体制中设置了专门的不可替代的法律监督机关，并赋予多项权力和程序机制，以其确保法律的正确实施和使命的最终实现。之所以要设置专门的法律机关，一方面是我国宪政体制的特殊需要，另一方面也反映了国家对法律监督的极其重视的初衷和制度上的安排。在我国，宪法上明文规定，一切权力属于人民，人民通过人民代表大会行使国家权力，但人民代表大会是非常设机构，它不得不采取授权的方式，将权力分别授予"一府两院"来具体行使，即由中央和地方人民政府行使各级行政权，各级人民法院行使分层级的审判权，各级人民检察院行使分层级的法律监督权。中央和地方的"一府两院"受全国和各地方人大监督，对人大负责并报告工作。[1] 我国检察机关法律监督的对象是行政权和审判权，这种监督最终维护的是国家法律的权威。因为我国不实行类似美国等国家那样的三权分立的法律制衡体制，如果在人大这种权力机关之下仅仅只有行政机关和审判机关的话，就可能产生如下的弊端：二者相互之间的制约极可能演化为彼此的分庭抗礼，二者的一致求同又极容

---

① 参见《中华人民共和国宪法》。

现代城市法治研究

易向权力机关闹独立，最后走向脱离人大监控的专横。① 所以，代表人大对行政权和审判权进行监督的检察机关，就担负着不可或缺的使命和任务，成为人民代表大会制度正常运转必备的制度设置。在"一府两院"之间，必须划定各自权力的边界，同时在彼此之间建构起机制性的监督制约关系。如政府要保证国家各项法律的实施，隶属于政府的公安机关有权对刑事犯罪决定立案侦查；检察机关有权对国家公职人员的职务犯罪进行追查，对犯罪提起公诉，对公安机关、监狱的执法活动进行监督，对法院的审判活动实行监督；法院通过个案对政府的行政执法行为，对公安机关的侦查和检察机关的公诉实行司法审查，并作出裁判。机制性权力制约的形成至少需要有三方格局的设计。所以，我国专门法律监督机关的设置，既是确保人民代表大会制度稳健的重要基石之一，又是行政权、审判权和监督权相互平衡、有效制约的必要充分条件，相比于其他制度安排，它具有"内置"与"外设"的双重法律功效，长期的实践证明是符合我国的国情的。

第三节　法律监督与公平正义的结缘

公平正义，作为法律的最重要属性被人们所认识之初，法律监督还形象模糊，理念混沌。法律监督与公平正义似乎有一种隔代的关系。因为人们会习惯的认为，法律监督是法律的一种后来才趋于成熟的一派支流。然而，法治实践教醒了人们，法律监督于法治社会至关紧要，因为行动中的公平正义太需要动感十足，执行力极强的法律监督的亲缘关系。公平正义与技术化、专门化的法律监督攀亲结缘，认识论上的理由有下列各项：

一、法律监督是公平正义的守护神

法治环境中，人们普遍信仰与追求的社会正义，只能孕育并存在于

---

① 张乃根著：《西方法哲学史纲》，中国政法大学出版社 1993 年版，第 78 页。

合理的政治制度中。在确保合理政治面关系和优良制度的建构方面以及在切实保障社会正义的实现方面，法律监督具有不可替代的作用。就我国而言，这种作用体现如下：

1. 法律监督能够确保我国政治制度永远保持人民性。在我国长期实行的人民代表大会制度，是中国共产党领导下的人民当家作主的国家根本制度和政权形式，人民代表大会由全国各族、各界人民选举出来的代表所组成，具有广泛的人民性，能够最大限度地代表人民的利益，反映人民的呼声，现阶段只有这样才可以体现最广泛的社会正义。全国人民代表大会行使国家的立法权，负责修改宪法，监督宪法的实施，制定和修改法律；行使选举权，选举中华人民共和国主席、副主席、中央军委主席、最高人民法院院长和最高人民检察院检察长，决定国务院总理、副总理等人选，行使罢免权，有权罢免由其选举或决定的上述人选；有权审查和批准国民经济和社会发展计划，审查和批准国家预算，决定战争与和平问题等重大事项。① 因此，坚持人民代表大会制度，就是坚持我国政权的人民性，就是坚持最广泛的社会正义。由我国检察机关行使的法律监督，是人民代表大会制度得以稳固并有效运作的制度基石。法律监督机关受人民代表大会的委托行使权力，是人民代表大会的权威的体现。如果缺少了我国的法律监督和法律监督机关，人民代表大会制度就会被解构，人民政权就可能发生变异，坚持人民代表大会制度，就必须坚持法律监督，政治正义的内容和形式才可以说是完整无缺的。

2. 法律监督能够有效保障我国法律制度实现其正义性。法律是国家意志的集中体现。在人民当家作主的我国，宪法和法律是由全国人民代表大会在广泛征求意见的基础上加以制定或修改的，是全国人民意志的集中反映，它具有广泛的代表性和正义性。随着我国的法律制度不断完善，内容涉及社会生活的各个领域、各个方面，适用对象千差万别，处理的事务和问题层出不穷，变化多端。由专门的法定机关维护国家法制的统一，确保法律制度在全社会的广泛有效实施，这是十分必要的。② 法

---

① 参见《中华人民共和国宪法》。

② 前苏联检察总长的职权，就是对全苏是否适当地适用法律和正确地执行法律行使最高监督权，参见［苏］卡尔宾斯基著：《苏联宪法通论》，人民出版社 1953 年版，第 145 页。

律的创制与实施过程是两回事，书面上的法律往往与现实的法律存在距离，再好的法律，如果在付诸实现过程中发生偏差，法律的正义性就无法完全显现。因此，由检察机关专事监督职能，力保行政机关和审判机关自觉和严格依法办事，不折不扣认真执行法律，保证国家法律在全国范围内的统一性、有效性，是实现法律正义的必要保证。

3. 法律监督有助于保证市场交易的公平性、效率性。公平和效率是公认的市场经济中的正义，它与市场交易主体的切身利益和市场的有序性密切相关。每一个市场主体都期望利益的最大化，但是，各种自然资源和社会资源毕竟是有限的，他们实际都处在此消彼长的资源分配的游戏和规则中。法律预设的底线往往要被人冲破，现实中总有一些交易主体想方设法采取不正当的手段制造发财的机会，获取不正当的利益，破坏交易正义，这种情况在市场的各种关系，如合同关系、买卖关系、信贷关系、劳资关系、保险关系、运输关系等中都不同程度地存在，如合同诈骗、金融诈骗、商业贿赂、抽逃资金、骗保、拖欠工人工资等。检察机关对交易市场进行法律监督，打击各种破坏市场秩序的经济犯罪，可以保障经济正义的实现，促进商业和贸易的正常有序发展。

4. 法律监督有利于保证国家机关和工作人员政务的廉洁性。公务人员依照法律或者授权，在各级国家机关从事公务活动，或者在事业单位、国有企业等从事公共事务管理或其他法定的公益事业，基于职务上的需要，他们可以掌握和支配巨大的社会资源和财富，并借此为社会服务，为社会大众谋利益。但是，一旦这些专属的权力在他们手中失去监督，资源、财富、机会等等都极有可能蜕变成某些人掌控的用以谋私的工具，事实上，将社会资源据为己有，贪污受贿，贪赃枉法，或者不负责任，渎职失职，给国家和社会造成损失。这些活生生和事例和案例已到了不足为奇、不足为怪的地步。不仅损害了国家机关的权威、道德上的纯洁性和国家政务的廉洁性，更重要的是，动手了社会正义的基础，冲击着社会正义的信念之柱，破坏了社会正义的兑现秩序，导致社会资源不合理不公道的配置或流失。检察机关的一项重要职能就是查处贪污、贿赂、渎职、侵权等犯罪，惩治腐败，确保国家机关和国家工作人员廉正勤政，奉公守法，服务人民，让正义在公共管理和公益事业中无时不在、无处不有。离开了法律监督机关的保驾护航，社会正义就是苍白无力的。

二、法律监督是司法公正的防控器

众所周知，司法是成熟的政治社会制度设计中为实现社会正义的最后一道防卫线或者说是善良底线。社会所发生的各种五花八门、层出不穷的刑事犯罪和民事、行政纠纷，无不处在善与恶、是与非、正义与非正义的博弈交锋之中，覆盖在国家、社会、组织或个人的利益冲突和纠葛之下。司法正是通过查清事实，进行充分的说理和辩论，明辨是非，惩恶扬善，来消解社会冲突，调处各种纠纷，化解矛盾，从而恢复一度被人和事弄得陷于迷失的正义。在司法领域，社会普识化的正义内容的实现，要仰赖于充塞着技术和制度、精英元素的国家司法的公正和效率。公正是司法的灵魂，是司法的首要性，是人民大众供奉的、可以寻求权利救济的"上帝"；效率则是公正的第二层含义即第二性，因为理论上已经成立并确认为常识的是"迟来的正义已非正义"。① 正义可以是永恒的，不受时空变化所左右。但是，渴望蒙受正义之恩惠的人是有生命的，生命必是一个受时间岁月控制的过程，有时是草木一秋，转瞬即逝。

根据中华人民共和国的法律，我国检察机关有权对司法活动的全过程进行程序严格的法律监督，② 这种监督的具体内容包括：对公安机关是否正确地立案进行监督、对公安机关的刑事侦查活动是否合法予以监督、决定是否批准逮捕、对人民法院的刑事、民事和行政审判活动进行监督，发现错误时，有权提起抗诉；对监狱、看守所等场所的裁判执行情况进行监督，以防止或违法执法或侵犯罪犯合法权益的现象。③

司法活动必须接受检察机关的法律监督，这是多种原因共同决定的。其一，司法关乎当事人的生命、自由、财产、名誉等基本权利的存废予夺，稍有疏忽，就难免大祸临头、酿成大错，严重损害当事人的合法权益。加强法律监督，相当于生产流水线加了一道特殊的工序，客观上有助于增强办案人员的责任心，尽可能减少冤假错案的发生；其二，诉讼活动从立案到执行，涉及多方主体，环节多，程序复杂，相应的漏洞和

---

① ［美］罗尔斯著：《正义论》，何怀宏，何包钢，廖申白译，中国社会科学出版社1988年版，第97页。

② 此处的"司法"指习惯上所说的广义上的司法，包括立案、侦查、起诉、审判和执行各环节。

③ 参见《中华人民共和国人民检察院组织法》。

矛盾也多，由检察机关对司法程序的全过程进行专门的法律监督，可以有效地保证各阶段、各环节执法标准的统一性；其三，无限制的权力极容易走向专横，这是一个不争的事实，司法权也一样，如法院享有对一切案件的最终裁决权，这种权力一旦不受监督、不受限制，它就极有可能演化成司法上的专横与暴戾，欺压弱势者，践踏民主和人权，最后走向正义的反面；其四，现阶段司法腐败现象比较严重。从立案直到法院裁判的执行，违法乱纪、贪赃枉法的现象时有发生，警察索贿放人、法官贪财轻判、监狱以钱赎刑等，虽属个别，但它会引起人民群众普遍而强烈的不满，迫切需要强化法律监督来予以遏止。司法活动宛如一条奔流不断的清水河，任何一个时段的司法不公和腐败，都是对正义源头的重度污染，尤其是对全社会成员坚守正义理念的共同意志的打击和毒化。

所以，检察机关对整个司法过程执行法律的情况进行法律监督，其主要作用在于通过防止和纠正错误的立案、错误的强制措施、错误的裁判和不适当的执行，从实体上维护国家的公共法律利益，维护公民和法人的合法权益不受损害，确保司法过程中实体公正的实现，化解社会矛盾，促进社会的和谐、文明和进步，从形式上维护司法的程序公正，提高司法的权威和在社会上广泛的公信力。

三、现阶段法律监督在实现公平正义中需化解的若干问题

我国检察机关的法律监督，产生于人民代表大会制度的深厚土壤，但在法律制度中却有些显得发育不良，进而导致法律实践中功能受限，预期的作用难以得到充分发挥。近年来，许多学者对检察机关的法律监督地位反复思考、讨论并提出了一些不满或质疑，理由主要在两个方面：一是检察机关作为法律监督者，除了前苏联以外，在世界上各国都找不到对接的蓝本，因而主张像西方国家那样，将检察机关置于行政机关，代表政府行使公诉权；二是检察机关作为法律监督机关在具体实践中往往显示不出独特的价值与功能，在一些法律领域甚至是徒有虚名，检察机关实际上只是一个刑事公诉机关，没有必要继续使其保持名不副实的角色。前一种理由显然是涉嫌犯了用一般抹杀特殊的认识论上的错误，相当程序上忽略了我国国情的特殊性；后一种质疑和诟病却有中肯的内容，值得对此作认真检讨并切实加以改进。对于实现全社会的公平正义这一目标来讲，我国法律监督制度存在的局限性是不容忽视的。

1. 宪政体制需要与实际立法出现了一些矛盾。根据我国人民代表大会制度的特殊需要，宪法将检察机关定性为国家专门的法律监督机关，各级检察机关与本级人民政府和人民法院相对应，形成在中国共产党领导下、对人民代表大会负责的"一府两院"的政权组织形式。很显然，作为国家专门的法律监督机关，就是要代表人大，在全社会担负起监督法律实施、维护法统一、确保公平正义的神圣使命。若没有这种监督的广泛性，一种专门的法律监督机关的设置实际就是不必要的。

但从法律规定的内容上看，法律条文赋予检察机关的法律监督权限却还是相当有限的。在全国人大制定的各项基本法中，除了《人民检察院组织法》以外，与检察机关业务相涉的法律目前只有《刑事诉讼法》、《民事诉讼法》、《行政诉讼法》和《国家赔偿法》。而在其中，只有《刑事诉讼法》中详细规定了检察机关在刑事诉讼中的职能权限和办案的规则、程序。《民事诉讼法》和《行政诉讼法》中，尽管各有一条，即"人民检察院有权对民事审判活动实行法律监督"，"人民检察院有权对行政诉讼实行法律监督"，但在整个复杂而周密的诉讼程序的设计中，却没有明确给检察机关法律监督预留必要的采取行动的法律空间，对检察机关应当监督什么、怎样监督等等重要授权和限定权力范围未做明确规定。《国家赔偿法》颁布后，检察机关是作为赔偿义务机关出现的，与法律监督权的行使也没有相应的说法和规定。

现行法律的如此或缺似乎意味着，我国的法律监督机关实际能够参与监督的领域和事项显得极其有限，主要局限在刑事司法和审判领域，因为依据法治原则，任何一种公权力的行使都必须要有法律的明确授权，法无明文规定不得为之。这使检察机关在社会生活中处于比较为难甚至尴尬的地位，就如同军容整齐威武雄壮的部队却没有武器和军令一样。这种局面从大的方面讲，是由我国法律与宪法之间还不太协调引起的，是基本法未能对应好宪法所必然导致的结果。

2. 法律监督的范围狭窄。公平正义是社会总体全方位的共同价值追求，尽管它的实现往往仍然是通过一时一事促成的，但一时一事的公平正义很难固化为社会美好的象征并且无法做到恒久。社会生活是多领域、多层面的，作为确保公平正义实现的法律监督机制，自然也应当具有开放性，能够尽可能的覆盖社会的各个方面。然而，人们常常看到的事实是，我国检察机关的法律监督范围却过窄，在实践中，主要限于两个方面：一是刑事监督，对刑事犯罪案件从立案、侦查、起诉、审判到执行的全程监督；二是审判监督，即对人民法院已经生效的民事、行政裁判，认为有错误可提出抗诉。检察机关在进行如上监督的过程中，尽职尽责，发挥了十分积极的作用。但是，由于法律给检察监督留下的真空地带太大，使目前的法律监督难免有所遗漏甚至出现死角和空白地带。法律监督缺位的方面主要是：

（1）对政府行政权力的行使缺乏完全对应的法律监督。目前对行政权的监督仅限于与刑事诉讼相关的事项，如公安机关的立案侦查、监狱、看守所的执行等，对计划、环保、卫生、市场、质检、金融、财政、工商、税务、海关、交通运输等政府职能涉及的多个领域的执法情况，却难予准确到位的法律监督。事实上，多年来，行政执法一直游离于我国检察机关法律监督的视野之外，这与国家法治和社会管理的要求是不相适应的。在宪法政创始者们"一府两院"的最初设计中，检察机关法律监督的对象不仅是审判机关，还包括行政机关。从行政权与审判权的社会权重和深刻影响来看，强大而无时不在无处不能的行政权更应该受到法律监督，但实际情况却恰恰相反，这不能不引起社会法治层面上的普遍忧思和焦虑。

（2）对明显损害社会公益的诸多行为竟然也无能为力。法律条文至今并没有赋予检察机关提起民事、行政公诉的权力，所以，对于如后果严重的环境污染、大量的国有资产流失、公然侵害众多消费者权益、大范围长时间地拖欠工人工资、明显地损害失地农民利益的案件等，经常是无法启动法律监督，无所作为，这既不利于民众利益的保护，又不利于国家法治的建设。无法伸张正义，法律监督功能和作用何以体现？

（3）对违宪行为和违法立法无法做到及时有效的法律监督。法律监督，顾名思义是监督所有法律的正确实施。但是，对于个别违反法律的立法定制的行为，对于违反宪法及其精神的行为，由于缺乏现成法律的明确和具体规定，作为法律监督机关的检察机关，也显得比较被动甚至无能为力。

几年前在广州发生的孙志刚案件触动了全社会法律神经的高度敏感，案件并不复杂，但它勾起了人们对生命和法律的沉痛而深刻的反思，孙志刚案作为中国现代一大名案，是因为它最终成功改变了一部国务院的行政法规而载入史册。但是，当初提出违宪审查请求的却是社会人士和学界名流，而本应该有所能、有所为的专门的的法律监督机关与宝贵的历史时光擦肩而过，失去了主动也同时失去了不少社会的期许，减损了广大公民对以恢复正义为己任的法律监督机关的信赖。

3. 法律监督的手段僵硬。目前，法律所给予检察机关的监督手段不太完善，这直接影响着法律监督效能的发挥，凝阻或者说消减了公平正义的实现，主要表现在：

（1）监督的方法比较单一刻板，缺乏必要的弹性。如在刑事诉讼法关于管辖的规定中，检察机关立案管辖的案件就被限定过严，实际就是法律监督权的收窄。遇有管辖不明的案件，公检法三机关就时而要相互推诿，结果往往导致案件不能及时得到处理。再如在起诉阶段，法律没有明确给予检察机关相对宽松灵活的起诉裁量权，所以，对于不符合刑事诉讼法第15条规定情形的若干犯罪案件，检察机关都只有选择提起公诉。由于我国目前不实行弹性的起诉方式，只有起诉与不起诉两种模式，没有暂缓起诉、起诉犹豫等可供采用的形式，① 所以，检察机关无法根据案件的具体情况和当事人的主观恶性、年龄、受教育背景、再犯可能性等多种因素来作出更符合个体正义的处理。手段的单一、僵硬，导致国家在追求社会一般正义的过程中，无法兼顾那样有必要给予足够考虑的个体正义，自然最后会损害个体正义。比如，住处社会，资讯发达的生活世界，不少前所未闻、未见的一些青少年犯罪案件，就容易面临这样的困窘。

（2）监督的措施比较虚化，操作性不强。检察机关的法律监督在许多时候是缺乏有效措施的，一些规定仅仅停留在原则性规定中。如法律对民事、行政诉讼监督的规定就是如此，没有明确给予相应的司法手段或程序措施。在刑事诉讼中，关于立案监督，法律规定检察机关有权"要求"公安机关立案，这对于公安机关来讲并无法律约束力，"要求"的法律意味不强，被要求方有可供选项的空间。如果公安机关在检察机关已有要求的情况下仍拒不立案，检察机关应当如何办？采取什么措施？似乎不得而知。

我国法律监督制度存在的上述问题，可以说是社会公平正义保障机制不尽完善的突出表现，它有待于在国家法治进程中，通过立法和司法

① 参见《中华人民共和国刑事诉讼法》。

改革逐步加以克服。

公平正义对法律监督的价值导向作用，是我们需要进一步深化认识的问题。也就是说，公平正义理念熔铸进法律监督之中，这就为法律监督注入了精神性的力量。只有在观念领域首先寻求到突破，法律监督的实践才是有骨有肉、有灵有气的。必须明确，在全社会实现公平与正义，是法律监督的根本目的，也是它的政治使命和社会使命。

四、检察机关及其工作人员应当树立的理念

为了实现我国检察机关"强化法律监督，维护公平正义"的宗旨，检察机关及其工作人员应当以实现公平正义作为自己岗位职守的根本指导思想和价值取向，在意识形态牢固树立以下一些基本理念：

1. 要真正树立"法律神圣"的观念。成文的法律是社会正义的外显形象，法律的尊严乃是正义之尊的表现。执法办案是检察工作的基本内容和履行法律监督职责的主要形式。而这些形式所包容和承载的内容即是正义。正义在民间最能普识化的就是司法公正，司法公正首先是指司法活动必须"以事实为根据，以法律为准绳"，切实做到严格执法，依法办案，从而体现法律的极大权威和尊严。这就要求司法工作人员一定做到"忠于事实真相，忠于法律、忠于人民利益"。要在检察机关上下牢固地树立"法律尊严"的理念，就必须注意并争取克服"法律工具主义"的倾向。法律确实具有工具与伦理的双重价值。它产生与存在的合理性与价值，是根源于人类社会无论何时存在的三个主要矛盾，即社会秩序与个人自由的矛盾，权威与服从（社会组织与个人，政府与人民）的矛盾，以及人们相互间的物质的与精神的利益冲突。① 法律正是调节这些矛盾与冲突，以维系人类社会和谐共存，并使社会文明得以存在与发展的纽带与制度。同时，法律自身还存在一般性，公开性，平等性与不溯及既往性等特性，这些表现在法律中的看似技术层面的元素和属性，实则是正义派生出的支系，是正义之光在法律领域投注下的光影，是公平与正义的体现。在检察机关的法律职业群体中培养与树立对"法律尊严"的理念和信仰，是中国法治建设的一项重要任务，也是决定法律监督成

---

① ［德］卢曼：《法社会学》，［日］村上淳一、六本佳平译，岩波书店 1977 年版，第394—398 页。

败与否，有效与否的关键所在。

　　要保障法律的神圣尊严，在法律的实施中具体有两方面的要求，一方面要保障监督对象严格依法办事。当前我国法律缺乏足够的权威，与监督对象没有严格依法办事有很大关系。不依法办案的现象当前在我国还比较严重，主要表现在这样几个方面：一是当政策与既定的法律相冲突时，监督对象执行政策而不依法办事。二是受非法干预而不能依法办事。如行政机关的执法人员受法外的长官意志的影响不依法办事，司法人员受来自行政机关、党的机关或权力机关的不合法的干预而不能依法办案。这种现象尽管在司法实践中并不普遍，但由于其破坏了法治国家的法治原则，特别是破坏了各专门机关依法独立行使职权的宪法原则，其危害特别大。三是个别地方、人员为了狭隘的地方利益和部门利益而不依法办事。随着改革的进一步深入，利益呈现出多元化，一些地方或部门为了本地方或小单位利益而不依法办事。近年来，各地的纠纷日益增多，如农民失地、城市房屋拆迁、大型项目移民、化学工业污染等等致使上访现象严重，利益冲突激烈。可以肯定地说，一些地方一些部门不依法办事是引发矛盾和事端的重要原因。一些地方、一些部门不依法办事，甚至严重到影响了社会的稳定和社会的和谐发展。四是执法、司法人员徇私枉法而不依法办案。在行政执法中随意执法、滥用执法权，司法中一些腐败现象的滋生与个别执法、司法人员的徇私枉法有很大关系。由于法律信仰动手，教育监督失效，以及法不责众心理和投机侥幸心理作怪，在贪欲的驱使下，个别执法人员见利忘义将法律抛于脑后，甚至不惜铤而走险以身试法、知法犯法、以法抗法。对于这些典型恶劣的不依法办事的现象，法律监督机关通过发挥其监督作用保障法律得到一体遵循，是神圣的职责所在。以上列举的不依法办事的各种问题，虽然有些并不是法律监督部门自身所能解决的，如政策与法律冲突的问题，但在保障法律得以严格执行的过程中，法律监督部门依然可以发挥其重要作用。如对各执法单位及司法机关的严格执法精神上给予有力的支持，下面舆论上给予强势影响，对法律有规定的要严格依章办事，咬定成规不放，依法执法，法律没有明文规定的允许依照司法政策办理个案，对执法部门受到各种不正当因素影响干扰其正确实施法律，妨碍公正的，检察机关要主动利用自己的职权，坚决顶住并排除这些干扰，对有法不依、执法不严的人和事，要紧追不放，查根究底，不留后患。检察机关通过努力，积极地发挥自身的职能作用，可以有力地推进整个执法系统纯洁风气、厘清环境、依法办事。

另一方面，法律监督部门自身也要做到严格依法监督。一是法律监督部门在进行法律监督时要做到监督有据、有序和有效。如检察机关自身要严格依法办案，带头彻底解决本系统内过去也存在的刑讯逼供、超期羁押等问题。二是在监督他人严格执法时，自身也要接受监督。如检察机关通过对国家工作人员的犯罪侦查来监督执法部门的种种违法犯罪情况，但它自身的侦查又该如何接受监督呢？这是一个需要反思的问题。采取聘用人民监督员的措施不失为一种办法，但如何确保其制度化并且富有实效地监督，仍需进一步研究。三是在履行法律监督的职责中，要敢于排除对监督本身的非法律因素的干扰，消除一切衰减监督作用和效果的不良因素，如行政权力的非法干扰，不真实、不理性的民间舆论影响，都应加以抵制，自觉地依法律的精神和逻辑办案，不偏不倚地把公平正义的含义落到实处。

2. 要真正树立"匡扶正义、执法为民"的观念。"立法为公，执法为民"是我国法律包括法律监督工作的根本宗旨，也是我国法律正义最得人心的一个基本点。"执法"是一种行使国家权力的行为，"为民"是要以维护人民的根本利益作为行使国家权力的出发点与落脚点。要树立正确的权力观，在理论上和思想上正确认识和处理国家权力与公民权利的关系。法学界不少人把权力视作权利的一部分，这是一种还有待商榷的观点。在国家工作人员和普通公民中间，分不清"权力"与"权利"的区别还是常见的事情，这就很需要清楚阐明权力和权利的概念。国家权力与公民权利，存在以下八个方面的不同，应该严格加以区分：

（1）国家的职权与职责相对应，公民的权利则与义务相对应，前者往往是统一的，后者则是分离的。（2）公民的权利可以转让或放弃，而国家职权则不可转让或放弃，否则就是违法与失职。（3）国家职权伴随着强制力，有关个人和组织必须服从；权利在法律关系中则彼此处于平等地位。（4）职权在本质上不应视为权益，而是属于社会权威（与服从相对应）的范畴；权利的基础和实质则是利益，尽管其含义师范广泛。（5）职权不代表个人利益，但权利可以体现国家的或集体的利益，也可以代表个人的利益。（6）在职权与职责的对应关系中，职责是本位，任何国家工作人员都应当把自己权力看作是一种责任；在公民权利与义务的对应关系中，权利是本位，义务是伴随权利而产生与存在的。（7）公民的权利产生国家的权利，如公民行使产生政府，而不是国家的权力产生公民的权利，权利（人权）是人都应当享有的，不取决与法律是否规定。（8）国家权力是手段，是为实现公民权利服务的，公民权利是目的，国家与法律都是为人而存在，而不是相反。① 最近以来，我们党的文件和领导人的讲话中多次反复提出的"情为民所系，权为民所用，利为民所谋"，就是对国家权力与公民权利上述互相关系及其精神在理论上的高度概括。

要树立科学的权力观，还必须正确认识与处理以下一些理论与实践问题。依法治国，首先要依法治官，这在中国古老传统于现代还起着很大的作用的国情下，尤其显得重要。我国是一个宣称法治的国家，普通老百姓当然要守法，但首要的和根本的问题是政府与官员们要遵从法律，要依法办事，因为直接治理国家的不是也不可能是许许多多的"民"，而是不同级次的递减下的人数少之又少的"官"。强调依法治国首先要依法治官，这是古今中外法制史上的铁证和经验，重在依法治官才能反映与体现出现代法治文明的真谛。在我们的意识形态中，需要花大力气改变那种把法律只是当作一种治理百姓的工具的旧的思维方式与行为准则，这既是坚守正义的立场，又是获得民心的理智选择。其次，权力腐败是一种后果最为严重的腐败现象。它犹如白蚁之于软木，毒汁渗于饮泉，公平正义历来并且永将视之为洪水猛兽。一般社会组织及社会成员的腐败所污染的只是"流"，而国家机关及其工作人员的腐败所污染的则是"源"。检察机关作为国家法律监督机关，其根本任务是同权力腐败作斗争，如果检察机关自身存在腐败现象而不高度重视和切实预防、纠正和惩治，其政治与社会的影响和危害将是十分严重的。再次，我国检察机关的权力配置有其特殊性。它既承担范围广泛的法律监督职责（狭义的），又承担着对职务犯罪的缉查权（广义的法律监督），还是国家的公诉机关，因而这种权力配置因其封闭性兼多重性、特殊性而广受来自学界学者的长期质疑。这种权力配置要在现代法治理论上和深化改革的法律实践中站得住脚，一个根方向必须把握住，即要把功夫下在完善外部

① ［美］查尔斯·A·比尔德著：《美国宪法的经济观》，何希奇译，商务印书馆1984年版。

监督和内部制约机制上，要主动自觉、全面地接受党委领导，虚心接受人大与政协的监督，广泛征求社会监督，群众监督和舆论监督，并使多重监督形成机制并将其制度化和法律化。与此同时，现已创建的各种内部制约法机制还需充实加强，这样，内外结合，必有新效。

第四节　真正树立"人权和人权保障"的观念

　　法律是以权利与义务为内容和形式来调整各种社会关系的一种行为规则。这里的"权利"实际上就是人权或由人权所引伸出来的权益。① 在"君主主权"转变为"人民主权"法治发生史上，古代的以义务为本位，则发展成现代的以利为本位，现代法律的根本目的在于保障人权。理论界普遍认同，现代人权有五大支柱即自由、平等、富裕、安全与人道。② 我国在1991年经国务院新闻办公室发表的《中国的人权状况》（白皮书）开宗明义就指出："彻底实现人权，是全人类的共同理想"；人权是一个"伟大的名词"，是无数志士浴血牺牲为之奋斗的事业。人权写进宪法，是我国宪政领域的一场革命，它已在国内外产生了良好的巨大反响。司法是保障人权和实现权利救济的最后一道防线。司法中的人权保障，涉及人的自由、财产乃至生杀予夺，历来都是国际社会和国内各界十分关注的问题。检察机关作为国家最高层次的专门的法律监督机关，把"尊重和保障人权"作为自己的最根本的执法理念和具体工作的指导原则，是理所当然的。

　　检察机关的工作要以"保障人权"作为重要的价值取向，在观念和立法与执法上需要进一步研究和解决的主要问题有：

　　权利的多元化，势必会导致各种权利之间发生博奕和冲突，比如，社会秩序的稳定与个人权利的保障之间，被害人权利与被告人权利之间，都是客观上存在产生冲突的基础的，这种冲突在刑事诉讼过程中表现是

---

　　① 何勤华主编：《二十世纪百位法律家》，法律出版社2001年1月版，第252—254页。

　　② 何勤华主编：《二十世纪百位法律家》，法律出版社2001年1月版，第253页。

尤为突出的。在法律监督实施过程中应特别注意处理好它们之间的关系，在保证公平正义的前提下力求平衡，也即要在重视个人权利，重视被告人权利的基础上保持平衡。这就要求全面切实贯彻"无罪推定"原则，消除有罪推定的种种表现；国外流行的沉默权、知情权、抗辩权等等值得我们继续研究和适当引荐。①

1948年12月10日联合国大会第217A（Ⅲ）号决议通过并公布的《世界人权宣言》第11条第（一）项规定："凡受刑事控告者，在未获得辩护上之所需的一切保证的公开审判而依法证实有罪之前，有权被视为无罪"。无罪推定包括两层含义：一是任何人未经法院判决为有罪之前，应视为无罪；二是任何人未经证据证实为有罪之前应推定为无罪。前者是无罪推定的程序性要求，后者是无罪推定的实体性要求，二者结合，构成无罪推定的完整含义。② 长期以来，我国立法、司法和法学理论界对无罪推定存在种种质疑和争议，尽管我国1997年修订后的刑事诉讼法第12条规定"未经人民法院依法判决，对任何人都不得确定有罪"，及第162条规定"证据不足，不能认定被告人有罪的，应当做出证据不足，指控的犯罪不能成立的无罪判决"。应当说，1997年《刑事诉讼法》的修改，吸收了"无罪推定"的合理内核，但还没有完全与无罪推定原则相吻合。我国是否已经完全确立了"无罪推定"原则呢？对此学界有不同的说法，而在司法实践中，有罪推定的现象存在却是学界和司法界无须质疑的。主要表现在几个方面：一是无罪推定原则所要求的"疑罪从无"，在司法实践中的确难以贯彻。根据无罪推定原则的要求，证明结束时，若控方不能将事实证明至确实、充分或无合理怀疑的程度，法院应作无罪判决。公诉机关一般不轻易"存疑不诉"，审判机关也不轻易"存疑无罪"。二是犯罪嫌疑人或被告人有供述的义务，被强迫自证其罪，如刑讯逼供其实质就是强迫被告人自证其罪。无罪推定原则要求控方负举证责任，被告人不负证明自己无罪的义务，但法律赋予被告供述义务甚至通过刑讯逼供来获取证据，实际上是要求被告自己承担自证其罪的责任，这难道不是与无罪推定的原则相违背吗？三是没有充分遵守证据裁判原则。无罪推定原则要求任何人被认定有罪，必须有确实的证据证明，

① 参见《公民权利和政治权利国际公约》。
② 马克昌：《近代西方刑法学说史略》，中国检察出版社1996年版，第295页。

现代城市法治研究

180

无证据或证据不足不能作有罪判决，并且在定罪前必须被视为无罪之人，而不能视其为罪犯。[①] 但目前却大量存在与此相背的现象，如公捕、公审、变相审前定罪；公检法三机关本应全面如实收集对被告人有利和不利的证据，但控诉机关却只向法庭出示定罪证据而忽略或者无视甚至隐匿无罪证据；被告人及其辩护人有权进行辩护，但是又在实际活动中故意或间接故意地限制其取证和调查权，这些现象，都不符合无罪推定原则的精神，与法律的正义性、公平度相去甚远。

在有罪推定观念盛行的社会里，非法拘禁、非法搜查、刑讯逼供、暴力取证等现象往往会悄悄泛滥，人们的权利无法得到有效的保障。在真正贯彻"无罪推定"观念的法治发达国家，其司法机关在追究一个人的刑事责任时非常谨慎，高度小心，唯恐出错。民众的合法权益能得到较好保障，这是唯此唯大的正义事业。因此，要充分保障公民的人权，就应坚决彻底地贯彻无罪推定原则。

第五节　真正树立"程序正义"的观念

公平正义作为一个理念追求，必须通过程序正当来实现。也只有体现在程序上，这一伟大理念才是真实的、有形的。公平正义不是抽象的、泛化的，它最大特点就是它强调必须以程序正当为载体、为前提来追求公正的结果。程序正当是司法活动过程的公正，是由立法公正通往具体现实社会关系公正的管道，是将立法意图目标化、行动化、生活化的展示平台。它可以给人以形式上公正的感觉，也可以增加司法活动在一定程度上的可观性、监督性和预见性。公平正义要求程序正义，不仅是由于正当性程序有着其自身独特的价值，也是因为其有着保障结果正义的功能，根据英美法系中流行久远的正当程序的理念，充实和重视程序本

---

① ［英］鲁帕特·克罗斯，菲利普·A·琼斯著：《英国刑法导论》，中国人民大学出版社1991年版。

身就可以保障结果本身的社会和公众的可接受性。^① 因此，从某种意义上讲，强调程序正当也就是对公平正义本身的强调。近年来，随着学界对程序正当的研究日益加深，人们对正当程序的价值和作用有着越来越深刻的认识，然而在司法实践中，由于司法操作细节的多种因素和条件的作用，个别部门和人员对正当程序的遵守和执行并不尽如人意，因此，我们要做好以下两方面的工作。

一各方面是对被监督对象中的程序违法问题要严肃对待。长期以来，我国的法律实践中，是重实体，轻程序，对程序的违法，往往认为不影响结果公正而加以忽视，因此司法实践中不重视程序正义的现象还比较严重。法律监督是公平正义的基本保障，要求监督对象的执法、司法活动要遵守正当程序是题中应有之义。

实践中，司法错案的发生往往不是适用实体法不正确，而是更多地出现在程序法的执行不严格上。就法律监督而言，目前解决在司法实践中要着重解决这样几个方面的问题：一是要注意解决非法羁押问题。目前，我国非法羁押问题在司法实践中已有所改观但个别情形仍然比较严重，特别是超期羁押、超期审判现象还存在，尽管近年来对超期羁押、超期审判进行了卓有成效的清理，但要防止"超了清，清了又超"的情况继续上演，要划定时段，争取杜绝此类情形。同时对不依法定程序的羁押，如缺乏合法手续、缺乏法定条件的羁押，也要加强监督。二是要加强对非法取证的监督。程序正义要求程序理性，即不但要求执法行为合法，而且要"合乎理性"或者说是"合理的"。在取证中则要求侦查机关能用轻缓的侦查手段就不能用严厉的侦查手段，比如，能够取保候审的就不必实施逮捕。当然，对刑讯逼供、暴力取证等非法取证行为更应严加禁止。三是对判决执行中的问题应加强法律监督。所谓"迟来的正义非正义"，程序正义要求遵循程序的及时性原则和终结性原则，如果一个有效判决迟迟得不到执行，或者在执行中不依法执行，这使当事人所渴望的公平正义得不到实现，它将极大地损害法律权威。^② 对判决执行难的问题的解决，也是程序正义的基本要求。同时，对于刑罚执行中的减刑、假释和监外执行要加强监督，特别是对最近正在试点的社区矫正制

① 袁华章著：《西方社会思想史》，南开大学出版社 1988 年版，第 373 页。
② 沈宗灵著：《现代西方法理学》，北京大学出版社 1992 年版，第 280 页。

度，即"让罪犯回家服刑"，在执行中要防止其脱离法制轨道，特别是对容易滋生司法腐败的环节应加强监督。

另一方面，法律监督自身要严格按程序办事。检察机关作为法律监督机关，通过法律监督实现公平正义，必然要求自身严格按照程序办事，这是法律监督得以有效实施的前提，也是公平正义对法律监督机关的基本要求。法律监督机关自身要按程序办事，首先是法律的要求。法律要求任何国家机关在行使国家权力时都必须遵守法律，同时不允许任何国家机关有超越法律的特权，法律面前一律平等，因此即使是监督法律实施的机关也要遵守法律，按程序办案就是依法办案的具体体现。其次是其自身职能的要求。目前，我国的法律监督属于程序内监督，程序内监督是对法官裁判行为的监督，起到确保裁判公正实现的直接的、决定性的作用，是司法监督的核心。法律监督机关自身是否依程序办事，对执法司法机关有强烈的示范作用，监督机关在对其他部门违反程序办案的行为进行监督，如果自身不按程序办案，将失去公信力，人们也将更强烈的提出质疑，谁来监督监督者，因此正如古人所要求"正人必先正己"。第三是公平正义的内在要求。公平正义是一个普遍性的要求，它要求所有国家机关在行使权力时都应考虑到公平正义的实现，因此，不仅在其他执法部门的执法中要体现公平正义，在法律监督机关的法律监督中也要体现公平正义。法律监督机关自身要严格按程序办案，这就要求法律监督机关对自身存在的问题应切实加以解决，如目前在检察部门同样存在不遵守法定程序办案、超期羁押、非法取证等问题，检察机关应率先解决。

第六节　真正树立"公平至上、公平优先"的观念

公正与效率，是司法制度所追求的两种基本价值。而这两种价值在一定条件下又是各有侧重，相互不能完全叠加，甚至产生矛盾。具体到个别事项，两种价值并行，需要最终做出判断和选择，对公正与效率、谁优先、谁倚重做出何种价值选择，不仅对我国司法制度的建设有现实

意义，而且直接对公平正义在全社会的实现有着非同小可的意义。公正自然历来是人类对优良的司法制度的一种永恒的主观性很强的期待，具体而言，它是对人们之间的权利或利益理想配置与合理分配的一种美好追求。效率问题是相对时间而言的，它是一个后起的企望，是青出于蓝、锦上生花的问题，是对各种主体行为的速度与有效性的反映与要求，当然也是一种理性思考和反应。从应然的角度来讲，二者作为司法价值目标，本来可以也应该是相互包容、互为因果的。公正显然只能是有效率的公正，效率是在符合公正前提下的效率。理想设计中的司法制度是既有公正又有效率。然而我们不能回避的矛盾是，公正与效率这两对价值目标在司法实践中并不总是协调一致，有时还是有所冲突。在这二者的冲突中，应坚持"公正优先、兼顾效率"这个立场和观点。① 司法被广泛认为是实现全社会的整体正义的最后一道坚固的防线。因此，公正被认为是司法制度追求的核心价值，这一点不能有任何动摇，在公正与效率之间，公正是第一位的，效率是第二位的。因为首先只有公正的司法判决，本案所列的双方当事人才能自愿服判，使已被人为扭曲的法律关系通过严格司法的作用迅速恢复到有序状态。其次，司法公正除了能对个案"定分止争""息讼宁人"外，还具有导向作用，使人们自觉地遵守法律，服从法律，从而树立正义和法律的权威。再次，司法公正能从最深处满足人们的心理需要，使整个社会从中得到鼓舞并汲取力量，对全社会的有序运转非常有帮助。

要做到公正优先，兼顾效率，就要在我国司法实践的惯常性活动中处理好两个方面的关系。一是正确处理好各种专项运动和安排如"严打"中的"从重从快"与法律规定的关系。我国法律领域反复上演的"严打"中，"从重从快"在一定的条件下有一定合理性和必要性，特别是在社会治安形势非常严重的情况下，这种注重司法效率的要求是可以理解和提倡的。然而这种特殊时期的要求不能作为法律制度运转的一种常态来接受和对待，并且即使是这种从重从快是必须的，也要在法律规定的限定内进行，不得明显超越法律的操控范围，因为，社会公平正义其实是有边界的。二是正确处理好公正与法律规定的时效的关系。追求司法公正

---

① ［美］庞德著：《通过法律的社会控制、法律的任务》，沈宗灵、董世忠译，商务印书馆1984年版，第1—10页。

也应遵守法定期限，不得超越法定期间任意进行。时效之所以也成法律监督的一个主要对象，这是因为在眼下的法律活动中，它已经成为各种矛盾汇集的一个司法焦点问题，比如执行难、诉讼难等等。法律监督以时效为一个重点，就是关注法律的效率价值，就是关注公正实现的可接受的时间效果。

综上所述，法律监督围绕公平正义的主旨，在专门机关的操作层面上充分仔细地顾及到法律中的正义理念和精神的外化要求，从理念、制度、程序、操守、职责等多个系统和环节严防死守非公平、非正义因素的侵蚀和袭扰，最终定能在法律监督领域大树公平正义的形象和权威，进而使法律通过监督更显其公平性和正义性，只有这样才能有效推进我国社会主义法制建设的和谐进步与科学发展。

第五章　论城市生活与法治家园

第一节　现代法治的理想和困境

现代法治的基本构想，就是通过民主的方式确立一套理性、客观、稳定而且便于操作适用、易于人们接近的规则体系，以此来治理现代社会的各类事务。从根本上说，现代法治的核心理念是科学规范权力的运作、切实保障公民个人的权益。应该说，这样的认识，在我国近年来正在逐步地形成共识。但是，在坚持法治理想的同时，西方法制发达国家当前涌现的一些现象，也应该引起我们的重视。

首先，在现实层面上，现代国家需要处理的国内、国际公共事务剧增，国家（政府）的治理责任日益加重，同时，社会的职业分工更加明细、社会生活的各个领域更加独立，人们之间相互关系变得愈加陌生和隔阂，加之多元分化的利益处在不断地激烈冲突和动荡之中，社会交往变得非常不确定，社会风险不断加剧。国家（政府）为应对这种局面，不得不启用更为精细而复杂的规则机制，以此确保统治的有效性，并且维护社会的统一秩序和人们的基本共识。如此一来，国家立法的触角就势必伸至社会生活的各个层面，法律制度随之不断复杂化，最终演变成一套精致、庞大，同时也昂贵、似乎顾及不上贴不近人情的"超然装置"。普通民众往往反应迟钝，有时竟然无法适应这样的变化，在一些新的权益遭到意想不到的侵害之后，大多无力适用最新规定的法律对应性地保护自己，不得已之下，有条件的也只能依靠职业法律家的帮助。可是，在商品统治和资讯时代高度竞争压力下的职业法律家，已经不再是激情荡漾的社会贤达和民主义士，相当多的人已经将法律视为一种营生，把诉讼和涉案当事人当成自己唯一的衣食父母，早年那种忠于法律的神圣信仰，似乎渐行渐远淡之又淡。法律服务变成了商场货柜上的交易，公平正义所内含的人文风雅荡然无存，律师一旦成了"法律贩子和皮条客"，公平与正义还能高贵起来吗？法律中的正义不能继续高贵已是一种彻底的悲情，而昂贵的法律成本费用要求和冷漠僵直的职业习性，加上法院机构刻板硬化的官僚气息，使得普通民众接近法律时已经有压迫感和窒息感，法律制度动作换走的社会代价一时间也变得相当的高昂。

其次，在文化层面上，西方文化界从上世纪四五十年代兴起的社会批判理论、批判法学运动、后现代主义思潮以及女性主义、少数族裔主义等等文化理论，从各个角度质疑西方现代法治的立论根本。他们认为，以理性、价值中立自我标榜的法治其实根本不足以实现其维护个体权益的理念：所谓"理性"，不过是以启蒙运动开启的那一种思想来桎梏其他思想倾向的活力；所谓"中立"或者"客观"，不过是为法律制度蜕化为权力和资本的游戏工具寻找借口。因此，他们主张彻底超越现有秩序和制度的限制，追求更富个性、更不受约束的自由和权利，从根本上否认了现代法治建构社会秩序的功能。当然，应该看到，这股强烈的逆流目前还并没有能够形成切实可行的替代方案，他们的意见只是停留在批判的层次上。如许多学者强调的，当今世界的趋势依然是自由民主主义法治的潮流，现代法治由于其对核心价值理念的坚持和强大的自我调适能力，仍然能够获得广泛的支持和赞誉。现代法治的实践者们正视现实，进行了许多富有意义的制度修补。例如，美国自 20 世纪 60 年代广泛开展"邻里法律服务"项目，通过专设社区法律服务的基金项目、鼓励和培养面向贫民服务的专门法律人才，力图将法律改造成普通市民负担得起的公共服务产品；西欧各国在 20 世纪 70 年代推行的"当事人启动司法"运动（access to justice），在"通过民事审判实现公民正义"的口号下，改革法律服务方式，改革法院系统，降低了普通市民适用法律的成本。

不过，这些制度修补或许可以局部解决法律机构僵化的弊端，暂时回击批评者的异议，但却无法应付现代法治面对的更为深刻的问题。如同美国法律史家 H. J. 伯尔曼的发现，"目前的危机更深。它不仅是自 18 世纪已经发展起来的个人主义的危机，或自 17 世纪发展起来的自由主义的危机，或自 16 世纪发展起来的世俗主义（secularism）的危机；而且也是自 11 世纪后期一直存在至今的整个法律传统的危机。"① 这种更深刻的问题，在伯尔曼看来，是法律与宗教、法律与信仰之间的关系被拆除之后导致的法律传统的"整体危机"，其在社会心理层面上的表现就是"对法律的蔑视和对法律玩世不恭的态度"。我们认为，伯尔曼所揭示的危机并不仅仅是西方社会面对的难题，同样也是选择以法治为治理之道的所有现代文明都必须认真对待的问题。

我们可以简略的把这种危机在社会层面的表现归纳为：（1）将法治视为一套与人类共同体价值无关的规则体系，因此任何人都可以为了任何目的加以适用；（2）切断法治与历史、文化、传统的联系，不是将其看作人类政治文明的共同成就，而是站在极端相对主义的立场上否定法治的价值；（3）为实用主义的目的，任意曲解法治的精神实质。其中，最重要的是第（1）项。正是因为无视法治的核心价值内涵，然后才有相对主义的否定和实用主义的曲解。否定和曲解并不能彻底动摇法治大厦的根基，它甚至可以进一步激活西方世界二次大战后沉寂已久的理性法律思维，尤如又一次的思想激流冲撞和交汇，产生新的法治的理念，形成促进法治事业发展的精神冲力。

今天我们中国社会需要思考：（1）在中国这样一个有独自传承的古国、大国强调现代法治的核心价值内涵，是否意味着法律文化上的俯首称臣？是否是在暗合西方中心主义？（2）如果答案是否定的，那么借鉴西方法治是否仅仅只是在表皮形式上的星星点点、任我剪裁的借用，即只是实用主义地选用其制度外型？（3）如果答案仍然是否定的，那么如何设想法治能够在各种价值理念的冲突中突出其共同的核心价值并实现其自身的价值？在这些抽象层面的哲学思考中，我们发现法律的困境和问题无一不来自真实而有趣味的生活，人类生活固有的调剂功能、纠偏功能其实很像历史学中的"时间"一样，它能产生问题，最多只让曾经的问题留下一些记忆和历史印记。生活是多样的，与法律的制度、历史、运作相生相伴的生活有多种样式和来源。而城市人群中喧闹嘈杂的生活，可能肯定是政治法律制度文化的主流。我们认为，从历史看来，法治与城市的发展具有同构性，可以肯定地说，没有城市的发展就没有我们所言之尊尊的法治。城市文明的发展在人类文明史上具有共性，那么，在

---

① ［美］H. J. 伯尔曼著：《法律与革命》。

現代城市法治研究

现代社会，为了消除法治面对的困境和大量问题，必须从城市的现代化发展着手寻找一个切口和包揽全局的思路，只有首先实现了法治得以良好运行的城市政治的和制度的文化氛围，才能确保全社会法治的效用。因此，我们把都市新文化的建设，视为国家和社会法治的又一个新辟的现代法治精神家园。

第二节　法治与城市发展的历史考察

韦伯曾经肯定地指出："古代西方文明就其本质而言基本上是城市文明。"① 正如J·科特金等多数学者所言，西方城市文明的最早渊源出现在公元 4000 年两河流域的美索不达米亚地区。按照科特金的理论，城市文明的兴起和发达，是城市原址的神圣创建、预期可提供基本安全和初步规划的能力、最初萌发的商业的激励因素及作用三项因子的综合力所致，我们以此为认识和分析的原点，对西方历史上几个著名城市作点滴片断式的回顾，希望找出法治与城市发展的内在最原始的线条式的勾联。

一、古典时代的西方城市

（一）巴比伦

巴比伦在公元前 1900 年成为美索不达米亚地区的权力中心，从那时起往后的 1500 年里，这个城市都是堪称世界最伟大的都市之一。与其他更古老的城市一样，宗教给巴比伦带来了神秘但主要还是神圣的气息，城市空间的营建现在从政治规划学的意义上看还是以宗教文化为城市设施分布和展开的核心，神职人员掌握祭祀和政权，城中的一切活动不管是精神的还是物质的，都在神职人员的引领和安排下，不肆张扬、刻板有序地演绎下去。但与先辈不同的是，巴比伦的宗教对商业采取纵容和鼓励的态度，这与巴比伦王国的祖训和传承却是大相径庭的，商业的豆粒怎样在这里入土为芽，尔后又泛起满城之新绿，这是历史学上还未彻

---

① ［德］韦伯著：《古典西方文明衰落的社会原因》。

底弄清的一个谜团。但历史的记录下的商业活动是悄然开启了。时光流淌，商业贡献了生活新的窍门和意义，城门内的商事膨胀宛如满园的红杏爬向四周的墙头，这使得巴比伦产生了非常繁荣的跨城贸易，并且因为这些大规模的贸易活动产生大量的喜悦和烦恼，在便与不便之间，在争与不争之间，在交易公平和恢复正义之间，人际关系变得越来越复杂，多元化的道理、信条、守则加剧了社会平台上不同角色对象之间的冲突。解决这些前所未有的乱象需要一个现实的威权形象，权威是要有形体和声音乃至知人断事的明细规则的，这与神职人员供奉的宗寺权威形象肯定要有所不同。于是，还是在神职人员的"创新"启蒙之下，巴比伦城市人口开始寻找各种调整生活与交易的现实规则，进而催生出人类历史上第一部成文法典——《汉穆拉比法典》。该法典正文包括诉讼手续、盗窃处理、租佃、雇佣、商业高利贷和债务、婚姻、遗产继承、奴隶地位等条文，规定了如"以牙抵牙，以眼还眼"等著名的原则。正是这些成文法律，虽然目的在于维护王权和宗教的统一，但其中体现的平等与正义意识，以及代表人所普遍追求的物质利益要求和实现规划，为城市发展奠定了正义、理性和平等的最原始但又最显其蓬勃生命力的文化基础。城市平民在忍无可忍之下，有各方面认同的控诉不合理现象的选择，还享有、抵御非法暴力的个人权利，众多的罢休和个人的选择经过城市生活的陶冶和实证，最后汇总起来构成了形成制度的历史和现实条件。这种法律之下的平等、正义精神确保巴比伦城的繁荣延续到公元前430年左右。城市的繁荣其实是对它之上的某种规则和发展流程的生活样式写照，城市需要规矩，从而逐渐形成了绝不会因城市存在与否而消失与不消失的规则系统，这就是今天氏族们所讲的法律。巴比伦城因有规矩、有先进发达的城市生活规划而获得了各种历史声誉。直到它即将跌入城市低洼的谷底时，巴比伦仍是拥有大量人口的大城市，留下的生活时尚和辉煌艺术成就一直都令后人叹而观止。

（二）腓尼基地区的城市

这个地区的一些著名城市，如毕布勒斯、推罗、西顿，在公元前9至8世纪就奇迹般的人口骤密、货运流转、城门高耸、财富增多起来，史记上它们堪称最早的商业都市。腓尼基人的贸易远涉重洋，到达遥远的非洲西海岸以及塞浦路斯、西班牙、不列颠群岛，他们加工的玻璃、珠宝、服装和其他装饰品远销从西班牙到苏美尔古城的广大地区。在腓尼基的城市里，掌控物质财富的众多小商小贩逐渐形成了最初利益集团，他们的声音由弱变强，姿态由模糊变到清晰，政治上他们的一次次出手，先是赢回了面子，后来就成了获得的权利，最终商人阶级取得了统治权，一举拿下了许多政治与社会公共事务的话语权和制高点代替了宗教祭司的地位，其实，宗教也没有抑制商业的倾向，这仰仗于当时宗教的宽容与厚爱。腓尼基人曾设计出古代世界最精美的建筑、宫殿和神庙，并且为西方文化的发展贡献了最基本也最重要的发明——字母。然而，就是这么一些务实、自尊、富有创造热情的地区，却没能摆脱商业利润的狭隘视野。他们的政治法律制度鼓励牟利，却不鼓励对公共事务的参与；鼓励远途贸易，却不鼓励市民形成远大的理想。这些制度偏重于对富人的保护，维持财富上的等级差异，目光短浅，即使已经为了商贸的便利在远方建立了基地，他们也从没有想过扩展土地和发展势力。结果是，那些远方类似于开垦地和附属地的基地成长起来，有的还相继成为独立自治的富可敌国的城市，并取代腓尼基人在该地区的商业中心地位，腓尼基的"黄金时代"就这样很快衰败下去了。腓尼基人的衰败是城市规则的失范、失序的结果，他们建立的法统是自私的、单边的。这样的城市法，无法延续城市的进步，维系不了城市繁荣基础，在法律史上提供了另一种学理上的证明。

（三）雅典

雅典是希腊城邦以民主法治盛名于世的西方文明的体现。直到公元前5世纪末，希腊城邦也还是相当简陋的，但市民很早就学会了崇尚思想与文化消费，克制物质性和个体欲求上的享受，开拓博大深邃的精神世界，并且形成勇于投入竞争的一种开放、全面、自然的精神状态。这种精神力量对城邦的迅速发展有着非常实质的影响，"在这种竞争精神驱动下，希腊人创造了包含艺术、雕刻和戏剧在内的高度个性化的思想文化，显示了当今西方城市的典型特征。希腊人孕育出一种积极主动的城市意识，这种意识同数百年后的城市居民产生共鸣。"[1] 此外，在古雅典的大部分职业中，自由民都是和奴隶并肩劳动，自由民内部之间也没有职业上的高低贵贱之别，人们所从事的一切活动，都可以在公共场所接受检查。在希腊人的观念中，一切自然的事物在任何场所都能得到接受，

① 舒扬著：《星空下的法律》，法律出版社2003年版，第202—210页。

"自然"的观念把人的生存环境和人体自身结合成一个整体。在这里，一切法律，都首先是自然的，信奉自然就是信奉法律，因为希腊雅典人认为自然是一切人类规则的总根源，他们对春秋四季，冷暖流转的规则视为现实的神明，法律若与自然相悖，它就不具有被称为"法"的资格。

雅典的法律制度在人类历史上相比于后来罗马的法律并不十分著名，但它的民主制度在克服城邦内部历史传统陋习，职业上的狭隘、官僚等级上的僵化、社会活动上的规则缺失以及人的身边等级划分等方面都起到非常重要的作用，梭伦立法的目的正是使公民成为"国家的主人"。对于这一点，城市理论家芒福德强调道："雅典的成就不只在它公共生活和个人私生活之间建立起一种可贵的中庸之道，而且随之而来的是，权力从为国王或僭主效忠的那些拿薪俸的官员手中大规模地转移到普通市民手中，市民开始行使职权了。"这种民主制度培养出雅典市民对公共事务的关心和参与热情，市民的积极参与反过来又激发整个城市焕发起无穷的活力，古希腊在精神、文化、科学、艺术、建筑上的伟大成就便是在这样的制度氛围里培育出来的。正是由于有如此神奇的人文精神基础，民主、法律议会、法庭、民间法律信仰、法律哲学这些后来才风行于城市的东西才在当年的希腊雅典成为城市生活的标准化印记和真实化样式。

然而，用今天的眼光看，雅典的政治制度显得开放有余而原则性不足，这是雅典民主制的缺陷。例如，部分由于过于强调公民的参与，雅典的政府权力十分屡弱、行政功能十分紊乱；同时，过分地偏重强调公共精神，导致雅典对个体权利的几乎达到了遗忘的程度，在城市聚居这一非常人文化的问题上后来竟到处充斥着极端的冷漠和隔阂，"对大多数公民而言，雅典等城市的日常生活，一定是简陋肮脏，痛苦难熬。在万神殿等宏大建筑的阴影下，房屋矮小，街巷狭窄，害虫肆虐"。公元前5世纪后半期爆发了波罗奔尼撒战争，民主的雅典被军事专制的斯巴达击败，从此一蹶不振。雅典的陷落，是城市民生、民力、民意被边缘化的避之不了的恶果。雅典精致的民主制度和法律精神之所以后来到了不堪重负、经不起粗蛮之手的一击，是因为它的制度与法统逐渐抛弃了生活、远离了城市生活的要义。后来有史学家形容，雅典政体政制的破败惨状，就像是一匹野马突然发狂闯进了一个精美的瓷器店。这个形容是发人深省的。政治民主与法律制度一旦变成了观赏性极强的瓷器作品，生活的野马要么不许可进入，要么就只能是一片乱象。城市与法治因而要有正确而实用的配对，相互的适应性就是一种常态的恒久性。

（四）罗马

罗马是从一些较小的村庄部落逐步发展成为公元前后几百年间尽享历史威名的世界性的帝国都市。在罗马人早期的宗教信仰中，还突出山谷村落的韵味，充满了依恋土地、重视传统的感情。论法律制度与城市文化他们只能是希腊城市居民的继承者，法律是作为一种高贵华丽的精神产品引进到罗马城邦非常市民化的社会生活的。罗马的公民自认为，相比于有简单而精致且富有民主和人文特点的希腊城市平民的生活而言，罗马人是武士、粗人、渔夫和农耕者。但是，罗马的市民生活把不大的村落推到了城市这个新的平台，城市生活对富强起来的罗马居民既陌生又自豪无比。罗马城中有越来越多的人口，其构成也相当复杂，汇聚了当时西方各国最富冒险精神的优秀分子。罗马城的地盘扩充、贸易扩大、交流频繁、矛盾多样、纠纷不绝，这是人类早期城市生活的真实图景和发展下的烦恼。罗马城从根本上来说是不能单靠宗教信仰、道德习惯、帮会行规这些政治社会初期很灵验的规则来维持的。罗马人从希腊人手上接过了法律，主要是在城邦生活中可以派上用场的法律。但是，罗马人对雅典这样的城市法律并不去做很哲学的分析和运用。他们用城市生活之水去冲刷洗礼来自异邦的城市法、公民法。他们喜欢对法律和原生态式的制度进行加工修改。这种加工和修改从罗马法史上看，就是罗马法产生发展的整个过程的起点。罗马城邦的制作者们认为，法律虽然可以修改，但是与传统的联系却不可以被切断，因此他们把罗马法看作宗教、传统和生活中逐渐发展出来的规则。可以说，罗马人那种从个人自律到自治再到共同体关怀的"共和"精神，是与生俱来的。因为罗马城中的共和思想与后来共和旗帜下形成的法治秩序都是历史的自然派生。公元前450年，罗马人将法律汇编成著名的《十二铜表法》，作为最早的一部完整系统的成文法典颁行于罗马城和罗马帝国广远的辖区，其内容涵盖了市民交往和权利保护的方方面面，被广泛认为是将城邦生活和城市统管下的公民的自律行为通过公共规则的形式加以规定，目的是加强个人和公共道德相一致的特性。与希腊人偏执地强调公共关怀不同，罗马的共和精神体现为一种世界帝国的情怀：被征服的土地统统强制纳入帝国的版图，其居民迁入罗马，成为罗马城内的公民，享有人与人之间趋于同样的法律保护，"在帝国的统治之下，西方人类大约自有城市以来首次领略到生活在一个完全开放的世界中是什么滋味儿，在这种开放世界中到处遵纪守法；公民身份，不论从何种意义上看，都是共同的人类遗产。"①

罗马城市在法治秩序的庇护下变化迅猛，生产力在生产关系制度化的保障下爆炸式的强势发展，共和精神引领百业兴旺，国富民强、城市平安、市民康乐。在这种大的制度背景下，来自世界各地的强人在罗马城创造出的成就是惊人的：罗马城有非常实用而宏大的公共工程，其道路、引水渠、排水系统可以保障城市承载人口不断增长的压力；宽阔的广场和通衢大街，两侧林立着华美的剧场、住宅等建筑物，公共浴室、公厕、斗技场一应俱全……罗马的法典、罗马的司法广场、罗马的议事厅、元老院、民主大会堂这些似乎只有在现代法治发达的西方都市才有的东西，在"共和"时代已经形象突出、作用鲜明了。一位罗马作家因此对被公认为思想深刻的希腊人发问，"希腊人所能自诩的是其'无用'的艺术，埃及所谓的遗产是躺在'闲置的金字塔'里的，这些怎能与罗马的 14 条引水渠以及人类沿用至今的法律制度与文明习惯相媲美？"②

韦伯在一篇探究西方古典文明衰落原因的文章中指出，奴隶制度的崩溃是罗马衰败的社会经济原因。"罗马帝国的瓦解乃是基本经济结构发展的必然政治结果，这就是商业的逐渐消失和物物交换经济之扩展。就其实质而言，帝国的瓦解只不过意味着，帝国之货币化的行政体制和政治上层建筑消失了，因为它们不再适应一个自然经济的下层建筑。"③ 从经济形态上看，商品经济败给了自然经济，西欧文明被农村化，这似乎是一种社会的退步，但韦伯提醒道："我们所看到的事实上是社会结构的一种根本转型，这一转型不但是必要的而且必须被理解成一个极大重修元气的过程。因为大批非自由民众重新获得了家庭生活和私人财产，他们从'会说话的工具'的身份恢复到了属人的身份、基督教的兴起赋予他们的家庭生活以道德保障，甚至罗马帝国后期保护农民权利的法律也前所未有地承认了非自由家庭享有同等权利。"④ 从中可以看出，古典文

---

① 舒扬著：《法思想·法文化》，电子科技大学出版社 1993 年版，第 36—42 页。
② 舒扬著：《法思想·法文化》，电子科技大学出版社 1993 年版，第 76 页。
③ 本佳平著：《法社会学》，有斐阁，1988 年版，第 56—57 页。
④ 何勤华著：《西方法学史》，中国政法大学出版社 1996 年版，第 232—236 页。

现代城市法治研究

194

明建筑在奴隶制这种不平等的制度基础上，这一事实几乎决定了古典文明必然随社会结构的转型、奴隶制的崩溃而衰落，而复兴的因子有已经蕴涵在同一段历史时期。从韦伯的颇有道理的分析中我们应该领悟到这一点认识，即罗马城市生活的崩溃与上层建筑对新的经济运动越来越不适应大有关系，是社会经济原因导致了罗马帝国的瓦解。罗马城市生活如烟消云散了，这并不能说明原来覆盖在城市生活之上的法统与制度条令会像如烟往事一样，消逝不在。罗马城市的发展与繁荣产生了名传千古的罗马法，构成了西方法律文化的最坚实的一大"石柱"。罗马城的沉沦并没有长时间的埋藏金子一样闪光的城市法典。后来意大利复兴运动下的罗马法典重现光芒，正好铁证如山一般地确认了这一点。城市因法律、法典而得名，法典与法律生活的历史记忆会在千百年后恢复一种城市生活与文化的景况并使城市得到再生与永生，这就是罗马城给我们留下的启迪。

二、中世纪的城市复兴及其以后

欧洲城市萌动起一发而不可阻挡的复兴在公元 11 世纪末至 12 世纪初，韦伯认为那是城市中不以人的意志为转移的经济运动，出现自由劳动分工和商业交换的历史必然结果。城市民主意识和城市共和制度精神散发为个人的自主觉悟和市民的自由精神焕发了整个社会无限的创造力，城市的活力被激发，人们所能显示的求变创新和行动都在城市集中起来，统一展示。城市又一次成为历史变革的橱窗。韦伯的观点部分得到其他学者的同意，伯尔曼和科特金同时还强调了教会的作用。科特金指出教会在继承和传递古典文化方面的功不可没，是教会一把推倒了第一张骨牌，引起了连锁效应，同时认为教区结构为城市辖区和公民权利的发展奠定了一直以来秘而不宣的社会和人文基础。伯尔曼则首先指出，"如果没有城市法律意识和一种城市法律体系，那就根本无法想象欧洲城市和城镇的产生"。[①] 伯尔曼还以厚实扎实的研究向我们展现，中世纪城市的法律意识与公社、其他各类兄弟会、集体誓约、社团资格、规定特许权的特许状、权利平等、参与立法、司法程序、代议制政府、国家本身等

---

① ［美］伯尔曼著：《法律与革命——西方法律传统的形成》，贺卫方等译，中国大百科全书出版社 1993 年版，第 15—22 页。

等多种内容相关联，表现了一种多元一体的性质。最后，他用史料证实，在12世纪教皇与国王的权力之争中，教权和王权对城市的控制出现了一种顾及不过来的空白，而正是这种足以令城市抽空喘息和休养精神、滋补元气的历史空白，才使得那种多元性质的城市共同体法律意识得到意想不到的极大的发展空间，最终聚合生成为城市自治的时代和物质的、制度的基础。

城市法的物质基础是城市共同体，其精神基础是居民遵守关于城市被授权自治的特许状（虽然这种特许状在最初产生时，没有太大的实际效力）。这是一种契约的精神，开启了近代社会契约论的国家理论。正是这种超越血缘关系的契约意识，培育了新兴市民阶级的共性特征和相当时代任务的美德，个人坚持克己勤勉的奋斗精神，在公平的交易环境里从事营利活动，一方面发展自己的事业，一方面努力维护这样具有活力的生活状态。但是，这种类似于个人主义赢利观的意识并不是实现城市的伟大复兴充分条件，对共同体法律的这种契约性保证，也不必然能够防止极端个人主义的短视。伯尔曼认为，城市自治还有更重要的因素，"城市法的共有特征不仅在于采取一种契约关系的形式，而且在于采取一种其成员之间参与关系的形式"。[①] 这种参与关系具体表现为共同对抗敌人的互助关系、法律只有经过公民同意才能生效的法律规定、民众参与其它公共活动的保障等等。此外，贵族、教士、工团、行会、大学生组织等阶级团体也至关重要，居民从属于这些阶级，保证了一定的集体价值信念，防止共同体分裂。总之，"城市法的共有特征是由契约、参与和阶级这三面构成的"。[②]

综上所述，我们可以得出如下的认识：12世纪开始兴起并逐渐成熟的欧洲城市复兴运动，肇始于经济，彰显于商业、贸易，城市自卫组织和军事，成功于城市的自治制度市民的公共意识，城市生活各方面的立规定制以及城市的分界别的民主惯例和行业性极强的契约制度和法律。城市之所以雄居于世并繁盛、发达，是因为城市产生了法治，法治又形成了城市必依其才能屹立于还未破除的旧制之下，才能赢得自我发展、

---

① ［美］伯尔曼著：《法律与革命——西方法律传统的形成》，贺卫方等译，中国大百科全书出版社1993年版，第27—31页。
② ［美］乔尔·科特金：《全球城市史》，王旭等译，社会科学文献出版社2006年版，第10—15页。

自我完善的政治机会。城市的顽强突围，就是新兴资产阶级法律启蒙观念在封建大法统下的绝地逢生的奇迹的写照。

从 11 世纪末 12 世纪初开始，意大利城邦、威尼斯、西班牙、巴黎等欧洲名城的苏醒与复兴，可以说是满足了上述以伯尔曼为代表的众多学者揭示的社会条件综合所致的历史论，而在历史的后段一些先起的城市又逢一轮始料不及的衰败，则与这些城市一不小心丢失了市民参与的制度条件和人文精神保障有关。例如，意大利城邦佛罗伦萨，单是在金融竞争之中就汇集了全世界的金融资源，并从中获得了巨大的财富，进而城市自治、民主、法治得到城市居民的热烈拥护和支持，在意大利佛罗伦萨以一城之威确立起享誉欧洲的霸主地位。但是，在后来逆民主而动的制度设计上，它却独独偏袒地服务于经济利益和具有权势的居民，这就不可避免地导致了民意的旁落和自治、团结、民权的衰落。科特金指出，这种情况是意大利城市和诸邦的致命伤，"当意大利城市变得更加富有时，它们逐渐丧失了城市崛起的坚固基础——城市的内部凝聚力和强烈的市民精神"。① 从以后的历史看，这种市民社会的精神内涵，直到拿破仑通过他的《民法典》（1804 年）才首次以法律的形式确定下来，并成为后人的学习楷模。从这个意义上，我们可以更深刻地体会拿破仑的感慨：比起军事成就，更伟大的是《民法典》。欧洲中世纪城市的荣与衰、进与退似乎在不断在向后人昭示一个结论城市的发展与繁荣，首先取决于先进思想与先进文件的开启方向，在正确的方向下，文化的、精神的、民主法治的城市风尚几乎是决定性的。城市是文化的堡垒，它产生着城市在经济、商事、宗教、法律、和谐共处等方面的活力与实力。先进文化、超现实的理性观念是城市之魂，是城市整体风貌中的精、气、神。城市和法治，与其说是制度的系统与综合表现，不如说是一种强大动力的表现，而精神中的元素，大多是来自古希腊、古罗马的宗教文化，民主传统和法治的初试。中世纪欧洲城市从历史精华中的索取，才使它们在中世纪黑暗与光明的断层之间借助于城市的文化启蒙与复兴，掀起了一场令人振奋的城市文明运动。

---

① ［美］乔尔·科特金：《全球城市史》，王旭等译，社会科学文献出版社 2006 年版，第 56 页。

第三节　打造现代都市法治文化的思维取向

我们从历史的回顾中得出：唯有打造出兼备个人理想和公共精神的都市文化，才能最终确保法治沿着理想的方向运行。在新的历史时期，城市法制建设同时面对来自国内国外新的发展形势提出的要求和挑战：一方面，"依法治国，建设社会主义法治国家"已经写进了《宪法》，成为执政党和中央各级政府始终坚持不懈的治国理念，以此为据，起龙头作用的城市，就其治理的法治化、规范化要求势必更加严格；另一方面，国际上的新城市运动正如火如荼迅猛开展着，世界城市治理格局的新变化，也会对我们的都市建设起到强烈的示范作用。这些时代背景，都是城市建设和日常管理工作必须研究的重要课题：如何能在坚持优良传统的同时，适应新的形势发展？如何能使法治都市的工作在城市的迅速发展中起到实质的积极作用？如何能保证城市法治的要求与市民的实际生活紧密相联？结合现实，展望未来，在此提出建设一种开放、独立、具有公共责任意识的都市新文化、完善法治运作的社会条件，可以说"此其时也"。

分析当今城市法制和法治的难点会发现：（1）都市生活对人的压力会客观上导致众多的普通市民直接地或间接地违反城市已经宣明的秩序。现代城市生活基本上是以职业主义为核心，个人基于职业生活结成的社会关系网在很多方面不同于乡村熟人社会的互友邦、默默温情。令都市人喘息不定的最明显不过的就是职业上的软硬压力。光是职业上的不安全感就能像瘟疫一样引起许多奇奇怪怪的社会心理疾病，并且极有可能最张引发犯罪。但是，依城市早期积蓄发展力量的事例而论，职业精神也可以是一种积极向上的拼搏精神，如果加上就业机会的开放性、多样性、平等性，可以成功地打破身份等级的桎梏，表现出高流动性和高竞争性的特点，这是封闭狭隘的乡村社会所没有的优点，一个城市乃至社会的进步恰恰正需要这样的进取精神。因此，打造都市新文化的第一项任务就是，通过程序至上的公平制度确保都市人在发展自我、实现价值的机会的平等——这是对法律制度的分配正义的要求，目的在于在城市似乎是一片乱象的生活中形成形式公平的文化氛围。（2）都市生活的陌生感、疏离感会导致市民逐渐自觉地远离主流社会，这同样是引发违法犯罪的一个重要原因。中世纪城市共同体的意识已经被现代都市的光影所取代，现代都市人可能会产生无所依归的失落感，享乐主义、消费主义应运而生，都市人要么变得唯利是图、缺乏公共责任，要么走向另一个极端。这一点势必要促使我们提出打造都市新文化的第二项任务：通过信息充分沟通的制度确保都市人参与公共事务，以克服都市生活政治、经济、文化法律上的疏离感——目的是形成主体意识的综合的包容的文化氛围。（3）两极分化是城市发展所无法克服的问题。现代生活方式造成了巨大的社会分化，在各种人物手工劳动都市生活中打下了深深的烙印：一面是繁华、宏伟的商业区，一面是简陋、犯罪丛生的贫民窟，世界上哪一个城市没有如此般的尴尬和不协调？这需要通过健全的社会保障机制救济获利最小甚至是不能获利的群体——这在本质上是对法律制度的矫正正义的要求，目的在于形成实质公平的文化氛围。

近二十年来，美国等发达国家兴起了"新城市主义"运动，其主旨在于协调多元矛盾的冲突，将城市建设成和谐、安逸、充满公共精神的各种人物都能自得其乐、各成其愿的居所。新城市主义者要求对不平等的现象进行法律管制，要求政府在兴建公共活动场所、鼓励社区建设上加大力度，既关注城市生活环境与自然条件的和谐，又提倡拓宽公共空间，主张在公共活动和邻里间的正常交往中培养市民对公共事务的关怀。这一运动方兴未艾，其倡言值得人们关注。而我们在这里提供的思路，同样期望有识之士的关注。如波特若所言，"所有那些促成城市伟大的因素也适合于保持同样的伟大。"城市文明的历史证明了制度与市民文化相互倚重的关系，现代人需要努力的方向，应该是如何实现历史启发给我们的灵光。将我们居于此、长于斯的城市，建设为充满希望、普洒阳光的文化之城、法律之城、自由之城、民主之城、富裕之城、友爱之城。按人性去规划，依法度去设计，注民主之精神，输文化之涵养。这样的城市，必引领 21 世纪人类理想生活的新潮流。

第四节　现代城市发展与城市精神的转型

一、城市发展需要城市精神的指引

我国自改革开放以来，随着经济和社会的发展，城市化的发展也进一步加快，经济条件的改善激发了人民群众更高扬的精神文化需求。中国具有数千年的城市文明经历，由于地域特征、民族特色及历史人文背景的差异，城市的人文精神底蕴也表现出绚烂多姿的丰富性。正是现实的需要与历史传统的积累相结合，推动了一轮建构城市精神的热潮。国际上，有巴黎、伦敦、米兰、纽约等大城市讨论"城市精神"的示范在前，在国内，北京、上海、天津、广州、深圳、杭州、青岛、济南、大连等城市，甚至一些县级市也都在热烈讨论着"城市精神"。① 建构独特的城市精神气质，不但是城市的更进一步发展的要求，也是这个城市以何种姿态立足于世界城市之林的根本。②

第一，城市的精神气质，决定着城市的发展前途。城市在发展过程中，如果只注重物质性的建设，而忽略了精神品格的塑造，必然导致城市的发展失衡，最终影响城市的发展和命运。古代腓尼基地区的城市就是城市发展史上著名的反面案例，值得后人从中吸取教训。这个地区的一些大城市，如毕布勒斯、推罗、西顿，在公元前9至8世纪就已经富强起来，成为最早的商业都市。腓尼基人的贸易远涉重洋，到达遥远的非洲西海岸以及塞浦路斯、西班牙、不列颠群岛，他们加工的玻璃、珠宝、服装和其他装饰品远销从西班牙到苏美尔古城的广大地区。腓尼基城市设计出古代世界最精美的建筑、宫殿和神庙，并且为西方文化的发展贡献了最基本也最重要的发明文化载体——字母。然而，就是这么一些务实、自尊、富有创造热情的商人，却没有能够形成促进城市长远发展的

---

① 参见中共上海市宣传部编：《海纳百川——上海城市精神研究》，上海人民出版社2003年版，第22页。

② 鲍宗豪：《城市精神文化论》，《学术月刊》，2006年第1期。

精神力量，他们热衷于商贸，却严重地忽视基本的精神气质的培养，城市政治制度偏重于鼓励牟利，漠视公民参与公共事务的重要性，从来不知道有意识在对市民灌输城市的品牌意识和文化观念，而在对富人的保护、维持财富造成的等级制下，严重损害了城市居民之间的公平心和正义感，打乱了城市共同信仰的平衡尺度。由此造成的结果当然不会理想，腓尼基的沉沦尤如铁锚落水，它在历史城市的序列中被迅速除名，几乎痕印全无。①

第二，城市的精神气质，决定着城市的战略地位。一座城市如果只具备钢筋水泥的外形，只有摩天大楼和天蓝地绿、水清路畅的外在环境，没有内在的城市精神作为底蕴，那也不过是漂亮的空壳而已。没有良好的精神文化底蕴作后盾，缺乏人文关怀和对人的尊重，轻视人的全面发展，城市会缺乏凝聚力和吸引力，根本无法建设真正的现代化。现代的全球大都市，都有其独特的城市精神魅力，当人们听到一个城市的名字时，在头脑中反应出来的并不仅仅是它外观的庞大和人口的众多，人们更心仪于这些城市的风物人情以及政通人和，更愿意谈论这些城市的精神以及气质。如纽约的平等与自由、东京的现代化气息、上海的"海纳百川、追求卓越"、深圳的"开拓创新、诚信守法"等等。城市的发展不能缺少城市发展战略，但是，仅仅制定发展战略，并不能保证城市的战略地位和持续发展。现代城市处于全球性的品牌竞争、企业文化竞争、知识产权创新竞争、综合实力竞争之中，如果没有深层次的凝聚力、吸引力，根本无法在全球性的竞争中立足。唯有独特的城市精神，才能吸引海内外的优秀人才和丰富资源，充分发挥人、财、物的效用，把城市推向战略核心的地位。

总而言之，城市发展史告诉我们，城市的兴衰不仅仅与经济、政治、军事的成就有关，更与这个城市的精神气质相关联。正如人的发展需要精神力量的支持一样，一个城市的发展同样需要内在精神的支撑，城市精神是城市的内在灵魂，是城市保持可持续性发展、快速健康运作的内在动力，更是这个城市保持独特性的关键所在。

作为改革开放以来汇聚先进生产力和各路英才，标志性地反映新生

① ［美］乔尔·科特金：《全球城市史》，王旭等译，社会科学文献出版社 2006 年版，第24—26 页。

活质量的我国各大城市，大多在上世纪八九十年代完成了第一次社会经济的转型，即从传统的农业社会转向了工业社会，在当前，大城市尤其是经济早先一步繁荣兴旺的城市，正面临着社会经济的第二次的转型，即从粗放型经济向集约型经济的转型。在新的发展时期，城市的发展处在多重矛盾激荡的中心地带：（1）传统的生产模式与现代化的经济运作机制之间的冲突，要求城市在保持社会秩序相当稳定的基本前提下，革新生产制度，更好更快地释放生产力；（2）传统治理模式与现代法治化治理模式的冲突，要求城市一方面革故鼎新，完成制度转型的历史使命，培育民众的政治文化素养，构建现代城市以人为本的法治文化；（3）中西文化的互相激荡，要求城市表现出来的社会发展进步既能弘扬传统的文化美德，又能吸纳和包融现代化西方的新异文化。总之，我国大城市处在产业升级和城市形象升级的紧要关头，同时还承受区域竞争日趋激烈的压力，此时更需要一种新型的城市精神来引领城市继续健康、有序、快速、和谐地发展。这种精神的培育必须与现代化、法治化的时代潮流相适宜，必须依托全球性流动的资金、人才和文化理念的共同参与创建，同时又不能放弃传统的人文积蓄，必须具备足够的开放性和包容性，既能应对迅猛发展的外部世界，又能发扬自身的光荣传统。我国城市建设，在经过改革开放之后近三十年的积累，已经具备了建设城市精神文化外部构件的物质条件，例如，可以专注于人们的精神需求，提高市民的现代文明生活素质；有条件开辟文化的、心理的消费市场，满足人的自由、快乐的欲望；有能力兴修大型的、先进的文化娱乐场所，可以调动充沛的资金为市民提供精神文化享受，可以满足人们对现实公平正义的天生诉愿，在法的生活中提供充满人文法律精神的便利，等等。然而，在具备良好物质条件之后，我们应当清醒地认识到，经济愈发达，"硬件"条件愈优越，就愈加应当重视"软实力"的建设，软实力中最为活跃的元素就是与文化结缘，与法律攀亲的成分。从人类城市文明、从当代世界大都市的成长中，我们可以看到，塑造城市精神的关键是在于塑造城市市民新的精神风貌，其中更为根本的是构建社会和谐的价值认同基础，而在现代城市，各色人等的价值认同很难在宗教、风俗、习惯、道德等层面上取得完全一致，唯有本身就是社会共同意识的提炼结晶体的法律，才有可能是人有所思、心有所想、行有所系、身有所缚的东西。法律和法律的精神是城市的"君王"。所以说，只有一种能够反映城市中广大人民根本利益的城市文化精神，才能普遍动员起千千万万的普通市民，使他们真正成为城市生活和建设事业的主力军，成为城市的主人、脊梁和灵魂。城市精神的力量在哪里？就在这里，非他莫属。

二、现代城市精神的现代转型和实质

城市精神必须具备一种高贵的品质，而这种独特的生活之韵，只能源泉出于城市高层的整体的、充满动感的生存状态和城人一体的环境。在观念层面上去认知，一方面，城市精神必须是城市公民的价值共识，不能仅只反映城市之中那些在经济、社会、政治上占优势地位显然是部分的人群的要求；另一方面，城市精神也还不能只局限于一般消费主义的市侩气，必须蕴涵更高远更超拔的理性与自由的追求。有学者研究认为，城市精神最核心的理念应该是，城市人对自己生存的城市在宜人、适居、民主、自由、法治、互助、环境友爱的基础上，大多数人具备高度自觉的主人翁责任感，此为现代物质条件总量丰富、分配均衡、法治有序正反现代化的和谐。在古希腊的雅典，公民在雅典卫城、在奥林匹斯山、在阳光广场日浴海风、夜邀明月，兴致永不消减地议论城邦面临的重大公共决策问题，城邦独特的精神内涵使得雅典成为人类文明的摇篮，在那里孕育的民主精神、法律素养和哲学气质使后世人类永久存念和受益；中世纪的欧洲城市里，市民宣誓服从城市共同体的法律统治，这种服从的基础在于城市是市民自身的共同体，法律是共同体的衣钵，因此服从共同体和法律就是服从自己，这种城市主人的自豪情怀和责任精神使得欧洲城市纷纷走出中世纪的黑暗之夜，陆续创造出人类的发展奇迹；在近代西欧城市里，市民会喜极而泣地定时分批在市政大厅领取公民权的凭证，城市中的人们尤为偏好公民的称谓，它意味着普通市民与执政长官一样，都是承担这个城市发展责任、享受城市进步的福气的主体。从这种主体意识的城市精神出发，才能解决城市发展过程中面对的多层次多样化的矛盾。

我们把城市精神的实质定位在个人自由和群体共识这两个层面上，通过城市主体意识的精神将这两个层面的内容整合为一个整体性的精神力量。这样的一种定位，既能够将城市精神构筑在一个多元、开放的平台上，又能够反映出城市精神从古代向近现代转型的变化实质。由此我们可以确认，城市精神是有形的，它绝非是一番激情凝集的理想，也非少数文人墨客的寄望，更不是杂乱的市风、市声的缩影，城市精神是通过经风貌风尘检索过的时尚的理性结晶。

众所周知，自 1789 年法国大革命之后，个人自由成为人类政治文化的核心理念。在此之前，无论是古希腊罗马的平民暴动、中国古代以攻城掠地为胜利标志的农民起义，还是中世纪欧洲的城市自治运动，都还没有完全且有主观意识地去昭显个体自由的重要性，相反，是以一种替天行道式的集体的面目出现的阶级化了的政治诉求，其结果往往只是推倒了某个暴君的统治，而没有触动其统治根源的神圣性。但是在法国大革命里，这种情况终被彻底改变。法国大革命是人类历史上第一次以天赋人权、自由和平等（更突出地强调个体化的自然人）的价值理念指引革命事业的发展，具备了与此前的政治活动完全不同的品质。自法国大革命之后，人类的解放事业有了完全不同的崭新的价值支撑，那就是把个人的自由以富于革命激情的无限放大并将其放在社会政治法律理念的核心地位上，以实现个人的自由发展作为统治的合法性基础。这种一炮冲天的时代价值理念同样也是现代城市精神的实质所在——这样讲，并不仅仅在于，城市本身就是个人自由价值得以孕生的场所，更是由于个人的自由是城市开民主之源、拓自由之地、使古城旧市得以焕发活力的根本、是城市能够持续发展的动力之所在，唯有不断满足个人自由的要求，城市制度才能不断推陈出新、向前发展。所以，以民主立规定制，用法条框准权益，彰显公共利益，张扬个人自由，是近现代以来的城市精神不同于古代城市精神的实质。城市精神从共同体价值本位发展到个人自由的价值本位，即逐步突显了公民个人的"自治"，这是城市精神近代化和现代化的一个标志性表象。

不过，我们应当马上强调，对个人自由的强调不能走向极端。人始终是自然性与社会性高度结合的统一体，一方面，个人自由中蕴涵着"人之作为人"的基础，是我们大力颂扬的人的尊严和价值的体现；另一方面，个人自由中也潜伏着脱离共同体生活、威胁社会价值共识的可能性。因此，对个人自由的强调不能以损害社会共同体为代价，西方近代伟大的自由主义思想家，如约翰·斯图亚特·密尔，在论证个人自由时，用大量的篇幅去强调自由的限度，正是出于这种辨证的思考。故此，在个人自由的价值理念之外，我们还必须同时强调群体共识的价值，在人与人的关系上，突出"他律"的纬度。在现代社会，"他律"最主要的方式是依法而治，因此，换一个说法，群体价值是通过"法治"加以保障的，"法治"是城市精神现代化的另一个重要方面。

城市精神定位于个体和群体两个层面的价值之上，相互之间并不存在分离。在这里，必须高度重视城市主体责任意识的作用：正是由于个人具有一种主人翁式的责任感，他才会把个人自由的实现与城市群体目标的实现结合起来，以个人的追求推动城市的发展、以城市的发展完善个人的自由。在现代城市生活之中，"自治"与"法治"通过公民个人的"责任"统一起来，自治是负责任的公民的自治，法治是保障公民自治的治理方式。"自治"与"法治"的辩证统一，保障了个体自由和群体共识两项基本价值，因此，实现"法治之下的自治"是城市精神现代化转型的关键。

如此剖析城市精神，其目的首先在于，建设一种多元多层次的城市精神实体。个体的自由是多样的、丰富多彩的，能够包融多样的个性，就能够实现精神层面的多元化。对个人而言，他甚至不用太多的牵挂他所生活着的城市，他可以具备全国性乃至世界性的眼光，他的事业可以与这座城市并不直接相关，但是，只要他是负责任的、积极进取的，那么，他的种种努力就会对这座城市产生影响，成为这座城市不可磨灭的历史。比如，历史伟人孙中山先生与历史名城广州的关系就是比较典型的实例。孙先生是一位心系全国乃至全球的伟大革命家，念念不忘的是在中华大地上实现他的共和理想，广州对于他而言，只是付诸革命行动的一个阵地，只是非常大总统、大元帅的一个临时府邸，他的事业的指向是整个中华民族。① 然而，正是孙中山先生的革命家品质，提升了广州这座城市的精神品位，广州人真诚地保护着这位伟人的遗迹，在缅怀先烈的同时，反省自身的思想修养。正是由于拥有了孙中山先生和其他千千万万心系全国的革命志士，广州在近代史上就不仅是一个早期现代化商埠的代表，更是一个充满荣耀的革命根据地。现在的广州，每一天，

---

① 1917—1925 年，孙中山先生共有三次在广州建立政权，推动全国的革命发展。1917 年 9 月 10 日，孙中山在广州就任海陆军大元帅之职，针对段祺瑞的北洋政府发动第一次护法战争，指出"君主专政之气在北，共和立宪之风在南"，"当荷枪援戈，为士卒先，与天下共击破坏共和者。"1921 年 4 月 7 日，在广州召开国会非常会议，选举孙中山为非常大总统，这是孙组织的第二次广州政权，提出"破除障碍，促成统一，巩固共和基础"，发动第二次护法战争。1923 年 2 月，孙中山在十月革命的影响下，成立第三次广州政权，提出了改组国民党的三大政策，准备出师北伐，统一全国。

中山纪念堂、烈士陵园都会迎来数以千计的观光者，人们瞻仰着先烈的仪容，遥想广州的光辉历史，念叨着这个城市的发展前景，革命家的历史已经融入到城市的历史之中，为这个城市注入了自由、热烈的空气，创造出具有远大抱负的文化新传统，使得城市放射出更强大的精神魅力。我们要反复强调，当个人的自由精神呈现出高度的开放性、进取心和责任感的特质时，城市也能够相应显现出自由、生动、热烈的活力。在这种活力的激励之下，城市里共同生活着的群体会孕生更为开放、更具涵摄力的精神，这种精神能够帮助城市应对来自任何方面的挑战。

我们对城市精神的剖析，第二个目的是要与唯心主义的精神决定论划清界线。必须对城市精神加以适当地引导和培养，才能充分发挥其作用，城市精神与城市经济社会文化制度的发展是相辅相成的，城市体制改革、城市法律制度的创建，对城市精神的培育有直接的重要作用，反过来，城市精神也指引着制度的革新，我国一些著名城市能够在改革开放之中取得辉煌的成就，正是注意了这两方面的作用。一方面，城市中的领导人能及时冲破消极思想观念的束缚，打破旧的经济体制，焕发起整个城市的积极性和智慧。70 年代末，沿海一些大城市就率先把搞活流通领域的改革作为突破口，打响发展商品经济的第一炮，从此在完善健全的市场经济体制方向上，迈出坚实的步伐；80 年代初摸索搞活流通的政策和措施，通过敞开城门，沟通渠道，发展多种商业形式和横向经济联合；80 年代中期以后，探索企业改革，争取企业自主权，完善市场主体地位；90 年代协调经营者和广大职工的利益分配，推进国民经济稳定、持续、协调的发展。① 改革开放的观念在这一步一步的具体措施中显露出魔力，开启了城市居民的心智，与传统重商、务实的城市精神相衔接，共同推动着城市的迅猛发展。另一方面，随着城市现代化进程的不断深入，城市的领导者和广大市民不断地促进城市精神的转型和进步，以精神文明建设巩固和推动物质文明建设。比如，在全国城市活力和各种指数中一直列于三甲的广州，在市场经济体制的探索中，开拓了眼界，获取了经验，积累了丰厚的物质财富，在此基础上推进城市精神的建设，从"爱我中华，爱我广州"的系列活动，到"广州人精神"（稻穗鲜花献人民）的培育，到"广州市风"的倡导，到市歌、市徽的征集，到

---

① 黎子流主编：《辉煌十五年（广州卷）》，光明日报出版社 1994 年版，第 242 页。

"羊城新风传万家"的活动，再到近年来培育公民道德新风的实践，城市精神文明的建设水平不断往深处发展，群众的主动性和创造力迸发出来，积极主动地参与城市生活的塑造，实现了城市建设新的突破。[①] 这些精神品质的陶冶和凝炼，使广州成为了中国都市群的闪亮名片。城市因精神焕发而获得了名气，而这种名气的传播，又自然推导出对精神乱象的归纳和总结，最终可以成为城市拥有的富有专属性的精神形象。

经验提醒我们，在搭建城市发展制度平台时，既要注意城市精神建设的物质基础，又不能使城市精神的建设处在自发状态之中，更不能让城市精神的建设成为城市发展的副产品。应当把城市精神建设当作城市发展和法治城市的重要使命，当作一项必须优先、独立完成的文化立市和法治强市的任务，应当从城市未来的发展方向着手，通过综合考虑历史和现实的状况，建设适合城市自身的精神内涵，然后借助这种城市精神来打造城市的灵魂、增强城市建设者的凝聚力，推动城市健康、有序、快速、法治、和谐的发展。

第五节　城市法治精神的一般价值取向

一、人、人文精神与城市文明

2006 年 4 月 21 日胡锦涛在美国耶鲁大学演讲中，提到"天地之间，莫贵于人"（语出《孙膑兵法》，"间于天地间莫贵于人"），向世界展现了中国关注人的价值、关注人的全面发展的文明传统和现代执政理念。中国观念中的"人"的形象早已有之，但政治生态和物质条件下的人，很长时间里形象还是很模糊的。秦始皇可以视数十万人的性命为草介，但他却在几十万用生命代价修筑起来的万里长城面前自叹渺小；历代君王封疆掠城，只在乎围墙是否固若金汤，谁怜惜百姓生命涂炭？中国的每一例建城史记，几乎都是坑人万千的血腥旧事。城人之间主体错位，关系颠倒，异化无处不在。今天，在人本主义主体复位，人性扶正的思

---

① 黎子流主编：《辉煌十五年（广州卷）》，光明日报出版社 1994 年版，第 584 页。

潮推拥下，我们强调，对"人"的关注，是人文精神的立足点，是城市文明建设最根本的价值所在。

在西方，人文精神是针对神学思想以上帝为中心的思潮，其基本内容是主张以"人"为万物的尺度，滥觞于文艺复兴时期，并在近现代成为主流思想。[①] 对城市而言，人文精神是城市文明的一项重要内容，贯穿于城市文明的各个方面。中国古语有云："观乎天文，以察时变；观乎人文，以化成天下。"（《易经·贲卦·象传》）国家的强盛、城市的繁荣，很大程度上依赖于人文精神的凝聚力和激励作用。人文精神强调的是人类的自我关怀，表现为对人的尊严、价值、命运的关切，高度地珍视人类精神文化成就，孜孜以求于理想人格的全面发展和人的自我肯定以及自我塑造。概言之，人文精神就是以人为本的精神。

培育人文精神，要以哲人、先贤的启蒙为先声，以合乎人性的正直图谋与思索为倡导，以社会强人、强权的宽容大度为保证，以平等、优质的文化教育为依托，以促进城市文明的进步为目的，在多种因素确定之后，集中视觉于教育是必要的。

人文精神，必须从文化教育和文化事业的发展中汲取养料，只有高品位的文化教育实践、优秀的文艺文化作品，才能提高市民的精神文化素质，熏陶市民的思想情操，最终净化社会风气，从整体上提升城市的精神水平。所以，培育人文精神，归根结底要落实在建设优秀的城市文化、创造学术文化精品、培养优良的文化人才上。16、17 世纪的法国是君权专制的国度，路易十四所谓的"朕即国家"表达了专制王权不可一世的嚣张。然而，这个专制国家却非常优待文人，给艺术创造留出了巨大的自由空间，其结果是开启了巴黎世界之都的辉煌历史，从 17 世纪开始到以后的三个世纪里，巴黎"一直被尊为城市向心化和气势恢弘的典范城市。"[②] 强烈的人文精神气质竟能在君权专制的暴虐下创造不朽的城市文明，这一点应当引起后人深思。大凡众多族群聚居之地，不外乎都有悠久的文化教育历史，以东南沿海城市为例，南宋时期，岭南教育文化已经达到非常高的水准，这体现于各山海城市的寺庙、家祠、学村之

① ［英］布洛克：《西方人文主义传统》，董乐山译，三联书店 1997 年版，第 17 页。

② ［美］乔尔·科特金：《全球城市史》，王旭等译，社会科学文献出版社 2006 年版，第 115 页。

内，资料表明，珠江流域的书院就占了全国总数的21%，古老的广州城中更是出现"番山书院"、"禺山书院"等一批南北闻名的大书院。[①] 老百姓爱读诗书，弄潮人崇尚新学，重视教化，已经成了从古至今广州城市生活的一种风格和传统。

　　培育人文精神，还必须认真对待传统的人文遗产。城市文明的建设不是一蹴而就的事情，是经过了无数代人的不懈努力，历经时光的洗磨积淀而成，前人的文明成就是后人继续前进的起点，不可轻言抛弃。当然，传统的积累也未必都是精华，未必都能与现代社会相适宜，所以，在继承传统的同时还必须重视比较和甄别，通过立足现实的"扬弃"，实现"传统的现代转化"。在古代中国，对人文的重视强调义利之辩，强调重义而轻利，也就是说，重点在于用儒家的理想人格培育知识分子的人文精神。对于现代的城市文明而言，传统的美德值得肯定，但过分偏重于道德情操的修炼、忽视理性化制度的设计，则需要得到修正。在西方近现代的城市生活中，从事营利性的职业活动已不再与宗教教义相违背，在这种价值观的影响下，人文精神转化为自由主义精神，市场经济得到长足的发展、理性化的法律制度受到高度重视。随着改革开放之后市场经济活动向纵深处发展，西方近现代的价值观念对我国特别是城市生活产生影响，城墙内外似乎无可阻挡地出现以经济利益为尺度衡量一切的现象，在人与人之间造成冷漠和隔阂，这使得许多城市知识分子惊呼人文精神在城市运动中的轰然陷落。随着执政党提出"以人为本"的执政理念，人文精神的重建成为我们政治文化生活的焦点，当前的政治理念把"人"置于一切管理工作的核心，强调维护人的正当权益、满足人的合理需求、促进人的全面发展。在传统城市文明与现代政治理念相衔接的地方，城市无疑具有先天性的优越条件。

二、公民社会、法治社会与有序竞争社会

　　我们讨论城市文明中的"人"的概念，并不是为了宣扬一种无差异的人性观，学术界对于中西传统中人性预设的研究（例如，认为西方人以"性恶"为特征，中国人以"性善"为特征），不是我们这里关心的题目。我们对"人"这个概念的强调，是站在制度建设的角度，把"人"

　　[①]　李权时主编：《岭南文化现代精神》，广州出版社2001年版，第25页。

既作为制度建设的主体，又作为制度服务的目的来看待。这里，我们还需要强调，"人"的概念不是一成不变的，在现代社会政治法律文化，"人"的概念必须升华为"公民"的概念。

现代社会是公民的社会，现代城市是公民的城市。如果说，居民一词仅仅在聚居落定意义上有效的话，其意义中并不附载更多的政治文化想象，那么，公民的概念则是一个政治意义上的重要词汇，内里包含丰富而多样的含义，带有强烈的价值预设。"公民社会"是 civil society 的中文翻译，学者使用的主要还有"市民社会"、"民间社会"两个不同的译法。比较三个术语，虽然其对应于同一个英文概念，但本身具有的意义却不尽相同。"民间社会"是我国比较传统的一个表述，就此术语自身的含义而言，侧重于表达传统中国文化中"民间对官府"的意涵，[①] 与西方近现代意义的 civil society 相距过远。"市民社会"，是我们在这里经常使用的，但我们偏重于用这个词描述西方自中世纪城市自治运动开始的世俗文化建设。唯有"公民社会"的用法，能够帮助我们把政治、法律、文化、价值、国家、城市等诸多概念的意义融贯起来，以一种在价值上"可追求"的方式去运用这个词汇。

学术界使用公民社会这个概念时，侧重于把公民社会当作是国家和市场之外的所有民间组织或民间关系，认为"它是官方政治领域和市场经济领域之外的民间公共领域。公民社会的组成要素是各种非政府和非企业的公民组织，包括公民的维权组织、各种行业协会、民间的公益组织、社区组织、利益团体、同人团体、互助组织、兴趣组织和公民的某种自发组合等等。由于它既不属于政府部门（第一部门），又不属于市场系统（第二部门）"，所以是介于政府与企业之间的"第三部门"。[②] 这样的用法在目前中国学术界关于民间社团的研究中十分受重视。不过，我们还必须强调，在提及"公民"的概念时，除了强调以上意义之外，我们还应该联想到古希腊和近代欧洲城市的公民形象，在公民社会的含义中，还必须包含关怀公共事务的这样一种政治美德。这一点可以视为我们常说的城市精神一成的原始意蕴。

---

① 甘阳：《民间社会概念批判》，载于林道群编《悲剧的力量》，牛津大学出版社 1993 年版，第 141—153 页。

② 俞可平：《中国公民社会：概念、分类与制度环境》，《中国社会科学》，2006 年第 1 期。

现代城市中的政治操作模式很大程度上是精英代议式的政治，个人对政治的参与不可能采取直接民主的形式，即使是在小国寡民的民主社会民主的样式也是多样的、可置换的。因此，通过精巧便当的制度设计确保公民参与公共决策，就显得十分必要。2006 年 6 月 27 日，已有千年建城史的广州的城市政府通过《广州市规章制定公众参与办法》，在全国各大城市中率先利用地方性法规的形式为市民的公共参与确定了制度上的保障，规定了公民广泛的地方行政立法参与权，该条例的第二条第一款规定："本办法所称公众是指自然人、法人和其他组织。"对参与的主体不做限制，也就是说，对广州政府任何立法项目感兴趣的任何一位我国的公民，都享有本办法规定的参与权。这一点得到海内外专家学者的交口称誉。这一举动表明政府领导者已经清醒认识到公众参与的重要性，并努力将之制度化、法律化。公众的参与是城市民主和城市法治乃至永垂不朽的城市精神铸造的首义，继广州之后，我国有不少城市顿开公众参与政治、参与立法和公共事务、管理的风气。公众参与迅速成为新一轮城市发展的闪光亮点。提倡公民广泛参与，这是出自民主制度与法律治理的本质，除了参与者为城市公民个体这一自然属性以外，还需要注意的问题有：

首先，政治参与的形式多种多样，比起公民个人的参与而言，社会团体的集体参与影响力要突出得多，因此，学术界在"第三部门"（也就是民间社团或民间组织）的意义上讨论公民社会，为民间社团的合法性做论证，是非常有必要的。这里仍以广州为例，方便说明问题。广州具备发展民间组织的有利因素，一是有历史传统。广州是我国历史上民间组织起步较早、发展较多的地方之一，有较丰厚的民间组织文化积淀。二是与海外联系紧密。广州民间组织与港澳和华侨民间组织有源远流长的天然联系，改革开放后，进一步加强了联系合作，有更多借鉴经验、参与国际合作的机会。三是具有经济社会基础。广州经济连续多年高速增长，各种经济成分一同成长，市场发达，政治、文化开明，中心城市地位突出，适宜民间组织生长。四是具有良好城市管理环境，信息化管理手段先进。近年来，广州市民间结社活动十分活跃，截至 2005 年 6 月，全市登记在册民间组织有 3105 个，其中社团 1237 个，民办非企业单位

第五章 论城市生活与法治家园

1868 个，每万人（户籍人口）拥有民间组织 4.3 个。① 但是与民间组织发达的现代化国家和城市比较，即使是属国内先进城市的广州，差距仍然非常大。如美国 1997 年共有民间组织 160 多万个，每万人拥有民间组织 140 多个。广州民间组织对公共决策的参与度也不强，对科教文化、环境保护、社会福利等与城市可持续发展根本相联的公共问题，没有表现出足够的关注。广州在民间组织的管理模式、民间组织自身的运作机制、法律法规的保障上都有完善的必要。以广州类推到全国城市，情况是大同小异的，民间组织的弱小，是中间社会不发达、城市组织结构不现代的表现。民间力量的软弱无力，证明了城市权力资源的分布与配属不尽合理，扁平化的社会结构未能形成，城市的管理就只能是垂直的、集权的。这实在是不利于城市民主的有效运转。法治秩序中的民主性自然会被减损。

其次，公民社会要健康、稳步的发展，要对政府与社会的良性互动产生积极影响，还应该要求公民具备一种政治上的美德。公民关心公共事务，一要具备足够的热情，二要适度地超越个体利益的局限。要培养这种现代的公民美德，同样需要开放、稳定、有序的制度环境，只有在重视参与、尊重不同意见的制度环境里，普通人才能够培养出足够的政治热情、才可能锻炼出视野广阔的政治能力，因此，公民美德的培养与政治文明的建设是息息相关的。城市是民主设施法律机构、民意表达组织最集中的地方，作为民主意社情的直接表达者，地方各级人大代表近年来在城市的民主法治运动中表现活跃，集中了民智，代表着民愿，同时，他们在监督政府部门工作上表现得十分突出，质询各级官员，为民生大计讨回公道，被称为是城市民主建设的"民权现象"。此外，城市所拥有的影响无边界的各种媒体，更是城市民主政治和法治生活的显微镜和聚光镜。民情民意附着媒体，感天动地无人能敌，媒体的亲民本质决定了它的状态就等同于城市民主法治的真实状态。城市政府是为人民而存在的，因而政府不能回避和排斥小心求证、大胆说事的各类媒体，因为"好的舆论监督是连带批评和建议一起出来的。对于政府工作中的问题，老百姓怎么看，媒体出出主意，这对政府本身就是推动。一句话，加强舆论监督，可以使我们不至于盲目，不至于懈怠，不至于失职。"这

现代城市法治研究

---

① 陈江正等：《宁波温州发展民间组织对广州的启示》，《穗府调研》，2005 年第 10 期。

一番出笼自政府官员的表态，引起不少媒体工作者的强烈共鸣。① 公民社会的建设就应该在这种民主政治的构建中稳步前进，以政府与社会的互动培养公民的政治美德，以公民的美德塑造政府与社会的良性关系。一个城市，公民的美德一旦成为远播四方的城市口碑，这个城市的真精神就树立起来不胫而走了。

再次，无论公共参与的制度设计，还是民主政治的构建，公民社会都要求细致而严谨的法律保障，这使得公民社会这个概念与法治社会这个概念密切相联，成为现代政治社会一体两面的不同描述。也就是说，现代社会从人的角度看，是一个公民的社会，而从制度的角度看，则是一个法治的社会。

关于法治社会的论述不胜枚举，我们这里不再过多的引介，但是，有几个基本点却必须突出强调：第一，法治社会强调的是社会交往的可预期性，因此规则必须公开而稳定，只有用一套理性、客观的规则制度，才能让人们了解彼此行为的后果，在此基础上对进一步的行动做出判断和预期。法治社会就是通过公共制定的规则增强人们之间的相互信任。第二，法治社会是以公民自治为理想的社会，通过赋予个人广泛的权利，既保护个人免于国家公权力的侵扰，又保障个人有足够的资源去处理与自身的事务，并超越自身利益去关注公共事务。第三，也是最重要的，法治社会是经过现代人文精神洗礼的新型社会，人文精神中尊重个性、尊重多元价值的理念同样也是现代法治社会的核心理念。法治社会不是"依法治人"的社会，不是通过国家法律设置一个僵化的庸俗秩序的社会，而是确保个体得到充分自我发展的社会，又是维护稳定和开放的社会。不同人群共同生活在一起，相互之间在一定的法律秩序之下沟通、学习和竞争，从这个意义上讲，法治社会也是一个有序竞争的社会。

可以一般性的把法治社会或有序竞争社会的理念归纳为以下几项内容：②

第一，自治性。现代法治社会应当具备独立的法律运行逻辑、独立的法律职业团体、专门的法律机构和独立的法律制度四项要素。这四项

---

① 《广东现象带来的启示：民主是一种生活方式》，http：//www.gzcy.net/bbs/read.php?tid=1875&page=e。

② 以下的归纳部分参考了陈弘毅教授的研究。陈弘毅：《法治、启蒙与现代法的精神》，中国政法大学出版社1998年版，第3—20页。

要素，都应浑然天成地融于城市真实具体的生活中，法律中的预测、告知、教育功能在人的世界立竿见影，法理及法规演绎的线索，包括最后可掌控的法律后果都在人们认知的范围内，城市生活中的人们完全可以熟悉法律的习性，把生活的规律与法律内部的理性逻辑融合在一起。这是四要素之首，它是人本的，也是科学的。最粗通的解释就是人们可以凭法律来行事和做事，此乃城市与高层自治。其他三项要素已十分专业，但它在城市居民的日常生活中又司空见惯。比如，民间的律师执业活动与以职业精神为神圣的法律从业人员，无时无处不在与普通市民打交道，法律体制内和体制外的职业者均以人的公平正义要求为服务对象，以解讼止争为工作目的。法律制度和机构、资源、设施，就像城市中的公用产品和公共事业一样贴近城市市民的生活，城市空间范围内的一切涉法的活动都归于城市的自治性，这就不难理解了。

第二，人权原则。法治社会以自治的现代法为前提，如果深一层思考，可以发现，在现代法独立、自治的理念之下，隐含着现代人自治、自我负责的前提预设：法律规则是事先确定好的，其内容客观、稳定、中立，不直接涉及道德、政治、文化价值的具体观念，为现代社会生活提供了一个大的秩序框架，现代人在其中活动，可以保持自己的价值偏好，可以遵循自己的政治理念，可以维护自己在文化价值上的独特性，只要行为不与这个大的法律秩序框架相冲突，就不必担心国家强制力的干预。因此，我们能够认为，法治社会首先是保障"人"的自治，其基本作法就是赋予"人"以"普遍的人权"，这是确保现代社会有序竞争的首要条件。

但中国传统是一种以集体主义为特征的文化类型，这就与现代流行的人权文化在历史渊源上出现断层。文化的历史性格有时对当代人的观念影响也是相当巨大的。有什么样的文化背景，就有什么样的民主观和国家观。近代思想家梁启超认为中国人只知有天下而不知有国家，说中国人重文化统一而轻政治组织的建构，梁漱溟更进一步把古代中国当作一个文化的概念而不是政治的概念，这些论述都表明，中国传统注重的是共同体的文化，相应缺乏对个人权利的重视。那么，人权的理念是不是就不适合在中国生长？中国自古以来都是一个幅员辽阔的大国，各地风土人情、生活习俗大不相同，历朝历代的统治者没有足够的资源、也从来没有花费心机强求全国在文化价值理念上达成一致，文化的多样性得到很好的保存，所以，孙中山先生曾说，中国人自由得如同一盘散沙。在新中国建成之后，尊重各地区的文化差异，保持全国范围内文化价值观上多元和谐的局面，形成了既尊重个人自由，又注重地方文化，既坚持立国信念，又尽力团结不同意见者的务实政策。在这个基础上，我们形成了独具中国特色的人权原则：以民为本，同时，国家不放弃思想道德的教化责任。民本就是在集合了权力在手的国家主张和主持下才会有的，这跟契约论的思想和精神有别，它证明了我们以国家精神造国民个性，以城市理念带市民风气的符合现实的思路。

城市文化历来就是多种文化交互激荡的产物，开放性、多样性的观念在大街小巷有足够的生存空间，城市的商业文明很自然会培养出务实的精神，对价值理念、政治观点上的差异持有相当宽容的看法。当然，人与人的尊重与互信，不是商品社会和城市生活必然的产物，相反，我国古风淳朴的乡村，那里农耕文化反倒可以维系人们的亲情与互助关系。城市生活和潜信条、潜规则容易力挺"人权"，因为那是每一个城市居者往往因无助而必须坚守的东西。但是，光靠个人的本能是没有什么保证的，人权原则的制度化才是正确的选择，它目前在城市常识中已经有地位了，但其保障还必须得到进一步加强，人权观念的普及也需要加大力度，只有对人权的尊重深入人心，才有可能建成现代化的城市法治社会。因为，说到底，城市是因人而有其存在的价值的，城市的所有名头与光环，无一不算着人的杰作。

第三，开放性。法治社会的开放性是建立在人的发展观点上的重要内容，表明了现代社会的法律制度对人不是一种管束而是一种指导。现代法的开放，表现在这种法律制度具有吸收和甄别信息的能力，能够及时、敏锐地捕捉社会的微妙变化，能够及时、有效地认知老百姓的需求，并且迅速有效地做出回应。法律的开放性能使制度和人、制度和社会保持高度的一致，知识的利用和创新、经验的总结和普及、不同人群之间的竞争、沟通和学习，都在这个开放的平台上展开，并且在条件适当的时候，把新的社会状况加以制度化，为进一步的发展奠定制度基础。对于这一点而言，城市文化具备的开放性特征能够保障法律制度开放性运行的良好效果，但是，我国许多城市现阶段在这方面的理论探讨和制度实践，都显得相对薄弱，一方面，大量的城市法规落后于城市事业的迅猛发展，但却依然得到适用，在一定程度上阻碍了城市与市民生活发展的步伐，另一方面，政府与城市各行业、各阶层的信息交流并不十分通畅，广大市民的需求得不到及时有效的回应，城市政策向社会和民众的传递也并不顺利。总之，如果不着力健全法律的开放性机制，就无法建立一个健全的法治社会。城市是天生具有开放性机制的，而城市中的法律以及法的活动，至少相比较更能贴近开放性的场景和安排，这说来也是城市法所具有的一个个性特征。

第六节　在改革与发展中构建城市法治精神

一、率先从"政策社会"进步到"法治社会"

长期以来，我国一直是个政策社会，主要依靠政策来治理国家、推动整个社会的发展。今天我们要实行依法治国，这是治国方略的根本转变。作为改革开放热点地区的各大中城市，经过多年努力，陆续形成了一套基本健全的法律机制，在立法、司法和执法上取得显著成绩，正在从"政策社会"迈向"法治社会"。

美国当代法理学家德沃金曾经区分过"政策"和"（法律）原则"这两个重要的概念，在他看来，政策指的是"规定一个必须实现的目标，一般是关于社会的某些经济、政治或者社会问题的改善（虽然某些目标是消极的，在这样的目标中，它规定当前社会的某些特点需要保护，以防止相反的改变）"的准则；而原则指的是这样一些准则："它应该得到遵守，并不是因为它将促进或者保证被认为合乎需要的经济、政治或者社会形势，而是因为它是公平、正义的要求，或者是其他道德层面的要求。"① 按照德沃金的理解，政策直接与社会发展、经济进步、政治稳定等现实目标相关，原则却是公平、正义、个人权利等内在价值的体现。例如，通过实施某项公共事业来满足城市规划的要求是政策，实现此目的不得侵害公民个人的合法权益则是原则的要求。考虑到德沃金把原则

① ［美］德沃金：《认真对待权利》，信春鹰、吴玉章译，中国大百科全书出版社 1998 年，第 41 页。

看作法律最重要的构成部分，他这里讲的"政策"与"原则"的区别，也可以为我们认识政策和法律的功能分殊提供有益的启示。

政策具有现实性、灵活性、务实性的特点，政策还必须与国家整体战略相适应，与其他政策相配套，政策的制定和执行也不得脱离群众。法律则具备价值本位、稳定性、程序至上的性质。在法律与政策之间存在着极其微妙的关系：一方面，政策作为处理社会事务的重要手段，必须具备较大的自由裁量权，不能严格地限定政策的具体内容，以免政策手段落入僵化；另一方面，政策的实施会在一定程度上影响到公众的利益，因此，对政策进行限制以及对不利后果进行事后矫正，又都是法律的重要任务。现代法律力求为政策手段设置平衡点，兼顾发展和稳定。①

我国城市的改革开放从打破旧有经济体制开始，一定程度上讲，是从法律制度的空白处起步的，在改革开放初期，城市开启建设的大幕，主要依靠政策手段推动经济的发展。但是，政策也有显著的不足：第一，政策手段不稳定，投资者要求更稳定、更具长效的投资环境；第二，政策手段导致投资者待遇内外有别，不利于形成公平竞争的市场机制；第三，政策手段缺乏完善的救济措施，在投资者利益发生冲突之后，往往得不到公正、公平的解决。随着改革开放往纵深发展，法律制度缺位的局限性更加明显，市场运作中出现了大量违规行为，整个市场经济的发展都迫切要求建立和健全相应的法律法规。正是在这样的时代背景下，我国沿海率先开放的各城市争相投入大量的人力物力，首先制定了确保市场主体法律地位的法规，赋予私营企业与三资企业同等的法律待遇，然后制订规范市场行为的法规，打击违规操作和经济犯罪，维护了正常的市场活动。通过一步一步的努力，这些城市逐渐从政策社会迈向法治社会，在实现以法律手段配置资源、以法律手段协调多元利益、以法律手段巩固改革开放成果的道路上取得巨大成绩。

近年来，方兴未艾的我国大中城市依法治市又有新突破，其中有些新的优点应该得到肯定和发扬。第一，城市地方立法中日益突出计划统筹的作用，这是值得进一步完善的举措。改革开放过程中，城市立法一

---

① ［美］理查德·斯图尔特：《美国行政法的重构》，沈岿译，商务印书馆2002年版，第42—47页。

向有"经济先行，法规缓行"的传统做法，这与社会变化过于激烈的现实背景有关。但是，随着依法治国、依法治市方略的确定，这种立法传统必须得到改变。在立法方面突出计划统筹、统一部署的做法，可以比较有效地解决长期以来立法滞后于社会发展的问题。第二，在立法实践中明确立法责任，也是一个比较好的制度设计。立法统筹中明确专门机关的立法责任，这种做法的好处是显而易见：一方面，专门机关有业务经验，有进行相关调研的动力，可以确保立法的理性和科学性；另一方面，专门机关在法规制定之后，有能力追踪法规的实际效果，及时反馈，可以为完善法律法规提供宝贵的意见。第三，稳步完善公众参与制度的努力，值得大力推广。法规经过民主程序的洗礼，一方面可以减少立法的盲目性，一方面可以增强老百姓"守法"的信念。在现实中，城市的公众参与立法取得了良好的效果，根据有关部门受托开展的"全国大中城市依法治市公众评价调查"中，有79%的受访市民认为我国城市"立法越来越能够满足公众需要"。

当然，即使是一些先进城市，离法治社会的标准还有不小的距离，必须反省已有的经验和教训。

1. 立法方面

（1）尚未能够彻底解决立法滞后的弊病。法律应该与时俱进，应该及时反映社会的变化和民众的要求。法律滞后的具体表现是，社会变化不能及时得到放映，一些好的做法不能及时地制度化，一些过时的规定不能及时地清除。城市可以实行立法责任的规定，要求及时反馈法规的社会效果，与此相应，还必须在立法程序上做出调整，用更具效率的立法程序处理新的信息，及时、有效地回应社会需求的变化。

（2）立法的民主性与科学性尚未得到很好地兼顾。法律必须经过民众的认可才能得到很好的服从，立法又必须适当的超前，才能更好地规导社会发展，而且，法律还有自己相对独立的逻辑，一方面要求具体制度不能任意地跟随现实而变化，另一方面还要求城市法律必须与国家整体法律制度相协调。这些情况引发出了立法的民主性与科学性的矛盾。近期，一些城市的立法机关提出立法上的"两扇门"思想，强调把专家意见与公众参与结合起来，这是克服立法民主性与科学性相冲突的思路，实践操作之中如何落实，还必须细加研究。

2. 行政法治方面

（1）行政效率虽然不断在提高，但细节方面仍需协调以减少摩擦。

（2）行政人员以及其他国家工作人员队伍建设不能松懈。从1997年6月到2003年3月底的统计，资料表明，城市政府中公职人员的犯罪违法数量居高不下，犯罪特征表现为涉案金额巨大、犯罪分子文化程度高、所处职务都是政府重要部门以及重要事业单位。这种倾向给预防职务犯罪提出了新的要求。如此之多年轻干部不计后果的贪污，说明了公务员和国家工作人员工作方式整体必须得到整顿和规范，否则将损害政府的威信。

（3）公务行为的规范化还需要继续加强。许多执法类的公务行为是直接针对群众和群众利益的，如城区市容、交通、卫生管理等，群众利益无小事，公务人员在面对群众的执法中应该避免激化矛盾，力求以规范化、合理化的方式完成公务。

3. 司法方面

中央领导曾在全国政法工作会议上指出，当前司法工作必须以化解社会矛盾为主线，以和谐社会建设者的姿态全面发挥职能作用，最大限度地增加和谐因素，最小限度地减少不和谐因素。城市的司法审判工作必须全面贯彻上述精神，一方面提高业务素质，提高法律法规的操作能力，另一方面提高政治素质，培养宏观的、大局的看问题的能力，把具体案件的纠纷处理与促进社会和谐联系起来，保持政治敏感性，妥善处理案件，不激化社会矛盾。一般说来，城市的司法水平应是相对比较高的，但是，全国司法的问题和人民集中不满意的一些意见也都是在城市司法中发生长表现出来的。司法不公、司法失效、失效失信执法疲软往往是一种城市病态。这些现象不得以杜绝和根治，国家的司法体系就将因腐朽而瘫痪。司法可以是城市的堡垒，但也可以成为城市的软肋，没有司法的城市是不可想象的，而没有公正、高效、廉洁的司法，这个城市就完全没有希望，万劫不复。

总之，考虑我国城市发展的速度，比较世界城市发展的总体情况，城市法治化治理机制依然远远不够完善，在人权的保障上、在立法机制的完善上、在行政行为和司法审判的规范化上，都有相当多的地方需要改进。从政策社会走出、建立完善的法治社会，任重而道远，这需要理论工作者和实践工作者共同不懈的努力。

二、强化依法治市中的治理理念与精神

（一）治理的一般理论

1989 年，世界银行首次使用"治理危机"（crisis in governance）的概念，描述非洲国家的政治状况。世行把"治理"定义为"使用政治权力管理国家事务"，而"善治"指的是"一种有效率的公共服务、一种独立的司法体制以及履行合同的法律框架；对公共资金进行负责的公共审计机关；所有层次的政府都要遵守法律、尊重人权；多元化的制度结构以及出版自由。"① 如果暂时不予理睬世行推行的政策中过于强烈的自由民主倾向，以上的治理和善治概念至少可以表明一种新型的理念的出现。在现代化城市建设中，必须借助这种新的理念。

"治理"一词所表达的，是与政府管理（government）相区别的一种公共活动模式，用英国学者格里·斯托克的话说，"治理给我们发出的第一个信息，就是挑战对按照宪法和正式规范来理解的政府体制。"② 斯托克强调的，是英国的宪政和公共活动模式的特点。英国的政治制度以议会为核心，内阁制政府非常强大，内阁只对社会也就是选民负责，按照宪法和法律的规定，内阁不必理会其他社会组织和团体的意见，只要获得民意的支持既可制定公共决策。但是，英国的治理理论家们指出，宪政制度规定的这种强大的政府管理模式其实并不符合英国社会的实际情况，英国政府结构松散、机关组织林立，并没有一个强硬的权力中心，地方、地区、全国以及国际组织关系纠缠不清，中央政府的权力被分散在这些复杂的关系中。治理理论家提醒人们注意这种复杂局面，指出英国正是由于缺乏一个强大的权力中心，任何公共决策的实际制定，都是相关的各个权力组织以及受决策影响的社会团体共同协商的结果。另一位英国学者罗伯特·罗茨在他设计的"新治理"理论模型中，把"小政府"的概念放在突出地位，同时还突出了"社会—控制体系"和"自组织网络"两个因素，前者强调的是社会多元决策主体间的互动和协作，后者强调的是社会多元决策主体的自治和自我负责。③

---

① 俞可平主编：《治理与善治》，社会科学文献出版社 2000 年版，第 90—91 页。
② 俞可平主编：《治理与善治》，社会科学文献出版社 2000 年版，第 35 页。
③ 俞可平主编：《治理与善治》，社会科学文献出版社 2000 年版，第 96—97 页。

治理概念兴起的背景，正是社会利益的多元化和社会组织的多样化。现代社会变得高度复杂，劳动分工日益细密，利益分化日益加剧，资源流动速度日益加快，政府不再能够扮演家长式管理者的角色，强有力的行政干预不得不让位于市场规律，自由竞争和协作成为社会良性运作的两大机制。然而，市场有时会失灵，例如，由于信息的不充分，市场主体可能做出无效率的决定，导致市场机制无法发挥作用。所以，政府也不可能仅仅充当一个自由市场的守夜人，而必须进行适当的管制，矫正市场机制的失灵。从这个意义上讲，所谓的"小政府"并不等于"弱政府"，在精简政府机构和人员、简化办事程序的同时，还必须强化政府管理的有效性。治理理论强调的"多元协调"，就是在有效的政府管理与充分的市场机制之间求平衡，也即，政府干预是通过与其他决策主体的协作共同起作用的。

（二）城市法治化治理的社会背景

当代世界城市的治理实践已经提出了多元协作的问题，把"多元协调"或"有原则的妥协"作为解决法律稳定性与灵活性矛盾的主要办法，不但通过多元协调或有原则的妥协解决利益冲突，而且通过多元协调或有原则的妥协形成城市的法律和公共政策。落实到我国的城市治理转化，我们需要把问题深入下去。如果说，多元性是我国城市必须实行法治化治理的社会背景，多元协调或有原则的妥协是治理的根本手段，那么，就需要回答，城市中的社会现实究竟是怎样的"多元"，要坚持什么"原则"，如何"协调"或"妥协"。

事实上，任何一个城市的人除了出身来历、教育背景、工作收入上的多元性，还有诸如价值观念、文化信念、宗教感情、政治理想等更为深层的差异无法通过简单的人口调查数据加以揭示。一个城市的多元形态，涉及了从物质利益到内心信仰的全部领域，一个城市处在如此多样复杂的文化纠葛之中，无疑会给城市治理带来巨大的压力。类似情况可比美国这个"移民之国"，哈佛大学著名教授亨廷顿数年前观察到，美国的文化多元现象已经开始侵蚀美国人的"国民认同"了：人们经常回答自己是欧洲人或者犹太人、亚裔人或者某某州人，不会直接承认自己是美国人。城市治理的一个重要任务就是增进市民的城市认同感，防止过度的分化。城市生活多元的文化环境，决定了城市治理必须以"协调"为主要手段，法治化治理的灵魂是"有原则的妥协"，这里的原则指的是法律和人权原则，这里的妥协或协调指的是经过沟通达成共识或谅解。要实现这样的治理理念，还是必须从点点滴滴的制度建设作起。

（三）强化法治化治理的理念和精神

法治化治理的理念和精神必须在社会各领域全方位的得到强化：首先，必须明确，所谓的"治理"并不是用制度"管"人，尤其不是用制度"管"老百姓。法治化治理的首项要求是，充分尊重个体的需求，给不同的个体发表意见的机会，把多元价值理念之间的差异放在理性沟通的平台上，通过意见交流，达成共识或者谅解。现代的城市精神必须将"个人自由"和"群体共识"联系起来，使个人的发展与城市的进步成为不可分割的整体，城市治理就是具体实现这种理念的方式。这一项要求的具体落实，就是在城市治理中健全民主制度，在城市里形成民主的生活作风，培养人们宽容对待不同意见的情怀，为最终的协调合作奠定基础。许多城市在民主制度建设方面已经取得了不凡的成绩，"城市超前现象"的民主旋风已经得到全球瞩目，所以才有"中国的城市像欧洲，中国的农村像非洲"之说。当此城市现代化的紧要关头，作为全国领头羊的城市应当"百尺竿头，更进一步"，坚定不移地推动民主政治制度的创新，使文化多元的人群分享城市主人的感觉。这是时代的要求，也是将城市成功建设为法治教市的要求。

其次，法治化治理是以人为本的治理模式，必须强调治理是以"民之所本"为本。民之所本，就是老百姓安身立命的根本，包括自由、财产、身份和尊严等等。城市治理必须围绕这些内容展开，把保护老百姓的切身利益作为制度运行的根本目的，把满足老百姓的切身需求作为城市发展的衡量指标，把老百姓的满意程度作为官员政绩的判断标准，总而言之一句话，以人权原则作为量度一切工作的天平。现代化城市建设在我国是从改革开放起步的，有的城市在三十年营建中广州已经初步形成为民谋福、为民争利的城市治理传统，眼下正迫切需要将这种优良传统制度化、完善化。

再次，法治化治理建立在多元沟通的基础上，并不意味着这种治理手段放任社会强势力量左右公共决策的方向，法治化治理的原则中隐含着关注社会公平、关注社会平等的意义。也就是说，法治化治理必须设计多种救济机制，救助市场经济竞争中处于不利地位的群体，包括社会福利机制、最低工资制度、养老保险制度等等许多内容。救助弱势群体，不但是保证社会长治久安的必要措施，也是稳定整个社会心理的重要举措，试想谁不担心会在竞争中失利呢？失利则无助，谁能够放心大胆的公平竞争？我国古代商人总需要投靠某位达官显贵，就是因为没有足够的社会保障机制保护他们的安全；当代中国社会腐败问题突出，一方面当然是腐败的官员以权谋私，另一方面也是由于制度不健全，商人"有动力"去腐化官员。要解决当前的问题，要走出传统的宿命，还必须健全制度，通过打造一套完善的法律制度，规范人们的行为。我国城市在救助社会弱势方面，已经付出不少努力，随着城市化进程深入、市场竞争加剧，当前城市生活迫切需要进一步完善各种群众的自组织救助制度和福利保障制度，这是保证社会和谐的基本要求。

最后，法治化治理对城市生活的方方面面都有相应要求。例如，对于企业来说，法治化治理要求企业除了追求利益最大化之外，还必须承担社会责任，企业在从事正常商贸活动之余，还应该参与所处社区的文化建设和公共事务。具体到各行业、系统，各机关、事业单位社会团体、社会经济组织到各类单位，包括城市政府、工厂、居委会、学校、商店、市场，法治化治理要求其根据宪法、法律和各类法规，在依法完善自身的办事规则之外，努力使社会交往向着良性的方向发展，只有这样，一切城市活动才可以在法律的框架之内，实现有序竞争，最终达致多元和谐的局面。

三、重视和加强法治文化建设

法治文化是一个社会法治意识的总和，包括权利意识、守法意识、变法意识、程序意识等多项内容。文化体现的是老百姓的日常习惯，没有以民众内心的价值判断、认知标准、行为选择作为城市制度文化的支持，城市制度不能长久地发挥作用。① 从清末开始，戊戌变法、新文化运动、辛亥革命以来的一百多年间，中国的有识之士为法治进行了前赴后继的斗争，孜孜以求，死而后已。然而这些努力大多失败，法治在中国没有产生真正的、实质性的影响，甚至在当今中国社会，实现法治依然障碍重重。究其根源，就在于本土缺乏法治文化。有些人认为，中国传统儒家文化与法治思想相对立，法治不易在中国社会找到契合点；中国

---

① 鲍宗豪：《城市精神文化论》，《学术月刊》，2006 年第 1 期。

当前城市化水平不高，社会的现实状况并不适合现代法治的运作。这是一种悲观消极的看法，但其中也还有值得重视的地方，应该得到认真对待。

从文化基因上找法治建设失败的症结，要求我们充分认识中国社会文化的本质，不过，这种认识不是为了给法治的失败寻找借口，而是为了促进传统的现代转化，发扬其中与现代民主法治相适宜的部分、抛弃其中不相适宜的部分，形成一种新型的城市文化。我们在城市的法治建设中要坚持先进的社会主义法治理念，在行动上要做到：

第一，要重构"民本位"的城市社会生态，恢复城市社会的生机和活力，从活生生的社会生活中寻找支持法治运作的力量。城市一般都有着深厚的市民文化传统，早期发达的商业文明已经滋养了城市里市民社会的发育，在这种文化气氛里，辛勤致富、务实苦干，是最值得称道的美德，不畏权、不唯上也得到淋漓尽致的体现，在这里有坚实的民本社会的基础；城市的生活中有许多效仿、跟风、学习的惯性，它时常将外界的时尚引入其中，同外来的潮流同声同气。先进的生产生活样式往往是在城市中学习而来的。以中国城市最先作为舶来品的海关、法务、诉讼、仲裁，哪一样又不是漂洋过海而来？它们与古来有之的传承融通为一种包容性很强的城市文化，而城市的文化底蕴与现代法治文化有着天然的相契合之处，在城市人口中推行现代化法治文化教育，不是无源之水、无本之木。城市需要大力进行的工作，就是从制度革新入手，一方面革除专制思维和人治模式遗留下来的制度残骸，在现有的城市发展条件下推动制度创新，另一方面激发学习的热忱，努力吸收世界先进城市的法治经验，使之转化为我们自己的城市法治实践。上下一心，通过民主政治制度培养官员和民众共同负责、共同管理的意识，以此生成现代的公民美德；通过理性的意见沟通机制，达成市民间的合作与协调；通过法律责任的强化，培养城市不同阶层人士依法处理矛盾、依法维护权益、依法协调社会关系的信念。

第二，要改革治理模式，改变政府的治理理念，建立现代的服务型政府，为法治文化的生长提供空间。城市相对于保守封闭的乡村政治，自然有着开明的政治环境，城市政府领导人在打破旧有体制束缚方面，比较能够表现得务实而且理性，在改革政府治理理念方面，更需锐意进取。在新的一轮城市竞相发展史的形势下，进一步改革政府管理模式、革新政府管理体制，各级城市也是可为可行的。必须大力提倡治理理念的革新，强调法治不是以制度管人，而是以制度保障人权、规范权力的运作。通过把政府的各项事业纳入法律手段调整之下，法治的目的是建立起政府与社会、制度与人的良性互动。全国城市都正处在产业升级和治理模式转型的变动时期，远不能达到法治的理想状态，在社会生活中存在多种阻碍法治运行的因素。从政府官员到普通的百姓大众，法治观念都还十分的淡薄，执法人员素质不高、专业能力亟待提高。必须把法律的普及与法治的大力宣传联系起来，全面提高公民的法律素质，尤其要首先提高广大党员干部的法制意识，以官员的知法、守法带动普通市民的知法、守法，在整个城市里形成崇尚法治的文化精神，彻底改变人治传统遗留下来的社会文化心理。

综上所述，城市与法治，历史上是同源的，不能简单说是法治成就了城市，也不能片面地讲是城市孕育和倡兴了法治，城市与法治是同生共长的一对双胞胎，不仅仅是城市发展史这样说，法治发达史这样说，主要是作为一种精神文明遗产的城市生活是这样记述的。城市生活实为法治精神和制度文化的家园，生活在城市中间的人们是有这种真实体验的。在城市生活中多开掘一些民主的活泉，多引入一些法律的精神，城市中的人们在生活质量明显感到进步和提高的同时，必能感到城市法治的水平的提升。我们对城市的建设、规划以及对城市生活细节的安排和关注，都要有意识地培养其人文精神和法律风格。只有这样，城市才是为人而生成，为人的自由幸福而理性发展的。城市的进步与繁荣要持之以恒，城市法治就必须要坚持到底，不发生逆转和偏移。

第六章　知识产权法律保护与促进经济发展①

　　法律制度不仅仅是一种为个人权益提供的保护，在很大程度上，完善的法律制度对人们获取某种权益还具有激励和督导的作用，其目的是使个人利益与社会利益相协调，实现"共赢"的局面。知识产权制度一方面为保护个人或组织的智力成果设定法律保护框架，一方面也指导和激励着文化科学技术的创新与发展，服务于国家和社会的整体战略目标。我国加入 WTO 之后，旧有的贸易壁垒势必逐步拆除，与之相应的政府管制也会逐渐放松，国家之间的贸易竞争将会转化为以品牌战略和专利技术为核心内容的知识竞争、法律竞争。在这种压力背景之下，中国政府已经开始高度重视知识产权制度的重要作用，2005 年开始研究制定国家知识产权战略纲要，旨在全面提出自主创新的战略规划。各地知识产权工作者对此也有深刻认识，如广州市知识产权局局长吴岳静同志曾明确指出，知识产权的产出量和拥有量是反映一个地区科技竞争力和城市核心竞争力的重要测度指标之一。② 可以预知，掌握、控制关键领域以及前沿技术中的知识产权，在新的发展形势下将成为各个企业、各个城市乃至各个国家综合实力竞争的焦点。

　　2005 年，广州根据世界经济形势的变化和自身发展的需要，提出创建"国家知识产权示范城市"，次年，市政府制定《关于加强知识产权工作的意见》。在此基础上，广州切实开展和实施了知识产权战略，大力推动广州城市的自主创新，促进科技成果的转化以及产业升级，致力于打

---

　　① 本文是接受广州市人民政府委托决策咨询专家研究项目，蒋余浩、刘芝秀是本文共同写作者。

　　② 吴岳静：《知识产权战略提升城市核心竞争力》，http://theory.southcn.com/nydkt/nygd/200405080188.htm。

造具有强劲国际竞争力的区域经济中心城市。本章将通过分析广州知识产权保护工作的现状、知识产权在广州经济与社会发展中的实际应用情况、广州实施知识产权战略具备的优势、存在的不足等等问题，探讨如何通过法律，在制度层面推进知识产权战略的实施，促进城市经济稳步、健康的发展，以期为广州知识产权战略的有效实施和创新型城市的建设提供参考性意见。

第一节　知识产权的法律保护与经济发展关系
的理论及实践概述

　　我们完全可以从经济增长的动力因素入手，反证知识产权保护对经济发展的促进作用。经济学理论关于经济增长的认识，历经了数百年的智识积累。18 世纪时，现代经济学的鼻祖亚当·斯密指出，劳动分工和规模生产是经济增长的主要原因，经济增长主要表现为市场规模的扩大和生产量的提高。他的看法显然适宜工业社会前期的生产力水平状况。在这种"斯密增长"理论的指引之下，工业生产创设了福特式生产模式，即流水作业的分工合作模式，通过专业化和协作，大大提高了生产效率，推动了经济发展。但是，过于细密和严格的分工可能出现"把人当作机器"的情况，挫伤工人的生产积极性，影响效率，在管理学领域于是出现了"后福特式"的生产模式，即以团队"生产岛"的方式取代流水生产线，减少分工而加强团队协作；在经济学领域相应地出现了熊彼特（Joseph Alois Schumpeter）开创的新经济增长理论思路：强调技术创新对经济的贡献，从而淡化生产中单纯对量的追求。

　　随着以计算机技术的应用为主要标志的第三次科技革命的兴起，诺贝尔经济学奖得主索罗（R. M. Solow）等学者于 20 世纪 80 年代初提出"技术进步论"，区分了两种不同的增长模式：由生产要素量的增加导致的"增长效应"和由技术要素水平提高所产生的"水平效应"。到 80 年代中期，经济学者罗默（P. Romer）与卢卡斯（R. Lucas）在索罗的基础上进一步提出以专业化人力资本和特殊知识积累为核心作用的"新增长理论"，特别强调一般知识与专业知识、原始劳动与专业化人力资本的区别，指出决定一国经济增长的主要因素是专业知识与专业化人力资本，而不是一般知识及一般人力资本。他们的理论产生了广泛的影响，被认为是为知识经济时代的到来奠定了理论基础，卢卡斯为此也获得了诺贝尔经济学奖。

新增长理论印证了知识产权制度中专有领域的知识与公有领域的知识相区别、创新劳动与原始劳动相区别的思路。根据新增长理论，创新劳动的成果——智慧财产（要素）正是获得经济竞争比较优势的关键。[①] 而知识产权制度作为一项私权，[②] 一方面，通过在智慧财产上设立专有权，保证权利人的智力投入能够得到回报，从而激励更多的创新；另一方面，通过在专有知识上设立合理使用的规则，使得私人所有的专门知识能够及时、有效地进入公共领域，为科技文化的进步、知识创新的传播和应用提供一个合乎公平效率要求的渠道，促使文化繁荣、科技进步，最终实现生产力的进一步发展，促进一个地区或国家经济总量的增长。

同时，还应该注意，知识产权及法律制度对经济的作用不止于上述。在全球化时代，资金、人才、技术、知识高速流动，传统的贸易壁垒逐渐被拆除，国家和地区之间的贸易竞争突出了反倾销、技术壁垒和"绿色壁垒"等法律技术手段的作用。知识产权作为一国法律制度的一个组成部分，既必须适应本国经济发展和社会发展的状况，又必须符合国际贸易规则的通行惯例，这样才能够保证与世界主潮流同步，开放而富于活力。然而，在当今的世界秩序格局中，少数发达国家仍然占据主导地位，在它们强大的影响下，国际贸易规则充斥着对后发展国家不利的因素。例如，美国外贸法中著名的301条款，就是一条置国际贸易协调机构于不顾、无视贸易对象国利益的霸权主义条款。因此，实施知识产权战略的意义不仅在于完善本国内部的法律体系，更大的作用在于立足本土、走向世界，为充分适应和利用国际的有力发展因素创造条件。诚如胡锦涛总书记在主持中央政治局第31次集体学习时指出的，保护知识产权是为建设创新型国家，为加强自主创新能力和国际竞争能力提供有力支撑。

① 刘华：《知识产权制度的理性与绩效分析》，中国社会科学出版社2004年版，第174页。
② 关于知识产权性质的问题，在理论界还存在争论。根据Trips协议第1条的表述，我们可以把知识产权视为一项私权。但是，本文不拟涉及这方面更专门性的探讨。

在实践上，知识产权制度设计也部分取得了新增长理论创造者所希望的理想功用。美国与日本都是充分运用知识产权制度促进国家经济增长模式转型和大力发展的成功案例。"从美国建国时起，它的保护知识产权的体系一直是经济发展的决定性动力。"[①] 从 1998 年开始，美国自知识产权对外贸易中获得的收入每年都在 360 亿美元以上，国内企业的创新能力和竞争优势不断增强，整体上已超越其最大的竞争敌手——日本，成为世界经济和科技领域中当仁不让的领头羊，这正是 90 年代初以来强化知识产权战略建设的结果。[②] 再看日本，战后数十年，日本一直遵循着"技术引进—消化—再改良—创新"的发展思路，迅速成为世界经济大国。但随着经济全球化的发展，知识经济成为世界各国在全球竞争中取胜的关键，改良型创新已不能在竞争中取得优势，日本的综合国力从 1991 年的世界第一降到 2001 年的第 26 位。于是，日本政府将知识产权提升到国家战略的高度，提出把日本发展成为"全球屈指可数的知识化产权大国"的口号，最近进一步提出"科技创新立国"的战略发展目标。运作良好的知识产权制度为日本这样一个资源贫乏的国家注入了发展的新动力，使日本的经济得到健康迅速地发展。[③]

在经济全球化竞争的过程中，中国政府显然也深刻地意识到了知识产权制度对促进经济发展的重要性。2005 年 6 月，我国启动"国家知识产权战略"，以推动我国自主创新、科技成果转化和产业化进程。2006 年 1 月，党中央将中国未来 15 年科技发展的目标定为"到 2020 年将我国建设成一个创新型国家"。同时，国家知识产权局和地方政府合作，建立知识产权试点示范城市，使知识产权制度在促进城市的自主创新与区域经

---

① Todd Dickinson：《21 世纪知识产权与经济发展的关系》，载《面向 21 世纪知识产权保护制度国际研讨会文集》，1998 年 10 月，第 21 页。

② 美国知识产权贸易收入的数据，参见美国国家科学基金会（National Science Foundation）网站，http：//www.nsf.gov；在七八十年代，国际舆论普遍认为，美国企业创新能力和竞争能力已经被日本所超越，美国处在衰落之中。麻省理工学院斯隆管理学院院长 Lester C. Thurow 教授 1992 年专门为此写作一部著作，《头碰头：即将到来的日、欧、美经济大战》，指出美国应该通过加强技术创新遏止这种衰落。11 年后，这本著作再版序言中，Thurow 教授不无得意地宣称，美国不但开拓了新的技术领域（生物工程领域），而且在传统领域也提高了创新力和竞争力，已经赢回国际优势地位。Lester C. Thurow，Head to Head，The Economic Battle Among Japan，Europe，and America（New York：HarperCollins Publishers Inc.，2003）。

③ 马秀山：《日本"知识产权立国"战略概述》，《中国知识产权报》，2002 年 11 月 1 日。

济发展中发挥更大的作用。① 广州市作为"全国首批知识产权示范城市创建市"之一，也正积极地响应与落实国家的知识产权政策与方针。2006年，广州市委市政府确定了加快建设创新型城市的发展目标，出台了新时期全市知识产权工作的指导性文件《关于加强知识产权工作的意见》和《广州市保护知识产权行动纲要（2006—2007 年)》，开展了"重点商品知识产权保护行动"。通过一连串完善机制、加强制度建设、加大保护力度的具体工作，广州市知识产权宏观管理环境不断得到改善，知识产权创新取得新进展，知识产权保护意识与水平也相应进一步提高，为增强广州自主创新能力、健全市场体系、优化投资环境、促进经济发展提供了有力的保障。

第二节　法律制度内部的考察：版权、商标和专利

知识产权保护客体是人们在科学、技术、文化等知识形态领域中所创造的知识产品（智慧财产）。知识财产与物质财产一并构成财产法律制度的权利客体。与物质财产最根本的区别在于，知识财产具有无形性与可复制性（共享性),② 这直接导致了知识产权制度的最根本特征，即"客体共享，利益排他"。③ 本节拟以知识产权客体的基本类型——版权、商标、专利——为切入点，从知识产权制度内部探讨知识产权保护与促进经济发展之间的关系。

一、版权理论、实践与策略

版权又称"著作权"，指的是对于文学、艺术和科学领域中的作品所享有的权利。④ 报刊、书籍、电视、电影、广播等等，都是我们日常生活

---

① 《田力普：发挥知识产权作用，促进自主创新》，载 http：//www. sxzxcy. com/xx. asp? wzid = 2907。

② 郑成思：《知识产权论（第三版)》，法律出版社 2003 年版，第 63—76 页。

③ 朱谢群、郑成思：《也论知识产权》，《科技与法律》，2003 年第 2 期。

④ 吴汉东主编：《知识产权法》，法律出版社 2004 年版，第 53 页。

所经常接触的主要的作品载体，人们可以通过这些媒介获得自己所需的信息。但是，在实行版权制度的地区或国家中，未经作者、出版者、电台、制片厂或其他权利人的许可，任何人都无权复制、翻译或传播自己所得到的这些作品（信息）。版权人通过对自己创作的作品享有专有性权利而获得相应的经济利益，从而激励与保证更多文化产品的产出；另一方面，版权制度通过一系列权利限制制度设计（如合理使用制度、法定许可制度等），促使作品的创作、传播与应用，促进文化与科学事业的发展与繁荣，这点在我国著作权法立法宗旨中就有所体现。① 此外，除了在促进社会文化与科学事业的发展与繁荣，构建良好文化创作环境等方面有着重要的意义，版权作为一种产业，对于促进经济发展的贡献也是非常重大的。以美国版权产业②为例，在 2001 年，美国核心版权产业创造了大约 5351 亿美元的产值，占 GDP 的 5.24% 左右，而总体版权产业产值估计为 7912 亿美元，约占 GDP 的 7.75%。1997 至 2001 年的 24 年里，美国版权产业在 GDP 中的增速是 7.0%，超过了其余经济部门和整体经济 GDP 同期年均增长率的两倍。版权产业作为美国最重要的出口部分，据初步保守估计，计算机软件和电影部门出口较为突出。计算机软件的国外销售始终创造着最高的美元价值，从 1991 年的 196.5 亿美元发展到了 2001 年的 607.4 亿美元。电影产业的国外销售从 1991 年的 70.02 亿美元增长至 2001 年的 146.9 亿美元。③

近年来，广州市各相关部门在市政府的统一部署下，以"属地管理、部门联动，条块结合"为原则，主动出击，密切配合，以各类展会和商品批发市场为重点环节，在汽车零配件、钟表、皮具、化妆品、音像制品和电子出版物等领域积极开展了打击侵权盗版、整顿市场秩序的保护知识产权专项行动。据不完全统计，2006 年，广州市共组织了 1000 余次联合执法行动，出动执法人员 8 万多人次，检查各类生产、经营企业

---

① 《中华人民共和国著作权法》第 1 条。

② 美国版权产业的结构被大致分为四部分：(1)"核心"版权产业，主要是以创造享有版权的作品作为其主要产品，包括电影产业、录音产业、音乐出版业、图书报刊出版业、软件产业、合法剧院、广告以及无线电、电视和电缆播放业；(2)"部分"版权产业，主要以部分属于享有版权的材料为其产品，较典型的是纺织业、玩具制造、建筑等；(3) 发行行业，主要是面向商店和消费者发行版权物品，如有关的运输服务、批发与零售业等；(4)"版权关联"产业，其主要生产和发行与版权物品配合使用的产品，如计算机、收音机、电视机等。

③ 宋慧献：《版权产业在美国的分量》，《中国知识产权报》，2002 年 7 月 31 日。

78578 多户，捣毁制售侵权商品窝点 1222 家，查处涉案物品货值 6249.1 万元，销毁侵权商品 94.90 万件，没收盗版音像制品、软件光盘 2145.40 万张，没收盗版书刊 156.60 万本。随着近年版权保护力度的加强，广州影视、游戏软件、动漫、服装设计、数据库、广告等与版权作品创作相关的产业均得到良好的发展，在全市经济发展中具有重要地位。可见，广州版权行业创造能力的不断提升，企业自主创新能力明显提高，有力地促进了广州经济增长方式的转变和产业结构优化，为广州市构建创新型城市提供了坚实的基础和有力的支撑。

但是同时，我们也不难发现在版权行业领域仍然存在着诸多的问题。首先表现在制度自身创新能力的不足。版权侵权案件涉及的领域专业性较强，而新形式的版权侵权方式更是层出不穷。如近年来，广州法院受理了多起围绕着网络的开发与运用、网络域名、网上著作权侵权等新类型案件，由于网络的数字化、虚拟化、全球性等特点，这些案件在法理认定上存在模糊之处，难以从现有的法律规范中找到清晰明确的规定。这种状况不仅给行政部门监管和权利人举证造成极大的困难，也给代理律师与法院审理人员提出很高的专业性要求。但是，目前广州高水平的版权专业人才非常缺乏，这不但体现在版权专业的审判人员数量和质量远远满足不了广州日益增多的版权案件审理，还表现在专业代理版权侵权案的律师在数量和质量上都还不能满足司法实践的需要，使得版权案件的审理出现一定的困难。据广州中级人民法院人员介绍，许多权利人所聘请的代理律师没有系统地学习过版权相关专业知识，也没有办理过版权侵权案件，受案之后反而还要法院人员给律师讲解相关的法律知识。此外，有的律师虽然对版权方面的知识很精通，但对诉讼程序不熟悉，办案过程中经常会出现权利人超过举证期限举证的情况，这都导致了权利人的权利得不到很好的维护。① 其次表现为执法能力的不足。版权侵权活动的手段越来越隐蔽，从而加大了执法机关查处版权侵权违法行为的难度。比如制作盗版软件的"地下生产线"，一般每隔 2 个月就换一个地方，其间对工人实行的是全封闭管理。而 2 个月后，被放出来的工人到执法部门举报时，那些"地下生产线"早已人去楼空。凡此种种，都要

---

① 吴俊、赖少芬：《保护知识产权难在哪里？》，http://news3.xinhuanet.com/focus/2004 - 04/26/content_ 1438043. htm。

求我们深入研究具体案件，从中吸取经验教训，改革制度规定，改善工作方式。

我们认为，针对广州版权行业存在的问题，除了各政府部门需要继续加强打击各类侵犯版权违法行为的力度之外，更多地应当注重加强对版权专业人才的培养以及对广大公众版权保护意识的普及。目前的知识产权执法，最突出的特点是偏重于"运动式"执法，即在一定时期内集中力量严厉打击盗版假冒。但是我们看到，风头一过，涛声依旧。这其中的弊端主要有两点：一是过于看重令行禁止的短期效果，忽视法理和制度深层因素的反思；二是过度强调法律制度的供给与程序的执行，而忽视了公众良好的法律意识与素质的培养。后者正是制度运行良好、社会经济健康发展的重要前提。因此，广州应当面向社会，加大联合开展知识产权宣传教育活动的力度，一方面通过培养公众良好的版权意识，使权利人和利益相关者成为版权执法最有力的社会力量，另一方面，加强培养版权专业人才，为公众提供高质量的法律服务。在版权保护环境得以改善之后，不但可以激发更多的文化界人士投身到广州文化产业的建设事业中，创造出更高水平的作品，繁荣广州市的文化市场与文化生态环境，更重要的是，可以形成和谐有序的版权市场竞争秩序，进一步促进广州经济增长方式的转化和产业结构优化，推动广州经济持续快速的增长。

二、商标理论、实践与策略

商标是附在商品或服务上，用以说明商品或服务来源的标记。商标使不同企业生产的同类商品得到区分，因此，它成为商品市场上第一个直觉的"信息源"，消费者往往凭着商标作出适合于自己的选择。如已故著名法学家郑成思老先生指出，不靠商标选择，而靠"先尝后买"去选择商品只在手工作坊的古代才是普遍的。另外，生产者一方面可以凭借商标判断自己的竞争者，从而明确自身的市场定位，另一方面则可以借助商标建立自己企业的商誉，吸引更多的消费者，更好地实现商品的经济利益。

商品通过出售而实现经济利益可以有两种途径：一是直接通过市场流通；二是利用商标作为商品的标记并保证商标所代表的良好品质，使商标在消费群体中建立起良好商誉，这就形成凝聚着高额利润的品牌价值，从而最大程度地实现商品的经济利益。同样是在一家中国企业生产出的同等质量、款式的鞋子，经美国耐克公司检验合格贴上"耐克（NIKE）"商标后，其价格就是原先鞋子的几倍甚至几十倍。商品昂贵的价格里面当然包含着劳动力和原材料的价值（这是加工企业所获取的），但是包含更多的是品牌（商标）的价值，而这一部分高额的利润则被耐克公司所获取。我们可以强烈地体会到商标尤其是驰名商标所凝聚的巨大的经济利益。我国政府近年大力呼吁和倡导我国企业要"创自己的名牌"，正是出于此类深思熟虑。

改革开放初期，根据国内劳动、土地等资源充裕、成本低廉的特点以及投资资金不足、生产技术落后等现实，广州把政策着眼点放在利用资源比较优势、大力吸引外资和引进国外先进技术上，创造性地构建了"两头在外，大进大出"的外向型经济发展模式。在当年，这种经济发展模式是广州阶段性发展的必然选择，也为广州今日的财富积累立下卓越功勋。然而，这种投资拉动型、资源消耗型经济发展模式，也带来了广州经济对外依存度相对偏大、对内辐射有限的缺憾。从宏观上看，广州经济的对外依存度比较高，达90%以上，外贸中的加工贸易比例也高达60%以上；从微观上看，广州许多行业、企业从资金、技术、设备、管理、产品品牌、市场开拓等方面，都在很大程度上依赖外援，这显然不利于广州企业自主知识产权和知名品牌的创造和发展。① 随着外资企业利用商标圈地，动用强势品牌排挤或兼并广州弱势品牌，逐步对广州重要产业形成垄断，给广州经济造成了不可挽回的损失，同时对广州经济安全产生了极大的威胁。

近年来，虽然广州市动员了大量力量打击侵犯商标权违法行为，给权利人保护商标权提供了多种救济途径，但受利益驱使，各种侵犯商标权的违法犯罪活动仍然非常猖獗，打击侵犯商标权违法行为的力度还远不能对违法分子起到足够的威慑作用，假冒侵权现象还严重存在，一定程度上遏制企业发明创造、技术革新的积极性。如广州每年查获的各类制假售假案件数百宗，个别年份高达上千宗；海外冒仿和抢注广州知名品牌的现象也时常发生。如广州轻工业集团的"虎头"牌电池、"钻石"

① 刘江华、张强、杨代友：《广州经济社会发展模式转型的十大战略方向》，http：//www. gzswdx. gov. cn/librarynewweb/showcontent. asp？ TitleID＝28562。

234

牌风扇、"家宝"牌电饭锅等著名品牌先后在东南亚和南美洲等国家被仿制并以低价倾销，致每个品牌每年因假冒出口损失高达几百亿美元；广州"惠之星"商标被德国西门子抢注；"采诗"商标在香港被抢注等事件，均对企业造成重大的经济损失和心理打击。[①]

同时，我们还注意到，尽管广州市商标的拥有量位居全国前列，广州的知名品牌数量却较少，远远不能满足经济发展的需要。最重要的是，在行业分布上，广州市的名牌商标大部分分布在食品、生活用品等传统产业产品方面，而支柱产业和高新技术产业产品如汽车、生物、信息技术产业等领域的自主品牌尤其是知名品牌严重缺乏。因此，有人认为广州商标质量与价值偏低，竞争力相对薄弱，严重地制约了产业经济的发展。[②] 而且，广州很多企业对商标的保护意识也不强。曾在广州颇具口碑的知名品牌商品如"岭南饼、珠江水"及其他生活用品、日用商品、生产用品等一度被迅速挤出市场，为国外的洋点心、洋饮料及各种洋品牌所取代，给广州经济造成不可估计的损失。

针对这种商标保护与发展的现状，广州政府启动了"以商标为核心的名牌带动战略"。经过几年的努力，广州企业的商标注册量与驰名商标、著名商标、知名品牌拥有量位已稳居全国前列。2005 年，全市 40.6 万家企业共有注册商标 9.8 万件，注册量居全国第三，仅次于北京和上海；拥有中国驰名商标 7 件，广东省著名商标 176 件，位居全省第一；广州市著名商标 399 件，有 8 个产品获中国名牌产品称号，44 个产品获广东省名牌产品称号，虎头电池等 6 个品牌生产企业被商务部列为重点扶持出口名牌企业。[③] 2006 年广州市共有 6 件商标被认定为中国驰名商标。截至 2006 年底，全市累计拥有中国驰名商标 13 件，广东省著名商标 219 件，广州市著名商标 472 件，注册商标总量近 10 万件。[④] 从统计数据可以看到，广州正从一个商标大市向着"商标强市"迈进，极大地促进广州经济的快速、稳定、健康发展。在商标注册数量上具有显著优势，而且拥有了相当的商标质量和国内外知名品牌。"以商标为核心的名牌带动

---

① 刘明珍：《广州企业自主知识产权与知名品牌发展研究》，《珠江经济》，2006 年 12 期。

② 刘明珍：《广州企业自主知识产权与知名品牌发展研究》，《珠江经济》，2006 年 12 期。

③ 《2006 年广东省知识产权年鉴》，广东省知识产权局网站，http：//www. gdipo. gov. cn/。

④ 《广州保护知识产权工作成效显著》，广州市政府门户网站，http：//www. gz. gov. cn/vfs/web/index. htm。

战略"的全方位推进，据统计，2005 年，广州市 399 件著名商标的产品市场占有率位于全国同行业前列的企业比例接近 40%；全市新增工业产值中约 40% 来自驰名商标、著名商标和知名品牌的持有企业，产品产值占全市工业总产值比重超过 35%，比 2004 年提高 5%。珠江钢琴集团、广州医药集团等 200 多家名牌企业对经济增长的贡献十分突出，共实现工业总产值 1526 亿元，占全市总额的 30% 以上，对全市工业销售增长贡献率达 40%。

总结经验和教训，无论从商标理论还是从广州商标保护的现状及所取得的成效看，广州要加强知识产权保护，首先必须继续大力实施名牌战略与加强商标侵权处理的力度，促进产业集群化，提升品牌的质量，丰富品牌发展层次；重点培育和扶持一批现代服务业、支柱产业、高新技术产业领域的驰名、著名商标，打造一批具有自主知识产权的精品名牌；有关部门在推进企业资产重组、兼并收购和合资合作工作中，要注重发扬广州优良传统，维护与振兴老字号品牌。广州具有悠久的商业历史，孕育了大批的老字号品牌，启用与振兴这些在长期的市场竞争中凝聚了极高商誉的老字号品牌，对提升企业创新能力与市场竞争力有着重大的意义。其次，企业自身也要注重与加强培育自己的商标与商誉，积蓄商标专业力量和法律服务力量，主动积极地维护自身的商标权益，争取创出自己的品牌，实现高价值的商品经济利益。

三、专利理论、实践与策略

专利指的是发明创造，包括发明、实用新型、外观设计。[①] 专利作为知识产权重点保护的对象之一，集中体现了法律主体的学习能力、创新能力和产权意识水平，各国在评价技术创新的知识产权成果时，往往都将专利作为重要的衡量指标。专利利益的"垄断"与专利信息的"公开"是其对技术创新起助推及保障作用的核心：专利利益的"垄断"，保障了知识与技术转移过程中各方利益的合理分配，使得全球科技资源的自由流通与配置成为可能，同时也激励与保证更多创新技术的产出；而专利信息的"公开"则使各种技术研发活动可以充分地利用已有的研究成果，

① 《中华人民共和国专利法》第 2 条。

从而也推动了更多创新技术的产出。[1] 创新技术产出的质量与数量在很大程度上决定了一个地区或国家经济的发展速度。在美国，20世纪80年代里根政府出台了被称之为"偏袒专利权"的政策，不但进一步扩大了专利的权利范围，而且大幅度提高了专利使用费的费率和侵权赔偿费，特别是侵权赔偿费具有相当的威慑力。这些长期的亲专利政策对美国知识产权制度的保护以及该制度所带来的经济良性发展都是有着巨大的推动意义与作用的。据相关资料显示，战后至50年代，投资在美国经济增长中占的份额约为80%，创新科技因素只占20%；到了70年代，创新科技因素在经济增长中占的份额上升到50%，而投资份额则由80%降至50%；到了90年代，创新科技因素在经济增长中的作用进一步上升70%，而投资作用则减到30%。从中可以看出，在当前美国经济增长中科技创新因素起的作用越来越大，而这正是长期强大的亲专利政策干预所导致。[2] 同时，应当注意的是，除了注重与鼓励创新技术的产出，更重要的是把创新技术的制高点权利化，形成专利权，这样竞争优势就会更强大。所以专利权已经成为企业争夺、保持和发展竞争优势的关键，越来越多的技术领先企业，通过专利权的积累运营，将创新优势转变为知识产权优势。比如IBM公司在最近十多年内成功取得3万项技术的专利权，开辟了新的市场，赢得了投资，获得了利润。我国也有一些比较好的企业如华为公司等一批中国企业也依靠自身的创新技术所取得的专利权在国际市场上展露锋芒。[3]

随着广州市知识产权创造能力的不断提升，广州企业的整体自主创新能力得到进一步增强，经济增长逐步摆脱粗放型增长模式，市场体系和投资环境也明显优化，效益产业得到快速、健康、稳定地发展。第一，广州高新技术产业近年来呈现出高速发展的态势。高新技术产业占全市工业总产值的比重达25%，涌现出广州金鹏、金发科技、新太科技等一批科技龙头企业；广州软件和生物医药行业已在国内形成相对优势，产业规模位居国内前列；纳米技术、LED等新兴高科技产业逐步突显出新

---

[1] 柳卸林：《知识经济导论》，经济管理出版社1998年版，第6页。

[2] 刘华：《知识产权制度的理性与绩效分析》，中国社会科学出版社2004年版，第180—182页。

[3] 田力普：《实施国家知识产权战略，推动高新企业发展》，新浪财经，http://www.sina.com.cn。

的优势和潜力。[1]

第二，近几年，广州市专利申请量不断增加，专利申请结构得到进一步优化，是科技创新能力不断增强的反映。据资料显示，我国实行专利法的头20年，即1985年4月至2004年12月，广州专利申请量累计为49587件，年均增长速度为22%，高于全国20%的平均增长水平。[2] 这项指标与广州作为改革开放先行城市的地位是相适应的。2005年广州专利申请量首次突破1万件，当年公开申请量为11012件，同比增长33.8%。2006年广州专利申请量达12296件，在连续两年专利申请超万件的同时，发明专利申请同比增长33.4%。[3] 第三，从图表1中可以看出，广州近五年的发明申请量占专利申请量的比例逐年增加，突出地表明了广州市的专利申请结构处在逐步优化过程中。

图表1：广州市2002年至2006年专利申请量、发明申请量及
发明申请量占专利申请量的比例

	2002年	2003年	2004年	2005年	2006年
专利申请量（件）	6228	8206	8230	11012	12296
发明申请量（件）	964	1468	1483	2029	2706
发明申请量占专利申请量的比例	15.48%	17.89%	18.02%	18.43%	22.01%

数据来源：广东省知识产权局网站，比例由作者计算。

但是，我们依然应当清醒地认识到，从整体看，广州企业研发机构少，研发投入不足，发明技术专利创新能力薄弱，这使得广州企业难以与跨国公司形成战略技术联盟，也不易吸引外商在穗进行研发性投资以更大地推动自主创新能力的提高。2004年，广州大中型企业拥有研发机构平均比例为20.7%，[4] 低于同期全国平均水平23.4%。据广州统计局2004年的抽样调查，广州大型企业只有34%的企业有专利申请，中型企

---

① 蒋年云、涂成林、张强、刘有贵：《关于增强广州自主创新能力的思路与对策研究》，载《2006年：广州经济发展报告》，社会科学文献出版社2006年版，第266—269页。

② 《2004年广州市专利申请和授权的统计分析报告》，广州知识产权局网，http://www.gzipo.gov.cn/web/jsp/index.jsp。

③ 《广州保护知识产权工作成效显著》，广州市政府门户网站，http://www.gz.gov.cn/vfs/web/index.htm。

④ 《2005年广州统计年鉴》，中国统计出版社2006年版。

现代城市法治研究

业只有23％的企业有专利申请,① 可见广州企业参与技术专利创新的积极性不高, 自主研发能力薄弱。再者, 广州企业很多科技工作者仍然抱有"重成果, 轻专利"的心态, 技术创新成果没有及时地申请专利, 这也是造成技术的大量流失的重要原因之一。而广州中小型企业一般分布于加工制造行业, 改革开放初期基本是"三来一补"型经济, 新产品大多依靠仿制, 节省时间和成本。90 年代开始, 随着国际知识产权保护意识的普及与加深, 广州中小型企业专利申请开始活跃起来, 但由于企业实力和市场原因, 这些企业的申请大多集中在外观设计专利, 发明专利申请较少。②

同时, 尽管从图表 1 中可以看出广州专利申请结构在逐年优化, 但整体而言, 广州企业专利的特点仍然是外观设计为主, 发明专利相对较少。据统计, 2006 年, 广州全部申请受理专利中, 外观设计 5855 件, 占据 47.62％, 实用新型 3735 件, 占 30.38％, 发明专利 2706 件, 仅占 22.01％; 全部授权专利中, 外观设计 3155 件, 占据 49.30％, 实用新型 2539 件, 占 39.68％, 发明专利 705 件, 仅占 11.02％。③ 广州企业的这种专利申请结构, 不仅难与发达国家企业相提并论,④ 与国内大城市的企业相比也存在着巨大的差距。例如, 上海 2006 年专利申请量突破 3.5 万件, 其中发明专利 12050 件, 高达 33.43％; 而上海 2006 年的专利授权量中, 发明专利 2644 件, 达 15.93％。⑤ 从总体上看, 广州专利申请的技术领域一般为传统领域, 支柱产业和高新技术产业专利严重缺乏。例如, 截至 2004 年底, 广州市电子、机械设备、医药、汽车、石化、钢铁六大

---

① 《2004 年广州市专利申请和授权的统计分析报告》, 广州知识产权局网, http://www. gzipo. gov. cn/web/jsp/index. jsp。

② 专利结构中, 发明专利具有高度的创造性, 重大发明专利往往涉及产品或产业的关键技术或核心技术, 具有较高的含金量, 较能代表主体的技术创新能力。

③ 《2006 年广东省各市专利申请、授权情况》, 广东省知识产权局网站, http://www. gdipo. gov. cn/。

④ 美国 2001 年秋季 IP 行业的专利发明授权量相对实用新型的比例, 是传统制造业的 4 倍, 是传播业的 6 倍, 充分体现了高科技行业的研发能力。参见美国国家科学基金会 (National Science Foundation) 网站 "statistics" 栏目提供的数据, http://www. nsf. gov/statistics/showpub. cfm? TopID = 5&SubID = 547。

⑤ 《2006 年上海知识产权发展与保护状况白皮书》, 上海知识产权局网站, http://www. sipa. gov. cn/。

支柱产业的专利申请公开量为 4505 件，仅占全市专利申请公开量的 11.2%。[①]

广州过去的政策取向以利用外资和引进国外技术为主，而近年来，随着生产成本的提高，市场价格的下跌，不断加重的土地资源紧张、生态环境污染，以及连续出现的"能源荒"、"民工荒"等问题，这种用市场换技术的经济发展战略的弊端日益显露。这表明，经济全球化只是市场全球化、竞争全球化而不是利益全球化，广州市的自主创新无法指望他人的力量，唯有依靠自身的努力，依靠本地的企业。因此，利用经济发展模式转换时期的契机，必须把鼓励与增强广州市本地企业自主创新能力的政策摆在突出位置。在这过程中，既要注意引进外资与高端的核心技术，迅速形成产业规模，又要高度重视本地企业自主创新能力的发展，力争创造出一批具有自主知识产权的高科技企业，争取国际竞争的主动权。

第三节　制度外部考察：企业、政府和市场

知识产权是私权，按照传统民法理论，私权强调的是平等主体的意思自由和意思自治，公权不应当干预，企业作为技术创新的主体，应该获得最大的自主创新空间。知识产权制度又是充分利用市场规律对创新行为实行调节的法律规范，按照经济自由主义的基本观点，市场应当由"看不见的手"自发调节，政府干预可能会扭曲生产要素价格，向市场发出错误的信号。不过，市场的趋利性，却可能导致"市场失灵"，例如城市基础设施等公共物品的提供就不能单靠市场获得，这需要政府利用宏观政策手段加以调节，用"看得见的手"协助"看不见的手"。在我国近 20 年的专利制度运行实践中，已经显示出在短期利益的驱动下，技术创新行为在低水平层次下的"繁荣"：从 1985 年至 2003 年，我国

---

① 《2004 年广州市专利申请和授权的统计分析报告》广州市知识产权局网站，http://www.gzipo.gov.cn/web/jsp/index.jsp。

发明专利授权总数占总授权量的比例仅为 12.77%，除去这个比例中外国公司的大量发明授权，国内发明专利授权仅占 4.5%，而国内实用新型和外观设计的授权量却占总授权量的 83.88%。广州的技术创新状况也不容乐观，从上文的分析我们可以看到，尽管广州的专利申请结构在逐年优化，但整体而言，广州企业专利的特点仍然是外观设计为主，发明专利相对较少，企业整体的技术创新能力仍然相当薄弱。这些都表明了在市场调节和现行的知识产权制度和政策下，社会整体的创新行为表现浮躁，自主创新能力薄弱，市场机制的优势尚未完全显露，"市场失灵"的弊端却已经出现。在这种情况下，适当而合理的政府管制，可以发挥矫正市场失灵的作用，可以更加充分地加强知识产权制度对促进经济发展的运作效果。①

在一些市场经济较为发达、知识产权运行较为成功的国家里，在知识产权制度运行中加强行政权力介入，是一个不错的选择，这种做法将政府管制与知识产权制度的规制适当地结合，克服与避免市场自发调节给知识产权制度运行的弊端。这种策略在其他地区或国家实行的积极效果已经初步显示（如前文所提到的充分运用知识产权制度促进国家经济发展成功的美国和日本）。但关涉到我们国家，具体情况还得具体分析：我国由于长期实行计划经济的影响，在政府管制中存留着过于强烈的行政手段烙印，政府的手伸得太长、太宽，导致了在某种程度上的"政府失灵"，如忽视制度创新的价值引导，这导致了对创新主体激励和监管的双重缺位。我国当前正处在市场经济体制转型的重要时刻，政府失灵与市场失灵均可能在知识产权制度运行过程中表现出来，② 若完全放弃政府管制，只能导致更加严重的市场失灵。因此，我们主张，我国政府应当积极汲取其他地区或国家有益的经验，探索符合我国具体国情的新型的对知识产权制度运行的政府管制机制。广州作为改革开放的前沿城市，现在正处于经济体制转型与经济发展模式转型的关键时期。广州政府更应当积极探索有效的对策和措施，适应"入世"后国际知识产权保护形势的要求，迅速地提高广州掌握和运用知识产权的能力和水平，创造和取得更多的自主知识产权，充分发挥知识产权制度在促进经济发展中的重要作用。

一、推进自主创新，加快创新成果的产权化和产业化

（一）鼓励与增强广州市本地企业自主创新能力，使本地企业真正成为研发投入、创新活动、成果转化的主体，突显本地企业技术创新与品牌创新主体地位。

企业是自主创新的主体，尤其中小企业是技术创新的主力军，大型企业在资金、资源、市场、营销等方面有着绝对的优势地位，但民营科技型中小企业在用于冒险创新、分散风险等方面具有更强的灵活性。如在美国，大型企业拥有显著的技术优势，但83%的技术创新成果仍然来自中小企业。[①] 但企业创新是市场环境、制度条件、企业文化综合作用的结果，因此，增强企业的主体创新意识需要采用各种配套性政策措施，尤其要积极运用法治、财政、税务、金融和政府采购等手段，以创造条件、优化环境、深化改革、创新服务，支持和激励广州本地企业成为自主创新的主体。第一，在城市法治建设和市场管理中，通过建章立制，进一步建立和完善与国际规则接轨、与国家法律相配套的知识产权地方性法规和政府规章。将加强知识产权政策引导和保护力度纳入统一的市场管理执法体系，强化法制管理，净化市场环境，深化体制改革，充分发挥市场机制的功用。第二，要妥善处理自主创新与引进外资和国外技术的关系。实践证明，引进外资国外先进技术是尽快实现技术进步的一条捷径，也是不少国家与地区发展经济走过的成功之路。但是引进外资与技术并不是简单的资金与硬件引进就能在本国或地区发挥作用，而是要附之大量的消化吸收工作，才能达到预期的目的。因此，在经济发展模式转变的新时期，广州必须认真总结经验，吸取过去盲目引进的教训，有选择地引进外资与技术，提高外资和国外技术的利用效率，积极发挥外资和国外技术带动本地企业自主创新的作用。在引进外资方面，要积极改善投资环境，逐步改变目前赋予外资过多的优惠条件，摆脱"以政策换外资"、"以市场换技术"的旧有招商模式，探索新的吸引外资方式，尤其要注意为企业创造平等的竞争环境。这既可以促进外资企

----

① 陈清泰：《企业自主创新的几个政策性问题》，载于《比较》第28辑。

业向本地企业的技术转移，又有利于本地企业把竞争压力转换成发展动力，不断提高技术创新水平，从而产生正向的竞争效应。[①] 在引进国外技术方面，应当注重引进技术含量高的、本地化研发周期较长的高端核心技术。而广州企业则应当根据自身特点和需求，有计划性，有针对性地引进技术，制定中长期规划，避免盲目引进，切实满足自身需求。同时，广州企业应当对所引进的技术进行消化吸收，做相应的改进和创新，不断研制出符合市场需求的新产品，最终达到提升自身技术创新水平的目的。

（二）推动与强化高校、科研院所与企业之间的产学研合作，实现科研成果转化为现实生产力的良性循环，充分发挥高校与科研院所在技术创新中的带动作用。

我们说过，企业是创新的主体，尤其应该注意中小企业的创新优势，但是在目前，广州市的一些企业，特别是一些中小企业的技术力量比较薄弱，研发能力不足，而高校和科研院所具有人才、技术、成果、信息等优势，这正是企业实施技术创新所急需的。广州高校和科研院所的研发能力相对薄弱，其中一个重要的原因就在于广州高校和科研院所基本游离于企业之外，不能根据市场需求充分获取研发信息，技术和专利成果缺乏转化途径等。因此，应当实现高校、科研院所与企业之间在人才、技术、资金和营销等方面的优势互补与合作，这是实现广州科技、经济、教育与社会协调发展的有效手段。要形成"以企业为主体，产学研结合的技术创新体系"，必须是在政府提供的政策环境中，院校、科研机构、中小企业、大型企业在市场作用下，各自发挥比较优势，自由选择的结果。[②] 当前比较成功和有影响力的研发模式，一种是以院校科技研究活动

---

① 我国经济学界长期有"后发优势"与"后发劣势"的理论争论。前者主张，先不计条件地引入外国项目，在项目运作的过程中，中国人也学会了先进的管理技能和科学技术，从而节省了自主研发的成本。事实证明，这一设想有太多不切实际之处。第一，很多海外资金投入中国的项目都是在其本地区已经落后、被边缘了的技术，不但不会给中国带来管理、科技水平上的飞跃，而且还廉价地利用了中国的落后条件。长此以往，中国有沦为"世界加工厂"之虞。第二，技术引进之后还有一个更关键的"技术学习过程"，不注意培养和积累本土企业的科研力量，根本无法消化、吸收先进的外来技术，更谈不上超越和创新。

② 陈清泰：《企业自主创新的几个政策性问题》，载于《比较》第28辑。在产学研结合方面，尤其必须注意，政府的手不能伸得太长，否则通过政府行为形成的"捆绑式结合"，既不足以发挥各方面的优势，更有可能扭曲了市场信息，浪费可资利用的资源。

的扩散效应为核心，依托市场化的金融服务、技术服务，形成产学研结合的强有力的纽带，一种是以大型企业的专项基金为核心，将大量分散的科技加以整合，再创新之后重新推向市场。在这两种模式之外，还有国家科技项目支持的科研，但是随着市场化进程的深入，依靠国家科研立项将作为"特例"而存在，不会普遍化。广州应该组织适当的研究力量，综合研究分析美国硅谷等高科技产业基地成功的经验，并且深入研究西门子、宝洁、思科、辉瑞等大型跨国公司在产学研结合方面的做法，为广州创设自我风格的产业模式提供借鉴。

二、完善知识产权管理制度与创新激励机制，加强宣传培训

（一）进一步完善知识产权管理制度与创新激励机制，加强广州科技创新人才队伍建设，调动科技人员发明创造的积极性。

面对国内外激烈的市场竞争，广州市高新技术企业运用知识产权制度进行自主创新、参与市场竞争的准备和经验不足，其中最主要的原因之一是缺乏精通并善于运用知识产权规则的人才。目前广州地区已形成了"三院一所"（暨南大学知识产权学院、华南理工大学知识产权学院、中山大学知识产权学院、广东金融学院知识产权研究所）的知识产权专业人才培养格局，但随着广州市专利量的大幅增加和知识产权专业服务的日趋完善，广州知识产权中高级专业人才仍然非常缺乏。从企业知识产权工作的管理人才到服务组织（协会、培训中心等）的人才，从专利代理专业人才到知识产权诉讼法律服务人才，都十分稀缺。因此，要提高广州企业的知识产权管理和保护水平，就必须建立健全知识产权管理制度与创新激励机制，加强广州科技创新人才队伍建设，调动科技人员发明创造的积极性，真正激发自主创新的内在动力。

（二）加强知识产权宣传培训，提高知识产权保护意识水平，形成广州地区尊重知识、尊重人才和保护知识产权的良好氛围。

在知识产权制度建设中，完整的法律体系建设、及时的行政、司法救济是必要的，但如果社会公众不具备良好的知识产权保护意识，那么即使建立了完备的知识产权制度，其效用也大打折扣。在当前，由于新技术革命的冲击以及知识经济的挑战，对于知识产权以及知识产权保护重要意义的认识应有更高的要求。广州作为沿海发达城市，更应当通过

多种形式的宣传培训，普遍提高全市对知识产权自我保护、自我管理的意识，最大地发挥知识产权保护制度的效能。2005 年，广州市知识产权局利用"4·26 世界知识产权日"宣传周、科技活动周等时段，共发放知识产权宣传资料 2.6 万多份、图片 80 张、音像制品 1500 盒、展板 15 套，在全市地铁、体育中心等重要场所设公益广告 164 块，在电视、电台播出公益广告 3500 多条次。① 可见，广州市政府是相当重视知识产权宣传与培训工作的，也取得了一定的成效。在今后的工作中，仍需进一步完善，注重把知识产权保护意识融入社会文化的构成中，把知识产权保护理念分解灌输到各个教育阶段，不但在高等教育中普及知识产权保护知识，在基础教育阶段亦应当重视知识产权教育，② 才能进一步激发全市人民群众发明创造积极性，努力营造尊重知识、尊重人才和保护知识产权的良好氛围，从而形成长期和谐、可持续发展的知识产权市场秩序。

三、健全创新服务体系，拓展知识产权服务市场

（一）按照"政府主导、企业参与、市场运作"的原则，加快建设广州市知识产权信息服务平台，鼓励支柱行业、重点领域和企事业单位知识产权信息的采集和加工，突出知识产权信息的本地特点和专业特色，以更好促进本地产业和经济发展。

为加快广州市知识产权先进、高效信息化工作进程，广州市知识产权局于 2004 年下半年完成了信息化管理平台方案设计，通过了广州市信息化办公室专家的评审和技术方案审核，2005 年开始陆续实施。该《方案》包括电子政务系统平台建设、专利数据库系统、专利分析系统、数据交换系统、专利检索系统和对外信息门户平台六大部分。2004 年，广州市知识产权局制定《广州专利技术推广平台暂行管理办法》，首次开通了"广州市专利技术转化服务平台"。③ 2005 年，广州市技术性贸易壁垒预警机制初步形成并运转，完成"广州知识产权（专利）贸易措施应对体系"基本框架的设计和广州市知识产权信息化管理平台建设第二期工

---

① 《2006 年广东省知识产权年鉴》，广东省知识产权局网站，http：//www. gdipo. gov. cn/。
② 刘华、戚昌文：《对我国多层次知识产权教育的原则及方案的研究》，《科技进步与对策》，2002 年第 3 期。
③ 《2005 年广东省知识产权年鉴》，广东省知识产权局网站，http：//www. gdipo. gov. cn/。

程。① 实践证明，建设知识产权信息服务平台可以切实地起到了宣传广州知识产权、促进企业专利信息利用、提高广州市知名度和影响力的作用；但是同时，也要注意克服一些诸如缺乏本地化的专利信息检索功能、数据库的安全和备份环节比较薄弱等问题与缺陷，将广州市知识产权信息公共服务平台建设成一个信息全面而本地化、行业化特色突出的互动、交流、宣传知识产权信息服务的平台。

（二）大力发展广州市知识产权中介服务机构，充分发挥各类知识产权中介服务机构的桥梁和纽带作用。

随着广州经济的快速增长，各类知识产权申请及纠纷诉讼不断增多，广州市各类知识产权中介服务机构也不断发展，在广州市知识产权保护工作中发挥了重要的作用。据不完全统计，2005 年，广州市 22 家专利代理机构代理国内专利申请案 1.3983 万件（含外地来广州代理案），具有涉外资格的六家代理机构代理涉外申请共 371 件（含 PCT 申请）。全年共办理专利许可合同备案 16 件、技术合同登记 162 项，合同金额分别为 600 余万元和 1.3 亿多元。② 尽管目前广州市各类知识产权中介服务机构一般都有成熟的管理战略，但是现实中仍存在着不少问题：一方面知识产权中介服务机构不深入了解企业实际需求，企业急需帮助时，却不知道如何找到理想的知识产权中介服务机构；另一方面，知识产权中介服务机构诚信缺失也是一个相当突出的问题。目前广州市各类知识产权中介服务行业的进入门槛相对较低，导致一些不具备中介条件的组织也盲目进入该领域。他们在收受企业费用后，并不能很好地帮企业解决问题，导致企业对知识产权中介机构失去信任。因此，在经济发展转型的新时期，广州市知识产权事业将进一步向广度和深度发展，大力加强知识产权中介服务机构的建设势在必行。首先，推动完善相关法律法规和管理办法，整顿和规范知识产权中介服务市场，规范中介机构的行为，逐步建立各类中介服务机构从业人员资质标准和管理办法以及推行行政决策咨询的相关制度等，促使中介服务机构不断提高自身的专业服务能力。其次，要鼓励知识产权中介服务机构以多种形式引进国内外先进经营方式和管理模式，提高专业服务水平，增强公信度，促进知识产权中介服

① 《2006 年广东省知识产权年鉴》，广东省知识产权局网站，http：//www.gdipo.gov.cn/。
② 《2006 年广东省知识产权年鉴》，广东省知识产权局网站，http：//www.gdipo.gov.cn/。

务向市场化、规模化、国际化发展。加强行业自律，规范执业行为，使其为社会公众，特别是科技创新主体提供优质的公共服务。

四、严格行政执法，加大知识产权保护力度

（一）加大广州市行政执法力度，有效保护知识产权。

知识产权的行政保护在处理侵犯知识产权违法行为方面具有快捷、经济、有效等优势，但对于一个城市发展而言，广州市应当有必要针对知识产权行政执法实践中存在的问题加强研究探索、总结和提高，以切实、充分保护知识产权权利人的合法权益。广州各级知识产权行政执法部门要加大执法力度，加强综合治理，重点抓好生产、科学研究、商品流通、技术贸易等方面的知识产权保护，要形成全市协同有效的知识产权保护工作机制，建立完善跨镇区、跨部门知识产权保护协作机制，加强信息通报，相互协作，密切配合，定期组织全市性知识产权执法专项行动，从严查处与制裁各种侵犯知识产权、制假售假的违法行为，严厉打击知识产权诈骗行为，建立保护知识产权、鼓励自主创新的良好市场环境和法制环境。广州市只有健全知识产权的行政保护，并与司法保护相配合、相协调，才能创造一个保护知识产权的良好法律环境，从而促进知识产权保护制度的完善，促进广州经济和科技的发展以及文学艺术创作的繁荣。

（二）加强与完善广州市知识产权保护工作的管理协调机制。

知识产权保护工作的面广、量大、涉及因素多。从适用法律来看，主要涉及专利法、商标法、著作权法、科技进步法、科技成果转化法、技术合同法、产品质量法、消费者权益保护法、劳动法、反不正当竞争法、广告法等一系列法律；从执法主体者，主要涉及专利、新闻出版、工商、科技、技术监督、司法、海关、劳动人事等一系列国家机关。从城市发展实践经验与要求来看，只有各方面配合管理协调才能加大知识产权保护力度，切实保护知识产权权利人、当事人和社会公众的合法权益。广州于2001年建立知识产权联席会议制度，通过知识产权办公会议部署知识产权工作；专利、工商、版权、海关、法院等28个工作部门，围绕各自承担的职责，合力推进，同时赋予各区、县级市有关部门相应的管理职能，形成了广州市知识产权保护工作"大管理、大协作"的良

好格局。^① 在今后的工作中，有必要继续加强和完善广州市知识产权保护工作的管理协调机制，通过多方位、高层次、权威性的管理协调机制，及时高效地解决有关知识产权的矛盾和纠纷，以利于保护当事人合法权益，进一步推进广州市知识产权保护工作的顺利进行。

第四节　立足区域，展望世界

知识产权制度是国家制定的对创新行为及创新产品在市场经济环境中的利益进行配置的规范。政府和市场具有天然的互补性，过度的政府干预是导致市场无效的主要因素，而适当的政府管制又是治疗市场失灵的良药，从本课题的议题来看，适宜的政府管制也是作为知识产权制度在市场经济环境中运作的增效剂。但不可否认的是，政府管制的合理性与适当性并不能弥补知识产权制度缺陷和市场失灵的所有方面。

这里的原因当然首先在于知识产权作为一种私权，其最根本的制度运作机制是微观的市场主体，因此，如果市场主体缺乏制度运作所要求的意识和知识，则再强烈的政府干预或者再如何完善的知识产权法律体系，也无法发挥积极作用。版权、商标、专利作为知识产权制度的三大基本客体类型，其制度的激励创新与促进经济发展的机制各有不同，但都有一个基本的相同点，那就是要求作为市场经济活动主体的企业，应当主动积极地应对经济全球化竞争的挑战，主动提高保护知识产权的意识，从知识产权制度内部去寻求更积极与适当的保护与促进经济增长的因素。

然而，更为重要的原因还在于，在全球化发展的时代，一方面知识、技术、人才扩大了无国界流转的机会，另一方面，主权国家处于自身的战略考虑，倾向于运用知识产权保护自己的技术和贸易。TRIPS 协议中规定了成员国必须遵循最低限度的知识产权保护原则，而发达国家如美国、欧盟则通过双边协议或优惠贸易条款提出更高的知识产权保护要求，这

---

① 吴岳静：《知识产权战略提升城市核心竞争力》，http://theory.southcn.com/nydkt/nygd/200405080188.htm。

在事实上提高了欠发达国家获取先进技术和知识的门槛。① 故此，在国内知识产权战略的设计上，单纯依赖政府干预或立法推进，根本无法保证适应国际知识产权规则的要求——这并不是说发达国家在与第三世界国家交往过程中全无真心实意的援助意愿，而是因为知识产权利益首先是一项私有产权利益，发达国家国内强有力的私人企业会倾向于向政府施压，迫使政府执行严苛的知识产权保护政策。

所以，考虑到着两点，只有将市场调节、企业微观调整、政府宏观调控三者有机结合，才能构建一个相对完善的知识产权制度环境；而在其中，具备强烈权利意识的企业是推动信息和技术创新及流转、参与和赢取国际竞争的关键。② 通过整个制度环境的改善，培养企业的权利意识和法律竞争能力、国际规则的适应能力、学习能力，才能最终实现国内知识产权战略的设计目标。

广州致力于建设区域核心城市，在知识产权战略还必须强调同时兼顾国际参与能力、竞争能力和核心城市的辐射力、引领作用。企业是知识产权创新的主体，而企业的创新能力是市场环境、制度条件、企业文化综合作用的结果。广州目前的城市发展处在产业转型和体制变革的双重变化之中，企业的创新意识低，受体制结构性影响的因素多，尚不足以形成强大的示范力量和辐射力度，在参与国际协作和竞争方面，仍然离不开政府的督导和支援。如果要求彻底改变现状，只能寄希望于市场体制的进一步完善以及政府职能的根本转化。就目前而言，在国内统一大市场尚未完善的时候，广州应充分发挥其经济文化外向性的优势：广州具有面向海外、面向世界的开放性优势，这样能够借助全球性市场一体化的趋势突破转型期的瓶颈，实现企业创新文化的超前发展。例如，可以利用跨国公司在广州创建营销基地和研发机构的机遇，鼓励本区域企业、研发机构和大学院校与其合作，加强学习交流，鼓励人员流动，充分利用先进企业文化的"溢出效应"。如果能够通过此类方式完成企业文化超前于体制、超前于市场现状的发展，则广州可望在改革开放三十

---

① Keith E. Maskus, Jerome H. Reichman, The Globalization of Private Knowledge Goods and the Privatization of Global Public Goods, Journal of International Economic Law, Vol. 7..June 2004. pp. 279—320。

② Keith E. Maskus, Intellectual Property Rights in the Global Economy (Washington, DC: Institute for International Economics, 2000) p109。

年之后，再一次领先于时代，焕发出强有力的聚合效力，引领区域都市圈迈向世界。不过，需要反复强调的是，利用外资和跨国企业，以及汲取海外人才和资源，都必须以大力培养本区域企业和科研机构的学习能力为前提，只有真正做到消化和吸收，才能更进一步，真正创建出自主的创新型城市和经济发展模式。

第七章　反腐倡廉的法治之道

　　党的十七大指出坚决惩治和有效预防腐败，关系人心向背和党的生死存亡，是党必须始终抓好的重大政治任务，并把反腐倡廉工作融入经济建设、政治建设、文化建设、社会建设和党的建设之中，拓展从源头上防治腐败工作领域。这表明，党中央高度重视反腐倡廉建设，把反腐倡廉建设放在更加突出的位置，旗帜鲜明地反对腐败。然而，目前腐败现象呈现出什么新特点、新趋势？现阶段的反腐倡廉建设在应对新的腐败形势方面存在哪些问题与症结呢？如何针对新形势有效推进反腐倡廉建设？要有效开展反腐倡廉工作必需要解决这些问题。本章试图从分析当前腐败行为的新特点入手，剖析反腐倡廉建设所处的形势，研究目前反腐倡廉建设存在的主要问题及其症结所在，进而针对问题提出对策建议。

第一节　当前腐败行为的新特点
及反腐倡廉建设面临的新形势

　　腐败是当今世界各国普遍面临的一个重大政治课题。我国是一个发展中国家，当前现阶段正处于体制转轨、社会转型的特定历史发展时期，腐败现象呈现多发、高发的态势，腐败行为呈现出以下几个方面的新特点。

一、从腐败主体看，由企业国家工作人员腐败转向国家机关工作人员腐败

过去，在检察机关查办的贪污贿赂犯罪案件中，国有企业中的国家工作人员占大多数。随着我国市场经济体制改革不断深化，国有企业陆续改制，国有企业的数量大大减少，犯罪主体身份和案件管辖发生了改变，企业国家工作人员贪污贿赂犯罪案件的数量所占比例明显下降。而国家机关工作人员的犯案数量以及所占比例，呈现上升趋势。并且，国家机关高级干部犯罪案时有发生，2003 年以来，检察机关共立案侦查省部级以上干部贪污贿赂犯罪案件 32 件，① 因各种经济问题受处分的省部级领导干部竟达上百人之多。

二、从腐败类型看，贿赂案件比例上升趋势明显，情色腐败、特定关系人受贿、干股受贿等新型腐败不断出现

随着国企改制，贪污、挪用犯罪案件数量减少，所占比例降低，而国家机关工作人员贿赂案件的比例相应上升。与此同时，在新的形势下，以传统的送钱送物为主要方式的贿赂在不断升级、演变。性贿赂、权色交易、以妻子儿女等特定关系人进行受贿、以权力入股分红受贿、超低价购房买车受贿、等新型腐败案件不断出现。

三、从严重程度看，一些地方和行业窝案串案增多，涉案金额百万元以上、涉县处级以上干部的大案要案剧增

一些地方和行业窝案串案增多，许多案件的查处，往往拔出萝卜带出泥。检察机关从一条线索、一起案件入手，经过滚动深挖，带出了一批窝案串案，有的涉及数十人甚至上百人。这反映出，一些腐败现象在一些地方和行业领域的确很严重，上下勾结、内外勾结作案现象比较突出。另外，从涉案金额看，2003 年以来，全国百万元以上的贪污贿赂犯罪案件在逐年上升，千万以上的案件也时有发生，大案数量明显呈增多之势，单笔犯罪金额也越来越大。从腐败分子的层次看，县处级以上要案占有较大比例，高中级领导干部犯罪案件时有发生。仅以 2006 年为例，

---

① 王利民：《正视贪贿犯罪七个特点》，《检察日报》，2007 年 9 月 12 日。

全国检察机关共查办涉嫌贪污贿赂犯罪的县处级以上干部 2435 人，占立案总人数的 7.6%①。

四、从腐败领域看，腐败之风向社会各个领域蔓延，其中经济热点领域、高垄断行业成为贪污贿赂犯罪高发区

当前，腐败之风盛行，党风、政风、社风和民风都不同程度受到侵害。如同毒瘤的腐败，侵害了从中央到基层的单位和部门，渗透到经济、金融、教育、卫生、文化、艺术和公检法等各个领域。与此同时，腐败行为的行业领域特点十分明显，一些经济热点领域、高垄断行业，成为行贿者集中攻击的目标，这些领域也成为犯罪的高发地。资金项目审批立项配额分配、公司上市调配审批权、交通管理等行政执法部门以及房地产市场、工程建设发包领域、证券市场、期货市场、出版发行、银行信贷、电力等等，都逐渐进入腐败犯罪高发期。

五、从腐败手段看，腐败分子常用合法旗号掩盖受贿事实，行为的隐蔽性、欺骗性大大加强

为了掩盖犯罪事实，犯罪分子往往打着各种公开、合法的旗号，掩盖受贿的实质。比如，有人用公款出国旅游，但其名目则是堂而皇之的学习、考察、参观等等；有人以借贷为名，其实就是有借不还；有人在职时为他人办事，退位之后再收钱，制造假象。对于这种新的隐型腐败现象有关部门则难以察觉和对其进行查处，有时则在查处时缺少足够的证据或依据。

六、从空间范围看，贿赂犯罪呈现跨国趋势，腐败分子潜逃境外现象明显增多

贿赂是全球性的问题。一些跨国企业为了牟取暴利，跨国贿赂他国官员的事情逐渐增多。此外，犯罪分子潜逃境外现象明显增多。为了逃避法律惩罚，一些贪污贿赂犯罪分子秘密的将赃款转移到境外，提前做好外逃准备，在作案后或事发前潜逃境外，主要逃往一些西方国家和我

① 丁国锋：《最高检披露腐败案新特点：贪贿罪被遏制，局部仍高发》，《法制日报》，2007 年 9 月 12 日。

们周边的国家，企图利用这些国家和我国的政治法律方面存在的差异来逃避追诉。

腐败直接侵害着广大人民群众的根本利益，严重损害着党与人民群众的血肉联系。腐败的现象和行为像瘟疫一样侵蚀着社会机体，败坏党风、政风乃至整个社会风气，蚕食着人民与统治者之间相互信任的基础，引发出社会伦理的种种危机，威胁着政治制度的稳定和社会的和谐，阻碍经济持续健康发展。因此，反腐倡廉建设的成效直接关系到国家社会、经济、政治的稳定与发展。近年来，在党中央高度重视和各级纪委、监察、检察等部门大力推行下，我国的反腐倡廉建设取得了阶段性成效，但新时期腐败行为的依然猖獗，反腐倡廉建设的形势正如有关领导所说"不是比较严峻，而是仍然很严峻"。① 反腐败斗争的长期性、复杂性、艰巨性更加明显。

第二节　目前反腐倡廉建设存在的主要问题及其症结

在党中央高度重视和各级纪委、监察、检察等部门大力推行下，我国的反腐倡廉建设取得了显著成效。十六大以来，明确了"标本兼治、综合治理、惩防并举、注重预防"为反腐倡廉工作的方针。2005 年 1 月，中央正式颁布实施《关于建立健全教育、制度、监督并重的惩治和预防腐败体系实施纲要》，明确提出了惩治和预防腐败体系建设的指导思想、基本原则、主要内容和工作目标。近年来，在加强教育、监理制度、强化监督等方面采取了一系列措施，做了大量工作，取得了很大的成绩，但腐败现象在一些部门和领域易发多发的状况仍未改变，反腐倡廉建设存在问题。

---

① 唐维红：《访我国制度反腐研究学者李永忠》（EB/OL），http：//www.people.com.cn，2004 - 01 - 02。

一、存在的主要问题——反腐倡廉建设不适应新腐败形势，难以有效惩防腐败现象

目前我国的反腐倡廉工作现状是不适应新的腐败形势。首先，体现在反腐倡廉体系对新形势的不适应性：在教育方面，教育的内容和社会主义市场经济联系不紧密，不能有效帮助国家公职人员树立自律精神和反腐败的价值观念；在制度建设与执行方面，一些法规、制度的内容没有随着新形势的发展进行修订完善致使有些制度落后于实践，而对一些新兴的领域（如党员领导干部参与直销、期货交易、房地产开发、土地出让等），党风廉政和反腐败的法规制度比较少，而且不具体，缺少可操作性，此外，一些较为严格的制度已出台却执行不力。制度性缺陷使反腐倡廉建设缺乏一道刚强严密的反腐防线。在监督方面，也有不适应形势发展的地方，目前对权力的监督约束很难到位，甚至无法监督。面对"与时俱进"的腐败现象，呈滞后状态的反腐倡廉体系显得应接不暇。

其次，体现在目前的突击式、运动式反腐倡廉工作存在不少薄弱领域和薄弱环节。现阶段，贪污活动仍有蔓延现象，腐败现象几乎是十分顽强地渗透到社会的各个领域。与之相对应，反腐倡廉工作也必需要涵盖整个社会，只有广泛动员全社会参与才能有效治理腐败。然而，由于对企事业单位、社会团体、中介机构等社会组织中的反腐倡廉工作，缺乏组织指导，导致反腐倡廉工作涵盖全部社会生活，直接影响了反腐倡廉工作的整体效果。目前中纪委、监察机关、检察机关加大哪个行业或领域的腐败惩治工作，哪个行业或领域被查处的腐败分子多，地区或部门才重点推进那个行业或领域的反腐倡廉工作，难以形成全局性的、连续性、系统性的反腐倡廉工作体系。这样一来，反腐倡廉工作往往存在不少薄弱领域利薄弱环节，客观上让腐败分子有机可乘。

二、反腐倡廉建设不适应新的腐败形势的症结所在

（一）体制转型背景下权力作用范围过大，"权"与"利"交叉重叠

虽然腐败是我国市场化经济改革后才开始泛滥的，但腐败不是市场经济的必然产物，而是因为行政体制改革相对经济体制改革滞后了，出现了某些"不适应"，是体制转型时期权力作用范围过大、"权力"与"利益"交叉接触，且权力缺少有效约束而导致的结果。权力范围作用过

大的一个突出表现就是政企不分，行政权力长期作用于市场。由于转型时期价格机制不完善，竞争机制不健全，国有企业产权模糊，不少国有企业的终极所有权与企业法人财产并未理清，双方责、权、利关系不明确，市场主体与当权者存在特殊关系，"权力"与"利益"之间经常接触，相互交叉，甚至重叠。而在权力约束方面，目前主要通过行政权力内部约束和外部约束两种途径实现。就权力内部约束而言，政府部门"一把手"的权力普遍比较集中，自由裁量权大，有的"一把手"在决策过程中，习惯于搞"一言堂"，还有一些部门在利益驱动下集体倾向于权力寻租，形成集体腐败。而外部约束而言，在信息不对称的背景下，有效的外部约束难以实现。因此，在利益诱惑下，缺乏约束的权力就容易寻租，滋生腐败。

（二）过分依赖道德约束，忽视道德约束人的脆弱性

重视教育，强化道德自律，是我国思想文化领域的宝贵遗产，被视为反腐防腐不可缺少的重要举措，它能启发人们的内心信念，促使人们自省和自律，从而使公职人员能守住道德防线，为官清廉、诚实、公正。但是这些道德要求毕竟是软约束，道德约束人的过程中存在不可忽视的脆弱性。人们很容易在利益格局多元的选择中摒弃思想教育约束链而走险。虽然我们先后制定了一些廉政规范，但是很多规范的原则性和号召性较强，可操作性差，有较大的随意性，往往只规定官员不准、不得、不许做某事，更多地带有道德要求或行政规范要求的性质，对违规行为较少有法律后果的设定，对罪与非罪、轻罪重罪、违法与违纪等行为判断往往有不同的标准和尺度。在利益诱惑下，同时受西方享乐主义、拜金主义等思潮的冲击，一些国家公职人员面临信仰危机，他们的价值观和行为准则扭曲变形，于是道德防线容易被冲破。

（三）制度性缺陷与权力寻租机会大、成本低

制度缺陷是导致反腐倡廉建设问题的根本症结。从根本上说，腐败现象的泛滥成灾，是制度存在漏洞、制度给予腐败机会的结果。因此，要根治腐败，制度建设应放在首要位置。而目前我国的反腐倡廉制度是不容乐观的。一方面，我国至今还没有一部系统的反腐败基本法，相关的反腐败法规制度之间缺少整体性的配套性。关于惩治腐败的若干规定、条例、通知、意见、办法和有关法规十分零散，不系统，缺乏整合。有

的廉洁从政规定是党内法规，有的是党和政府的文件，而有的是领导讲话中关于廉政自律的一些具体要求。这些制度规定是零散的，有的甚至是重复的，有的过于模糊、可操作性差，这就使国家工作人员难以清楚的认识到可以做什么，不可以做什么，以及违反规定将要承担的后果。这样既不利于从心理上强化廉政主体的法律意识，约束自身可能产生的不廉洁行为，也不利于群众监督和纪检监察机关实施检查、查处违纪违法问题。另一方面，在目前的制度框架下，对贿赂行为、特别是行贿者的惩处力度不足，权钱交易是受贿者和行贿者双方行为产生的结果，在惩治权钱行为过程中，只查办受贿者，对行贿者采取放纵、宽容的态度，惩处力度过轻，这实际上就降低了腐败成本，很难起到威慑的作用。此外，有些制度缺乏有效的贯彻执行。有法不依、执法不严甚至以言代法、以权压法、执法犯法的现象，实际上已经成为犯罪分子逍遥法外，腐败现象滋生蔓延的另一个重要原因。

（四）监督体系不健全，对权力的监督不到位

监督是反腐倡廉建设的重要环节，只有将党内监督、行政体系内监督和社会监督有机结合起来，各自充分发挥作用，形成严密的反腐倡廉监督体系，腐败才会得到真正的遏制。但是，目前我国的反腐倡廉监督体系尚不完善，主要表现在社会监督的作用没有充分发挥。由于社会监督缺乏有效的知情、表达和参与机制，监督的渠道不畅，新闻媒体的监督和公众的监督有时形同虚设，没有起到应有的监督作用。此外，各地广泛流行的聘请监督员的做法效果也不明显，监督员仅仅是挂名，而没有发挥出应有的作用，就算是监督员提出了合理化建议，也要经过层层筛选，有时原汁原味的建议就消失了。另外，在监督内容上，具有片面性，监督不到位。腐败的表现多种多样，有大搞权钱交易、以权谋利的，有结党营私、任用亲信的，有独断专行、盲目决策的，有生活腐化、权色交易的等等，而监督一般只限于权钱交易、以权谋利一种，对其他行为则很少有追究，这就使得监督难以适应新形势下腐败发展的趋势。

（五）权力运行的透明度不高，公开性差

权力运行不透明，信息不公开是造成腐败现象的主要原因。这种不透明、不公开主要表现在以下几个方面：一是权力运行过程透明度过低，

特别是一些重大问题的决策流程、决策依据、决策执行情况等缺乏全面、及时的公开，难以保障权力监督者的知情权；二是权力集中，且作用范围大，权力运作内容难以全面公开。目前的公共权力配置结构中，权力向"一把手"集中，且权力作用范围难以明确，从而造成权力失控、越位决策、错位决策等现象，权力运行内容难以全面公开、透明。信息公开不彻底、不全面、不及时、不规范，避重就轻，避实就虚，甚至有的不真实，搞假公开，使得权力监督者难以全面掌握权力运行的相关信息，从而难以有效监督掌权者。实践证明，阳光是最好的防腐剂，公开是遏制腐败的有力武器。因此，推进反腐倡廉建设应该注重信息公开，增强权力运行的透明度，把推进信息公开工作当作防止腐败、保护党员和干部的一项重要工作来抓。

第三节　一些地区与国家推进反腐倡廉建设的可鉴经验

随着腐败现象的蔓延扩散，世界各国都纷纷重视反腐倡廉建设，并动员社会各方面力量，努力构建新时期的腐败惩治与防范体系。试图通过构建新时期的腐败惩治与防范体系，来整合一切可以利用的资源，最大限度地预防腐败。在这些创新和探索之路上，很多国家和地区取得了治标又治本的效果，其中的先进经验很值得我们借鉴。

一、新加坡独立而权大的反腐机构

新加坡是全世界目前为数极少的在高度发展经济的同时，又有效地遏制了腐败现象蔓延的国家。新加坡政府在 1959 年自治和 1965 年建国初期，贪污现象猖獗，渗透社会各个层面。但到了上世纪 70 年代后期，仅用了不到 20 年时间，就已经转变成为一个廉洁的政府。进入 21 世纪以来，在全球著名的"国际透明机构"和总部设在香港的"政治与经济风险咨询机构"的调查中，新加坡在全球最廉洁政府的排名分列第五和第一，在国际上赢得了诚实、廉洁政府的声誉。综合看来，新加坡的廉政建设有以下几个特点。①

（一）贪污调查局是拥有独立、完整秘密调查权的国家强力部门

新加坡贪污调查局成立于 1952 年，是全国打击和防止贪污贿赂行为的最高机关，独立设置，直属总理公署。局长由总理直接任命，只对总理负责，不受其他任何人的指挥和管辖。新加坡贪污调查局的最大特色，是拥有类似美国联邦调查局、英国苏格兰场等秘密警察部门的独立、完整的秘密调查权，是一个国家强力部门。为了保证贪污调查局能够有效地与贪污行为作斗争，新加坡先后制定并多次修订完善《防止贪污法》等法律，使贪污调查局在执行公务时不必借助警察或其他国家强力部门的力量，就可以独立地行使特殊权力。一是调查权。贪污调查局可以在无检察官允许的情况下，行使《刑事诉讼法》赋予警方调查的任何权力，调查人员则被视为警察身份。二是秘密调查权。贪污调查局有权进行跟踪，进行秘密调查。如果发现可疑行为，可采取卧底、"放蛇"、窃听、录音、秘密拍摄、录像等方式收集证据。三是特别搜查权。在执行重大调查任务时，贪污调查局可以武力搜查任何地方、任何账目以及任何银行的任何保险箱，并有充分权力要求任何人揭发或交出所需要的全部材料、文件或物品。四是逮捕权。贪污调查局可以不用逮捕证就逮捕涉嫌贪污罪行的任何人，包括对其行为存在合理怀疑的人。

（二）贪污调查局权力的制衡

贪污调查局为保证其权力的正确、恰当使用，也受到权力制衡。一是贪污调查局对涉嫌贪污行为没有检控权和定罪权。检控由律政部负责，而定罪由法院负责。因此，贪污调查局将每年的成功检控率和成功定罪率作为其工作指标。2000 年至 2004 年的 5 年中，贪污调查局所负责案件的定罪率分别高达 96.7%、94.8%、99.1%、98.7% 和 97.1%。二是若贪污调查局内部人员涉嫌贪污须进行调查，虽也由贪污调查局进行，但被调查官员必须停职，包括局长在内。此外，贪污调查局只对总理负责，这项法律上的规定对该局的权力也有制衡作用，总理不能干预贪污调查局的工作。

第七章　反腐倡廉的法治之道

---

① 参见中央党校第 23 期一年制中青班赴新加坡考察团：《新加坡的反贪机制》，《学习时报》，2008 年 1 月 30 日。

（三）标本兼治的防贪机制和强力惩贪基础上的反贪教育体制

廉政建设的根本在于从制度上设"防"。为了防止贪污腐败现象发生，新加坡贪污调查局不断总结在调查涉嫌贪污行为中所发现的政府施政程序上的漏洞，从体制、机制和施政环节上提出防止贪污的具体措施和建议。还在此基础上，由国会制定一系列规范公务员行为的法规，包括《公务员法》、《公务员指导手册和纪律条款》、《预防贪污贿赂法》、《没收贪污贿赂利益法》、《公务（惩戒性程序）规则》、《防止贪污法》、《财产审核法》等。如《防止贪污法》仅在"主要犯罪行为及其处罚"中就规定了"一般贿赂罪"、"与代理人贿赂交易的犯罪"、"贿赂撤回投标罪"、"与议员有关的贿赂罪"、"与公共机构人员有关的贿赂犯罪"、"妨碍查处贪污贿赂行为的犯罪"等6大方面的内容。其中对涉嫌贪污的"收取报酬"的规定范围极广：既包括金钱、礼物、证券、财产及任何利息；也包括任何职位、就业或合同和任何贷款、债务的支持、免除、解除、清偿；还包括任何服务、恩惠及利益，如提供保护及不受惩处、处分、纪律、诉讼或处置等，以及各种实施的延缓；甚至包括对上述报酬的承诺或许诺。新加坡有关法律把公务员收受礼品也列入涉嫌贪污范围，并有严苛的规定。第一，不得接受公众人士任何礼物、钱财或其他利益如娱乐、免费旅行等。第二，除非在退休时，不得接受下属送礼或娱乐应酬。如果因为退休而要接受下级所赠礼品，则必须向常任秘书（即政府各部门公务员的最高首长）写报告，申报所受礼品的价值、名称等，所受礼品不得超过300美元。第三，特殊情况下，如无法拒绝或拒绝则不近人情，可暂时把礼品收下来，过后向上面报告，并将礼品上交。如本人需要这个礼品，经上级批准，按礼品价格付款；第四，如果接受下属人员的款待活动，必须报告款待的时间和地点，款待必须是适度的，不能超过举办款待人员月工资的2%。新加坡不以死刑作为震慑和阻遏贪污行为及其社会风气的最有效手段，而以财产罚没或监禁服刑作为最严厉也是最有效的惩处措施。在新加坡，一名贪污犯可被罚款10万新元，或监禁5年甚至7年，或两者兼施。除了罚没财产和监禁，法庭还可以命令被定罪的受贿者以交罚款的方式交出贿脏。

此外，对公务人员的惩罚，有革职、降职和迫其退休。1975年，前政务次长黄循文，因接受一位外商2000美元的旅游费，被判刑4年，并被取消了在职时几十万新元的公积金。1986年，与李光耀有很深私交深受李器重、参与创建共和国并对推行"居者有其屋"计划作出过重大贡献的国家发展部部长郑章远，因涉嫌受贿被查。郑曾向李求情，但李不徇私情，郑悔恨交加之下选择自尽而死。这件案子轰动了新加坡国内外。新加坡前商业事务局局长格林奈是商业事务局的创立者，领导商业事务局一直从事与商业犯罪进行斗争，对防止和惩治商业犯罪作出过重要贡献。政府曾授予他"杰出公务员"称号，公众称他为"商业犯罪的克星"。1990年，他自己也因两项"说谎罪"而受到法律的惩治。被判坐牢3个月，开除公职，永不录用，失去了每月2万新元的职位津贴，同时被取消了50万新元的公积金和30万新元的退休金。此外，新加坡曾发生交通警察集体收受运输公司贿赂案和木材局有组织集体贪污案，两案涉案人员均受到严惩，所有涉案官员全部被开除。在此基础上，为了使公务人员有较高的自律性，新加坡还制定了廉政教育制度，主要是对公务员定期进行反贪防腐法律制度的教育，同时对全民进行反腐防腐意识教育和举报腐败行为的教育。李光耀等领导人更是以身作则，带头清正廉洁，并重视教育公务员和民众。正是通过国家领导人、人民行动党、贪污调查局、公共服务学院等无处不在的教育，新加坡政府以至整个社会形成了一种廉洁的政治文化，形成了良好的反贪教育机制。

（四）不是"高薪养廉"而是"高薪抢贤"

新加坡公务员虽以"高薪"著称，但都是相对于其他国家或地区公务员而言的。在本国或本地区内，他们的薪水远低于一些领域的专业人士或跨国公司、私人财团和国际组织的高级行政人员（也称"高管"）。新加坡现在给政府高官以高薪，完全是为了在国内国际范围内为国家延揽、争夺或留住人才。具体做法是：本国总理和部长的工资标准，取银行家、会计师、工程师、律师、本地企业和跨国企业的高级行政人员等6个薪水最高职业的中位数。在人民行动党总部，该党一名国会议员介绍说，让高级公务员特别是政府主要官员享受如此高薪，不是着眼廉政，而是为了吸引和留住人才，即保证政府能够在国内外网罗各界精英，或者把他们留在政府长期服务。事实的确如此，新加坡是"先有廉政，后有高薪"。在英国殖民地时代，新加坡政府官员的薪水待遇比较好，然而贪污并没有得到遏制。独立之后，面对经济困难和腐败严重，李光耀做的恰恰是减薪，而不是给公务员加薪，要求官员与人民同甘共苦，一起奋斗。薪水一减就是8年，直到1973年新加坡经济开始起飞之时，公务员才开始每年多发一个月的薪水。

　　1965年新加坡独立后到1985年，政府用了整整20年时间，大力整肃贪污，严厉打击腐败，渐渐地，新加坡政府的廉洁开始在国际上有了名气，经济上远非建国之初的一穷二白可比，显露出亚洲"四小龙"之首的欣欣向荣气象。但恰在1985年以前，新加坡公务员薪水并不高。新加坡政府实际上是在廉洁问题解决后，才自1985年起给公务员大规模加薪。而此时，人民也愿意拿出钱来给一个廉洁的公务员队伍涨工资。值得注意的是，在新加坡，经法院裁定贪污罪行成立的高官或议员，如果是人民行动党成员，除了依法惩处外，人民行动党从不公布对其党员的纪律处分决定。公众和舆论也只关注对有关人员的法律惩处措施，而不关心或不报道相关的党纪执行情况。这客观上有利于维护人民行动党廉洁执政的形象。

二、中国香港地区反腐败的"零容忍"

　　在中国香港，贪污没有金钱的限额，非法获得10港元与1000万港元都是贪污，尽管法庭在审判时会有不同的量刑，但不会因贪污数额少而免予检控。在香港人眼中，公众透过媒体等途径发现官员的蛛丝马迹，就会就道德瑕疵提出指控，官员不能或不愿自证清白，就必须鞠躬下台，否则廉政公署或司法机构就会展开调查。在中国香港，执行反贪污法例的廉政公署人员调查范围极广，大到政府官吏受贿巨款，小到庙宇内香油捐款箱里少了一点零钱，都会展开调查。

　　中国香港目前是世界公认的最廉洁的地区之一。在各种国际清廉指数排名中始终名列前茅。几十年前，贪污腐败还是香港社会的痼疾。彻底改变这一切的是1974年问世的廉政公署。香港反腐败最成功的经验就是廉政公署的设立。香港廉政公署是举世公认的一流反贪机构。①

　　（一）对腐败行为的"零容忍"

　　中国香港对腐败是"零容忍"，哪怕贪最少的钱也是错的。香港公务员过年过节收朋友的礼物价值不能超过400港元，公务员与朋友之间不能有公务往来，如果要向亲友之外的人借钱，数额不得超过1000港元，还

---

　　① 参考fengjianxiao：《香港反腐的"零容忍"》，天涯社区论坛，http://cache.tianya.cn/publicforum/content/news/1/89019.shtml，2007–10–14。

必须在 14 天内还清。按照中国香港法律，贪污与贿赂是同义词，贿赂罪即贪污罪，行贿和受贿均属犯法，同样必须严惩。每一个公务员，在处理每一件事时，都会首先考虑这样做合不合法，这几乎是一种条件反射。

廉政公署刚成立时接到一宗举报：过年了，一名邮差送信时对接信的住家菲佣说了一句"恭喜发财"，菲佣给了邮差 2 港元的"红包"，女主人获知此事，立即将这邮差作举报，邮差被送上法庭，控辩双方为是否属于贿赂展开争辩，最后控方律师问证人菲佣，如果他不是邮差，你还会给他红包吗？菲佣迟疑了一阵，想了想，摇了摇头说不会。法官据此判定邮差属于贪污，罪名成立。

（二）廉政公署的高度独立性与完善的监督制衡机制

在中国香港地区，廉政公署具有不容置疑的权威，它的最大特点就是完全独立于政府之外，直接向行政长官负责。廉政公署的英文直译是"独立反贪污委员会"其中"Independent"（独立）显得相当重要，独立使廉政公署的拥有权威性。

廉政公署只对行政长官一人汇报工作，它也绝对不会影响廉政公署的工作。另一方面，通过各种制度安排对廉政公署实施严格的监督和制衡。这种监督和制衡包括：法律监督，法律在赋予廉政公署超然职权的同事，也对它作出了必要的制约，如正副廉政专员的任免权由行政长官掌握、廉政专员要定期向行政会议回报重要政策与事项，是否监控涉嫌人士由律政司司长决定等等；咨询的监督和制约政公署各部门的工作，都有一个独立的咨询委员会指导和监察，在制定任何与反贪污有关的政策时，廉政公署需听取这些咨询委员会的意见；投诉机构的监督制衡，市民对廉政公署或其人员感到不满，可以直接向廉政公署投诉委员会投诉。这种设计既能保证廉政公署防守工作，公正执法，同事又防止其滥用职权。①

（三）发动群众，走群众路线

廉政公署的高效率，不仅成功遏制了腐败，而且唤起了市民积极参与反腐败的热情。这些年来，香港廉政公署每年接获来自市民的 3000 多宗举报，其中 75% 是具名举报，85% 的香港市民表示愿意举报贪污，

---

① 李成言、庄振主编：《廉政发展》，北京大学出版社 2004 年 7 月版，第 127 页。

2006 年经廉政公署调查而被检控的 341 人中，以案件计算，88% 最终被定罪。

香港廉政公署之所以声威赫赫，深得民众信任，除了中国香港地区具有比较完备的法律体系和有效的反腐机制外，廉署拥有诸如会计师、核算师、工程师、测量师、咨询科技专才和 IT 技术专家等一批专业人士，这无疑是廉政公署最大一笔资本。据知，在中国的西部贫困地区，许多地方的反贪局还不到 10 人，即使是东部沿海经济发达地区的反腐部门，侦办人员和相关资源与是捉襟见肘，常见短板效应。以现有显得稀松的力量去打击贪腐，确实有些令人难以信服。

三、北欧强大的舆论监督

北欧五国是世界上最廉政的地区之一，在国际有关廉政评比中一直处于最廉政的十个国家之列。但同时，北欧也是对腐败处刑最轻的地方，如芬兰对腐败犯罪的最高刑罚为有期徒刑四年。北欧不用重典，却为何把廉政建设搞得有声有色呢？[1]

（一）全方位的监督体系

全方位的监督体系，是北欧廉政建设的保证。北欧国家普遍建立起了议会监督、政党监督、专门机构监督、舆论监督、群众监督五位一体的监督体系，尤其值得一提的是它们的舆论监督和群众监督，织起了一道严密的法网，做到了有罪必罚，打消了贪官的侥幸心理。

（二）媒体监督政府行为方面毫不示弱

在北欧，新闻媒体的监督作用十分重要。在揭发腐败方面，各国媒体也相当踊跃。一些影响重大的腐败事件，因为媒体的揭发，无法不引起重视，被依法查处。近年来许多国家媒体在这些方面都有所作为。如 2002 年 5 月芬兰《晚报》披露，文化部长苏维·林登利用职务之便批准向其拥有股份的一家高尔夫公司提供 17 万欧元的政府赞助，引起有关部门调查，一周之内，林登便被迫辞职。[2]

（三）信息公开，给舆论开门

舆论监督公共权力，就涉及到信息披露的问题。不少国家已经在信

---

① 殷祚桂：《反腐不用重典，北欧为啥依然廉政》，《中国青年报》，2007 年 9 月 13 日。
② 王巧捧：《国外舆论监督扫描》，《廉政瞭望杂志》，2007 年 9 月 6 日。

现代城市法治研究

息公开方面建立起相对完善的法律。信息公开法的出台，给了舆论监督以法律的保障，不仅媒体，就是普通公众想要了解相关信息，只要依据信息公开法等相关法律提出申请甚至直接前往查阅就是。

在芬兰，政府档案馆以及公共部门的所有档案材料不仅对专家和研究人员开放，而且也对新闻界和公众开放。总统府门口没有警卫，只有一个秘书负责接待，总统可以随时应约与任何公民进行平等交谈。瑞典是最早开放政府记录供民众查询的国家，早在230多年前，瑞典公民就有权查看官员直至首相的财产及纳税清单，该制度一直延续至今。如果哪个官员账户上出现了不明进项或不正常消费，可能就要接受调查。

第四节　国内关于推进反腐倡廉建设的几种流行观点、做法及其评价

改革开放以来，为了有效防治我国不断猖獗的腐败现象，我国社会各界就积极进行政府变革的理论与实践探索。目前，国内一些地区、行业和一些学者在关于如何推进反腐倡廉建设方面，主要有以下几种观点和做法。

一、关于如何防治腐败的观点、做法及其评价

（一）用重典，严惩腐败分子

在国内外专家为中国反腐败开出的"良方"中，最典型的观点是"治乱用重典"。持这一观点的人认为：要治理腐败，一定要严惩腐败分子。提高制裁腐败的力度，降低惩处腐败分子的制裁门槛，譬如即使贪污受贿一百元人民币也应予以刑罚制裁。而且要实行肉刑，如新加坡的鞭刑值得学习，伊拉克的绞刑也可以引进。只有这样，才能做到让当权者不敢往腐败方面想。使得国家公职人员不敢产生腐败念头。俄罗斯总统普京是个大名鼎鼎的硬汉子，执政八年来他一直深为国家挥之不去的各种贪腐现象而头痛不已。任期届满前夕，他放胆说出了多年来最想吼出来的一句话："贪官受贿就砍掉他们的手！这也许多是最好的解放办

法。只要敢于开始这么做，这些肮脏的手就会不再伸出来抓钱索贿"。①

持"治乱用重典"观点的人还认为：目前中国对腐败分子的惩治力度远远不够。在1983年大搜捕时，有些抢劫犯只抢了几元人民币就判了死刑，现在的贪官贪污数额越来越大，却对死刑的量刑上明显偏轻，所以，根本起不到杀一儆百的作用。为了有效治理腐败，就应该用重典。只要贪，就应该杀无赦！治乱用重典，看谁还敢贪！这样才能凝聚老百姓的爱国热情，这样才能震慑贪官污吏，这样才能减少国家资金天文数字的流失。

改革开放近30年，中国领导人多次公开表明反腐败的决心，把反腐败的成败看作是执政党的生死抉择，为此许多大贪官甚至被判以极刑。这反映了执政党从严治党的决心，但"治乱用重典"的运动方式却被实践证明收效甚微，腐败现象依然在社会各个领域中蔓延扩散，有着愈演愈烈之势。显然，要防范腐败的发生，不可能只寄希望于"运动"和"严打"，用降低死刑门槛的办法，"从重"、"从快"地殊杀贪官，这样反腐败只会是南辕北辙。事实上，很多发展中国家对贪污腐败的惩处规定要远比发达国家严厉，但并没能改变那些国家腐败的现状。保留死刑甚至大量适用死刑的国家并不比废除了死刑的国家或地区清廉，"透明国际"清廉指数排行榜上前19名的国家都是完全废除死刑的国家就是最好的例子。② 在中国，制约腐败的根本出路在于建构国家廉政体系，加强法律和经济制度的建设，通过堵住制度漏洞，减少腐败机会，并通过加强监督，加大对腐败分子的财产惩罚，加大其腐败成本，从而有效遏制腐败。

（二）动员多党合作，共治，以民主制约权力寻租

国内外不少专家学者相信民主政体是解决腐败问题的灵丹妙药。他们认为：只有建立起三权分立、"政党轮替"的民主政体才能消灭腐败。提出这种观点的人认为，中国每年都有大批腐败分子落网，每年都出台各种类型的文件规范官员的行为，可是腐败现象却没能得到根本遏止。所以，要根治腐败，就必须改变中国的现行政治制度，建立起西方式的

① 参见《南方都市报》，2008年3月16日，B16版。
② 廖燃：《破除反腐败的迷思——"透明国际"对中国反腐的建言》，《同舟共进》，2007年第4期。

多党政制和三权分立的监督机制。他们认为，民主使人民享受政治平等，广泛参与决策；民主导致言论、出版、结社和集会的自由；民主意味着政府机构内部的分权，如立法、行政、和司法的三权分立，意味着权力制衡。① 如此一来，民主能够有效的监督权力运行，能够制止腐败。

然而，民主是昂贵的游戏，没有一定的经济基础，民主制度就会走向反面，变成包庇、纵容腐败犯罪的保护伞。以透明国际清廉指数排行榜上头 20 名的国家为例，他们都是经济、福利高度发达的国家，全民教育水平高，人均拥有报纸、电视和上网率无与伦比，律师和警察占人口比例让广大发展中国家瞠乎其后，再加上发达的金融监管和税收管理制度频繁的人才流动，打破了地域、行业的"关系网"，这些都是维护一个国家清廉的重要条件。反过来，在清廉指数排行榜上敬陪末座的国家，都实行了多党竞争，但这些国家的腐败却极为猖獗。这就证明，民主政体不是腐败的绝缘体，腐败发生在全世界所有政治体制，② 任何体制都不能幸免，体制对贪腐的免疫力是在自身改革与建设中培植起来的，不是天生就有的。

（三）强化财政预算和公共资金监督，管好钱，实现"权钱"分离

钱这个东西是使官员腐败的催化剂，或是引诱官员腐败的钓饵。钱也是官员进行腐败的物质基础，一个人没有钱，他既不能花天酒地，也无法去吃喝嫖赌，更谈不上生活上腐败。因此，让官员见不到钱、摸不着钱，是防腐反腐的治本办法。因此，国内不少学者认为，要防止腐败，就要从管好钱入手，而要管好钱的关键是强化财政预算和公共资金的监督，"权钱"分离，"管用"分家。实行公共财政，科学预算，强化监督，加强对公共财政，包括预算外支出的监督，将预算外收支纳入预算内管理，让所花费的每一分钱的用途和去向都一目了然。同时，"权钱"分离，"管用"分家，有权者无权管钱，用钱者不能理财。而理财者又没有权支配钱，必须听命于同级人民代表机构的授权和监督。这样，人民的财富才能免遭官员滥用，而保证用得其所。

党的十五大以来，按照党中央的总体要求和同一部署，财政管理体

① 潘维：《民主迷信与中国政体改革的方向》，《光明观察》，2006 年 6 月 5 日。

② 廖燃：《破除反腐败的迷思——"透明国际"对中国反腐的建言》，《同舟共进》，2007 年第 4 期。

制改革进程不断推进，取得了明显的效果。一是"收支"两条线工作不断深入。有关部门先后制定了收费和罚款没收收入"收支两条线"管理以及银行账户管理等方面的一系列规定。二是部门预算改革进一步深化和完善，提高预算编制的科学性和准确性，初步建立了部门预算基本框架。然而，财政预算和公共资金监管方面依然存在诸多缺陷。首先，财政预算制度的不完善。各级政府预算只是按照支出的功能性提供总量指标，缺乏体现政府资金具体投向的具体指标，因此，虽然各级政府预算每年也经各级人大讨论通过，但是由于人大正式会议表决的只是按照功能编制的本级预算，部门预算并不作为大会正式审议文件，使得部门预算约束不强，在实际执行中往往出现预断指标分配的随意性，预算追加、变更频繁，长官意志比较明显。其次，财政支出制度尚有缺陷。从经济运行的轨迹来看，财政经济领域最容易产生腐败的环节，就是财政支出环节。财政支出管理不严，支出权不受监督制约，已经成为现阶段滋生腐败现象的一个重要源头，由于财政支出权过于集中，财务支出缺乏公开性、透明性，无法对支出的具体使用进行有效管理。①

（四）从腐败载体——"人"入手，完善人事机制，选好人、管好人

人是实现腐败的载体，脱离了人这一载体，腐败行为不可能发生。因此，一些人认为要有效防治腐败，必需要从"人"这一载体入手，选好"人"，管好"人"。在中国历来选官讲求德才兼备、荐贤任能。封建年代的官，主要来自两条渠道：一是"考科举"，就是所谓"学而优则仕"；二是"举孝廉"，就是推荐乡里公允的讲孝道、有德性的人。第一条是重才，第二条是重德，有些单打一，德才不易兼备。资本主义国家的官员出自竞选，先是由各参选党派推荐出该党的"贤德之士"，这种推荐难免有"王婆卖瓜"之嫌，而竞选又难免有"虚张声势"和"弄虚作假"之弊。而我国的官员则主要靠"一把手"和党委"内定"，这就绝对要靠"知人善任"了。这"知人"就得以"一把手"的好恶为标准来决定取舍，这"善任"就是要让"一把手"的"知人"之人，得到"合情合理合法"的任命。这种选官方式，很容易为"买官卖官"的人大开方便之门，也为阿谀奉承之辈开辟了入官之路，更为投机钻营之徒以权

---

① 夏赞忠主编：《廉政法律制度研究》，中国方正出版社 2007 年 1 月版，第 71—72 页。

营私创造了机遇，这样选出的官肯定难服众望，不是"庸官"就是"贪官"和"腐官"。当今中国官员腐败之盛，行为之劣，概源于此。[①]

集古今中外选官的经验教训，要选好官需要满足两个条件：一是入选对象的德才必须得到社会的公认，为社会全体拥护，属于社会众望之士。二是其德才必须经过时间的验证，皆为社会贤达之士，做到"众望所归"。目前人事方面的腐败越来越严重是政治权力腐败的重要表现，其危害极大。消除这些腐败需要政治制度变革，最根本的是不断深化干部人事制度改革。把好干部的入口关，是预防用人腐败的一个重要关节。应该改进考核考察办法，采取考察预告制、考察工作责任制及注重对干部"八小时"以外情况的考察等措施，为干部选拔任用提供可靠依据；强化廉政坚定，在提交党委常委会讨论之前，由廉政机关对拟提拔任用的领导干部进行廉政鉴定坚定，实行干部提拔任用廉政"一票否决"，防治"带病"上岗。

（五）围绕腐败的必要条件——公共权力的分配、运行、监督开展反腐斗争

实践证明，绝对的权力导致绝对的腐败。一旦某种权力绝对化，就有可能出现滥用。"公共权力部门化、部门权力个人化、个人权力商品化"是现阶段腐败现象的一种重要形式。鉴于此，有人提出，要有效防治腐败，必需要从规范公共权力配置入手，固化权力运行流程，强化责任，并增加透明度。持这一观点的人认为，实现权力的合理配置，首先要以赋权适度为核心，实行分权制约。所谓分权，就要求对某些过于集中的权力进行适当分解，做到明确权力界限，确保任何权力都是有限权力，有范围的限制和外在的约束，防止独断专行。其次，以权力固化为主线，实行流程制约。权力的行使必须经过一定程序、步骤和环节。因此，加强对权力运行的监督和制约，就需要建立规范的权力运行流程和操作程序，使任何临时性行为都将因无依据而难以进入。再次，以责任追究为抓手，实行问责制约。权力与责任是不可分割的统一体，任何一种权力的行使，都必须对其造成的后果承担责任，任何非法或不当行为造成的损失都必须予以补偿，同时还应受到另一种权力的依法追究，从

① laobingzy：《反腐纵横谈》，天涯社区论坛，http：//cache. tianya. cn/publicforum/content/news/1/89019. shtml，2008 – 02 – 09。

而形成对权力的有效制约。① 最后，按照民主和公开原则，让权力在阳光下运行，让权力以广大党员和人民群众看得见的方式运行，实现多数人对少数人的监督。

现阶段我国公共权力配置、运行、监督方面的缺陷主要有：

第一，权力安排不尽合理。在体制转换和政府职能转变客观上需要一个过程的前提下，加大权利内部的约束和监督，防治以权谋私就格外重要和迫切。目前，来自权力内部的约束和监督显得软弱无力，尚未形成有效的制约机制。原因之一是权力的安排和配置不仅合理，一些部门和岗位掌握权力过于集中，缺乏必要的权力分解和合理分工，存在不少不受制约的权力"真空"地带；而且在权责配置上也往往是规定权力多，明确责任少，甚至是有权无责，导致权力滥用、权力失控以至权力变质。第二，监督渠道不顺畅。我们现有党内监督、法律监督、舆论监督、群众监督等多种监督形式，可执行起来流于形式、挂一漏万、隔靴挠痒等情况也比较严重，不利于反腐倡廉建设中各监督主体作用的发挥。第三，目前权力运行程序不规范、不透明。不规范是指权力的运行缺乏清晰、严密、具体的规范，未形成互相衔接、环环相扣的权力和责任网络，自由裁量权过大，得不到有力监督。不透明是指权力运作程序和规则对外公开程度不够，如通过"内部文件"、"部门规定"等对外开展工作，规则、程序只有内部人员知道，难免出现"暗箱操作"，滋生腐败现象。

（六）实行财产申报制度，并从消费终端入手，查处腐败分子

有人认为目前我国腐败现象严重、反腐工作效果不大，其主要原因就在过于重防止腐败行为的发生，及查处腐败的方法不当。要防治腐败，应注重的是腐败者的消费支出，而不是腐败者的腐败行为。因此，应该实行财产申报制度，实行党政干部个人及家庭财产来源登记制，实行个人储蓄实名制。另外，严格监督党政干部的消费，实现消费透明化。同时，要严格界定和划分公共消费和私人消费，界定公共机构与私人机构、营利机构与非营利机构、党政机构与事业机构的支出范围、支出标准、报销范围。

从对党政干部个人和家庭的财产和消费终端监督入手，有效惩治腐败分子的前提是要有强大而独立的监督查处腐败的机构，并且这一机构

---

① 沈国明：《有效制约权力的一个恰当选项》，《学习时报》，2007 年 11 月 7 日。

能通过制度化、程序化的方式监督到党政干部个人和家庭的所有财产和消费。这些财产包括金融资产和实物资产，如工资等收入、存款、证券、房（地）产、车辆等等。然而，在现阶段法律制度还不健全的背景下，实施这一措施很可能走向两个误区：一是侵犯党政干部个人及家庭的隐私，从而影响党政干部的正常生活和工作；二是在透明程度不高、监督不到位、缺乏强大而独立的监察腐败的机构的背景下，这一措施往往会在实践中往往会变形，变成只是党政干部的合法工资的申报，起不到真正防治腐败的作用。

二、关于如何打击腐败的观点、做法及其评价

（一）权力寻租的外科手术式打击

所谓权力寻租的外科手术式打击就是指对权力寻租行为进行精确而迅速的袭击，使其防不胜防。即集中纪委、检察机关、检察机关等反腐败机构的主要财力、物力、人力，以领导班子和领导干部尤其是"一把手"为重点监督对象，以干部选拔任用、行政审批、资金使用、国有资产管理等为重点部位、重点领域和重点环节，健全监督体系，完善监督程序。如发现有可疑对象，则快速展开查办，对可疑者的个人及家庭资产情况、任前与在任期状况、权力运行情况等展开全面而深入、秘密的调查，在掌握够用的证据后，迅速将其及参与腐败的其他人员隔离起来。办廉政学习班，不失为一种办法。有观点认为，过去搞不同类别和性质的干部集中学习反省，还是有效果的，不应一概摒弃。

上述这种权力寻租的外科手术式打击，一定时期内能够在腐败现象的高发区起到有效的震慑作用，使掌权者不敢贪。但是这种"运动"和"严打"式的腐败打击方式是一种粗放的反腐败行为，它需要消耗大量的人力、物力、财力，而且紧一阵、松一阵的"一阵风"现象较为突出，往往难以保证打击的持续性、经常性，从而导致反腐倡廉建设的广泛性、深入性受到很大局限。从长期而言，这种要防范腐败的发生，不可能只寄希望于"运动"和"严打"，"从重"、"从快"地惩处贪官，而应该把反腐倡廉建设的工作重点转到腐败预防上面来，通过党政干部的自律、合理严密的制度体系、权力运行的高度透明、健全有效的监督制约，来实现对腐败行为的有效预防。

（二）发动群众，造成"过街老鼠"人人喊打的局势

所谓"过街老鼠"式打击腐败行为就是积极广泛地发动群众的力量，通过人们群众无数双雪亮的眼睛监督国家公职人员的行为，对群众举报的腐败分子进行快速查处。这种打击方式强调的是要调动人们群众参与反腐败的积极性和主动性，通过建立顺畅的群众检举腐败的渠道和机制，并对举报的群众实施保护，并对其举报行为进行有效的奖励，从而编织起全社会性的、严密的反腐败网络。

有观点坚持认为，目前许多腐败现象的揭露，多数都是因为民间举报而最终曝光。采取"过街老鼠"式打击是一种低成本、高效率的腐败方式，且通过发动人们群众的力量可以保障反腐败斗争的全面性和广泛性。从长远而言，这是一种我们应该采纳的打击腐败的方式，也是我们反腐倡廉建设的一个重要方面。

但是就目前而言，这种打击方式在运行中并不理想。由于保障人们群众检举腐败行为的相关法律制度不健全，信息不公开，人们群众监督国家公职人员的渠道不顺畅，难以进行有效监督。在一些地方，由于群众检举的领导干部权力大，且这种权力延伸、干预到司法部门，导致一些群众举报无门甚至因举报腐败分子而遭到报复。① 老百姓想反腐败却不知怎样反腐败，往往不能反腐败，长此以往，容易导致人们群众对腐败行为置若罔闻、麻木不仁、熟视无睹，而社会的腐败将日趋严重。因此，如何建立顺畅的群众检举腐败的渠道和机制，并对举报的群众实施保护，并对其举报行为进行有效的奖励，是我们现阶段反腐倡廉工作的重要内容。

（三）新闻媒体贴身式爆料打击

新闻媒体贴身爆料式打击就是借鉴西方强调新闻监督对腐败行为的打击作用。在西方社会，新闻媒体在国家的政治生活中起着不可代替的独特作用。这个作用主要体现在社会舆论对行使全力的人所形成的心理压力上。舆论是一种无形的力量，虽然其本身并不对人的行为有直接的支配性，但是舆论的评价轻响，社会成员的褒贬，形成了社会的舆论法庭。任何违法腐败者都想将自己的丑行向公众隐瞒。然而，一旦腐败者

---

① 汪华斌：《中国人的反腐败成本究竟有多高？》，天涯社区论坛，http：//cache. tianya. cn/publicforum/content/news/1/89019. shtml，2008 – 02 – 23。

的丑行被媒体曝光，就会变为公众所知的丑闻，被置于舆论法庭的被告席上，成为被舆论职责的对象。"虽然舆论是无形的，但是给掌权者造成的压力是巨大的"。①

西方社会中，新闻媒体贴身爆料式的打击腐败现象之所以那么有效，是有前提条件的。一是新闻媒体的独立性和受法律的保护；二是新闻媒体系统运作的规范性，即通过对新闻业的他律和自律，防治处于完全营利的动机和哗众取宠的目的而滥用言论出版自由权。而反观我国现阶段的新闻媒体发展状况，虽然近年来我国的新闻媒体在打击腐败行为方面起着巨大作用，但是对新闻媒体的独立性的法律保护，对反腐败记者的法律保护还不健全。于是出现了如丁大玉这样的反腐记者被腐败分子迫害坐牢的现象。另外，我国的新闻媒体系统的运作规范性还不强，也制约着贴身爆料式打击腐败的成效。

（四）秘密观察员暗处监督式打击

秘密观察员暗处监督式是指通过聘请秘密观察员，并赋予这些观察员监督指定干部的生活圈的职责和权力，由此发现腐败分子，打击腐败分子。重庆市涪陵区曾经采取过这种打击腐败的方式。据《工人日报》报道，2005 年年 6 月，重庆市涪陵区 43 名干部秘密从区领导手中接过了干部观察员证和聘书。他们的任务是，秘密监督身边的处级及其以上领导干部的工作和生活。这批"密聘"的监督员，有该区党代表、人大代表、政协委员，也有普通职工群众。他们的任期为两年。据称，在涪陵区，只有组织部的部长、分管负责同志共 6 人知道观察员的情况，其他人，包括区委书记、区长在内，都仅限于知道有这么个制度，有这么一批人。②

秘密观察员暗处监督干部是涪陵区拓宽干部监督渠道，完善干部监督网络，进一步加大对领导干部监督力度的一个举措。这样在"地下"进行，一方面可以有效地监督官员工作 8 小时之外的生活；另一方面，采取秘密的方式也可以保证观察员们的人身安全，防止打击报复，但是同时这种打击方式也很可能对官员的隐私权构成侵犯。

① 宋振国、刘长敏等著：《各国廉政建设比较研究》，知识产权出版社 2006 年 1 月版，第 174 页。

② 秘密观察员：《暗处监督干部》，《报刊文摘》，2005 年 07 月 21 日。

第五节　新时期反腐倡廉建设中必须处理的几种关系

一、反腐倡廉与体制改革

体制转型是反腐倡廉建设的大背景，而体制改革不彻底则是促成各种腐败现象滋生宏观环境因素。要推进反腐倡廉建设必须首先要明确反腐倡廉与体制改革之间的关系。在中国体制转型过程中，由于资金、土地、劳动力等主要生产要素仍由行政力量决定和配置，形成了行政配置手段与市场配置手段并行的双轨制，从而产生了一个巨大的租金空间，滋生、诱发了以权力寻租为主的腐败犯罪，这是国内贪官腐败犯罪屡禁不止的根本原因。与此同时，中国幅员辽阔，四级行政管理体制、政府管治能力弱化，是促成腐败发生的重要土壤和气候。因此，要大力推进反腐倡廉建设，就不能忽略对体制转型这一大环境的改造，而应该全面推进体制改革，并以体制改革的方向为引导，把改革中容易产生腐败的领域、行业和人群作为反腐倡廉的重点对象，认清形势，突出重点，对一些腐败易发多发领域和环节，组织各方面的力量，开展专题调研，认真总结各地区、各部门在预防腐败方面已有的工作经验，提出治本对策建议，增强工作的针对性、主动性。同时，要加强对反腐倡廉工作的全局性、战略性问题的研究，加强统筹规划，从全局、整体出发，分析腐败现象产生的原因规律，合理布置反腐倡廉工作，注重计划性、阶段性和步骤性。

二、反腐倡廉与职场人际斗争

要处理好反腐倡廉与职场斗争的关系就是指要防止反腐倡廉建设演变成职场人际关系交恶的工具。目前的反腐倡廉建设的许多例子显示，在一些领域，"反腐"正在成为职场人与人斗争的重要工具。这有点像当年全社会过分重视道德和私生活时，"男女关系"作为利益关系人之间的斗争工具一样。谁要是背上了"作风问题"遭到了调查，不死也会脱层皮——即使事实查明本人没有多大问题，但因为"作风问题"而被调查本身就是污点，会影响到他的"政治生命"和在民众中的美誉度。现在，只须将"作风"这个词换成"腐败"，效果大致相当。

现阶段，对腐败，对为富不仁的仇恨，正在成为社会情绪，也很容易演化出一种义愤搞垮人和事的场面。在某些地方，被搞得人仰马翻的，或许并不是严重的贪腐分子，有的反腐者，甚至会被他人顺手挂上腐败的牌子，在民愤激荡中壮志未酬身先死。高满强因向记者透露假渗灌的内情而被判刑，他的罪名，便是"私刻公章"等与腐败有关的行为。而在他落马时，相关媒体和民众，为又挖出了一个"腐败分子"而欢欣鼓舞。

事实上，义愤本身是不坏的。谁也不能说痛恨腐败官员的老百姓是多坏的人，他们不仅不坏，甚至还朴实、单纯、充满了正义感和血性。但为什么这一系列褒义词叠加在一起，却推出了一个个悲哀的结果呢？最重要的原因，是他们的义愤被某种导向所强悍了。越是在法制不健全、民众文化素质不高，舆论和信息都不太通畅的地方，民众的义愤越是容易被导向。而被导向了的义愤，很容易成为职场人际斗争的工具，其破坏性是显而易见的。

那么，如何让义愤不被导向，甚至蜕变成为灾害呢？首先，我们必须用自己而不是别人的头脑进行思考。而这种思考的前提，是每个人都必须具备独立分析和思考事物的能力。其二便是健全司法制度，分清道德、纪律与法律的界限，该道德的归道德，该纪律的归纪律，该法律的归法律。这三者不能相互取代，更不能混为一谈。不能给义愤操纵者，提供恣意妄为，胡搞一气的操作空间。[①]

三、反腐倡廉与稳定、发展

处理好反腐倡廉与发展、稳定的关系，就是要充分估计目前反腐倡廉建设工作的难度，把反腐败的力度与经济社会的发展、稳定可以承受度统一起来。

反腐倡廉工作涉及的内容复杂而敏感，不仅触及许多人的利益，会遇到很多障碍，而且由于国家公职人员既是反腐倡廉工作的执行者，又是反腐斗争的对象，在触及自身利益调整时，难免会有思想波动，甚至

① 曾颖：《当"反腐"成为官场斗争的工具时》，天涯社区论坛，http：//cache.tianya.cn/publicforum/content/news/1/89019.shtml，2008－01－19。

有少数人为了维护自己的既得利益，会拒绝可能对其地位有不利影响的变动。他们可能装得似乎赞成反腐倡廉，而后又用各种各样的手段来确保它不能成功。因此，反腐败斗争难度很大，部分地方、部门和单位在反腐斗争中可能搞形式主义，弄虚作假，不能真正狠下力度。

然而，我们必须要对腐败行为进行认真和清醒的分析，辨别其性质和社会危害性，并应挥刀把腐败这个毒瘤决然的切除。从政治意义上讲，腐败的判断标准必须包括滥用公共权力和为私人谋取利益。我们应当重视腐败问题，但是不能随意扩大，把不是腐败性质的问题也列入其中，否则就容易泛化，造成反腐败斗争的对象模糊，反而不利于反腐败斗争的开展。同时我们应该将反腐败问题明确定性为"反对腐败是关系党和国家生死存亡的严重政治斗争"。①

四、"唯制度论"与人的因素

处理好"唯制度论"与人的因素的关系，就是要正确处理反腐倡廉建设中制度建设与公职人员的选拔、教化问题的关系。新时期腐败行为的猖獗，且呈现出许多新趋势、新特点，反腐倡廉建设的形势仍然严峻，反腐败斗争的长期性、复杂性、艰巨性更加明显。在这种情况下，反腐倡廉建设不能单纯地依靠制度建设或只把好"人"这一关。

探讨腐败问题时人们常把矛头直指制度不健全、不完善。诚然，由于在体制改革过程中我们的各项制度尤其是领导干部监督上的制度确实存在缺陷，一些部门与单位的领导干部因为缺乏有效且严密的监督而走向犯罪。但是，我们在反腐败的过程中绝不能"唯制度论"，迷信制度万能，更不能一有问题就把矛盾指向现存的制度。

我们必须跳出"唯制度论"思维，制定切实可行的制度是我们开展反腐败工作的基础，但并不是一劳永逸的。有制度还要由人来执行、运用和遵守。推进反腐败工作关键在两种人，一种是监督者，另一种是被监督者。监督者不断学习，不断改进工作自觉遵守和应用法纪、制度，才能让制度发挥其强有力的作用。② 被监督者认真学习法纪、制度，学透

① 卢汉桥：《构建和谐社会背景下的反腐败走向》，《广州大学学报（社会科学版）》，2005年12期。

② xuqinglin：《反腐败，不能"唯制度论"》，天涯社区论坛，http://cache.tianya.cn/publicforum/content/news/1/89019.shtml，2007－05－09。

弄懂才能真正真心实意地遵守，使自己的人生观世界观得到规范的、真正的、有效的升华。

五、廉洁政府与迷信民主

明确廉洁政府与迷信民主之间的关系，就是要搞清楚民主是否是建立廉洁政府的必要充分条件，搞清楚民主政体是否必然带来廉洁的政府。国内外的有些专家学者持这种观点，解决腐败问题必须要靠发展西方式的民主政治来解决。

以新加坡为例，新加坡政府是一个世界公认的廉洁程度高的政府，但新加坡并没有西方国家"政党轮替"式民主，也就是说不具备三权分立、政党替换这些条件却又对贪污问题解决得非常好。因此可见，民主政体并不是建立廉洁政府的唯一必要条件。

然而很多好心人都有一个天真的想法，以为只要有个选票箱，就必定致使政治清廉。这是很天真的。民主并不是消除腐败的必要充分条件。"银锹行动"铲出来的六个市议员，"阿布斯坎行动"扳倒的七个国会议员不是都产生于民选吗？足见政党替换选举本身并不是最灵验的根治腐败的药方。三权分立的宪政制度虽然可以相对有效地制止政府做出灾难性决策，但它本身并不能直接地或自动地约束腐败行为。当我们对腐败现象深恶痛绝而呼唤民主法治的同时，必须对民主和廉政的关系有清醒的认识和适当的期望。[①]

第六节　大力推进新时期反腐倡廉建设的对策建议

我国在进行廉政建设时，要坚决贯彻党的十七大提出的："坚持标本兼治、综合治理、惩防并举、注重预防的方针，在坚决惩治腐败的同时，更加注重治本，更加注意制度建设，更加注意预防，拓展从源头上防治腐败工作领域。"要赋予司法机构独立行使职能的权力，大力推进行政体

---

① 《民主与廉政》：《南风窗》，2005 年第 5 期。

制改革，科学合理配置公共权力，并按照"不敢贪"（无处不在的查贪"法眼"，让各级公务员都切身感到"伸手必被捉"而警示自己"手莫伸"，进而使全社会意识到，任何贪污行为都极易为反贪机构所发现，并会受到严厉惩处）、"不能贪"（堵塞任何引发贪污行为漏洞的制度建设）、"不用贪"（足以抵制贪污诱惑的较好待遇）、"不想贪"（廉政教育）的优先次序，确定有力、有效又有操作性的反贪廉政目标。以"不敢贪"为前提，以"不能贪"、"不用贪"为根本，以"不想贪"（廉政教育）作为以上"三不"基础上的固本培元举措，收"细雨润无声"之效。

一、强化反腐机构，保证其独立性，并对其进行有效监督

赋予反腐败机构较强的权威，增强其相对独立性。反腐败机构的权威性在具体的反腐活动中极为关键。而在我国目前的情况下，反腐败机构的财权、物权、人权都受同级政府的管辖和约束。法院、检察院、监察局等经费来源于当地的财政，受上级及同级政府的双重领导，因此，它们的工作不可避免的会受到当地官员的影响。因此，应适当进行体制改革，尤其是改变司法监察的管理方式。要切实实行资金收支两条线，保证各反腐机构具有相当独立权力及经费等方面的独立性。同时，还要增加这些机构的执行力。只有如此，才能使反腐败机构不受或少受其他组织和机构的干扰，更加有效地执法。同时，反腐败机构拥有较大的职权，有必要对其进行权力上的制约和监督，通过法律监督、政府监督、人大监督、舆论监督等途径对其予以监督，防止反腐败机构自身的腐败。

二、规范权力配置，严格权力运行流程，增强责任，提高透明度

规范权力配置，实行分权制约。限制权力行使，确保任何权力都是授权所得、依法行使的权力，不具有超越法制的特殊地位；科学设计权力职能，使各种权力由不同部门相对独立行使，相互把关，相互制衡，彼此以对方的制约作为发动职能作用的前提与条件，防止权力的冲动和滥用。

以权力固化为主线，实行流程制约。权力的行使必须经过一定程序、步骤和环节。因此，加强对权力运行的监督和制约，就需要建立规范的

权力运行流程和操作程序，使任何临时性行为都将因无依据而难以进入。并针对行政行为的自由裁量幅度容易成为寻租空间的特点，在流程设计中有效限制裁量幅度，细化裁量标准，明确裁量权限，压缩裁量空间。与此同时，还要将权力事项的执行主体、执行依据、执行程序在网上公布，增加透明度。

以责任追究为抓手，实行问责制约。权力与责任是不可分割的统一体，任何一种权力的行使，都必须对其造成的后果承担责任，任何非法或不当行为造成的损失都必须予以补偿，同时还应受到另一种权力的依法追究，从而形成对权力的有效制约。①

三、加强政协、人大、新闻媒体、群众等政府外部力量监督

目前对政府的监督体系中，内部监督是监督失效的原因之一。内部人相互间有太多利益关联，相互间的信息交换容易，所以内部人监督容易失效。外部监督才是监督的关键。为此，应充分发挥政协、人大、新闻媒体、群众等外部力量的监督作用。应继续深化党务公开、政务公开等原则，并出台相应的法律法规，增加公众查阅信息的渠道。要用公开透明和全民参与抵制腐败。要建立和健全保护群众和新闻媒体监督举报的法律法规，并且加强廉政机构在这方面的组织与协调。推动公民监督和新闻监督，构建中国预防腐败的公民社会和舆论法庭，形成全社会性的反腐败共识，从而有效发挥外部力量对权力监督的作用。

（四）加强打击力度，加大对腐败分子的财产惩罚力度，使不敢贪

首先，要加强打击腐败的力度。立足现状，认清形势，突出重点，对一些腐败易发多发领域和环节，组织各方面的力量，开展专题调研，认真总结各地区、各部门在预防腐败方面已有的工作经验，积极借鉴国际上的有益经验，提出治本对策建议，增强工作的针对性、主动性。同时，要加强对反腐倡廉工作的全局性、战略性问题的研究，加强统筹规划，从全局、整体出发，分析腐败现象产生的原因规律，合理布置反腐

---

① 冯敏刚：《以科学设置权力结构为重点 积极推进制度建设新的实践》，（中国廉政网——中国纪检监察报），2008 年 1 月 19 日。

倡廉工作，注重计划性、阶段性和步骤性。

其次，要加大对腐败分子的财产惩罚力度，由此加大其犯罪成本，使其不敢贪。贪污者除判刑（应降低量刑的阀值）外，还应处以数倍于贪污数额的罚款，被罚如破产者则罚其劳动直至其产值还清罚款为止。总之千方百计加大其犯罪的成本，使他们不敢贪。

五、权钱分离，权人分离，管好钱，选好人，严堵漏洞，使不能贪

第一，权钱分离，就是要保持权力与金钱的距离，通过拉开权力与金钱的距离来有效控制腐败的发生。为此，应该打造反腐倡廉的财政制度基础。首先，政府部门应该经费实行"供给制"即政府部门经费的统一拨款。现在政府部门的经费来源"双轨制"——部分由财政拨款，部分靠部门自筹，这决不能继续下去。实践证明，双轨制的经费来源是让权力与金钱接触、交叉，造成腐败的主要因素。因此，即便处于现实国情的考虑，难以一下子清除"双轨制"，也要将"供给制"作为目标，并逐步创造条件逼近"供给制"。其次，要让全部政府收支进入预算，财政部门统揽政府收支。政府预算需要透明化和公开化，也就是说政府的收支必须全部置于各级人大监督之下，不允许有不受监督、游离于预算外的政府收支。应建立完整统一的政府预算纳入反腐倡廉制度体系的视野，尽快作出相应安排，铲除制度外的政府收支，将预算外政府收支纳入预算内管理，进而形成一个覆盖整个政府收支的政府预算。财政部门统揽政府收支，割断政府部门的行政、执法同其服务或管理对象之间在"钱"上的直接联系。即便处于工作便利的考虑，把某些特殊形式的收入，如关税、规费交由特定的政府职能部门收取，也要纳入"收支两条线"的制度框架，实行"代收"、"代征"。再次，一财政审计监督推进预算法制化进程。推进阳光财政建设，将预算编制、执行预决算的全过程置于广泛的社会监督之下；强化立法监督机构对预算过程的介入实现预算规范化；健全审计结果的后续追踪文责惩戒机制，增强公众对审计部门审计结果的信心。

第二，在人事机制改革方面，也要坚持"权人"分离，防止掌权者过多干预人事，实行掌权的"一把手"和干部选拔分开。把好干部的入口关，是预防用人腐败的一个重要关节。应健全相关制度和程序，使得

干部选拔任免程序化、法制化；应该改进考核考察办法，采取考察预告制、考察工作责任制及注重对干部"八小时"以外情况的考察等措施，为干部选拔任用提供可靠依据；强化廉政鉴定的作用，在提交党委常委会讨论之前，由廉政机关对拟提拔任用的领导干部进行廉政鉴定，实行干部提拔任用廉政"一票否决"，防治"带病"上岗。

六、实行国家公职人员的个人及其家庭资产申报制度

财产申报制度是一种防止国家公职人员贪污行为的有力措施，对公职人员的日常经济活动起到了有效的监督作用。所以，这一制度为许多国家和地区所采纳。新加坡与我国香港实施已久的财产申报制度，对新加坡和香港的反腐倡廉实践有重大作用。财产申报制度的建立对于目前我国反腐败活动也具有良好的借鉴意义。为此，我国急需最高权力机关制定一部具有相当权威的《国家公职人员财产申报法》，并在内容上使其更加完善，其中重点要解决好财产申报的主体、范围、程序及法律责任等问题。

在财产申报主体方面，不仅应该包括国家公职人员个人，还应该包括其家庭成员，如子女、妻子等特定关系人，防止贪污财产转移；在财产申报范围方面，应当确定为申报人的全部财产，包括固定收入和非固定收入，动产和不动产，等等；在财产申报程序方面，要明确申报时间、受理机构、申报具体环节与步骤，等等；在财产申报的法律责任方面，要明确申报人故意拖延申报、拒不申报或不作如实申报等违反申报制度的行为所承担的法律责任。

七、完善评估预测机制，建立与廉政挂钩的收入制度，使不用贪

虽然高薪不必然养廉，但低薪确实难以保廉。因此要力求营建一种公职人员不需腐败的物质基础，探索适当的保障激励机制。

首先，应建立科学的监测评估预测机制，通过该机制可以客观描述腐败状况，准确评估反腐成果，科学预测反腐败趋势。要根据当前社会政治、经济、文化、思想等状况，以及过去发生的各种腐败案件的性质、数量、规模、情节等因素，对腐败和反腐败趋势进行科学评估和预测。

其次，要积极探索和善用保证机制进行廉政激励，适当提高和保持

公职人员的工资水平，进一步研究公务员职务消费问题，尝试设立公务员廉政养老奖励基金，使公务员工资收入与财政支付能力、公务员贡献实力、老百姓的心理承受能力相适应，与社会相当人员收入水平相协调。

八、教育、政策引导，教化公职人员，形成反腐共识，使不愿贪

应该着眼于强化不愿腐败的廉政意识，建立有效的教育自律机制。要克服廉政教育中的形式主义和远距离教说，以权力观和利益观为重点，对国家公职人员进行廉洁自律教育，要普遍树立教育、制度、监督是爱护的理念，帮助国家公职人员明白一个道理：谁真受教育、谁得到有效制约和监督，谁会终身收受益，凡想干事、干成事，必须干净规矩地干事。要逐步把践行党的宗旨与当代人对主体人格的尊重结合起来，启发国家公职人员的廉洁自觉意识和行为，从而朝着拒腐保廉的更高境界升华和超越。反腐倡廉教育要机制化，可以通过公开廉政宣誓、签订书面廉政承诺等多种方式，提出看得见、摸得着的行动要求，把思想道德教育落实到具体行动中去，使每个公职人员在其职业生涯中不断地接受到廉政教育，并能够用廉洁从政的行为来验证和强化教育效果。[1]

九、大力推进廉政文化建设，在全社会树立以廉为荣、以贪为耻的社会风尚，形成有利于反腐倡廉建设的思想观念和文化氛围

当一个社会中已经建立起廉政的良好的舆论氛围和社会文化，把廉洁奉公尊为一种美德，把贪污受贿者看成社会公敌时，靠行贿办事必然就行不通，这就是廉政文化的力量。作为一种软环境，文化是根植于人们内心的一种知识、信仰和普遍认同。正确的文化导向、积极的舆论监督、个体努力向上的道德修养，相互告诫机制的形成、良好的社会价值观念和价值取向的形成等等都对廉政文化的提高和完善以及廉政建设具有直接的正面影响。一种文化一旦被人们所接受，他对人的行为和社会价值取向的影响将是根本的、长期的、广泛的。要形成具有浓厚历史文化底蕴、鲜明时代特征和特色的廉政文化体系，建立廉政的良好的舆论

---

① 李秋芳主编：《反腐败思考与对策》，中国方正出版社 2005 年 9 月版，第 11 页。

氛围和社会文化。

要把廉政文化建设纳入行政文化建设体系，与行政管理有机结合，与行政阳光工程相结合，在行政管理过程中充分体现"公开、公平和公正"，并设计实施行政管理的"公开、公平和公正"的相关程序和重要考核或评估指标。

廉政文化要包含更多的合乎人性的要素，把"治病救人"、"防微杜渐"的性情融入其中，从而使接受廉政文化薰蒸陶冶的各级干部自觉地不断提高廉政风险意识。国外有点名气的"海恩法则"表明，每一起严重事故的背后，必然有29起轻微事故和300起未遂先兆，以及1000起事故隐患。严重事故是由轻微事故、事故未遂先兆和事故隐患所引发造成的，而这些事故是可以预防可以控制的。预防腐败工作同样可以借鉴"海恩法则"。众多案例表明，贪官之所以能够中饱私囊、徇私枉法往往与制度漏洞有关。腐败的频频发生，不容忽视隐患的存在。建议通过单位自查廉政风险、部门互查、系统上下检查和反腐败专门机构检查等举措，主动听取群众意见，自觉接受媒体监督，进一步提高前瞻性和科学性，夯实基础，堵塞漏洞，多下功夫查找"廉政风险"，在制度的框架内规矩地行事，不越雷池，对带有共性和规律性的问题，制定对策予以防范。将关口前移，积极主动地把预防腐败的各项工作做在前面，真正做到从源头上遏制腐败现象的滋生蔓延。

十、加强反腐败立法，建立完善的反腐败法治体系，同时大胆探索与国际接轨的做法，形成更大的反腐网络

坚持依靠"立法建制"反腐败，建立一套与市场经济体制和社会政治体制相适应的权力运行和监督制约法治体系，加强反腐败立法，更有效预防、遏制和治理腐败。努力使法律制度更加科学、管用，进一步推进我们的反腐败法制建设，使反腐倡廉工作走上法治化轨道。反贪腐一定要有世界眼光，要有全球化的思维，要承认世界上许多国家都比我们先行了许多年。北欧一些国家的廉洁程度比较高，一个重要原因就是这些国家在发展市场经济过程中，逐步形成了一套预防和治理腐败的法律制度。美国自1883年以来先后出台了《政府行为道德法》、《联邦贪污对策法》、《有组织勒索、贪污贿赂法》等多部法律，对该国治理猖獗一时的腐败起到决定性作用。再如，新加坡制定的《公务员行为与纪律条

例》、澳大利亚出台的《公务人员行为准则》、墨西哥推出的《公务员职责法》、韩国制定的《公职人员道德法》、菲律宾制定的《公共官员与雇员品行和道德标准法》，等等，都对规范公职人员行为，遏制和治理官员和公务人员腐败，发挥了重要作用。一些国家还在实行财务审计监督、公职人员家庭财产申报、限制"金钱政治"、严格对公务员选任与管理等诸多方面进行专项立法，从而防止公职人员腐败、便于公民依法举报腐败罪行、确保执法机关依法查处腐败行为等，收效良好。

我国已颁布的反贪立法已经不少，下一步要特别注意可执行性和实效性的问题。贪腐立法定制需要加大公民的参与，因为人民群众对发生在身边的贪腐行为是最痛恨最熟悉的，他们对反贪防腐有强烈的愿望，也有很多好的思路与措施意见。反贪腐的立法主要表现为"剑指官僚和权贵人士"，由强势部门和单位来拟出相应的规章条令，这本身就有存疑、质询的必要。公众的广泛参与，也许是这方面的立法活动应特别注意到的一点。

另外，我国的反贪法律中有一个类似"死结"东西长期未能打开。反贪部门在打击行贿者和受贿者方面常常陷于"两难境地"。行贿与受贿都是"一对一的犯罪"，在证据的调查落实上可以说困难重重。现在的司法重视讲程序、讲文明执法，过去作为定性关键材料的"口供"已经退居为"线索"一档。行贿与受贿一旦结成了"打死也不说的神圣同盟"，反贪案件的办理就有走入死胡同的危险。过去我们有的地方明确以打击行贿为重点，多数地区又以专打受贿为中心，结果效果都是暂时的此好彼差。国外对于受贿的处理特点是严侦办、轻刑罚、重处理，即量刑上可能剥夺被告自由关押在监的时间不长，三五年而已，但经济上一定要让敢为者倾家荡产，政治上永远将其驱逐出公职队伍，不准回头。再加上大面积地让贪腐曝光，法律的慧眼让贪腐行为无隐蔽之处，"手伸必被捉"。这样就有效地威慑了在任何人身上都存在的贪欲。此外，对行贿人与受贿人一视同仁的定罪量刑包括刑法外的各种处理，这是国际惯例，多数国家的司法实践都是如此。而我国的法律似乎忽视了行贿行为在贿赂犯罪中的本源性作用。行贿人只有"为谋取不正当利益"才可入罪，而在追诉前交代了行贿行为，大多又可免除处罚。于是，他让一批贪官"栽了"以后，又逍遥法外，准备让另一批官员栽在自己手中，这样的恶性循环若不制止，反贪腐就永远轻松不下来。其实，我们可以通过新的立法使贿赂双方都处于"囚徒困境"，让他们双方为了自己的利益而形成互不信任，互相检举"狗咬狗"的局面。这就要求我们应该对行贿受贿实行同罪同罚。当前的重点应考虑鼓励受贿者检举行贿人，要让受贿者在检举行贿人中获得定罪量刑上的"相对好处"。一旦行贿者被查实，不管数额多少，就视为受贿者自首、立功，可以减轻或免予刑事处罚。以受贿者来追查打击行贿者，就整个社会从源头上治理贪腐而言，的确是有效果的，这是来自国外的经验。

总之，我们应大胆引荐国外成熟有效的反贪腐做法，须知，官员贪腐已是全球化的灾难，任何一国的反贪腐活动都不能是孤立的。当前的一些新动向，更警示我们要大力推进反腐败国际交流与合作，建立健全防范腐败分子外逃、境外缉捕、涉案资产返还等工作机制。随着经济全球化和区域经济一体化的发展，腐败已有趋势成为一种跨国境的犯罪行为，在反腐败上加强国际合作，成为国际反腐败斗争新的发展趋势。我国在这方面态度强硬、行动迅速、布置得当、合作广泛，就能立竿见影地震慑国内的腐败分子。最近，中华人民共和国最高人民检察院负责人公布披露，近年来贪官案发前后携款潜逃的现象频繁发生。究竟有多少贪官在逃？由于贪腐犯罪具有很强的隐蔽性，情况复杂，统计的口径比较困难，难于提供准确的数字。但是，已被抓获的在逃贪官有 4547 人，这是可以明确的。① 我国现已同八十多个国家签署了司法互助合作的条款，形成了一定范围内有效地协作机制。近年来，我国已经从三十多个国家缉捕到案近八十名逃往境外的犯罪嫌疑人。这正是我国积极参与国际反腐败斗争的鲜亮姿态。

---

① 参见《广州日报》2008 年 3 月 16 日，要闻版。

附录一：关于新一轮政治体制改革的访谈①

党的十七大报告中对深化政治体制改革有不少新的思路和布置。为帮助广大读者理解其中的精神实质，本报资深记者王文琦专访了从事这方面研究多年的法理学家舒扬教授。

问：十七大报告多次提到政治体制改革，这是一个新问题吗？

答：不是新问题，但又很有新意思，可以说是激活了全社会一度沉寂的政治热情，引领全民新的政治民主期待，使这个改革开放以来就有的重大事项达到了一个新境界。在十七大报告的第一部分，胡总书记回顾了我国政治体制改革的进展情况，即民主法制建设取得新进步；政治体制改革稳步推进；人民代表大会制度、中国共产党领导的多党合作和政治协商制度、民族区域自治制度不断完善，基层民主活力增强；人权事业健康发展；爱国统一战线发展壮大；中国特色社会主义法律体系基本形成，依法治国基本方略切实贯彻；行政管理体制、司法体制改革不断深化。从以上回顾式的描述，全面展现了我国政治体制改革内容的基本构成。《报告》的第三部分特别强调：政治体制改革需要继续深化，为什么深化，怎样深化，什么是深化的长远和具体目标，这些就是新意思。

问：十七大报告提出，要"深化政治体制改革"，相较此前的"积极稳妥地推进"政治体制改革的提法，这一表述的变化引起许多人的关注。

答：是的。我国政治体制改革需要深化，这是因为这方面的改革已经明显滞后，一系列问题急待解决。政治体制改革应该如何深化？十七大报告明确我国的政治体制改革必须坚持"一个方向、一个根本、一个目标"，即：必须坚持正确政治方向；以保证人民当家作主为根本；以增强党和国家活力、调动人民积极性为目标。

中国共产党是执政党，报告进一步指出，深化政治体制改革要坚持党总揽全局、协调各方的领导核心作用，提高党科学执政、民主执政、依法执政水平，保证党领导人民有效治理国家。

问：回顾我国的政治体制改革，可以作些评价吗？

答：如果可以用感性一点的语言去描述的话，我愿意用一种生理年龄特征去形容我国政治体制改革。上世纪 80 年代以来那些年头，改革像我们这一代的年龄一样，正逢青春四溢的豪情岁月，而现今的改革也跟我们一样，步入了成熟因而有些落落寡欢的中年，而又还不是盛年，它在某些方面浸淫了一些暮年的老气。所以，我在上面说过，胡总书记十七大报告的改革主张，仿佛给一把燃烧已久的火炬加了新料，给一块耐用的电池又充了强劲的电。理性一点地说，这些年来，我国走了一条渐进式的改革道路，在政治体制方面有了明显进步。所谓渐进式政治改革，其特点是"摸着石头过河"。为什么要推行渐进政治改革？理由很多，有三条是很过硬的：其一，改革的发动者能够始终保持对改革的领导权；其二，阻力较小，能减少改革的代价成本；其三，能与社会结构变迁和政治文化演进的速度相匹配，成功的可能性更大。

渐进式改革的问题也很明显，它力度还很不够。致使权力集中、官僚主义、机构臃肿和家长制等旧体制中的老问题没有彻底解决。一些新的，如权力腐败、跑官要官、买官卖官、利益集团、各式潜规则等问题又浮现出来了。在权力结构中，过度集权仍是主要倾向，表现为中央对地方的集权，政府对企业的集权，国家对社会的集权，垄断对市场的集权。

问：深化政治体制改革是在什么背景下提出来的？

答：与经济体制改革的辉煌成就相较而言，政治体制改革目前在各个方面还不尽如人意，重点难点问题的解决还动静不大，效果欠佳。有专家指出，既往的政治体制各项改革基本上是功能性、单项性的，或者说是还在表层打转。随着改革的深化，功能的效用越来越受到结构性的制约。我们一些已谋划多年的重大改革措施至今还停留在计划和文件里，没有真正落实到行动中。政治体制改革需要深化，更需要落实。要想落实，就必须以深化开路，有了新的深化的举措和安排，才有更多的落实跟进，这是在我国做事情的普遍特点。

问：对政治体制改革的必要性和紧迫性，我们老百姓应怎么理解？

答：滞后的政治体制改革必定会影响和凝阻着经济的发展。举个例子吧，我们的普通老百姓包括企事业单位，在日常的生活中感受最直接的是政府的服务和管理，而我们的政府部门，有时在功能上还无法很好地兑现作为政府宗旨的承诺，满足广大公民的期待；它在职能设置上还有这样或那样缺失的地方，许多公民和企业需要的服务没有提供，若干必要的社会管理没有到位，相反，则管了一些不应该管的事，承担了不少本不应当承担的责任。

此外，政府运作中的一些流弊也是老百姓所不能长期容忍的，比如：

政府所掌握的部分公共权力，往往容易与市场经济条件下个人和部门的利益相结合，经济生活的审批和许可仍嫌过多，利用权力进行寻租腐败的案例难以禁绝。

由于权力和利益相结合，一些部门竟想方设法设立收费事项，甚至许多部门的收费通过立法形式合法化，加大了老百姓的负担。一些低收入阶层，对教育、医疗等服务的乱收费反映强烈；许多能吸收就业的自由职业、个体工商户和中小型企业，由于个别政府部门乱收费和乱罚款，无法正常运营，结果减损了就业机会。而收费管理中的"吃、拿、卡、要"等腐败，也是屡禁不止。这些问题不通过政治体制改革是无法从根本上解决的，把这个道理讲通，普罗大众看到体制改革是他们的福在其中，利在其中，对改革就会有紧迫感和认同感了。

问：继续深化政治体制改革的大致部署是怎样的，可以谈谈吗？

答：简单地说，这就是：针对我国原有经济和政治体制的缺陷，并进而针对改革开放和发展市场经济条件下出现的新情况、新矛盾、新问题，包括市场机制自发作用固有弊端的负面影响，我们在坚持和完善人民代表大会制度，坚持和完善共产党领导的多党合作和政治协商制度，坚持和完善民族区域自治制度，改革和完善党和国家的领导制度，改革

现代城市法治研究

和完善党的领导方式和执政方式，改革和完善决策机制，推进干部人事制度改革，推进行政体制改革，推进司法体制改革，发展城乡基层民主，扩大公民有序的政治参与，保证人民依法实行民主选举、民主决策、民主管理和民主监督，尊重和保障人权，加强对权力的制约监督和反腐败斗争等。这些就是胡总书记报告中做出的部署，实际也是下一步改革的基本路径。

问：政治体制改革的重点是什么？

答：重点是要改革政治体制中阻碍经济发展的部分。我认为，与经济发展相关的政治体制改革问题包括：将目前还带有计划、行政、生产建设色彩的政府转变成公共服务型和公共管理型的政府，大幅度地减少阻碍经济发展、降低办事效率和产生寻租腐败的行政审批、许可、收费和垄断；理顺中央和地方各级财政的财政税收和事权关系，有学者还大胆提出改革县和县以下政治体制，可以考虑取消乡镇一级政权体制，压缩县一级政权体制的机构和人员，从而减轻农民和企业的负担；确定市县两级主要领导政绩考核指标、方式和程序，促使政府行为以民为本、注重实效；规范法律和法规形成的民主化程序，防止政府有关部门将部门、处室和个人权力、利益通过法律和法规合法化，形成寻租腐败、阻碍经济发展和低经济效率的条件及体制。

问：你这样讲，是不是表明，深化政治体制改革主要是从县、乡基层入手？

答：改革绝不只是一个层级的事，深化改革的部署是从上到下、由下至上、左右联动、系统推进。刚刚结束不久的十七大，让全国人民看到了党中央扩大党内民主的决心和动作，中央和省部级的体制改革是有表现的，这是率先的启动，相信对全局会迅速产生影响效果，包括县、乡的各级改革一定会积极跟进。

问：我国政治体制改革可称为"静静的革命"。它给社会带来了较大的进步，却没有引发社会震荡，成本小，成效大。你对此有何看法？

答：改革，实际上已在现行政治体制方面引发了深刻的变化，党和国家的政治生活和社会环境的宽松程度、人民享有的民主与自由程度、党的领导方式与执政方式、政府的决策机制等等，都是过去难以想象的。我认为有四个方面的变化最明显。

一是社会主义民主明显扩大。与过去相比，民主形式丰富了，公民有序的政治参与机会增多了，人民享有广泛的民主和自由，包括言论自由、择业自由和迁徙自由，人民依法实行民主选举、民主决策、民主管理和民主监督的权利有了更多保证。

二是不断向法治国家迈进。过去二十多年，全国人大和人大常委会加快立法速度，制定了数以百计的法律，最近一年多来又制定并通过新法25件，为建设现代法治国家打下了基础。

三是作为政治体制改革重要内容的干部人事制度改革，取得明显进展。

四是对权力的制约和监督有了加强。重点是加强对领导干部特别是主要领导干部的监督，加强对人财物管理和使用的监督。改革和完善了纪律检查体制，建立了重大事项报告制度、质询制度、民主评选制度、政务公开制度。组织监督、民主监督和舆论监督都有所加强。

问：渐进地推进中国政治体制改革的必要性应怎样认识？

答：它有利于政治、社会的稳定与发展。"激进式"政治改革形同于"政治核裂变"，速度快，震幅大，对基础条件要求高。这样的政治变革弄得不好就可能会引起政治、社会的分化与动荡。理论界和实际工作部门的同志都明白，"渐进式"政治改革是一种缓慢的政治变革，是一种潜移默化的循序渐进的改革，其安全性、稳定性比较高，不容易引起政治与社会的动荡，同时还能够稳步地推动经济与社会的发展。这也是改革的主体和社会民众都可以承受和接受的。社会主流意识形态中经常作为关键词出现的科学发展观、民主、和谐、法治、民生、民本、全面小康、共享成果、普惠等等，都是渐进推进政治体制改革的思想观念先导。

问：政治体制改革是在追求政治和社会管理的现代化吗？

答：我认为，政治体制改革追求的是国家的利益、全体人民的福祉。当然它显然也是有利于实现中国政治现代化的。何谓政治现代化？政治现代化就是政府要建设成为公共服务型，政治要建设成为民主政治型。政治监督民主化、法制化、公开化、全民化、透明化，以及决策民主和民主决策、政务高效化。总之是一种"公共服务型政府"和"民主政治型政制"的珠联璧合。在这样的政治体制下，国家的繁荣富强、人民的安居乐业、自由、平等、幸福就有了坚实的制度和法律的保障。

问：在深化政治体制改革上有没有认识上的误区？

答：认识上的误区主要有两个：一个是认为政治体制改革会削弱党的领导；一是认为政治体制改革会破坏稳定。在这些错误认识的基础上，尤其是社会管理阶层容易缺乏进行政治体制改革的动力。还有就是来自既得利益群体的阻力过大。

认识的误区背后可能还有权力和利益的某种驱动。由于政治体制改革滞后，权力从上到下失去必要的制约，一些党政官员得不到有效监督，个别当权者有机可乘，肆无忌惮地侵吞公有财产，掠夺公共资源。作为这一特权群体来说，他们只会千方百计地阻挠政治体制改革，以保全既得利益。从另一方面来说，权力圈外的既得利益者也不愿意失去这种花了高昂成本的依附关系，因此，他们也要保护这种滞后，以保全已获利益和将来更大利益的产生。正是由于这种既利益群体的阻挠力量过大，使得政治体制改革在一些范围举步维艰。

问：政治体制改革难于找到突破口，是吗？

答：政治体制改革较其他改革来说，难度更高、风险更大。因为这类改革触及到每个人的切身利益，有牵一发而动全身的效果。

政治体制到底如何改？十七大报告明确指出发展社会主义民主，扩大社会主义民主是政治体制改革的基本思路，民主是社会主义社会的生命。成功的政治体制改革只能是党内民主、社会民主、政治民主改革整体联动的结果，任何一方面的单兵独进都是达不到预期效果的。因此，我认为扩大民主，增强民权，激活民力、惠及民生是推进政治体制改革的比较实在的突破口。

问：胡锦涛总书记在十七大报告中频繁使用"民主"一词，大概出现了 60 多次，胡总书记用了差不多 7 页的篇幅论述民主政治发展。刚才你又认为民主是政治体制改革的突破口，请你解释一下民主好吗？

答：在党的政治报告中，十七大报告发出了民主的最强音，这是令人鼓舞的。民主是一个理想与现实的大系统，可以有多个角度、多个层次的解释，它是制度，但首先是一种观念。民主作为一种社会观念，本质上体现为权利意识。"权力的共治和人民权利"早在古希腊时期就成为民主涵义的权威写照，尔后无容置疑地成为人类政治文明和精神文明的一个不可移易的走向。经历过千年无数坎坷磨难，普通民众对社会公权的要求与主张始终是人类最富激情和感染力、创造力的理论旗帜和实践纲领。国家权利应当属于人民，这注定成为最大的社会正义。就全球而言，民主观念在不同时代、不同国度、不同民族尽管存在差异，但其追求平等和人民主权的精神实质是一致的、共通的，因而成为人类政治文明的一大成果。

问：生活中的民主可以列举一些吗？

答：我赞同这样一种说法，民主不是什么高不可攀的理想，也不是什么深奥难懂的技术和制度。民主实为任何人都可以接受并成为习惯的一种政治生活的方式。在眼下我们公众的社会生活中，民主的气息正变得越来越浓。有一位伟人说过，民主就是让人说话，让大家的议事形成公理尔后大家都尊重和服从这个公理。当下的社会，天宽地阔，自由往来，思想观点、价值取向、生活方式、文化习俗的多元化不仅允许存在，而且得到尊重，人们对政治生活、方针政策有了随意议论、品头论足的空间；这就是日常生活中的民主身影。投票、选举、参加社区公共论坛等等都是发生在街头巷尾、生活小区中的事，对社会公共事务的参与和管理都成为百姓生活的一个内容。网络的普及更催生出了网上民主，民意的无拘束地表达，这是多么重要又多么难得的民主啊。当然，生活中的民主也还是有级次之别的，民主差不多就像游泳，人们可以在水到半腰的泳池里认真的造浪搏击，也可以在海峡怒涛中顽强的举臂浮头。生活中民主内容多，老百姓受到的训练和养成就多一些好一些，反之亦然。总而言之，民主绝不是摆设，它应该是民间的一种常态。

问：现在提和谐社会，它与民主关系如何？

答：和谐社会需要民主氛围的支持。党中央提出构建和谐社会的战略，建立在良好的政治环境基础上，这个环境就包括民主政治在内。社会和谐，是人民群众幸福生活的内在要求，是他们的权益得到尊重和保

现代城市法治研究

障的条件，而只有民主，才能营造出干群关系、人际关系的平等融洽。由人民共享和谐社会的成果，这显然是民主的一个现实目标，民主不能把一个庞大而复杂的社会变成一个充满亲情的家庭；但是，民主可以用平等、平权、互助、仰强助弱的魔仗使人性趋于理智，使争斗渐变为妥协，使矛盾转而温和。民主是很包容的东西，它可以使湍急的江流顿收于山前，惊变为细浪全无的平湖。所以，我执着地认为，民主是"统治"的高招，是治理的艺术，是人心互通共鸣的大神经。民主与和谐是相辅相成、不可分割的统一体。

问：在政治和法律事务的操作层面，民主是否还有作为？

答：你问这个问题，说明你很专业。民主绝不是只解决权力和法律的来源性问题。民主在反复证明了权力与法律的正当理由性之后，还要在权力和法律运用过程中发挥作用。这个作用也还不是监督监督而已。其实，民主是一个很基础的东西，它对于国家和人民来讲类似于"每日之食、渴饮之水和呼吸之气"，是社会所有值得赞赏之善制、善为、善举的基础。从你说的操作层面讲，民主有一个巨大的功能往往会被忽视，这就是民主是大智慧，至少是可以集中起来的群众智慧，它有很强的纠错功能，社会之错、政府之错、制度之错乃至司法的、法律的错，靠民主是可以迅速纠错，圆满纠错的。只可惜，我们看到通过民主纠正大错的事例还比较少。民主在集约层面上讲，也就是国家的宪政。是否真实行宪政，单靠政权组织和权力部门抱有诚意是很不够的。民主和宪政都是人民自己的事情，人民自己得有这个愿望和执著才行。人民自己都缺乏诚意，马虎随便、得过且过了事，那就别指望民主在实务性的操作层面能有什么作为了。

问：民主必须制度化法律化吗？为什么？

答：这个问题在法理学上已经是老生常谈了。法制是民主的体现和保障。没有适合民主本质的政权组织形式，民主的内涵就无从体现、没有保障。而政权组织、国家制度必然要求有一定的法律表现。比如我国的宪法、选举法、各种组织法就是我国国家制度的体现。

民主不仅需要由法律来保障，而且民主权利需要依法来实现。也就是说，谁要享受权利，谁就必须遵守宪法和法律，履行宪法和法律规定的义务。只有民主制度化，法律化，才能使公民在法制轨道上正确地行使民主权利，保证社会主义民主建设胜利进行。

问：民主可不可以说是人们谈话论事的社会自由？

答：德国一位法哲学家讲过，民主并不像是一架精心设计、加满汽油的机器那样呈现出活力，而是像一个多重繁复地相互套在一起的矛盾，它要求充满活力的人的机智和灵巧，逐步使之趋于平衡。民主是好东西，谁也不能也没有必要限制谈论它。自由是民主的题中应有之义，一旦遇到压制，恐怕民主、自由下一轮的爆发就会很突然。

问：从务实的要求出发，你能否用一句话表达对当前的社会民主的期许？

答：还是一位德国法哲学家的定义，民主就是遴选领袖。希望很快能看到我国有条件的地区民选市长、民选省长，这样的民主盛会，哪怕就是问题多多的喧闹，也不妨试一试好。选举显然不是民主政治的全部，但它绝对是民主政治的初步。

问：社会民主与政党是什么关系？

答：从宪政的意义讲，党派是民主生命的最重要的器官，没有党派的活动，社会民主就没有了生命的完整迹象。

问：下一步政治体制改革将会怎样？

答：十七大以后，仍然有可能按照目前推进改革的思路在两个方面深入：一是继续以扩大党内民主为切入点，全面积极地推动政治体制改革，果断解决政治层面一些关键性的问题；二是重点推进政府行政管理体制改革，并为行政管理体制改革的深入扫清政治资源方面的一些障碍。

问：具体到有关政府行政管理体制改革的行动方案可以解读一下吗？

答：形成和保持一个政治上适度集中、经济上向市场经济迈进、操作上习惯依赖法律模式的政府管理体制，这是改革的憧憬。因此，行政管理体制改革的主要任务是改革政府系列体制中阻碍经济发展的部分，即进行行政管理体制和财政税收体制改革，发展民间非政府组织，加大

现代城市法治研究

对各级行政领导和管理人员的监督和考核等。主要还是从促进社会经济发展和保证国家二元结构社会安全稳定转型的角度谋篇布局。

其思路是：坚持中国共产党的坚强领导，多党合作、政治协商这个大的政治前提，改革党的领导和执政方式，推进党内民主；在党的领导下，构建人大及政协—政府—司法之间的社会政治民主大平台上的权力制衡架构，形成一个公平和正义的司法体制；改革行政管理体制，使各级政府成为公共服务型政府，形成公开、透明和受人民制约的公共服务型财税体制，形成效率较高、成本较低的三级政府格局；发展民间非政府组织，初步形成公民社会。尽早把我国行政体制建设成为一个民主和法治的现代化模式。

问：报告提出完善制约和监督机制突出强调"让权力在阳光下运行"的意义如何？

答："确保权力正确行使，必须让权力在阳光下运行"——十七大报告明确提出完善制约和监督机制的目标并作出具体部署，反映了我党在权力运行上更加公开、公平、公正的坚强决心。

为了保证人民赋予的权力始终用来为人民谋利益，报告提出了若干具体措施：要坚持用制度管权、管事、管人，建立健全决策权、执行权、监督权既相互制约又相互协调的权力结构和运行机制；健全组织法制和程序规则，保证国家机关按照法定权限和程序行使权力、履行职责等。报告还要求完善各类公开办事制度，提高政府工作透明度和公信力，重点加强对领导干部特别是主要领导干部、人财物管理使用、关键岗位的监督，同时突出强调要发挥好舆论监督作用，增强监督合力和实效。

问：政治上适当集中，经济上向市场经济迈进，如何理解？

答：政治体制改革的取向，有一个与经济体制改革模式搭配的问题。要使经济在一个稳定的政治环境中健康快速成长，还是要实行适度集中的政治体制与较为分散的经济体制搭配的模式比较好一些。理由是：现阶段到未来相当长的一个时期，我国既是快速发展阶段，也是问题多发时期；既需要用分散决策的市场经济体制来加速经济发展，也需要较为集中的政治体制来控制和解决一些转型期市场不能解决的难题（如收入差距拉大，农村剩余劳动力转移，社会保障体系的建立和完善，生态环境的保护和治理等）。没有一个强有力的政治体制，就难以有效地解决这些问题。

较为集中的政治体制是保证国家平衡发展的制度条件。我国是幅员辽阔的大国，地区发展差距如果不加以控制和缩小，在今后若干年内可能还会拉大。比如，一个较为集中的政治体制，才能实施西部大开发振兴东北等老工业基地、中部崛起等区域协调发展战略，进行财政转移支付，实行一些特殊的政策，使一部分资本、技术、人才等要素尽可能逆市场收益取向而流动，促进中西部的经济和社会发展。

较为集中控制而又稳定的政治和社会环境是经济发展的一个基本条件。政治体制上保持连续性，才能使从事投资、贸易、科技开发等活动的企业和创业者有安全感，规避风险和损失。如果不讲政治上的适度集中，没有一个强有力的政治体制，即使一些小的事件也会有可能引发大的社会动荡，影响正常国家的经济运行和发展。

最后还要强调一点，讲较为集中的政治体制同前面讲过的权力适当分散、权力相互制约平衡、权力科学合理下放并不矛盾，强力而相对集中的体制和各种权力的平衡配置是相得益彰的效果，因为它们是大树与树枝、树叶的关系。

问：坚持党的领导不动摇，这是改革的主流意识，理论界有"三原则"之说，你的观点如何？

答：在当代中国，推进政治体制改革必须坚持党的领导。这是由政治体制改革的性质和特点所决定的。

坚持党对政治体制改革的领导，有三个关键性问题曾引起广泛的热议，有学者把它上升为必须想明白、看清楚的三个基点，即军队、干部和新闻。

20世纪80年代末90年代初，苏联东欧发生剧变，社会主义政党相继失去政权。尽管原因是多方面的，但其中很重要的一条就是这些国家的执政党放弃了对军队的领导权，结果军队在关键时刻不听执政党的话，甚至站在反对派的立场上，最终导致党的执政地位丧失，国家分裂。这样深刻而惨痛的教训，是我国在推进政治体制改革时必须记取的。

此外，干部是坚持党的领导的一条根本原则，执政党对权力系统中的各类官职进行控制，是政党政治的通行法则。这里，党管干部的

"管"，应作控制和领导之意来理解，即把干部看作权力运作的主体，从执政党运用权力推动国家和社会发展的角度，对干部的使用、干部用权的全过程进行控制，保证党的纲领、路线、方针、政策得到执行，保证党的执政目标得以实现。

还有，新闻体系是一国政治体制的重要组成部分。在一个市场经济尚未发育成熟，文化和民主素质还与发达国家水平有一定差距的国家里，片面地强调新闻自由，可能会形成舆论上的混乱，不利于政治上集中控制的态势下稳定地完成社会和经济体制的两个转型。因此，党对新闻的领导和控制，是社会和经济体制稳定转型的需要，是适当集中政治体制的一个重要组成部分。

问：很想听听你对改善党对新闻领导的认识。

答：从体制上看，过去我国在新闻媒体领域基本照搬了前苏联的国家管理模式，把新闻媒体纳入高度集中的行政体制，使媒体的社会沟通功能难以发挥。从作用上看，媒体由于成了附属物，很大程度上造成了信息失真、失灵。整体说来，大众对新闻媒体的政治信任度下降。所以推进政治体制改革，必须改善党对新闻的领导。

1. 要尊重新闻媒体自身发展的规律。媒体活动有自身的规律。不尊重这些人类传播中共有的原则和规范，随意干涉、违背信息的生产、传输、消费的规律，形式上似乎是管住了，但实际上的传播可能是低效、无效的，甚至出现逆向的效果。这是应当注意并要予以改进的。

2. 适当时机成熟的情况下，要制定和出台《新闻法》。我国宪法规定的一些基本原则，为新闻的发展提供了根本的规范。但是，长期以来，由于忽视法治建设，对宪法赋予的权利缺乏可操作的规范。我认为有必要在宪法原则的基础上，制定专门的《新闻法》，规范媒体的行为，明确党政部门的管理权限。

3. 要充分发挥媒体的监督作用。对公共权力机关进行监督，是新闻媒体的一大功能。许多腐败案件都是首先被媒体曝光，才得到追究。

4. 要有创新举措。电视、广播、报纸等媒体，应从单一的各级会议、领导新闻转变为反映群众生活、群众关心和关注的新闻；改变几乎全部报道政绩的新闻格局，加大对党政司法机构中一些人员和单位为个人和部门利益而不作为，甚至损害公共利益的监督；从一些假、大、空新闻，转向实际平凡的老百姓喜闻乐见的生活；从反映较慢、时滞较长的旧闻，变成反应灵敏、及时报道的新闻；从各种报刊杂志强制性订阅、行政性摊派，新闻行政性经营，改变为走向市场，企业化经营，让老百姓喜欢和自愿消费。

问：构建配置合理的权力架构和治理结构，是改革的重头戏吗？

答：我国政治体制改革的重要目标是发展社会主义民主政治。要使民主政治在中国真正成为现实，最重要的是要按照现代民主和法制的要求，建立起配置合理的权力架构和治理结构。

众所周知，中国传统政治体制的弊端集中到一点，就是权力过分集中。权力合理配置的方向是实行分权和放权。历史和现实的经验证明，分权和放权的改革方向是正确的，我们应该沿着这样的方向往前走。

问：形成权力制衡的框架结构是指什么？

答：首先，在党的领导下，建立现代国家的权力制衡架构，使人大政协、政府、司法机关既合理分工，又有效制衡。立法、行政、司法三方制衡有一定的合理性，它避免权力过分集中于某一机关。我们目前没有照搬三权分立。我们实行"议行合一"的原则，这就是使代议制的立法机关与行政机关权力统一起来，行政机关由立法机关选举产生，并向立法机关负责，同时司法机关是独立的，它应该依照法律来审判。不过，在实际的政治运行中存在问题，那就是：党和政府的行政权高于立法、司法机关的权力。有不少学者建议：在改革当中，应该调整政权机关内部的权力关系，使人民代表大会真正拥有宪法规定的最高权力。这就要求对人民代表大会的具体体制进行改革。另外，要考虑提高政协组织的地位，使其同人大分工并具有一定的实际事权。政府行政机关应该向人大政协负责，接受人大、政协的监督，要大力精简行政机构，简政放权，提高工作效率，克服官僚主义。司法方面，今后要进一步强调司法独立，法官应依法办案，其他人不得以任何形式干预法官的独立审判。总之，政权机关内部应调整权力结构，占多数的意见是：提高立法机关的地位，加强司法机关的独立性，适度削减行政机关的权力。

其次，建立由国家政权机关、社会组织、法人（自然人）构成的治理结构。我们应大力推进从社会统治到社会治理这个转变过程，治理是比统治更文明进步的政治概念。治理是一个上下互动的管理过程，它主要通过合作、协商、伙伴关系、确立认同和共同的目标等方式实施对公共事务的管理，其实质在于合作。治理的管理机制主要不依靠政府的权威，其权力向度是多元的、相互的，而不是单一的和自上而下的。

改革开放以来，我国的治理结构正在发生深刻的变革。私人经济部门和各种社会组织的力量日益发展壮大，它们在提供各类商品和服务以及从事公益事业和公共服务方面发挥的作用越来越重要，并且承担了一部分原来由政府承担的职能。事实上，国家政权机关与社会组织、法人（自然人）之间正在形成一种相对独立的、分工合作的新型治理结构。这种结构可以弥补国家与市场在调控和协调过程中的某些不足。

可以期待，在上述权力架构和治理结构的基础上，我国政治生活中权力过分集中的现象将得到有效缓解，权力寻租和腐败的现象将得到有效遏制，社会生活中的"人治"将越来越行不通。

问：有人说，行政管理体制改革步入"深水区"，是这样吗？

答：是。十七大报告提出了加快行政管理体制改革的总要求："抓紧制定行政管理体制改革总体方案，着力转变职能、理顺关系、优化结构、提高效能"，并用20个字概括了行政管理体制改革的目标：形成"权责一致、分工合理、决策科学、执行顺畅、监督有力"的行政管理体制。

行政管理体制改革是深化改革的重要环节。报告作出了未来一个时期行政管理体制改革的具体部署——健全政府职责体系，完善公共服务体系，推行电子政务，强化社会管理和公共服务；加快推进政企分开、政资分开、政事分开、政府与市场中介组织分开，规范行政行为，加强行政执法部门建设，减少和规范行政审批，减少政府对微观经济运行的干预；规范垂直管理部门和地方政府的关系；精简和规范各类议事协调机构及其办事机构……

引人关注的是，针对我国行政管理领域广泛存在的部门机构重叠、职能交叉、政出多门等问题，报告鲜明提出了"加大机构整合力度，探索实行职能有机统一的大部门体制"，这是进一步提高政府办事效率和行政效能的重大举措，为未来政府机构的进一步科学整合与设置、健全部门间协调配合机制指明了方向。

问：政治体制改革与依法治国、完善司法体制有何关系？

答：这个关系可重大了。实行政治体制改革，就要全面落实依法治国的方略。而改革本身也还需要有法律的保障。没有法治的条件和环境，改革就是水上的浮萍。改革是对原有体制的突破和创新，但改革也要法律的确认和保护。当今世界，所有的政治问题、社会问题都要上升到法律层面去解决，最终构成的是一个法律问题。当前我国的法治，重点和难点都在现代司法体制的改革与完善。保障民权、呵护民生、围绕实现社会公平正义的要求，大力推进司法体制改革，为政治体制改革本身提供司法保障，为建设社会主义法治国家提供司法保障，这就是反映在十七大报告中的现代法治精神。

为此，全面落实依法治国基本方略，深化司法体制改革，实现十七大设定的司法体制改革"优化司法职权配置，规范司法行为，建设公正高效权威的社会主义司法制度"等深化司法体制改革的目标，还要在以下五个方面努力：第一是实现司法权的合理配置和司法程序优化。目前"重实体、轻程序"的思想根深蒂固，司法程序被忽略；第二是解决司法活动重行政化和地方化的倾向，如司法机关的设置与行政机关相对应，对司法人员确定行政级别，按行政决策模式裁决司法案件，司法经费调拨由同级政府财政预算划定；第三是要在真正意义上重视司法独立的客观性。关于司法独立的问题，十六大报告中的提法是"从制度上保证审判机关和检察机关依法独立公正地行使审判权和检察权"，而十七大报告中则论述为"建设公正高效权威的社会主义司法制度，保证审判机关、检察机关依法独立公正地行使审判权、检察权"。十七大报告没有强调"从制度上"这几个字，其深意恰恰是不仅要从制度上，而且要从思想上、政治上等多方面保证审判机关、检察机关依法独立公正地行使审判权、检察权。这是司法改革和政治体制改革共同推进和发展的自然结果，也是中国特色社会主义司法制度建设和改革基本完成的标志。第四是司法人才队伍的建设。目前司法队伍还存在人才非专业化现象，这也是司法活动行政化带来的必然结果。要提高司法队伍的职业精神层次，积极以整体法律精英团队来介入国家和地方的司法改革。第五是要确保司法公正。总之，公正、高效、权威的社会主义司法制度真正有效地发挥作用，我国的政治体制改革必定会取得全面的成功。

问：我们期盼的成熟的民主法治社会要经历多少年的建设期？有人说还要经历半个世纪甚至一百年，你认为呢？

答：现在国家稳定，经济大局还行，算是国泰民安的好日子吧，在社会深层次的矛盾还没有完全暴露，还没有完全纠结在一起成为一种一触即发、点火就爆的矛盾前，大力推进民主法治进程是明智的，也是很紧迫的。按这种逻辑推理，以一种理性的乐观分析，再加上拿过去经济体制改革的成功作比对，我看迎来较好的、较接近成熟的民主法治，不需要你说的那么久吧！

问：民主、法治好像不能只是思想、课堂、讲坛、书斋中的事吧？你几十年研究民主法治，写了那么多宪政法理的书，没有其他念头和行动吗？

答：书斋就是书斋，坊间就是坊间，党政组织、一府两院不是学术塔楼和城市广场。一个国家和社会，还是要强调人们哪怕是很有专才和天赋的人安分守己、各司其职。有些人会垄断某个行业、某种权位，这也不是偶然的，肯定有一种"前定和谐"定义在起作用。一个比较好的社会，都是把制度设计与操作执行的人群分开。比较理想的状态是把智商优良一些的人弄来搞创意、立规矩，让行动力稍强一些的人去具体干活。社会理念和规矩方面如果软弱愚笨多出了一些，这比让不假思索的人集中去忙乎可能效果还更差。问题的关键是，我们需要有独立的思想、超然的书斋、科学理性的文化精神之光才可以彻底照亮我们的社会，不使我们期盼的行动总是惯于在黑暗中摸索。

附录二：人民法院报记者对地方法治专家访谈录

注：舒扬教授是广东著名的法学人物，现为广东省地方法治研究中心学术委员会主任、广州市社会科学院党组书记，曾获"广东省十大中青年社会科学家"、"全国优秀教师"、"全国劳动模范"称号。最近，本报记者对舒扬教授就地方法治建设进行了专访。

记：最近看到你有三本法学著作在中国社会科学出版社出版，似乎都集中精力在研究地方法治问题？

舒：是的，由于工作和学术活动都在"地方因素"和"地区现象"的包容之中，所以，我将过去多年习惯成自然的宏观和宽泛化思考的法理思维，落脚在眼前和周边的现实考量中。我从事的专业是法哲学，干的是基层的话，做的是最基础的事，接触的是大量再具体不过的法律问题，因而专业上的所思所悟就势必要贴近思想者栖息之地的实务。比如，普法、治安、维权，司法公平、社会保障、交易仲裁、单位的建章立制、地方的镇区选举、市民社区自治等等牵引着我的学术兴趣和思维。地方法治问题其实都是操作层面的问题，"现象学"上的东西比较多，有些琐碎，可能还不太"学术"。但是，我还是力争在学理上把它们串连起来。我认为，任何一种学问，与民生社情脱节了，就难得真正高洁起来。

记：地方法治尤为重要，这是不言而喻的，我感觉你的著作似乎过分强调了这一点。

舒：这个印象是准确的，它似乎会给读者一个想象的空间。国家法治与地方法治是一个整体与局部的关系，国家法治也好，地方法治也好，遵循的都是一个固定的依法治理、奉法为上、循法而行的社会民主政治的逻辑。我国现行的是大统的一元化法制和法治的格局，但是，国家太大，民族和人口众多，地域条件情况呈现多样性和复杂性，从法律技术层面上讲，法律的操作与实务很难完全的整齐划一。另外依法治理也有一个长效与当前，城市与乡村，水平高与低，法律绩效强与弱的问题。所以，各个地方的法治就有了突显其各自特色的基础和可能。各个地方在法治上竞相追求同一法律目标的水平位置，就能呈现出一幅生动活泼的中国法治的万船竞发、百舸争流的雄伟画卷。从一个研究选题出发，我承认是十分突出地强调了地方法治的重要性，但这一点又必须放置在国家法治的大平台上去展开。

记：你在城市法治的论述中，似乎喜欢从自治的角度去认识问题。

舒：我认为，在地方法治中，城市法治是最醒目的亮点。城市是各个地方的政治中心、经济引擎、人口的集散地、文化制高点，城市的法治太重要了。世界上大凡叫得响的城市，无一不是法律之城，法治之城。古今中外，城市都在为国家层面和地方层面的法治提供着成功与不成功的范例。即便是像我国有着集权制惯性的历史中，城市在国家政治生活中也扮演着特殊的区域性角色。中外法治史上的若干条实现法治的路径表明，城市基本上是从初始的自治到成熟的自治再演进到社区和整个城市的法治。自治的风气，始于城市移民和商人帮会，自治催生了公平理念和民权意识，民间调停机制就是城市族群自我约束，相互沟通，力求平衡的直接产物。自治是城市民主政治之母，也是城市法治的端倪。所以，从自治中去找法律发达史的缘起是符合历史规律和学术逻辑的。在自治中去寻求城市法治的民本力量是客观而实实在在的。现阶段，从现代法律精神因素而论，也需要对城市中的人本力量和自治因素给予深切的关注并将其扶强做大，使之成为城市法治建设的生生不息的资源和力量。

记：学界前段时间在热议法治道路模式的选择，在这个问题上，地方或者说城市有没有比较特殊一些的情况？

舒：我再三强调一点，地方法治，城市法治是以法治国伟大实践的具体实施，二者具有完全共同的法理基础。依法治国是理念，制度和行为高度结合的有机物，而地方法治和依法治市能够为以法治国积累经验和教训，既可在具体制度的设计上为依法治国提供思路，也可以在理念的突破上为依法治国闯出一片新天地，同样也能为依法治国培育富有学识，富有经验的实践人才。与依法治国不同的是，地方和城市法治是多样性和统一性的有机结合。各个地方和各城市的历史资源、人文环境不同，经济、社会发展水平、发展定位和目标、市民文化素质和价值观念取向以及不同生活方式所面临的现实问题是有所不同的。因此依法治市的具体方略和治理重点也应具有多样的形态。另一方面，地方和城市法治又不能容忍地方保护主义盛行，山头寨规林立那种杂乱多样局面。地方法治和依法治市是城市间的多样与国家制度内部逻辑统一的有机结合。从城市内部讲，居民在身份、职业、出生背景、教育程度、文化素养上各有不同，依法治市就要切实关注人群中的这些差异，为不同的群落、团体设计侧重点不同的具体制度，最终保障各个群体都能在城市治理上发出自己的声音，都能在公共事务决策中提出自己的意见。确保多元多样的城市人能够在"一种"逻辑一致的城市制度下实现城市主体的理想。这就是地方法治、城市法治的方向。

至于法治道路的选择，中国的地方和城市仍然要依靠"政府推进"，从而又好又快地行走在法治化道路上。现阶段的问题是要切实解决地方政府包括城市政府的真正转型，要牢固地树立服务型、责任型、法治型、效益型政府形象，最终解决政府在法律治理过程中目前还存在的依法行事"主导乏力"的问题。

记：从长远的观点讲，地方法治发展的方向是什么？

舒：从民主政治和依法治市的角度讲，基层民主建设与公民有序的政治参与，法治政府、责任政府的建设是方向性问题。一定层面上还是要讲城市自治与制度创新。长远的目标是，在城市自治、法治的原则基础上，努力实现城市或地方政府既向上级负责也向城市区域、地方区域居民负责，最终还要过渡到主要向辖区居民和地方法律秩序负责的转变。

记：地方法治中有什么问题你认为应该尽快解决？

舒：建设负责任的地方和城市政府有许多工作要做，问题也是很多的。在加强地方和城市民主政治建设中，也需要警惕地方保护主义的消极影响，要千方百计保证国家法制的统一性，国家的基本政令必须保证畅通于全国各地。有一个问题我们要加倍注意，司法制度是保障国家基本政令统一的重要基础。但是，在地方包括各大中城市，现实的情况是各级行政机关对地方司法权力的限制和影响却成为一种制度性安排，比如，地方法院和检察院的重要经费都源于同级财政，其他物资资源也相当多地受制于地方行政部门。应该说，司法机构和权力的普遍性的地方化，地方司法机关的党政"部门化"，实际很大程度影响了国家法律实施方面的统一性。司法独立、法官的公平和公正执法难以得到充分而有效的制度保障。难怪执法中的权能错位、法益失范、公信力衰减现象迭起，执法难成为普遍的反映，在地方司法中，客观上导致或助长了审判和执行中的地方保护主义。因此，需要强调在强化地方政府和城市政府的自治性、自主权的同时，应加强审判权力的中央化和垂直管理化。这实际上是一种司法制衡原则。这对于树立司法的权威，确保司法正义，促进依法治国和地方法治，都有重大的意义。

附录三：以"广州行动力"加快首善之区建设①

编者按：日前，汪洋书记提出广州要建设广东现代产业体系和宜居城市的"首善之区"的新定位。省委常委、广州市委书记朱小丹明确表示："广州将从实际出发，厘清思路，明确目标，坚定不移。一步一个脚印，朝着建设'首善之区'的目标迈进"。

这一高屋建瓴的定位对广州而言意味着什么？它将如何从方方面面指导广州未来发展？将为广州百姓带来什么？

带着这些问题，记者采访了广州社科院党组书记舒扬教授。

文中"问"为广州日报记者王文琦，"答"为舒扬。

问：建设"首善之区"这一新定位极大地鼓舞了广州。如何在第三次城市化浪潮中，在珠三角的大发展这个大背景下理解这一新定位？

答：世界第三次城市化浪潮的兴起，是以"大城市群"发展为主要特征的。中央领导的思路很明确，要"以增强综合承载能力为重点，以特大城市为依托，形成辐射作用大的城市群，培育新经济增长点"。国家这种发展布局，为城市群尤其是中心城市的发展，提供了"天赐良机"。现在，以广州为中心的珠三角城市群和我国其他区域的城市群已经形成了齐头并进、唯恐落伍的发展竞争格局。在群雄崛起，需"元帅升帐"的态势下，广东省委书记汪洋要求广州确立一个新的发展目标，即"坚持走全面、协调、可持续的城市发展路子"，努力把广州打造成为广东省建立现代化产业体系和建设宜居城市的"首善之区"。汪书记给广州这一

---

① 参见《广州日报》，2008 年 4 月 24 日 A2 版。

现代城市法治研究

新定位，就是当前思想解放"落地"的一大亮点，一大成果，就是以解放了的思想将广州放在珠三角，以及全省发展格局中去通盘考虑广州的发展。即以一个城市的新发展观解放全城人的思想，以一个城市的思想解放牵动和引发全局的大解放、大发展。这就是不言而喻的"大背景"，也是以什么来统一解放思想，在解放思想中如何统一行动的实践性回答。所谓"首善之区"就是全省第一，全省最好。作为中心城市、省会城市，广州成为"首善之区"是理所当然的，否则就有负于广州这个称谓。汪书记这是既给广州以充分的欣赏与肯定，同时又是响鼓也用重锤敲，马已奋蹄再加鞭，让广州的干部群众精神更加振奋，思想解放直入佳境。

问：回顾广东、广州的发展道路，正是善于把握每次产业转移、升级的机会，抓住经济增长中关键环节、关键问题，从而推动了经济持续快速发展，首善之区的提出，一个重要方面是建立现代产业体系，与前几次产业转移、升级相比，它有什么本质不同？

答：城市发展的一般理论认为，产业发展始终是城市发展的物质基础和动力支撑，产业结构优化升级和现代产业体系的发展完善，是城市功能提升的基础和前提。广州长期以来在珠三角城市群中，之所以地位突出，作用巨大，就在于它作为商都的历史悠久，还有雄厚的现代工业基础，文化积淀丰厚，产业综合优势明显。广州的大都市气派和无可替代的城市实力，使其完全有条件为全省乃至全国建立现代产业体系做出表率。汪洋书记明确指示要广州重点发展金融、总部经济、物流、服务外包等现代服务业，就是希望广州通过新一轮的产业结构优化升级、辐射和带动周边城市，推动珠三角城市群发展。所以，这一次思想解放牵动的广州产业转移、升级，其本质特点是让广州的城市产业优化，步入现代，抢占先机，直上高端。使有两千多年光荣史的南国古都满城生机，成为繁星闪亮的珠三角城市群中的"大月亮"。"在广州谋划发展全省，跳出广州谋划发展广州"，这是一种全国眼光、世界胸怀和广州城市科学务实发展观的呼应与互动。简要地说，这一次的产业转移和升级，是在有梯度的传承接力的基础上跨越式起步、三级跳式的向高端服务业发展，力求一举解决广州产业结构的重大软肋问题。

当然，建立产业体系并不是什么终极目标，产业体系的构建最终是为了城市的宗旨和目的，近前的效果之一就是可以迅速让城市进入世界先进名都之列，产业现代化带来的国际因素也可以迅速让城市实现其国际化的目标。

问："建设首善之区，广州要跳出广州来考虑广州"定位，汪洋书记提出今后工作打破行政区域的束缚定位，发展广州，探索跨行政区域进行资源配置的体制、机制，在这方面，难点何在？如何解放思想破解之？

答：过去，我们长期的思维定势习惯于在本行政区域内考虑问题，"门前三包"，"耕好自己的田，守好自家的业"，"各人的孩子各人抱"这是非常传统的做法。相互守望、听命上方，似乎是一种约定俗成，对于超出本行政区域考虑问题，以及如何建立跨区域配置资源的体制机制，过去未提上党政层面的议事日程，也不太注意操作层面上的研究，这显然是低端工业社会中，小作坊式的经营和管理模式。其实，十多年前，珠三角城市群的兴起和发展，一损俱损，一荣俱荣，合作共赢的例证就开始提醒和教育我们了。然而，那时一旦涉及到跨区域的问题和事项，就只能搞一个全省性的协调领导小组，但由于人权、事权、物权不落实，导致很多问题得不到及时研究和合理解决，跨行政区域资源配置和分工合作的行为往往得不到有效的实施。今后，应该像汪书记要求的那样，大力探索跨行政区域的资源配置问题，探索这种配置资源的体制机制。我认为，中央实行的"大部制"，就是最好的启发，城市间的合作还是要引入市场机制，要让市场在各种资源配置中发挥基础性作用，变政府主导为市场主导。广州下一步的发展要更加主动和精细地与珠三角区域的发展统筹起来，通盘考虑。广州要千方百计、全心全意地为珠三角城市搭建共演辉煌的大平台，尽早建成珠三角"一小时城市圈"的核心。首先是通过高速公路的无缝连接和轻轨等基础设施的连接，实现珠三角各市、镇的"同城"发展计划，打造大规模、高能量、紧密联系的珠三角城市群的产业链、生活链、文化链、财富链。形成一衣带水、唇齿相依的"兄弟城"、"卫星城"关系。美国的洛杉矶就是一个成功的例证，大洛杉矶市和洛杉矶郡以及外围的 88 个独立市形成一个"巨都"，洛杉矶市及周围所有的县、市都主动融入洛杉矶这个大都市圈里，抱团参与国际竞争，结果无可匹敌。广州应在面向世界、服务全国这样的维度中找准自己的坐标点。这就需要"大广州"概念下的所有城市和城市中的主体都思想解放。区域和行政资源配置，在客观上确实是需要有一个强势来推动的问题，广州还是要遵从有为才有位，有位才能话事、干事的定律，应主动向省里和中央表明和争取自己可以做什么，能够做什么，还想做什么。敢闯、敢试、敢冒的勇气是破题的先锋，先行先试，无一城之私，则无群城所畏。广州能否真正成为珠三角城市群的龙头，关键还在于广州人的思想怎么解放，广州城的行动力怎么体现一种理性与智慧的执行力和创造力。

问：汪洋书记把大力发展高端服务业作为中心城市现代产业体系的核心问题，并特别强调 CEPA 的作用，指出要多通过市场机制加强与港澳台的合作，你觉得这方面广州该怎么加强和推进？

答：首先应加快发展高端服务业。一是利用广州金融存量特别是居民储蓄存款和信贷总量大的优势，进一步优化金融生态，推进金融创新，打造区域金融中心。二是利用广州作为全省乃至华南中心城市的区位优势，着力引进跨国公司总部及国内大型企业总部，打造总部经济。三是利用现代化的空港和海港设施，大力发展现代物流业和先进制造业。为经济发展提供新的重要引擎。四是利用广州作为区域信息中心和岭南文化中心的优势，大力发展软件、设计、动漫等文化创意产业。五是进一步扩大服务业对外开放，特别是要在 CEPA 框架内加快与港澳地区的服务业合作。利用"中国服务业外包基地"载体，加大政策扶持力度，大力发展服务外包。

加强与港澳的产业合作，市场机制是多年积累下来的社会基础和人文基础，这是广州的得天独厚的优势。我们与港澳地区要立足于优势互补、资源共享、协同发展，重点是在服务业合作上力求尽快取得突破性进展。比如，香港是国际金融中心，而广州的金融业发展空间宽阔，它有实力强劲的制造业和海量的贸易支撑，有强大的金融数据处理能力和人才市场储备，双方在金融业的合作发展方面大有可为。再比如，香港是世界重要的会展城市，其作为会展经济骨架和血肉的机制、理念、资源都比广州进步，而广州的市场腹地和交易纵深广阔，目前尚有广交会、国际中小企业博览会等品牌和各种硬件，若与香港进行这方面的合作，实现优势互补，共同打造珠三角会展基地是吹糠见米的事情。

问：自主创新是产业竞争力的关键，如何在体制机制上解决科技创新与经济发展"两张皮"问题？从制度上激发人们的创造活力？

答：加强自主创新，关键还是要在体制机制上下功夫，在机制上投入产出要有好的效果。汪洋书记强调一定要从体制上解决科技创新与经济发展"两张皮"的问题，建立健全面向市场、企业主体产学研结合的创新机制，充分激发创新的活力，加快科技成果向现实生产力的转化。有最新的调查资料表明，深圳研发费用占 GDP 的比重大，关键的是深圳的研发是以企业投入为主体，这就是启动一个市场机制、致富阀门，便解决了一个"两张皮"的问题。现在深圳的企业的研发费用占 90% 以上，政府已经失去了主体角色的位置。此外，要围绕支柱产业发展，重点突破一批核心领域的关键技术，抢占产业技术竞争的制高点。广州要在制度上继续坚持激励和奖励措施，用好的制度营造有利于自主创新的社会良好风气，为自主创新人才提供自由、舒适的创业和生活环境，尤其要加大对知识产权保护的力度，让广州成为知识产权的旺市、福地。广州还要充分利用其城市文化底蕴浓厚、信息化水平相对较高以及广交会等优势，大力发展包括创意产业在内的支柱产业，形成创新型产业结构，尽早成为名符其实的全省乃至全国自主创新的策源地和核心区。

问：汪书记讲话中，有时提"宜居城乡"，有时提的是"宜居城市"，同是论述广州"首善之区"的，这两个提法上有何区别，体现了什么样的发展理念？如何理解人居？

答：近代西方规划思想家霍华德指出，理想城市的第一个标准是城乡一体与城乡交融。只有实现了城乡交融的优化和美化，城市的人文与生态环境才是理想的。我认为"宜居城乡"和"宜居城市"是同一个概念有不同侧重的使用。宜居城市涵盖了广州老城周边的乡村，同理，也表明珠三角城市群所覆盖到的更为广远的农村地区。宜居的概念将有广阔的发展空间的乡村包括在内，具有深远的以城带乡、以乡旺城、城乡互补、城乡同福的发展空间意义和人文生活、情感、哲学上的意义。

汪书记曾表明，宜居城市，不仅要为居民提供良好的物质生活条件，还要提供丰富多彩的精神文化生活条件，还要提供公平正义的政治生活条件。作为城市理想状态和长远发展目标，城市还要成为培养人、塑造人、促进人的全面发展的人类家园。

建设以人为本的宜居城市，就是要破除"见物不见人"的传统城市发展理念和模式，从人的需求、人的视角出发，坚持城市发展为了人民，城市发展依靠人民，城市发展的成果由人民共享，更加注重改善民生，更加注重生态环境建设，更加注重人文关怀，更加注重满足人的全面需求，建设人民群众共享的美好家园。它的意义是突出"以人为本的全面协调可持续的统筹协调的城市"发展观，是过去城市的传统发展观升华为科学的城市发展观。广州要大力提升以人为本的"宜居"在城市发展中核心价值的权重，要更加注重人文关怀，更加注重人的文化归属感，更加注重人在城市中的自由、全面的发展，提升市民在城市生活中的快乐感和幸福感。

问：宜居不仅指环境，还包括民主法治的健全，您怎么看？

答：是的，宜居实际上既有物质形态又有非物质形态的含义。在物质生活达到一定的满足程度之后，人们的精神文化方面的诉求会上升到更重要的层面，因为人毕竟是精神的主体，他必有作为人之所以为人的追求与使命。

建设宜居城市的重要内容之一是尊重人的自由、平权，维持人对于社会公平正义的神圣感，要保障法律规定的各种人权得以实现。就要求广州的政治文明、法治文明处于高端水平。民主与法治，这在我们广州更有迫切性和紧要性，对其他地区更有突出的示范性。因为广州是比较发达的地区，人们在解决吃饱穿暖的物质需求后，必然要逐步升级到解决其他政治文化需求问题，人们要有表达权，要诉诸民主权利。广州市民文化水平提高了，可能对民主政治的要求就更高。因此，发展社会主义民主政治，是我们建立宜居城市的重要任务。民主、高效的法治型、服务型政府与城市市民自治组织与机制的良性互动互助，是和谐城市生活的最佳组合式保障。民主的政府、自立自主、自信自治、自由的市民，加上有序的城市生活，便是宜居城市的市井图像。

问：汪书记提到广州可否借鉴香港某地的社会管理机制，是否可行？这是否告诉我们，解放思想，树立世界眼光，叫板世界先进城市，不仅要学人家"物"理学建设的先进之处，还要大胆学习人家的先进制度？

答：是的，这一点极其重要。先进城市的制度，是人类精神文明的共同遗产，你不去学习和运用它，是你自个的损失，甚至是你自个的滑稽可笑。

比如，香港作为高度开放的国际城市，人口密度大、流动人口多、社会情况复杂，但你置身于这个繁华的闹市却强烈地感知到秩序井井有条、交通顺畅、治安良好、官员廉洁、政府亲民、制度透明，公平正义似乎可以触摸得到。排除一些一国两制条件下不可比的因素，其关键是香港这个多年的民主法治社会有着优良的社会管理体制和精细的社会化服务与管理队伍。香港的很多纯粹社会化的法律并不涉及太多的意识形态因素，为什么不可以一劳永逸地拿将过来大胆使用呢？香港的中国精英阶层和社会大众已经对西方文明进行了近百年的与时俱进的改造，广州将香港制度中的人类文明成果与现行的制度与管理进行对接，可以创造更有效率的管理机制。学习到优良制度而不需付费，学习无界限，好处无疆界，我们在这方面解放思想，最能达到事半功倍的效果。

附录四：广州市依法治市市民评价调查报告①

　　本份报告以广州市原十区、二个县级市的受访市民为调查范围，由广州社情民意研究中心的调查员以抽样调查形式，电话成功访问了 2234 位不同年龄、收入、学历的市民，调查符合目前通行的社会调查与统计的方法，能够反映总体，调查结果客观、真实、可信，具有较高的代表性。

　　调查发现，七成一受访市民肯定广州法治建设的现状，对立法、执法、司法工作的评价都在可接受范围内。七成五的受访市民肯定过去五年来广州法治建设取得的成绩，对立法、执法、司法工作的进步给予充分肯定。受访市民对法律监督、法制教育、法律服务、基层民主政治建设的可接受度在五成九至七成四之间。②

　　调查还发现广州法治建设存在一些滞后情况。一是相对于经济建设而言，三成五的受访市民认为广州的法治建设仅处于一般水平。二是三成以上受访市民认为广州应该加强社会治安管理、食品卫生管理、医疗机构管理、社会保障等领域的立法；三是二成七受访市民认为广州普遍或多数存在司法腐败现象；司法领域的廉政建设、执行难、地方保护主义、检察院的审判监督等方面存在的问题，需要重点加以解决。四是社会治安综合治理成为受访市民意见突出的执法领域，三成以上受访市民期望今后着力改善执法不严、权力与利益挂钩、对行政权力监督和制约机制不健全等执法问题。

　　社会各主体的评价存在比较突出的特点。一是受访市民对社会各主

---

　　① 本报告是广州市依法治市办公室印行的研究资料汇编中的一篇抽样调查报告。本文作为附录刊行于后，特向广州市依法治市办公室和广州社情民意中心调查员表示尊敬和感谢。

　　② 可接受度，是指表示"满意"、"比较满意"和"一般"的比例之和，下同。

体的守法情况基本认可，认为不同程度守法的在六成四至九成之间。二是受访市民认为市民最为守法，政府和企业次之，一成四受访市民对民营企业守法评价负面。三是本科以上高学历人群对法治建设、立法、司法公正性、执法严格性等方面的评价，低于其他各学历人群。

超过三成的受访市民期望加强领导干部带头遵守法律、维护司法公正和严格行政执法等方面的依法治市工作。

一、广州法治建设调查情况

1. 七成一的受访市民认为目前广州的法治建设基本上能够满足公众需求，七成五的人肯定五年来法治建设取得进步。

调查显示，71.5%的受访市民认可广州法治建设的现状（其中表示"满意"的比例为12.2%，表示"比较满意"的比例为21.7%，表示"一般"的比例为37.6%），不满意度为22.9%（其中表示"不太满意"的比例为11.7%，表示"不满意"的比例为11.2%）。总体而言，受访市民认为广州目前的法治建设符合公众基本需求，达到了社会基本要求（见图1）。

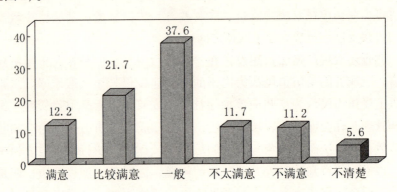

图1：受访市民对广州市法治建设现状的评价（%）

从动态的方面看，75.3%的受访市民认为过去五年来广州法治建设有不同程度进步（其中认为"有明显进步"的比例为25.1%，认为"有一定进步"的比例为50.2%），认为"有一定退步"或"有很大退步"的比例之和仅为8.8%，另有12.2%的人认为"没变化"（见图2）。

76.6%的受访市民认为广州的法治建设处于国内中等及以上水平（其中认为处于"高水平"的为7.8%，认为处于"中高水平"的为

现代城市法治研究

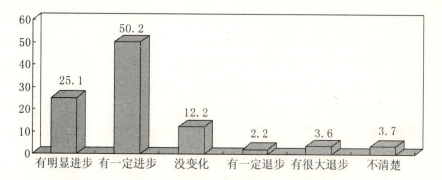

图2：受访市民对五年来广州法治建设发展情况的评价（%）

25.6%，认为处于"中等水平"的为43.2%），认为处于"中低水平"或"低水平"的比例之和为13.1%（见图3）。

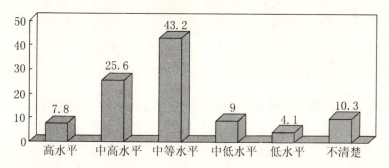

图3：受访市民对广州法治建设在国内处于何种水平的评价（%）

97.7%的受访市民认为依法治市工作"重要"，认为"不重要"的比例仅为0.5%（见图4）。

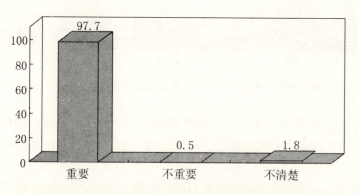

图4：受访市民对广州依法治市工作重要性的评价（%）

2. 六成四受访市民肯定广州市人大的立法工作，七成九受访市民认为广州立法越来越能够满足公众需要。

64.1%的受访市民基本认可广州市人大的立法工作（其中表示"满意"的比例为15.8%，表示"比较满意"的比例为22.5%，表示"一般"的比例为25.8%），不满意度为13.8%（其中表示"不太满意"的比例为8.4%，表示"不满意"的比例为5.4%）（见图5）。

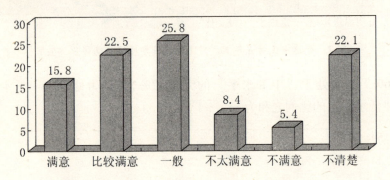

图5：受访市民对广州市人大立法工作的评价（%）

从动态的方面看，79.0%的受访市民赞成广州"立法越来越能够满足公众需要"这一说法，13.8%的受访市民不赞成这一观点（见图6）。

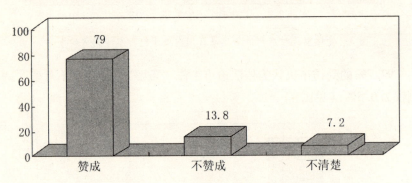

图6：受访市民对是否赞成广州"立法越来越能够满足公众需要"的评价（%）

3. 四成九受访市民肯定法院的审判工作、检察院的检察工作，六成七受访市民肯定法院审判的公正性，七成六的人认为五年来法院审判越来越公正。

49.3%的受访市民基本肯定目前广州地区法院的审判工作（其中表示"满意"的比例为12.9%，表示"比较满意"的比例为16.4%，表示

现代城市法治研究

"一般"的比例为20%），不满意度为9.5%（其中表示"不太满意"的比例为5%，表示"不满意"的比例为4.5%）（见图7）。

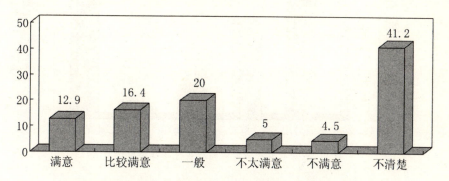

图7：受访市民对目前广州地区法院审判工作的评价（%）

49.6%的受访市民基本肯定目前广州地区检察院的检察工作（其中表示"满意"的比例为12.1%，表示"比较满意"的比例为16.3%，表示"一般"的比例为21.2%），不满意度为8.6%（其中表示"不太满意"的比例为4.7%，表示"不满意"的比例为3.9%）（见图8）。

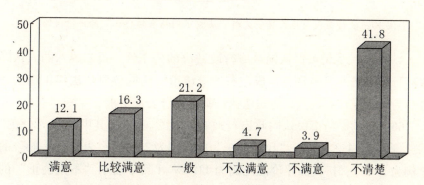

图8：受访市民对广州地区检察院的检察工作评价（%）

67%的受访市民基本认同法院审判的公正性（其中表示"公正"的比例为19.7%，表示"比较公正"的比例为27.1%，表示"一般"的比例为20.2%），持负面评价的比例仅为8.7%（其中表示"不太公正"的比例为6.1%，表示"不公正"的比例为2.6%）（见图9）。

从动态的方面看，76.5%的受访市民赞成广州"法院审判越来越公

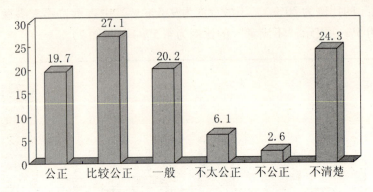

图9：受访市民对法院审判公正性的评价（%）

正"这一说法，12.8%的受访市民不赞成这一观点（见图10）。

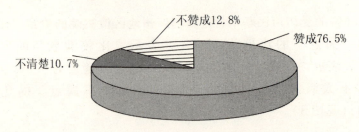

图10：受访市民对是否赞成广州"法院审判越来越公正"的评价（%）

4. 六成六受访市民认同政府行政裁决的公正性，近六成八的人认同政府行政执法的严格性，八成左右的受访市民认同政府依法纠正违法违规行为，六成左右的人认为司法执法基本符合公众要求。

66.3%的受访市民认同政府行政裁决的公正性（其中表示"公正"的比例为15.4%，表示"比较公正"的比例为26.9%，表示"一般"的比例为24%），持负面评价的比例为11.2%（其中表示"不太公正"的比例为6.8%，表示"不公正"的比例为4.4%）（见图11）。

67.9%的受访市民基本认可政府行政执法的严格性（其中表示"严格"的比例为13.2%，表示"比较严格"的比例为22.2%，表示"一般"的比例为32.5%），持负面评价的比例为22%（其中表示"不太严格"的比例为15.3%，表示"不严格"的比例为6.7%）（见图12）。

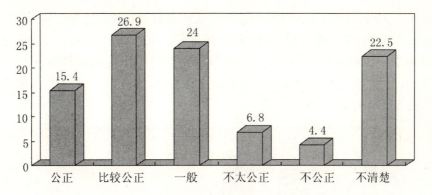

图 11：受访市民对广州政府行政裁决公正性的评价（%）

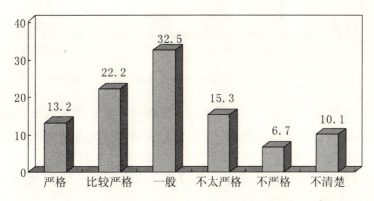

图 12：受访市民对广州政府行政执法严格性的评价（%）

从动态的方面看，48.2% 的受访市民认为五年来广州政府的行政裁决"越来越严格"，37.7% 的受访市民认为"差不多"，7% 的受访市民认为"越来越随意"（见图 13）。

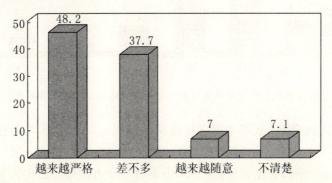

图 13：受访市民对广州政府近五年来行政执法的评价（%）

77.5%的受访市民基本认可政府依法纠正自身违法、违规行为的所做所为（其中认为做得"好"的比例为10.3%，认为做得"比较好"的比例为30.2%，认为做得"一般"的比例为37%），持负面评价的比例为11.6%（其中表示"比较差"的比例为7.4%，表示"差"的比例为4.2%）（见图14）。

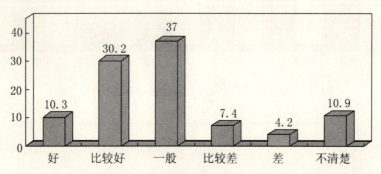

图14：受访市民对广州政府依法纠正自身违法、违规行为的评价（%）

81.3%的受访市民基本认可政府依法纠正社会上各种违法、违规行为的所作所为（其中认为做得"好"的比例为10.6%，认为做得"比较好"的比例为32.8%，认为做得"一般"的比例为37.9%），持负面评价的比例为13.5%（其中表示"比较差"的比例为9.2%，表示"差"的比例为4.3%）（见图15）。

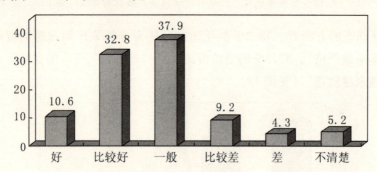

图15：受访市民对广州政府依法纠正社会上各种违法、违规行为的评价（%）

62.6%的受访市民基本肯定法院执法情况（其中表示"满意"的比例为17.4%，表示"比较满意"的比例为21.4%，表示"一般"的比例为23.8%），不满意度为9.4%（其中表示"不太满意"的比例为5.1%，表示"不满意"的比例为4.3%）（见图16）。

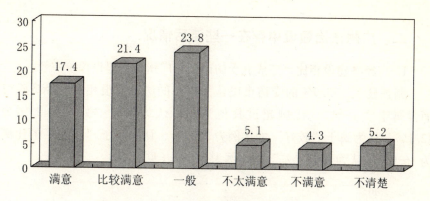

图16：受访市民对法院执法情况的评价（%）

　　59.7%的受访市民基本肯定检察院的执法情况（其中表示"满意"的比例为16.9%，表示"比较满意"的比例为20.1%，表示"一般"的比例为22.7%），不满意度仅为6.6%（其中表示"不太满意"的比例为3.4%，表示"不满意"的比例为3.2%）（见图17）。

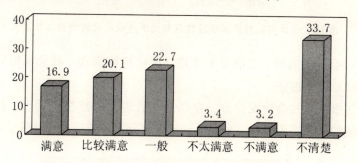

图17：受访市民对检察院执法情况的评价（%）

　　5. 受访市民对法律监督、法制教育、法律服务和基层民主政治建设基本认可，可接受度在五成九至七成四之间（见表1）。

表1：受访市民对法律监督、法制教育、法律服务和基层民主政治建设的评价（%）

评价\内容	可接受度				不满意度			不清楚
	满意	比较满意	一般	合计	不太满意	不满意	合计	
法律监督	18.7	22.3	33.9	74.9	8.2	6.6	14.8	10.3
法制教育	18.8	25.7	30.0	74.5	12.9	7.3	20.2	5.3
法律服务	13.3	18.9	32.8	65.0	10.1	8.7	18.8	16.2
基层民主政治建设	12.6	18.7	28.5	59.8	9.7	11.0	20.7	19.5

二、广州法治建设中存在一些滞后情况

1. 与经济建设相比，三成五受访市民对广州法治建设评价一般。

调查显示，35.9%的受访市民认为广州的法治建设相对于经济建设而言属于"一般"，比例超过其他选项；认为属于"好"的比例为12.1%，认为属于"较好"的比例为25.5%，认为属于"较差"的比例为16.0%，认为属于"差"的比例为6.5%（见图18）。

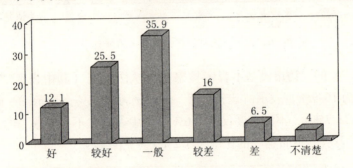

图18：受访市民对广州法治建设与经济建设的比较评价（%）

2. 社会治安管理、食品卫生管理、医疗机构管理、社会保障等领域的立法需要重点加强。

受访市民对社会治安管理、食品卫生管理、医疗机构管理、社会保障等领域的立法需求比较强烈，被选比例都超过三成（见图19）。

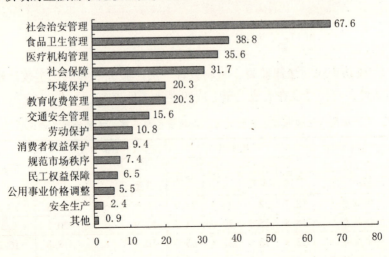

图19：受访市民希望广州今后重点加强的立法领域（%）（多选）

3. 二成七的受访市民认为广州普遍或多数存在司法腐败现象，廉政建设、地方保护主义、执行难、检察院的审判监督等问题是司法领域中受访市民最期望解决的问题。

二成七受访市民认为广州普遍存在或多数存在司法腐败现象，其中，认为广州"普遍存在"司法腐败现象的比例为13.6%，认为广州"多数存在"司法腐败现象的比例为13.7%，二者比例之和为27.3%；认为广州"少数存在"司法腐败现象的比例为33.3%，认为广州"个别存在"司法腐败现象的比例为21.2%，认为广州"不存在"司法腐败现象的比例仅为4.4%（见图20）。

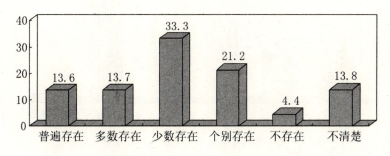

图20：受访市民对广州是否存在司法腐败现象的评价（%）

从受访市民的期望看，58.7%的人希望广州市今后重点解决"廉政建设"问题，48.6%的人希望解决"地方保护主义"问题，47.8%的人希望解决"执行难"问题，40.6%的人希望解决"检察院的审判监督问题"，这四项的被选比例都超过四成，比例是比较高的；另有28.1%的人希望解决"审判不公"问题，比例也不低（见图21）。

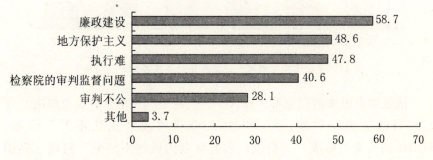

图21：受访市民希望广州市今后重点解决司法领域问题的比例（%）（多选）

4. 五成二受访市民对社会治安综合治理表示不满，二成受访市民对整顿和规范市场经济秩序有意见，受访市民期望今后重点改善权力与利益挂钩、执法不严、对行政权力监督和制约机制不健全等问题。

受访市民对社会治安综合治理、整顿和规范市场经济秩序等执法领域的不满意见比较突出，不满意度在二至五成之间。52.1%的受访市民对"社会治安综合治理"表示"不太满意"或"不满意"，不满意见突出；20.7%的受访市民对"整顿、规范市场经济秩序"表示"不太满意"或"不满意"，不满意见比较集中（见图22、23）。

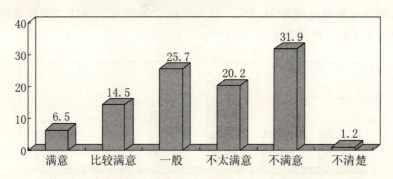

图22：受访市民对社会治安综合治理的评价（%）

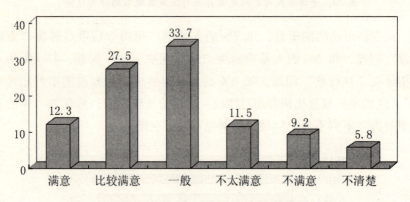

图23：受访市民对整顿、规范市场经济秩序的评价（%）

从受访市民来的期望看，48.1%的人希望广州市今后重点解决"权力与利益挂钩"问题，47.9%的人希望解决"执法不严"问题，31.2%的人希望解决"对行政权力监督制约机制不健全"问题（见图24）。

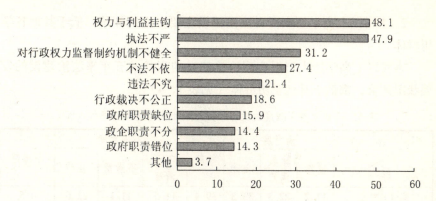

图24：受访市民希望广州市今后重点解决的执法问题（%）（多选）

三、社会各主体的评价存在差异

1. 受访市民认同社会各主体的守法情况，一成四受访市民对民营企业的守法评价负面。

受访市民对政府、企业、市民守法情况的评价呈现几个特点：一是对社会各主体的守法评价都在可接受范围内。六成四至九成的受访市民认可社会各主体的守法情况。二是受访市民对市民的守法评价高于政府、企业。90.7%的受访市民对"市民"守法表示认可；分别有78.3%、76%、70.3%的人对"普通公务员"、"政府机关"、"党政领导干部"守法表示认可；分别有66.8%、64.5%、64.1%的人对"民营企业"、"国有企业"、"外资企业"守法表示认可。三是对民营企业守法方面的不满意见较多。14.8%的受访市民认为民营企业"不太守法"或"不守法"（见表2）。

表2：受访市民对不同社会主体守法情况的评价（%）

评价　内容	正面评价				负面评价			不清楚
	守法	比较守法	一般	合计	不太守法	不守法	合计	
政府机关	19.7	29.3	27	76.0	6.3	3.9	10.2	13.8
党政领导干部	13.6	27.3	29.4	70.3	7.1	4.1	11.2	18.5
普通公务员	13.4	30.8	34.1	78.3	5.9	2.6	8.5	13.2
国有企业	12.5	20.9	31.1	64.5	7.9	4.5	12.4	23.1
民营企业	10.2	22.2	34.4	66.8	10	4.8	14.8	18.4
外资企业	16	26.6	21.5	64.1	3.9	2.6	6.5	29.4
市民	22.8	36.1	31.8	90.7	5.4	1.6	7.0	2.3

2. 本科以上高学历人群对法治建设主要方面的评价，低于其他各学历群体。

本科以上高学历人群对广州法治建设的现状及五年来法治建设的发展状况评价，都低于其他学历群体（见表3、4）。

表3：不同受教育程度的受访市民对广州法治建设的评价（%）

评价　　人群	满意度			一般	不满意度			不清楚
	满意	比较满意	合计		不太满意	不满意	合计	
高中/中专	11.2	22.3	33.5	39.4	11.5	11.1	22.6	4.5
大专	8.4	23.2	31.6	39.4	13.2	1 1.1	24.4	4.6
初中及以下	19.4	21.6	41.0	30.0	9.5	10.9	20.4	8.6
本科及以上	5.2	18.5	23.7	45.8	14.4	12.3	26.7	3.8

表4：不同受教育程度的受访市民对五年来广州法治建设发展情况的评价（%）

评价　　人群	不同程度进步			没变化	不同程度退步			不清楚
	有明显进步	有一定进步	合计		有一定退步	有明显退步	合计	
初中及以下	34.9	45.6	80.5	8.5	3.4	3.6	7.0	4.0
大专	20.0	54.9	74.9	10.0	5.8	4.2	10.0	5.1
高中/中专	24.8	49.7	74.5	13.6	5.6	3.7	9.3	2.6
本科及以上	13.4	54.0	67.4	19.1	7.1	2.7	9.8	3.7

本科以上高学历人群对法院审判公正性、政府行政执法严格性的评价，也低于其他各学历群体（见表5、6）。

表5：不同受教育程度的受访市民对法院审判公正性的评价（%）

评价　　人群	公正或比较公正			一般	不太公正或不公正			不清楚
	公正	比较公正	合计		不太公正	不公正	合计	
大专	16.0	32.0	48.0	20.4	7.4	2.3	9.7	21.9
高中/中专	20.4	27.2	47.6	20.9	6.1	2.1	8.2	23.3
初中及以下	25.9	22.5	48.4	18.3	5.1	3.4	8.5	24.8
本科及以上	11.7	29.7	41.4	21.5	6.5	2.7	9.2	27.9

表6：不同受教育程度的受访市民对广州政府行政执法严格性的评价（%）

| 评价
人群 | 严格或比较严格 | | | 一般 | 不太严格或不严格 | | | 不清楚 |
	严格	比较 严格	合计		不太 严格	不严格	合计	
大专	8.8	24.6	33.4	36.4	15.1	6.3	21.4	8.8
初中及以下	19.2	21.4	40.6	28.7	13.2	5.4	18.6	12.1
高中/中专	15.1	22.0	37.1	31.9	15.5	7.2	22.7	8.3
本科及以上	3.5	22.1	25.6	36.2	18.3	8.4	26.7	11.5

可以看出，受教育程度较高的本科以上学历人群，对广州法治建设现状及其发展情况、法院审判公正性及政府行政执法严格性的评价，均低于其他各学历人群，这表明本科以上高学历人群对法治建设的要求更高。

四、受访市民期望广州今后重点加强领导干部带头守法、维护司法公正、严格行政执法等依法治市工作

本次调查，受访市民认为广州今后需要重点加强的依法治市工作，选项最集中的是"领导干部带头遵守法律"，被选率达到56.8%；其次是"维护司法公正"、"严格行政执法"，被选率分别为35%、31%；再次是"政府部门守法"、"市民守法"、"人大立法"，被选率分别为29.9%、29.4%、25.1%；第四是"公正进行行政裁决"、"严格司法执法"、"企业依法经营"，被选率分别为16.9%、16.5%、15.4%（见图25）。

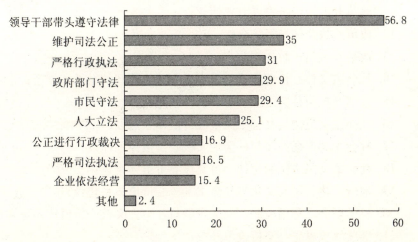

图25：受访市民希望广州市今后重点加强哪些依法治市工作（%）（多选）

附录五：广东省科研基地重点参考选题

1. 十一届三中全会与中国特色社会主义道路；
2. 十一届三中全会与党的思想路线的重新确立；
3. 改革开放的历史进程、伟大成就和宝贵经验；
4. 改革开放与中国特色社会主义理论体系的形成发展；
5. 中国特色社会主义理论体系与马克思主义中国化；
6. 中国特色社会主义理论体系的历史地位、民族特色、时代特征；
7. 中国特色社会主义道路和发展模式的创新性及其国际意义；
8. 改革开放与深入贯彻落实科学发展观；
9. 改革开放与经济、政治、文化、社会建设及社会主义现代化建设总体布局；
10. 改革开放与物质文明、政治文明、精神文明、生态文明建设；
11. 改革开放与经济发展方式转变；
12. 改革开放与区域经济合作；
13. 改革开放与行政体制改革；
14. 社会主义核心价值体系与马克思主义价值观的继承和创新；
15. 改革开放与社会主义核心价值体系建设；
16. 社会主义道德与社会主义核心价值体系建设；
17. 社会主义市场经济与社会主义核心价值体系建设；
18. 社会主义民主法制与社会主义核心价值体系建设；
19. 地域文化、民族文化与社会主义核心价值体系建设；
20. 科学发展、和谐发展、和平发展与社会主义核心价值体系建设；
21. 继续解放思想与坚持改革开放；
22. 继续解放思想与坚持科学发展；

23. 生态文明建设与文化大发展大繁荣；

24. 建立健全生态环境补偿机制；

25. 建立健全资源有偿使用制度；

26. 发展循环经济的机制与对策；

27. 建立健全节能减排的市场机制与政策体系；

28. 加快发展清洁能源和可再生能源政策；

29. 加快广东产业结构调整，建立现代产业体系，提高自主创新能力；

30. 实现广东区域城乡协调发展的战略与对策；

31. 抓好和改善民生为重点的社会建设的具体途径；

32. 增强广东文化软实力的战略及策略；

33. 经济特区在我国改革开放进程中的历史地位和重要作用；

34. 经济特区在我国深化改革开放中的新使命；

35. 改革开放与"一国两制"伟大实践；

36. 改革开放与建设和谐世界理念；

37. 以改革创新精神全面推进党的建设新的伟大工程。

附录五：广东省科研基地重点参考选题

主要参考文献

1. 《中共中央关于构建社会主义和谐社会若干重大问题的决定》，人民出版社 2006 年版。

2. 《中共中央关于加强党执政能力建设的决定》，人民出版社 2004 年版。

3. 胡锦涛：《在省部级主要领导干部提高构建社会主义和谐社会能力专题研讨班上的讲话》，人民出版社 2005 年版。

4. 国务院新闻办公室：《中国的民主政治建设》白皮书，2005 年。

5. 《关于制定国民经济和社会发展第十一个五年规划的建议》（中共中央、广东省委、广州市委三个层面的《建议》），2005 年。

6. 邓小平：《关于社会主义民主法治的论述》，《邓小平文选》第一、二、三卷，人民出版社 1993、1994 年版。

7. 江泽民：《关于社会主义民主法治的论述》，《江泽民文选》第一、二、三卷，人民出版社 2006 年版。

8. 中宣部理论局编：《用科学发展观经济社会发展全局》，学习出版社 2005 年版。

9. 《中共广州市委关于贯彻〈中共中央关于构建社会主义和谐社会若干重大问题的决定〉的实施意见》，2006 年。

10. 郑天翔著：《论依法治国》，人民法院出版社 1999 年版。

11. ［美］伯尔曼著：《法律与宗教》，三联书店出版社 1991 年版。

12. ［英］戴维·赫尔德著：《民主的模式》，中央编译出版社 1998 年版。

13. 李龙主编：《依法治国方略实施问题的研究》，武汉大学出版社 2002 年版。

14. 《人民日报》评论员：《社会主义和谐社会是民主法治的社会》，《人民日报》，2005 年 9 月 25 日。

15. 夏勇著：《依法治国——国家与社会》，社会科学文献出版社"法治论要"丛书2004年版。

16. 张定河著：《美国政治制度的起源与研究》，中国社会科学出版社1998年版。

17. 郝铁川：《中国依法治国的渐进性》，《法学研究》，2003年第6期。

18. 广州市委党校：《推动发展模式转型　构建和谐城市》，《广州日报》，2005年6月7日。

19. 王立民著：《当代中国的法制新理念——论依法治国方略》，文汇出版社2003年版。

20. 王家福等：《论依法治国》，《法学研究》，1996年第2期。

21. 许维森：《浅谈把"依法治国"方略落实到基层》，《百家论坛》，2002年第1期。

22. 陈海波：《关于"依法治国"的若干思考》，《厦门大学学报》，1999年第1期。

23. 刘金国：《"德""法"相济利于治》，《人民日报》，1996年5月31日。

24. 刘金国：《依法执政与执政能力》，《法学杂志》，2004年第6期。

25. ［美］塞缪尔·亨廷顿著（刘军宁译）：《第三波——20世纪后期民主化浪潮》，三联书店出版社1998年版。

26. 广州年鉴编纂委员会编：《广州年鉴2006》，广州年鉴社2006年版。

27. 周天勇等著：《中国政治体制改革》（全面建设小康社会研究报告集），中国水利水电出版社2004年版。

28. 徐鸿武著：《社会主义民主建设与政治体制改革》，人民出版社2003年版。

29. 燕继荣：《民主政治的条件》，《学习时报》，2005年5月6日。

30. 虞云耀：《民主法治与构建社会主义和谐社会》，中国人大网，2005年7月1日。

31. 中央党校邓小平理论和"三个代表"重要思想研究中心：《民主法治与构建社会主义和谐社会》，《人民日报》，2005年9月7日。

32. 吕怀玉著：《法治与德治新论》，社会科学文献出版社2006年版。

33. 康德：《历史理性批判文集》，何兆武译，商务印书馆1997年版。

34. 张宏生主编：《西方法律思想史》，北京大学出版社1983年版。

35. 张志铭等：《世界城市的法治化治理：以纽约市和东京市为参照系——重大理论与现实问题研究丛书》，上海人民出版社。

36. 刘云耕主编：《现代化与法治化：上海城市法治化研究》，上海人民出版社。

37. 刘兴桂：《城市管理法治问题研究》，法律出版社。

38. 王光主编：《城市法治环境评价体系与方法研究》，中国人民公安大学出版社。

39. 杨鸿台、吴志华、申海平主编：《城市社区体制改革与法制建设研究》，上海交通大学出版社。

40. 刘华：《关于城市法治化的若干思考》。

41. 赵东辉、刘红灿：《调查表明：中国地方法治割据严重》，《法律与生活》（半月刊），2003 年 2 月合刊。

42. 中国博士后科学基金会、中国社会科学院、中国社会科学院法学研究所主编：《法治与和谐社会建设》，社会科学文献出版社 2006 年 10 月版。

43. 郑永流著：《法治四章》，中国政法大学出版社 2002 年 7 月版。

44. 黄之英编：《中国法治之路》，北京大学出版社 2000 年 7 月版。

45. 《法治与人治问题讨论集》编辑组：《法治与人治问题讨论集》，社会科学文献出版社 2002 年 4 月版。

46. 傅思明：《中国依法行政理论与实践》，中国检察出版社 2002 年 11 月版。

47. 《中国社会治安综合治理年鉴 2004》，中国长安出版社。

48. 曹建明等：《在中南海和大会堂讲法制》，商务印书馆 1999 年版。

49. 曾繁正等编译：《哈佛大学行政管理学院行政教程系列：西方国家法律制度社会政策及立法》，红旗出版社 1998 年版。

50. 孙笑侠等：《浙江地方法治进程研究》，浙江人民出版社 2001 年版。

51. 吴卫国：《地方人大的地位与功能研究》，《现代法学》，1999 年第 6 期。

52. 任礼光：《试论依法治市的领导模式》，《行政与法》，2003 年第 6 期。

53. 陈建华主编：《和谐社会——兴国安邦的战略思想》，广州出版社 2005 年 12 月版。

54. 徐显明：《和谐社会中的法治》，《新华文摘》，2007 年第 3 期。

现代城市法治研究

55. 孟继超、申公开监督：《建设法治基础上的公共服务型政府》，《行政与法》，2007 年第 1 期。

56. 凌斌：《法治的两条道路》，《中外法学》，2007 年第 1 期。

57. 肖金明：《和谐社会与新法治观》，《中国行政管理》，2007 第 1 期。

58. 张保生、何苗：《法治与和谐社会》，《政法论坛》，2007 年第 2 期。

59. 汪太贤、艾明：《法治的理念与方略》，中国检察出版社 2001 年 8 月第 1 版。

60. 唐之享主编：《法治：传承与创新——中国当代依法治国之路再探》，湖南出版社 2006 年 3 月第 1 版。

61. 马大山：《中国的法治和法治的中国》，中国人民公安大学出版社 2004 年 7 月第 1 版。

62. 舒扬、彭澎等：《动态环境下的治安防范与控制——以广州为分析典型》，中央编译出版社 2007 年 7 月第 1 版。

63. 舒扬主编：《广州政治文明建设理论与实践》，中国社会科学出版社 2007 年 4 月第 1 版。

64. 沈亚平、王骚主编：《社会转型与行政发展》，南开大学出版社 2005 年 7 月第 1 版。

65. 王辛河：《社会转型：当代社会发展的重要形式》，《岭南学刊》，1996 年第 5 期。

66. 林默彪：《社会转型和转型社会的基本特征》，《社会主义研究》，2004 年第 6 期。

67. 姚休：《我国社会转型的基本特点》，《中共宁波市委党校学报》，1996 年第 13 期。

68. 董林：《社会转型时期城市发展战略再思考》，新浪网。

69. 潘允康：《城市群——未来城市化进群的主体形态》，《城市》，2007 年第 8 期。

70. 苏勤、林炳耀、刘玉亭：《面临新城市贫困我国城市发展与规划的对策研究》，《人文地理》，2003 年 10 月，第 18 卷第 5 期。

71. 卿文静：《论城市发展战略的深化研究》，《四川行政学院学报》，2002 年第 3 期。

72. 杨爱华：《经营城市和发展循环经济的新思路》，《山东大学学报》，2004 年第 6 期。

主要参考文献

73. 高军：《试论当代中国的社会转型与法治路径选择》，《理论与改革》，2007 年第 4 期。

74. 石文龙：《城市精神的法治内涵研究》，《上海大学学报（社会科学版）》，2004 年 3 月第 11 卷第 2 期。

75. 陈红：《关于创建法治城市的现实思考》，《中国司法》，2007 年第 3 期。

76. 尤俊意：《城市法治化与城市综合竞争力》，《法治论丛》，2003 年第 2 期。

77. 席永宏：《城市社会——法治的社会基础》，《长白学刊》，2000 年第 1 期。

78. 雷振扬：《中国法治制约因素分析》，《中南民族学院学报（人文社会科学版）》，2001 年 1 月，第 21 卷第 1 期。

79. 李萍：《改革开放以来广州公众政治参与的嬗变》，《探求》，2002 年第 6 期。

80. 舒扬：《加快广州民主法治建设的思考》，《法治论坛》，2007 年第 1 期。

81. 《推进文化创新建设文化名城——访广州市社会科学院院长李明华博士》，《中国城市经济》，2003 年第 2 期。

82. 广州市统计局综合处：《步伐坚实成就辉煌——近年广州经济社会发展情况分析》，《广东经济》，2003 年第 1 期。

83. 郑英：《2006—2007 年广州市经济形势分析利预测——访广州市社会科学院数量经济研究所所长唐碧海博士》，《珠江经济》，2007 年 3 月。

84. 庞凌：《法治化城市的内涵及其与现代化的关系》，《江南社会学院学报》，2006 年 3 月，第 8 卷第 1 期。

85. 陈勇：《做好五个加强建设社会主义法治城市》，《中国人大》，2005 年第 18 期。

86. 胡福绵：《人力推进依法治市加强社会主义政治文明建设》，2003 年第 6 期。

87. 严励：《提升法治化水平 为增强城市综合竞争力创造良好的法治环境》，《上海市政法管理干部学院学报》，2001 年 9 月，第 16 卷第 5 期。

88. 刘华：《知识产权制度的理性与绩效分析》，中国社会科学出版社 2004 年版。

89. 郑成思：《知识产权论（第三版)》，法律出版社 2003 年版。

90. 朱谢群、郑成思：《也论知识产权》，载《科技与法律》2003 年第 2 期。

91. 吴汉东主编：《知识产权法》，法律出版社 2004 年版。

92. 宋慧献：《版权产业在美国的分量》，《中国知识产权报》，2002 年 7 月 31 日。

93. 吴俊、赖少芬：《保护知识产权难在哪里?》，
http：//news3. xinhuanet. com/focus/2004 - 04/26/content_ 1438043. htm。

94. 马秀山：《日本"知识产权立国"战略概述》，《中国知识产权报》，2002 年 11 月 1 日。

95. 刘明珍：《广州企业自主知识产权与知名品牌发展研究》，《珠江经济》，2006 年第 12 期。

96. 柳卸林：《知识经济导论》，经济管理出版社 1998 年版。

97. 蒋年云、涂成林、张强、刘有贵：《关于增强广州自主创新能力的思路与对策研究》，载于《2006 年：广州经济发展报告》，社会科学文献出版社 2006 年版。

98. 《2005 年广州统计年鉴》，中国统计出版社 2006 年版。

99. 陈清泰：《企业自主创新的几个政策性问题》，《比较》，第 28 辑。

100. 刘华、戚昌文：《对我国多层次知识产权教育的原则及方案的研究》，《科技进步与对策》，2002 年第 3 期。

101. Todd Dickinson：《21 世纪知识产权与经济发展的关系》，载《面向 21 实际知识产权保护制度国际研讨会文集》，1998 年 10 月，第 21 页。

102. Keith E. Maskus, Intellectual Property Rights in the Global Economy (Washington, DC：Institute for International Economics, 2000)。

103. Keith E. Maskus, Jerome H. Reichman, The Globalization of Private Knowledge Goods and the Privatization of Global Public Goods, Journal of International Economic Law, Vol. 7. June 2004 pp. 279—320。

104. Lester C. Thurow, Head to Head, The Economic Battle Among Japan, Europe, and America (New York：HarperCollins Publishers Inc. , 2003)

105. 吴岳静：《知识产权战略提升城市核心竞争力》，
　　　http：//theory. southcn. com/nydkt/nygd/200405080188. htm。

106. 《田力普：发挥知识产权作用，促进自主创新》，
　　　http：//www. sxzxcy. com/xx. asp？wzid = 2907。

107. 刘江华、张强、杨代友：《广州经济社会发展模式转型的十大战略方
　　　向 》， http：//www. gzswdx. gov. cn/librarynewweb/showcontent. asp？
　　　TitleID = 28562。

108. 《2006 年广东省知识产权年鉴》，广东省知识产权局网站，
　　　http：//www. gdipo. gov. cn/。

109. 《广州保护知识产权工作成效显著》，广州市政府门户网站，
　　　http：//www. gz. gov. cn/vfs/web/index. htm。

110. 田力普：《实施国家知识产权战略，推动高新企业发展》，新浪财经，
　　　http：//www. sina. com. cn。

111. 《2004 年广州市专利申请和授权的统计分析报告》，广州知识产权局
　　　网，http：//www. gzipo. gov. cn/web/jsp/index. jsp。

112. 《广州保护知识产权工作成效显著》，广州市政府门户网站，
　　　http：//www. gz. gov. cn/vfs/web/index. htm。

113. 《2006 年广东省各市专利申请、授权情况》，广东省知识产权局网
　　　站，http：//www. gdipo. gov. cn/。

114. 《2006 年上海知识产权发展与保护状况白皮书》，上海知识产权局网
　　　站，http：//www. sipa. gov. cn/。

115. 《2005 年广东省知识产权年鉴》，广东省知识产权局网站，
　　　http：//www. gdipo. gov. cn/。

116. 王利民：《正视贪贿犯罪七个特点》，《检察日报》，2007 年 9 月
　　　12 日。

117. 丁国锋：《最高检披露腐败案新特点：贪贿罪被遏制局部仍高发》，
　　　《法制日报》，2007 年 9 月 12 日。

118. 中央党校第 23 期一年制中青班赴新加坡考察团：《新加坡的反贪机
　　　制》，《学习时报》，2008 年 1 月 30 日。

119. 李成言、庄振主编：《廉政发展》，北京大学出版社 2004 年 7 月版，
　　　第 127 页。

120. 殷祚桂：《反腐不用重典，北欧为啥依然廉政》，《中国青年报》，2007 – 09 – 13。

121. 王巧捧：《国外舆论监督扫描》，《廉政瞭望杂志》，2007 年 9 月 6 日。

122. 廖燃：《破除反腐败的迷思——"透明国际"对中国反腐的建言》，《同舟共进》，2007 年第 4 期。

123. 夏赞忠主编：《廉政法律制度研究》，中国方正出版社 2007 年 1 月版，第 71—72 页。

124. 潘维：《民主迷信与中国政体改革的方向》，《光明观察》，2006 年 6 月 5 日。

125. 沈国明：《有效制约权力的一个恰当选项》，《学习时报》，2007 年 11 月 7 日。

126. 宋振国、刘长敏等著：《各国廉政建设比较研究》，知识产权出版社 2006 年 1 月版，第 174 页。

127. 秘密观察员：《暗处监督干部》，《报刊文摘》，2005 年 07 月 21 日。

128. 卢汉桥：《构建和谐社会背景下的反腐败走向》，《广州大学学报（社会科学版）》，2005 年 12 期。

129. 《民主与廉政》，《南风窗》，2005 年 5 月。

130. 李秋芳主编：《反腐败思考与对策》，中国方正出版社 2005 年 9 月版。

131. 冯敏刚：《以科学设置权力结构为重点 积极推进制度建设新的实践》，《中国纪检监察报》，2008 年 1 月 19 日。

132. 郎加：《监督制度创新》，国家行政学院出版社 2005 年 10 月版。

133. 杨夏柏：《反腐败研究（第六集）》，浙江大学出版社 2007 年 1 月版。

134. 季正矩：《通往廉洁之路 中外反腐败的经验与教训研究》，中央编译出版社 2005 年 7 月版。

135. 李秋芳主编：《世界主要国家和地区反腐败体制机制研究》，中国方正出版社 2007 年 1 月版。

136. 李成言：《廉政工程：制度、政策与技术》，北京大学出版社 2006 年 6 月版。

137. 参考 fengjianxiao：《香港反腐的"零容忍"》，天涯社区论坛，http：//cache. tianya. cn/publicforum/content/news/1/89019. shtml，2007 – 10 – 14。

主要参考文献

138. 参考 laobingzy：《反腐纵横谈》，天涯社区论坛，
http：//cache. tianya. cn/publicforum/content/news/1/89019. shtml，
2008 – 02 – 09。

139. 汪华斌：《中国人的反腐败成本究竟有多高？》，天涯社区论坛，
http：//cache. tianya. cn/publicforum/content/news/1/89019. shtml，
2008 – 02 – 23。

140. 曾颖：《当"反腐"成为官场斗争的工具时》，天涯社区论坛，
http：//cache. tianya. cn/publicforum/content/news/1/89019. shtml，
2008 – 01 – 19。

141. xuqinglin：《反腐败，不能"唯制度论"》，天涯社区论坛，
http：//cache. tianya. cn/publicforum/content/news/1/89019. shtml，
2007 – 05 – 09。

现代城市法治研究

后记：一个人，学法悟道三十年（1978—2008）

一本书稿，正在一个返春回潮的广州人家书房里，通过刷刷发声的打印机顽强地吞食最后几张光洁的打印纸。

一杯酽茶，已被喜食者喝成一团卷缩的湿叶片堆挤在狭小的杯底，急需续上饮水机出来的热水，然后还可再度舒展。

一个深知厌倦也是一种虚假的埋怨情绪的写手，开始哼着二十年前流行过的小曲，整理凌乱的桌面，并憧憬着：这时候要是有个长得像《围城》里的唐晓芙那样的宝贝女儿送来一盘生果和一番撒娇卖乖的话，那该是何等的惬意。

一个自慰式的念想还没有脱开它裹挟而来的淡粉色朦胧……

这时，一个电话来了。

说话的人是大学时一起同教室读书的校友。他说，H君已经去世了。

听电话的人，松软宽阔的身躯突然像被坚硬绷紧的肌肉拉高扯长了许多。转眼间，全身仿佛又急缩为半寸铁钉在重锤的猛然击打下嵌入软木，周遭死黑，顿成无边的寂静。

是怕死吗？

死有何畏？死的体验恐怕也就不过如此而已吧？！

算上新增的H君，当年一个学堂的三百六十位校友，今天已经有了两位数的减员。并且，减员的预备队已有多人在册。不怕死的人听闻噩耗，心生一沉，无奈一叹，眼底无物，情系广远，一切当属自然。

"我操！格老子的，龟儿子死神已经在我们这档子人面前翻看生死簿了！"校友在电话中的正确提示，使听电话的人马上意识到自己大半截已经进了棺材，一本书的后记该怎么写？顷刻之间有了军令如山倒一样的构思——

写一个人；

写一群既可互称为"同门袍泽"，又在利害到来之际表现各异，"相距甚远"的人；

写一个时间断代的人与法律的缘分与混成。

这个人，是我。虽然常常不知道我是干什么的，但是，我明白我是一个生命的符号，为了减少与他人故意或间接的误会，我取的名字是舒扬。

然而，舒扬还是较多，网上搜索，已有男女老少二十余人。近在同城一地，用此名、貌相像的也有二三人之多。据说，有位也是广州的舒扬携巨款去了内蒙古自治区种植固沙之草木，简称治沙，而广东普通话之"治沙"与"自杀"是一个基准调，所以，一时间，远远近近，有关无关的知我者和不知我者，好事者和不好事者，善者和不善者议论纷纷，盛传舒扬同志在内蒙古自杀。

至今尚未自杀的那个舒扬，本来1977年就该进名牌大学读书了，但听说是县里有领导给教育局下了个口谕，扣发了一批本县考生的入学通知书，舒扬我也在其中之列。看着比自己考分低很多的人兴奋地上路去报到读书，我的郁闷、伤感、无助甚至是愤慨的强烈程度绝对可以是他们兴奋度的三倍。我曾锦衣夜行，到我一位景仰的语文老师家去诉说衷肠、伤心嚎哭。老师连一句安慰的话也未给，只是脸色阴沉地看着我，好像是在研究我身体中究竟储存有多少水分，怎么如此这样的倾缸倒水似的哭？竟然持续着、持续着，源头仿佛有一个永动机式的水泵。

不需要充分的理由，没有根据的基础，甚至不知道是哪位领导的意思。我初生的大学梦就鸡飞蛋打、灰飞湮灭了。在有权威主义厚黑传统和深重历史的山区县份，县领导差不多就是乡民偶尔看得到的皇帝。我当时对县领导的印象是：他们一般穿着不太油亮的皮鞋，头发像一整块瓦片顺扣在不能达到自然、完全覆盖效果的头颅上，秋冬天，身上一定要披件或新或旧的军用大衣，春夏里，则必须将经常有人除尘的深色中山装挂在敞开的胸怀后。县领导经常坐噪声震耳的北京牌吉普车一来二去，那些带有炫耀故意的飞沙扬尘，断掉了路人想看清领导坐着的姿态的念想。在公众活动场所，他们一行人总是：手庄严的扣在背后，头戴布帽子，彼此绝不谦让但肯定胸有成竹地鱼贯而入的上主席台，坐各自的位子。还有一点，好像那时山区的县领导都爱吃猪的隐埋在松弛的瘦肉中的蹄筋。因为那年头我妈去买猪肉，回来总发现上好的猪蹄都给人抽去了粗胖如小拇指的蹄筋。一打听，才知道"肉联厂"的仓库里风干了好多好多猪蹄筋，既然领导喜欢，就是计划收藏的无声的命令，所有取之于猪蹄的肉筋，一是供本县的领导炖着吃、烤着吃、就着酒吃、送着饭吃，二来不大包小捆地适时择机往外送，那就太不够意思了。

在这样的白云盖黑土的小县城；

年年到二三月间农民都要想办法度饥荒的霉日子；

县长的傻儿子一定要被全城老少传诵为大智若愚；

书记的丑媳妇准会给人说成是西施再世；

有由头的"指鹿为马"是日常生活的常态；

是格老子？是龟儿子？摇唇鼓舌之间就可实现身份转换；

上大学？

领导已发话。

你能做出什么样的挣扎？

不挣扎，就咬牙再来一次！

为什么再来一次需要咬牙切齿的下决心？

当时面临着县领导意志坚强，不吭不哈的压力。

考大学前，我与近百名有高中文化程度的知青和社会青年，被招工进了一个筹建中的县办氮肥厂。领导说："格老子，厂没有建起来，兔崽子们都心思思想考大学跑掉了。这怎么行，一个也不放。"尽管当时全厂被大学录取的仅我一个，被大专、中专录取才4人。但领导说这是涉及苗头和风向的大问题，此风不可涨，此情不可长。要像割资本主义尾巴一样，割断想上大学的小资情绪。领导的最新指示，迫使4位工友当众表示下不为例，不考学校了。而我的迟疑不决，使领导和领导周围的人很着急、很诧异、很恼火，认为事态很严重。于是，我从掌握工作和业余时间比较宽松灵活的厂办政工组下到了基建队，每天挖沟掘渠、搬砖运木十二个小时，完了还加夜班卸货、出窑、站哨、巡厂，总之不能让你有空去接触书本复习应考。另一方面，有温和亲善的声音传来：只要放弃图谋上大学，可以马上派去省城大厂学习技术，还可考虑马上批准入党，将来还极有可能当个厂长什么的。更掏心摘肺的是，同批进厂的最漂亮的美眉有并不含蓄的表示……生活要将你置留于地老天荒的天边古寨，总而言之也还是有办法的。

要下决心的另一个主要原因，是我妈。

电影《秋菊打官司》中巩俐演的那个女主角，有不屈不挠的女人性格，这性格在我妈身上绝少"着陆"。她一生谦和，不知世界为何有那么多的纷争，从来就习惯逆来顺受，但这一次，儿子该不该再考一次大学，她大有咬定青山不放松的强悍乃至搏命的态度。我妈对我放出一句狠话：你要放弃再考，我就会彻底疯掉。就这一句话，让我无言以对，我没有破釜沉舟，而是在心里十分自负地自己将自己录取为1978年入学的大学生。

为了争取一点复习时间，我在钳工班干活时很想碰到个工伤机会，在钢板上打焊槽时，有意无意地用钢锉和铁锤把左手打得血淋淋的，希望得到批准离场养伤，偷闲看书，可惜这里边的主观故意太过明显，招致的后果是无人理会。

调个岗位，你继续干吧。

没多久，机会来了，一位工友在车间里将一个烧木炭的炉子点燃，火势突然大旺，旁边就是油料库，很危险。

这时，我表现得很神勇。

其实，当时是心存无限的悲伤因而举止显得有一点悲壮。

我抓住燃炉的把手，在火苗灼热瞬间淹没了我的整个右手之际，奔出车间，将火炉像推铅球一样，扔到不远处的水沟。

所幸的不光是避免了一场事故。

所幸的是我的右手被烧伤了，虽然皮肤若干处出现焦黄，虽然钻心的疼痛。

所幸的还有领导听闻后表现了一种不带具体指示的感动。

靠左手和右手的代价，我被批准从十分偏远的厂区工地回到晚上偶尔才通宵不会停电并设有考场的县城疗伤。

这一天，离全国第二次高等院校招生考试开试日正好十八天。

十八天太久，其实，有二三天喘喘气，回回神，定定心，也就足够了。

由于烧伤引起感染，我连日满面赤红，目光不能聚焦，嘴角冒泡，发高烧了。

在输液打针的情况下，我考卷一交就急速回家躺下，躺够了时辰又再起身赶考。终于，所有科目考完，病痛偏在这时也恰如抽丝去净。

后来知道，我有两科成绩，荣冠当年全省最高分：历史九十八分，政治八十九分。到现在为止，一些朋友都还猜测，历史科被扣掉的两分，极可能是因为烧伤的右手写的字不是太漂亮。

我的第二次高考，使我爸很惭愧，因为当时他可能有奉命之责，所以极想让我放弃，他固守着"官家就是地狱"的一孔之见，命运里老是受无缘无故地排斥、打压，因为持久，因为沉重，他习惯了放弃。"躲进小楼成一统，管他春夏与秋冬"是他揣在心窝子里的一对应景条幅。

我的第二次高考，使我妈很高兴，煮饭洗衣时她常哼唱着："解放区的天是明朗的天，解放区的人民好喜欢。"

我的第二次高考，使我歪打正着进入当时全国政法学科唯一作为重点大学的西南政法学院，从此跟强势和弱势的人物与事件、国家和地方制度、权力行使规则、民主思想和法律活动对上了暗号，接上了头。

一个人，学法悟道三十年，由此领出了后来才列阵的多米诺骨及其效应的第一块骨牌。

西南政法学院，在山城重庆市，歌乐山下，白宫馆、渣滓洞旁边。这地方没去过的人都会熟悉，因为当年有一本覆盖大江南北、长城内外的畅销书《红岩》。《红岩》中的"人间魔窟"中美合作所就在西南政法学院的地头上。《红岩》中的人和事，竟然有不少被现代的"揭秘"、"口述历史"之类的东西完全颠覆了。但1978年，那个时候的青年心理和青年见识却像红红的花岗岩石壁一样，彻底赤化，浑然天成，不曾掺杂，绝无碎纹。奇怪的是，我当时虽然非常革命化，但对读西南政法学院，心中却偏偏有些不是滋味，还犯了好长一段时间的怅惘。《红岩》小说里写了一个单纯的属殷实之家的高中男生，一天拿着流行的读物在白宫馆、渣滓洞一带无聊的游走，结果被中美合作所的特务七弄八弄搞进了监狱，特务们怕这个青年学生看到了什么并讲了出去，只好让他陪着许云峰、江姐们坐监。这个印象，让我对建在"人间魔窟"旧址上的学校有点阴森的认识。

此外，这个学校是教法律的。

法律是什么呢？尽管我已经成人，但我脑子里的确还没有什么法律的概念。我对法律唯有的感觉，就是县城中学偌大的操场边，过去经常都有的枪毙犯人。印象中，法律一经宣判，操场上黑压压的人群便稀里哗啦地一分两开，好像在黑发人头密织的大地毯中间剪出了一条白道，赴死者背上插着标牌，被通常清一色戴着白口罩的枪手们簇拥着，急步而过。千万双眼睛一下子统统放大了瞳孔，都成放大镜和望远镜了。待五花大绑的人一字长排，朝着操场尽头的山边跪下，枪手们退后几步调整出枪击发的队形，这时全场立竿见影地肃静下来，人浪的最后一波把好奇的议论与评说卷起来甩给操场周边很远的建筑和山包上或站在屋顶、或踩着树枝翘首等待的人群。一阵枪响之后，操场上的人们在立马见效的骚乱中等待片刻，接着便像饥荒年间饿民抢米铺一样，争先恐后冲着逝者倒下的射线方向，慌张地寻找。

他们在寻找什么呢？

在找枪子崩散的死者的头盖骨，俗称天灵盖。

找到了又怎么样呢？

找到的人仿佛是找到了一种天大的幸运，或者是拿到了什么宝贝到家的信物。但是，接下来的又很无聊，这些人把头盖骨端详，传看一番后，感觉跟上几次的情况相比较也没有什么特别的，于是起哄着把这些带毛发的碎片扔向观望的人群，引起这里和那里的新的混乱和一拨高过一拨的尖叫。这有点像民俗中抛绣球的场面，但一个是迎喜，一个是避邪，说到底也就是一个好玩。难怪，县城居民都把枪毙人的当天视为一个盛大的节日，大家前后几天都会兴奋无比。如果一年中间隔太久了没来这样的刺激，大家会问，公安局、法院那帮人不是白吃干饭的吧，让人看点新鲜稀奇都不成吗？

读大学念法律，是不是研究怎么砍脑壳啊?! 学法律，无非就是搞懂怎么"该关的关，该抓的抓，该判的判，该杀的杀"吗？这种疑问和对答，在1978年是民间最贴近真实的情况，可见，偌大的中国，其实就是一个现代法律春风未度的"关外"。而1978年在年份上的意义，可以说是溶冰之象的初起。

就1978年的有强烈求学而并不一定是想求知的我来说，进哪间学校自然还有不少私心杂念。我武断的认为，上法律院校类似于上军校，心性孔武，好动拳脚的人才把它当成心头的喜欢，而我，自个儿早归到了四体不勤、喜文爱字吃文饭的一类。所以，入读政法，心有遗憾。

遗憾有：

这个学校为啥不在北京？

那年头，小地方对北京的崇尚近乎走火入魔的程度，人们说到北京，去北京都不这么说，就两个落地有声的字："进京"。去不了北京城，那就把从北京城下来的人疯狂推举甚至崇拜。县城里隔过几年有哪家的孩儿通过征兵入伍，在皇城根儿下或者是在河北、天津一带养猪种地、站岗放哨，那便可以说是京城卫戍部队的人，那可是横空出世的人才。记得有位仁兄，有年给三军仪仗队招去做了吹小号的兵，这哥们曾在服役期间带着小号和礼仪制服回到县城探母，一时间，全城的中年妇女都在想怎么才能让这小子做自家的女婿。一日，该哥们在数十位当年女同学的围拥中操着一星半点的京味说话，话间拿出闪光的小铜号一阵激情磅礴的吹，那番情景绝对赛过七老八十的德国诗人歌德在数位十八岁少女依偎下的言情写诗。此景既有，夫复何求？

如果政法学院在北京，专不专业，学不学啥也就可以无所谓了。

既然有了第一大缺憾，那就会牵扯出其他的猜度和乱想：

学法律能谈笑风生、畅想自由吗？

学完法律后能干什么呢？我爸单位有个人的二叔，早年就是西南政法学院毕业的，结果读完书分配去了海南岛的种植园，专事喂养供销给国营食店的兔子。

听说国外好多地方是用法律来打理民事和政务的，学人家那一套有什么用啊？洋人们用的玩意儿，行吗？给那些"洋泾浜"湿了身、洗了脑，会不会沾了"里通外国"的腥味呢？

读政法的，肯定是愣头小伙子多，没有几个女生的校园会很枯燥寂寞吧？

政法学院会不会把单纯无知的青年个个培养成身怀绝技、隐隐于市的特务？这活可不是好干的啊！

政法学院的入学通知书强调带齐学习用品，其他都未做明示，它是一个实行供给制的大军营吗？要睡大通铺吗？要统一着装吗？是不是报到后就开始起算军龄了呢？

……

一个新生对他茫然不知所向的学校的一切疑虑，证明了一个事实：中国，1978 年的政法类学校，在人们心中，是没有认识的，因而所有可以算数的认识又都是多角度的、很自我、很失序、很片断、很混沌的。这恰巧跟社会对民主与法制的感觉一样，是困惑、是无知、是冲动，是没有理论的主张，是缺乏长考的思量。

以上我讲的，似乎是我学法悟道生命之旅的"第一块骨牌"，它何尝不是中国、1978 年至 2008 三十年法律史回溯的某个原生态场景？

1978 年秋风乍起的时节，我特意穿着一身工装进入了当时全然没有学校感觉的西南政法学院。

这个学校的凋零和破败，是 1978 年前的历史中，中国好不容易积攒下来的一点法律遗产曾被浩劫过的见证。当时我好像进到了一个破落贵族的私家庭院，除了看到的是百废待兴的物象，更可怕的是从校园中的遗老遗少的精神状态的内里，我感到了一种刚刚复苏后的慵懒和惊魂未定的无助。中国的政法院校自"文革"星火燎原起，已关、停、并、转十二年整了。西南政法学院可能是因山城重庆的边地效应和浓雾之功，使它受冲击还不是最大，毁损得还不太彻底，人员的遣散安置还没有做干净。于是，它有条件率先复办招生。所以，1978 年，它迎来了"文革"后的首批大学生，共计三百六十人。开学典礼在一个没有水的游泳池里举行，新生们坐着池底的几百张小板凳，领导们置身于运动员出发的跳台上，这种设计和安排，现在看来意味着一种新的发令和冲刺，正应了1978 年，中国现代法律活动史的匆忙和摸着石头过河式的开启。

看着临时主席台上不失威严的坐着的领导，我依稀看到了一些熟悉的情况，校领导们也是有先后秩序、鱼贯而入的，他们各自也披挂着中山装外衣，还有老人是披挂军用大衣的。一溜领导几乎都头戴布帽子、低低的帽檐把整个脸孔弄得有些神秘的模糊。我有点纳闷，怎么这年头，哪里的干部，不论官大官小都一个模样呢？

后来，我十分确信，1978 年领导着西南政法学院复办招生的这些老领导，真正是好领导、真正是党的好干部，教职员工和学生崇敬的领头羊。苏明德书记和胡光院长都是级别很高的老革命，听说苏是北平一二·九学生运动的领袖，胡是井岗山时期的老红军。他们俩竟在同一间教室里办公，办公桌对接在一起，两位巨头相对而坐，啥事都当面商量，不给后来搞得越来越宽带化的领导中间环节以任何徇私舞弊、倒卖原话的机会。苏书记经常在学生宿舍过道上走来走去，逮住一个同学就要不主动休止的问这问那，亲近得让学生觉得他就是本乡本土、喜欢管闲事、爱唠叨的宗祠长老二大爷。胡光院长的传奇故事更多，他真的是高大威猛，曾当过延安时期中央保卫局的领导。一年中好像有大半时间身披褪色的军大衣。胡院长讲话北方音极为浓重，有时让人要再多问一次才明白他的真正意思。这位老人家像陕北的牧羊人爱惜小羊羔一样，很关爱我们这批他眼中的"瓷娃娃"。曾经有位同学的读书期间犯了点事，一起惹事的其他单位的人最低都判了八年徒刑。我们大家都认为该同学彻底地"无可救药"了，但胡光院长一口一个"学生娃娃"把他拼死保了下来，尔后送其回老家时，还专门给保卫处的干部做了许多要关心体贴学生的交代。听说，胡院长其实也一生被整，原因不详。后来还是"文革"时红卫兵造反，翻看了高级干部历史档案，在批斗胡院长时要他老实交代，他这才清楚，自己仕途坎坷原来是起因于他当苏区根据地儿童团团长的一桩不大的事情。不久，西南政法学院又来了一位新书记，叫张文澄。早在地下党活动时期他就当过中共重庆市委的领导，后来又做过重庆市人大常委会的主任。张书记最大的特征是，宽阔的脸上由于硕大的鼻子通体发红，晃眼一看，让人觉得他的脸部中央是赤色的区域。老人家履职后，在我上课的教室隔壁开辟了既办公又睡觉的小房间，几乎每天从早到晚我们都能笑笑地跟他碰面打招呼。老人家似乎三餐都吃学校食堂的伙食，因为跟我们学生共用一个狭小的洗手间，所以，一天中有数次看见他端着一个脸盆到洗手间来倒掉他亲自用过的各种各样的水。我的同寝室的同学周某，是应届高中生考上西南政法学院的小不点。他进校后第一件事是丢下背包直奔学校后山被铁路局废弃的铁道旁耐心地等着看火车，因为他没有见过火车是怎样在两条铁线上跑的。三天中的几个时段都没有见到电影中才有的那个铁家伙的威武奔驰，第四天此君才怯生生地向老大哥们请示。我等一说，方才让这位小弟松气释然。就是这位小弟，竟能步调一致地跟张文澄书记定时赴厕，共蹲便池坑位。

我们教室和张书记房间共用的厕所因为小，只设了两个坑位，而且中间没有隔板。张书记与周同学，每天早晨都一起蹲坑，并口若悬河地热议各类大事小事。说不定领导机关的一些决策都是从"厕谈"中发现素材的。他们自己的内急之事办完后，竟是张书记从自己房间里端一大盆洗过手、脸的水将自己和周同学的待处理物冲进该归往的地方。这事很能让我们用来善意地调侃周同学，不好意思说他跟张书记是"同厕兄"，对外我们只好特别介绍他是张书记的"史友"。此桩小事琐事，足以证明，当时位高权重的校领导是跟普通学生打成一片的。有时我也内急而奔去，见爷孙俩辈人已安然处之，只好临时装着只需小便，看他们那一番铁汉柔情似的和谐，难免心生感动。另要强调的是，周同学有这样的与领导的接触机会，却从未顺便谈起过自己的诉愿与请求，所有知道这层关系的同学，也根本没有想过要通过周同学的"工作便利"，给领导递个条、传个话什么的。可见当时校风淳良、洁净、人情高尚、透明。若干年后，我也在某大学里当了校领导，然而，我与学生已隔山隔水，什么"友"都是无法可能做到了。比比老同志，惭愧！

有什么样的领导、即有什么样的学校和校风以及传统精神。西南政法1978年进校的学生，沐风浴雨，正当佳时。

1978年进入西南政法学院的学生，穿着工装、军装、干部装、学生装、农民装，当时更有奇特的让人舌头都吐出来了的是广东、广西的十几个新生中竟有敢穿花格格衬衣、人字形塑料拖鞋的。大家南腔北调，这也并不为怪，怪的是闽南语、广东话怎么都听不懂，两广、福建的同学长得都很有南国特色，所以，好长时间我都以为西南政法学院招进了一批外国留学生。

学生的装束和言谈举止，反映了西南政法学院的多元文化，其实也证明了当时确实是吸纳了社会的精英文化，因为那时三十个省份的考生，只有三百多人被录为西南政法学院的学生，其中不少是各省的文科状元、榜眼、探花。更重要的是，这批学生分别来自党、政、工、农、商、学、兵、工会、妇联等群团组织，一不留神，竟将1978年中国社会的时尚与新潮，在歌乐山下小小的校区里边汹涌澎湃、激荡、呼啸起来。

除了学生带来的社会拨乱反正的开启之风，事实上，"文革"的做派和遗韵也顺势潜入、自然而行。我们进校后，最先让人振奋的是，与占据了原西南政法学院最好风景和地块的四川外国语学院的人制造事端、导演冲突，乃至互掷砖头、酒瓶，打群架。因为当时我是院学生会的头头之一，知道一些内幕，曾经有老师和领导暗示或授意，我们还试图向全国发通电，组织大规模的示威、游行、罢课呢！当时要挟高层的要求有两个：一是让西南政法学院整体迁往生活条件优于重庆的省会城市成都，借此大兴土木，建一个崭新的学校；二是让四川外国语学院无条件交回占用的全部校园与设施，彻底结束"文革"造成的两校夹杂在一个校园的尴尬局面。

其实，我虽身为学生干部必须参与起哄，而且还要积极地大呼小叫，但从内心还是很反感这种"文革"里才有的习惯思维和动作。我心想，

现代城市法治研究

四川外语学院有那么多青春亮丽的女生，大家交杂在一起你读外语、我念法律有什么不好？两校没有界碑和围墙，彼此的交往不是更方便吗？虽然当时校园生活是绝对不能容许谈恋爱的，但是感觉和情绪，你再怎么弄，也是隔阻不了的。

西南政法学院与四川外国语学院闹腾了许久，青年们都有些厌倦了。此时有一个具备摧毁性的精神炸弹在同学们的情绪世界里炸开了："铁打的营盘流水的兵，不动的校产活动的生"。学生总是要毕业的，不抓紧时间读点书，白了少年头，要空悲切的呀！

于是，很多扔过砖头的手，转而去抓像砖头一样厚重的书籍了。

生活真是有一种定律在把持。

读书的风气在西南政法学院渐浓之后，它接下来就是势如破竹的愈演愈烈，好像有一种无声的命令，有一种集体的行动，有一种1958年才有的相互的火热竞赛与攀比。这与西南政法学院统帅教学教务工作的领导者有直接的关系。记得当时教务处的朱处长，肚子特大，喘气挺粗，一口当当回响的河南话，指挥着课堂的秩序和风气、调度着读书与讨论，甚至师生共同钻研的事务与项目。很奇怪，朱姓处长在一次出远差坐火车时被要炸死移情乱性的老婆的莽汉连带给炸死了。消息传来，师生同悲了好长一段时间。

读书是学生的本分，但也得有好的学校去组织、好的学长和教师去引导与点火煽情，说句大实话，易中天和于丹这样的教师，对当下的学生，甚至是博士生都绝对是有裨益的。

我们当年西南政法学院1978级的学生，都有过好老师教诲与点拨下读书的奋发经历。张警、王锡山、常怡、杨炳勋、杨永敬、刘永誉、高绍先、钟明钊、邓又天、廖俊常、林向荣、杨景凡、金平、杨和玉、孙守煌、卢云、伍柳村、张紫葛、黎国智、徐静村、薛伦卓、王洪俊、李昌麒……这些人要放在今天，绝对轻易可以从教育部的评选中拿下全国名师的牌头。西南政法学院拥有这样一支饱受风寒、几经煎熬、独守学术空房、不食学术泡沫甚至只求言传身教、甘守述而不著的教师队伍，是学校之大幸、学子之大福。在这些教师的传、帮、带下，1978年进校的学生，好多都可以称作是咬文嚼字的、不知书外还有何物的书痴和书疯子。

当然，必须坦承，1978年后几年的中国法律知识库存是极其贫乏的，甚至可以说，当时并没有什么像样的法律教材和书籍可寻、可看、可读。聊胜于无的是，法律史的典章资料图书馆还残存一些吧?! 港台及国外的法律书刊作为复印下来供批判用的东西还有吧?! 个别老教师私藏的发黄发霉的旧书还有吧?! 老师们年轻时候的听课和读书笔记还有吧……总之，想方设法地找，挖地三尺地寻，苦口婆心地借，手抄笔录的传。这样，我们成功渡过了书山缺粮的精神饥荒，专业基础在读大学期间还算是夯实了。

前不久，我现在工作单位的一位同事给了我一份网上搜索来的反映西南政法学院威风史的材料。上边罗列的身居省部级领导干部和学术名家的 1978 级的学生很是不少，光名字排列就达半个页码之多（有人出于希望和鼓励，把不才的鄙人也列入了英雄册，其实是把我的官阶和学术成就搞错了，这样被"晒"出来，有压力啊，拜托网手了，别!）。一看此中人物，没有一个是当年读书不发狠的。学生时代的读书，形同于十月怀胎的授精过粉，这是将来品质和气度的"前定和谐"。学得满腹经纶而无用武之地，那是社会的损失而不是个人的虚度与浪费，而机会来了，你急着掏出来的却是没有理性知识力量的空无，那就是一种自己砸锅拆灶的滑稽。西南政法学院的 1978 级学生，似乎还没有人要去犯这个禁忌，所以，社会各界一看是某校七八级的学生，至少会觉得此人非等闲之辈，是有料在身之人。

一个学校的某段书卷生活，全然可以视为整个社会某个时段的一面镜子。

1978 年稍后的中国社会，改革的思潮涌动，法律界也表现出推波助澜之势。法律的机构开始大规模的恢复，组织设置原样归位，从事过法律工作和有过法律教育背景的人开始从各行各业、各个地方和部门冒出地面、重新回到公、检、法、司机关报名上班。

当时，社会的确是向许多生不逢时、明珠暗投的法律院校毕业生吹过"集结号"。后来出任中华人民共和国首席大法官，最高人民法院院长的肖扬，还有任过广东省人民检察院检察长的张学军，不都是闻声而动，归队及时，最终才声震环宇、名扬四海的吗?

国家和社会，在法律领域点化出几件大事：

着手清理"文革"以来的汗牛充栋的诉苦申冤材料；

开始着手平反"文革"以来的各种各类冤、假、错案；

伤痕文学拉开了整个民族躯体上刚刚用淤血凝疤的创口，各类文学、艺术作品，对人生中的无法无天状态进行了反思、清盘；

1978 年的西南政法学院学生受到了学科和专业上的震撼，法律对国家、对社会与人生命运的作用，引起了法律知识分子和知道分子的良心诘问；

国家开始废止一些充满阶级斗争火药味的、打打杀杀的法律、法令；

同时期，国家因为边境地区的冲突、争端升级，打了一场局部性的战争，由此，我们多珍藏了一份这些事件与学校、学习有连带关系的记忆。

国家按特别审判程序，成立特别审判机构组织，准备审理王、张、江、姚四人帮的公诉案件；

国家开始关注和讨论属于中华人民共和国刑法和刑事诉讼法方面的法条法规；

全社会开始改革开放以来的第一次"严打"；

全社会由法学界、法律界发起，展开人治与法制问题的大讨论；

上海《民主与法制》，北京《中国青年报》、武汉《青年论坛》等刊物一时间"洛阳纸贵"，民意、民声、民权阻抗官僚权贵的斗争呈现公开化；

辽宁张志新案，遇罗克案，新疆建设兵团女战士、上海知青蒋爱珍杀人案引起全国评说；

由于结束了"文革"扭曲的生活、恢复人际正常关系，全国上下以婚姻案件为突出代表的各种民事诉讼，像江河开闸放水，汹涌而至；

中央决定修改宪法，全国上下开展规模空前的修宪大讨论；

……

1978 至 1982，短短四年之中，国家和社会发生了许许多多与法律和法学相关的大事。法律，在中国闲置不用十几年之久后，尤如汪洋上的一只遮风挡雨都有困难的船，在国家、社会和百姓巨浪滔天一样的涉法事务中，挣扎着、呻吟着、摇晃着，但还是在顽强地前行着。

1978 年后的西南政法学院，可以算是中国法律大笨船上的一个靠后的舱位，三百六十余个年轻学子，犹如刚刚在风浪颠簸中孵化出来的小鸡子。我们虽不能像大船上的水手们一样搏击海浪，但我们亲历了所有的法律事件对观念的冲击和思想的洗礼。上课、讨论、学习、实习都是紧锣密鼓、争先恐后的。校园生活、书斋味逐渐消退，责任感日益浓郁。到高年级、毕业班时，许多稚气的面孔突然老成持重了许多，愁眉与焦虑印证了不少学子的趋于成熟。大家相互之间的嬉笑打闹也自动减少了，一个个庄严肃穆的样子，似乎让人感觉到这些人已受了什么天命，马上就要开拔去做过去只有钦差大臣才能受托的国家大事了。

哦！高年级的生活开始了！

大家面临着毕业分配，道路是需要选择的，路走对了，门进错了也很麻烦。

三百六十多个人，三百六十多种命运。

有殊途同归，更有分道扬镳。

平庸的归平庸，慵懒的归慵懒，取巧的归取巧，爱拼、爱玩、爱闯、爱险的都有一份"存在就是合理"的归去。

那个时候，有激情燃烧，有春风荡漾，有中流击水，有浪遏飞舟，有参禅打坐，有偷师学技，有暗渡陈仓，有桃园结义，有山盟海誓，有买进卖出，有乱点秋香；有头悬梁锥刺股，有神秘失踪，有歌功颂德，有助困救弱，有排队夹塞，有撕书剪画；有以利害关系组团，有凭志同道合站队，有拉帮结伙竞选，有请客送礼入党，有向老师讨资料，讨考题、讨分数，甚至讨女儿的；也有向食堂厨工要陈醋、要加料、要肉票、要小炒的。学校再庄严神圣，那也是个小社会，高洁的和凡俗的东西精芜陈杂，啥事也都有。人生的瑕疵去掉了，忘却了，也就不完整了。只不过当年的同窗同僚，现在个个都成就得可以和比较可以，讲出来的东西就要慎之又慎，别本来是口述的历史，开讲的玩笑，结果一不小心的失言变成了飞刀，给旁人拿去戳了某同学的脊背，那可是会引出误党、误国、误省、误市的后果。

那个时候，舒扬我在干吗？

既然我时至今日也没什么好干的，说说自家的事也无妨。

我到学校后，主要的学习内容是马克思列宁主义，尤其是在集中精力学习当时已经在全世界范围内遇到挑战和巨大困难的国际共产主义运动及其生演、发展历史。我读的班级名曰师资班，也就是说毕业后的目标是明确的，是做大学的政治理论课教师。对这一点我有些窃喜，因为中国的大学都在城市，好的大学都在大城市。我在农村和农民的大环境中长大，尽管文学作品把田园风光描写得如何如诗如画，我还是知道，

现代城市法治研究

农村生活和农民的实际情况是怎么样的。

但是，喜欢当大学教师，我还是不便公开讲，因为跟我一样在师资班的好多同学很不满现状，他们渴望跟法律班的同学一样，只学法律课程，将来走出校门就当法官、检察官、警官。我当时对这些同学的法律情结很不以为然，也不愿去探问个究竟。对教学计划安排的所有课程都认真无比的学，不管喜欢不喜欢，都必须无一例外的追求期末考试成绩的最高分。我对大学里所有的法律以内和法律以外的课程都很有信心，很有成就感，唯独我的英语很拖后腿，它像我高考时的数学科目一样，常常使我大丢脸面。外语于我来讲简直就是罪恶滔天的课程，我再怎么努力，再怎么拼命投入，它始终不肯给我一点点相应的回报，记得有一次它竟然把我弄到差点需要补考才能过关的程度。后来我考研究生的时候，它又发了一次淫威，居然让我只考得五十八分，离我的专业要求还差两分。我考的是沾外字头的法学硕士，英语必须六十分才可录取。幸好我的几门专业课考得实在太好，导师实在难舍我的专业天赋，好说歹说破例录取了我。外语对我学术生涯的横竖捣蛋，也使我对之很是不屑，知我"短板"的同学经常用外语如何如何来打击我的嚣张。一气、再气之下，我专门用中文翻译了几本外文专著放在那里，只图有个证明，证明自己外语还是可以的，只是一考试就犯怵，考试不行而已。

如果现在问我大学期间大家拼命的苦读，我读了什么，我要诚实做答，我用了大半的时间在恶补外语。而其他的专业教材与读物对我当时来讲，基本上就是目光所及、理解即到。信息、数据、论理、定则，绝对象复印一样，入脑、入心，考试便可片言不错。

除了"应试般的学习"，我对学术事业还没有什么自觉的追求。大量的校园时间在观察生活、体验生活、记录生活、创造生活。我的校园日记有数十本之多，可惜后来因为迁徙、调动的缘故，还因为觉得那都是些陈芝麻烂谷子的东西，干脆就处理掉了。不像我广州的一位学友，把当年的原始记录保存得好好的，听说还拷进了光盘，以后这小子就凭这点东西说不定会给中国闹点响动出来。

我对法律似乎没有特别的兴趣，甚至觉得它没什么思想含量和技术含量，学起来无色、无味、无趣，但也无害于人的想象和思维。我很早就被人视为"文学青年"，才情还是有那么一点点。所以，我偏爱人文精神比较浓郁的东西。当年邻近的重庆大学、重庆师范、西南师范、四川美术学院的文艺活动、书展、画展，前卫的行为艺术展示，我都很兴奋地去参与，常常流连忘返。我对当时罗中立的《父亲》、《春望》一类的油画，对卢新华等为代表的伤痕小说、戏剧作品十分入迷。反而认为法律是有它不多无它不少的东西。

兴趣这东西，是决定学习与成效的魔盒。

我的魔盒，在一个偶然的情况下，向另一个方位打开了，它甚至导致了一个集体意识与感觉的发生，幸好得到及时的调整，不然事态后果就很难说了。

事情是这样的，由于西南政法学院复办时只有一幢体积还算庞大的红砖大楼可供使用，我的班级宿舍、教室均在一层楼内。这幢红楼是1958年苏联专家设计建造的，十分坚固。它雄居歌乐山麓一块向阳高坡之上，晴天极目可望到童家桥、磁器口、沙坪坝甚至牛角沱。即便是在山城重庆，它也算是一个制高点。所以"文革"武斗时，各派组织都视这里为上甘岭高地，反复死命冲杀争夺。我进校时，整栋大楼外墙虽经修饰，仍能依稀可数好多好多弹洞枪眼。在我盘踞的该大楼三层，既有教室、寝室，还有教研室、校领导办公室，间或之间甚至还夹杂了四川外国语学院未搬走的教师宿舍，教师们把煤球炉灶摆放在还算宽阔的过道边上，天经地义的过着既有人间烟火，又有琴棋书画的家庭生活。

不知何时，在我的教室与寝室之间的一个房间，搬进了一对四川外国语学院的青年教师夫妇，这同时为我们的学法生活制造了一个情绪的拐点。这一对夫妇可谓郎才女貌，都年轻得跟在读学生一样，男的斯文帅气，女的高洁秀雅。根据同性相斥的原理，我的观察力很快包抄上了那位女教师。自个儿感到，在这么了不得的亭亭玉立的人儿面前，所有的人都要心服口服地沦为粗人。更要命的是，女教师有一手绝妙的厨艺，她无课在家之时，总是勤劳的炒菜做饭，变着花样地把整个楼道改换成施放各种美味香料的气场，用一种带着玉手胭脂味的弥漫仙气，将午饭前夕课堂众人的注意力追打得四散奔逃。奔逃得最快而且目标对象最准确的，我估计就是我自己。四川外国语学院那对年轻夫妇的楼道侧旁的幸福生活，一时间让我神魂无主，学习提不起兴趣，课间频频起身入厕，主要是想在楼道上有一种预期的邂逅。几个月里，我没有听到过那位女教师的口音，无从判断她是何方佳丽，但少说也有数十次与她那大而得当、亮而温柔的眼睛对话。当时我想，女同志嘛，有什么必要开口讲话呢？眼睛是心灵的窗户，有双美丽的大眼睛，适时闪动几下，意思不就让人家全明白了吗。

沉默，一定是谁在想入非非。

不说，必定是哪个心里有所图谋。

好在半个学期之后，西南政法学院的新教学楼和学生宿舍盖好了，我的班级整体迁移，人走物空，梦亦翻新。事后，令我大吃一惊的是，全班竟有超过十位数的男生，曾有过如我一样的心绪纷乱和心理失调。还是我们的班主任经验老道，一个急匆匆下达的搬迁令，终结了多少青春的乱想。乱想的叛乱平定了，学生的定力再度还乡，兴趣，于是才可以继续左右学子们如饥似渴的在学林中的选择。

后来，要考试，要毕业，要继续读研究生，我有点半推半就地恶补法律课程。对法律的较好感觉是在三年级上学期发生的，当时我在一位教师的特别照顾下，接触到了国外行政法研究的一些外文资料，我像得到了准确位置图示的盗墓者，在这些资料的金矿中找出了一小块结晶的金子。我把它写进一篇论文，结果非常顺利和迅速地发表在上海的名刊《政治与法律》上，大学高年级期间发表的这篇论文，彻底地让我轰动了一阵子，我想继续出名，所以学法律的精力和时间就多一些了。

我承认，我是在世俗名利和职业需求左右下学习法律、运用法律的，而几十年来，法律给了我可观的收入、名誉、地位。为我能赶上机会、趁势发展提供了完全意想不到的那么多的好处。当我似乎有些资本，有功成名就的条件而想真正为法律事业回馈一份感恩式的报答时，虽然我有明确的表达，但社会却没有了接受这份报效的机制，因为法律工作在而今眼下已经成为人们谋生的手段，我的善报尽忠，客观上会抢夺了人家的饭碗，那就不是什么好事情了。

在西南政法学院当学生哥的那个时候，在主要习文，次要学法的日子里，我花了相当多的时间从事学校的与学生相涉的所谓社会工作。比如，组织学习讨论会，出版学生刊物，与各校学生会组织联谊，开各种各样的学生座谈会，把这些座谈会上火药味太浓的意见整理得温和一些再给上边报告，还有就是铺天盖地而来的上边的要求，领导布置、学生自发自办的活动。现在想来，有点像无头脑的飞虫在一个玻璃房内不知疲倦地做无线路的扑腾和飞行，很有些不务正业的味道。

正是这种没有正业、又不务正业的人生态度，使我在与同学的交往和接触面上占据了较好的条件。各种类型的学生，我都熟悉和掌握着一些情况。总结起来，因为区域文化与大学前教育背景的不同，年龄段的不同，工作经历和职业养成的不同，使同一个学校和班级的学生，所表现出来的，是完全不同的气质和潜质。

比如，"两广"来的同学，确实有许多过人之处，我很惊叹的是他们好像生活在完全不是"中国"的环境里，思想观念和行动选择很特别于中原地区而来的汉子和妹子。个别同学还有犹太人的聪明和算计。每年寒暑假，某同学是一定要舟车劳顿地往返于粤东粤西、深圳—广州—重庆的。他悄悄告诉我，放假前，他把重庆的中草药材，主要是天麻、杜仲之类价高且携带方便的药材打在行李包内带去粤地出手；返校时，又把那里进口原装的三五牌香烟和饼干及罐装饮料顺便弄些到川渝一带，这一来二去，他的路费及花销全都有了。听完这位仁兄的"生意经"，我等真是对他佩服得五体投地，大家都劝他早点下海做生意算了，但老兄还有高见，他说中国古往今来都是官商一体，官商共肥，为何不可试试将来"一人两制"左右逢源呢？尽管这是同学间饭后茶余的无拘束的吹牛皮、"扯壳子"，但我至今仍认为，有的人确实就是有先知先觉的高人。那时中国和英国还没有开谈香港的事情，而"一国两制"的说法更是连捕风捉影都还没有，我的同学就思想先行，观念超前，思考起"一人两制"的设想了。

江浙一带来的同学，书卷气很重，好些同学给人的印象都是，脸蛋白净，说话斯文，个头不高，才情水平高；做事不趋前，想问题却很赶前。记得，改革开放之初的社会治安很乱，当时中央已布置第一次全国范围的大规模严厉打击犯罪活动，强压犯罪势头，简称"严打"。在全党和全国人民都已经群情激昂之际，某同学却操着下江话跟我讲，犯罪是社会造成的，是制度造成的。我们眼睛只盯着专政的大刀利斧怎样向犯罪者头上砍过去，为什么不想想握刀把子的都是谁？他们代表谁？他们运用专政工具的法理基础还在不在？……这些思考在今天来看已属小菜一碟，没有问题。可是放在 1980 年前后，这可是要把天捅出个大漏子的言论啊。可见，有些同学，生来就是思想的先驱者，就思想的深刻而言，我当时常常自叹望尘莫及。

河北河南一带来的学生往往显得敦实、厚重，很有传统的中国味，他们一般很尊重上级，不张弛个性，学习、说话、遵守纪律都中规中矩，做学问也是很注重整体把握，整体推进。有的人把学习计划给我看，我觉得这跟林彪将军当年指挥辽沈战役都快差不多了。他们对自己知识结构和将来的重点突破方向极为上心。果然，多年以后，有的人硬是把自己弄得很成样子了。当然，这一类的同学也还是有个缺点，他们不太情愿接受新观点，喜欢做意识形态战场上的卫士，而不愿意去当斗士。将来可以把一些只守不攻的防御性的工作任由他们去做。

湖南湖北是中国才情的旺地，岳麓书院昭告天下的"唯楚有才，于斯为盛"，让你不得不服。我所见识的一些湖南湖北来的同学，用功的过于用功，不太用功的实在很随性。但是，有一点我至今很纳闷，他们中用功的很成就，很出色，不怎么用功的照旧很出色，很成就。似乎用不用功都不必计较，只要籍贯已定，必成大器。这样一来，搞得我们对两湖人士都不好给出什么客观公正的说法了。

云、贵、川三省都属高原地区，三省来校的同学人数之众是其他省份的同学甘拜下风的。但是，在西南政法学院，云、贵、川的同学似乎当时并没有能够形成什么气候，也难以给外省同学形成或留下一个公认的集体印象。云、贵、川的同学都讲一个调调的四川话，跟西南政法学院约定俗成的官方语言是一致的。语言一致，思维、意志、习惯、做派就很容易一致。云贵川的同学把自己以外的东西，包括西南政法学院1978年以后的人和事都视为"舶来品"，他们以一种"接受"的大国心态来应对校园中的一切。"川耗子"、"鬼精灵"，这是其他同学对他们的评价。低调、随和、不冒尖、不显摆、有好吃的悄悄赶紧干完，有啥怪事最后才吆喝一声形成排山倒海的集体起哄，喜欢玩，不喜欢拿大的主意，要求不高，实在达不到要求就趁早自个做主，果断的决定"算逑了"！这是云贵川人的特点。当然，云、贵、川三省中重庆市来的同学稍微突出一些，因为重庆人素有"汉族中的少数民族"之称，重庆同学火气都比较大，好打抱不平，三句话对不齐，可以脱衣服、下手表，嘴里嚷嚷："格老子！干啥子嘛，锤子毛了嗦？打一架嘛！"总而言之，云、贵、川三省的同学个性颇有可爱的地方。他们占地利、人和的强势，在西南政法学院属于很主体的部分。一幅上好的油画，在干净的画布上先要打好底色，我认为，西南政法学院1978级的油画上，云、贵、川的学子就是厚重的底色。

西南政法学院1978级的学生中，川籍的伟大成功人士不如想象的那么多，其实不是这些同学不努力，一是因为其他同学太强大、太强势、太显眼，二是也有时运不济一类的问题存在。社会的慧眼没有注视到你这边，你也可以自行念叨毛主席的诗词，"风景这边独好"，守稳自己手边的那瓶奶酪，不亦乐乎。

京津地区来的同学呈大气，东北来的同学透豪气，上海南京来的同学带洋气，陕甘宁、新（疆）西（藏）兰（州）来的同学有野气。

虽说不上什么气象万千，总归闹出了个热气腾腾，1978 年进校的同学的确让西南政法学院热火了好些年。

学校的热火，归根到底还是当时社会对民主法制的热火。

中央高层希望对社会进行治理结构上动大手术，动大调整。

当时的口号是要组织动员一百五十万人，充实到全国政法战线，靠这些干部资源，今后就要大搞民主法制建设了。

于是数以十万计的复员退伍军人开始转入政法领域。

数以十万计的行政干部改行当了法官、检察官。

数以十万计的社会青年被招进了公安干警和司法干警队伍。

中国人多，人是最好找的。

但是，法律既是一种精确意志的体现，又是一套复杂的程式和技术构成，更是一种特殊精神内涵的主导下的活动。

必须对人进行法律的教化。

百万大军，用法律技术装备，法律思想调教，法律文化滋养，这是多么壮观的法律大教育局面。

怎么教育？法律师资从何而来？

祖国这时看好了我们这批人，希望从西南政法 1978 级的学生中留下一批人当教师。他们将成为"文革"后第一批补充到法律教育中的青年教师。

相当多的一批人在 1982 年毕业之际就走上了各式各样的法律讲台。

法律教师，可以说是许多 1978 级的后来成功者的第一个仕途驿站。

我没有走仕途。

因为我有我的情况和问题，在选择与被选择之间，我有鲜为人知的许多故事，往事已经如烟，过去终成过去。

回顾并总结起来，我发现我人生旅程中无意间沾染上身的人文情怀，既丰富了我的阅历和见识，同时又限制了我的行动和作为。学习法律的人，总的说来浪漫主义、理想主义和人文本色的东西在心底深处不能积存得太多。不然这对职业和工作都有不利。

比如，你在实际工作中遇到警察与小偷的故事，可能首先想到的是雨果的《悲惨世界》，而不是什么法律条文和程序规则。你去会见一个身陷囹圄的美丽女囚，突然勾起一番离愁别绪，你在审理一个垂老的高官犯罪案件，心里却默念起六世纪庾信写的《枯树赋》"……前年种柳，依依汉南；今看摇落，凄凄江潭，树犹如此，人何以堪。"你在处理一个上诉重犯的诉求，满脑子出现瞿秋白《我的自白书》的句式，还想着他说的世上最好吃的东西是青菜和豆腐……那一切不都乱套了吗？法官是法律规则世界的司令，法官有资格充当自由心证的上帝，他应该具备什么样的特殊情怀呢？他能拒绝人性中最强悍又是最脆弱的情感类的东西吗？法官的人性几何，这不能说是一个伪问题。依我多年的认识定位，我觉得至少退职后的法官，可以直接去做一个忧伤的诗人，而不要去充当有办法的律师。这些又似乎都是与现实舆情不配合的言论。

我的前、后任几位室友多年后回忆，说是学校学生寝室晚上熄灯之后，大家在床铺里睡着卧谈，每每听完我的言论，当时的乐观情绪和豪情万丈都会有所减损，淡淡的忧伤和冷峻的幽默总会让他们把问题再想一遍，再搞清楚一些。其实我也不知，在那些很多很杂的卧谈中我到底讲了些什么。

有人严正指出，某君谈起要去京城大显身手，我却说，北京很大很大，侯门深似海，你去了不过是那里的灰尘一粒。幸好某君意志坚定，人家现在京城做着很大的官，差不多是给了我"一个响亮的耳光"。

还有人说，某君谈起自己的鸿图大志，我却不识时务地给人家讲弘一法师李叔同，给人家吟唱"长城外，古道边，芳草碧连天……"

更有室友讲，我在探讨刑法案例时，讲行为人的主观意识活动，讲犯罪心理，讲作案行为时，经验老道、思想阴深、用语诡诡的，简直就是一个可以导演犯罪全过程的作案高手。

另外，经现居深圳并当上市里的主席的室友提醒，让我回想到了西南政法学院大学生活中的军事元素。

与西南政法学院同门共道的除了四川外国语学院，还有一支中国人民解放军的野战部队，好像是野战十三军的一个师部。部队占地面积特别的大，武器装备十分齐全，营区里有外国式样的司令部大楼在翠竹绿柳的簇拥之中，还有蝴蝶纷飞一样忙碌的女兵在男兵的呐喊声中穿行。我和室友判断，这是军队的大机关，大干部住的地方。由于营区环境实在是好，我与室友经常饭后去那里漫步。或背英语单词，或记考试要点，但绝不松懈眼睛的胡乱扫射。见我们是政法的学生，当兵的同龄人对我们十分客气、礼让。后来相互的交谈也少了一些拘谨，多了几分情意。当兵的总起来说还是崇尚武力，认为没有枪杆子，法律就是一纸空文。兵哥哥们表示，军人以服从命令为天职，有什么事，只会听党的。党是谁呢？党就是发布命令的上级。由此，我和室友好长一段时间都在讨论、国家、法令、军队和党的关系问题。结果我们认为，中国的宪政能否推行，国家的武装力量应有一个明确的法律位置。问题还正在引发更多的思考和讨论，营区内一个早晨开始，就只剩下少量的留守人员了。党让这支部队打到了中越边境，还听说他们深入到了越南的凉山。凯旋班师后，我再去营区，好些熟悉的战士已经不在，接着是少数人提干和上军校，大部分复员回乡。跟经历过战火熏蒸的士兵们的情感和思想交流，使我对战争、生命、法统、秩序、自由、权威、人权、国家、军队、执政党有了课堂上讨论所得不到的体会。

同寝室的同学卧床夜谈，少不了有涉及军人的议论，因为我们一个寝室六位仁兄几乎每个人都有军方的背景和关系，而我的亲弟弟，当年正是准备到越南打仗的部队的一名连部文书。

上述这些，不管是不是张三洗白了李四，还是王五染黑了刘二，这说明西政 1978 级同学之间相互有很深的影响，甚至可以毫不夸张地说，同学之间相互的给予，比课堂上老师给我们的东西还要多得多，甚至重要得多。

学生自带着本色的染料跳入一个巨大的染缸，相互点染，颜色杂交，产生出雄浑浓重的效果，这就是西南政法学院似乎再也无法复制的 1978 级文化。

这样的日子过得真是很快。

我记得，1982 年的初夏，西南政法学院不大的校园里经常都能看到一群群、一拨拨的干部模样的人在对学生观察着什么。学生被单独叫到某个地方谈话的事情多有发生，后来才知，那是中央各大机关和部委在挑选他们想要的人。接下来，陆续有人离开学校了。

祖国在 1982 年夏季，就开始把国家民主建设、法制建设的重任（当然，一开始仍然只是一些机关里的零碎杂务）放在 1978 级的西政学生肩上了。

在西南政法学院，学的是民主法制的宏图大论，胸怀世界，放眼全国的西政第一批毕业生，步入求真务实的社会，遇上的首要现实，也就是作家刘震云小说《一地鸡毛》中写到的小公务员在机关办公室遇到的鸡毛蒜皮的琐事和苦恼。

有的人熬过来了，如履薄冰之后方才有平步青云。

有的人终于没熬过来，或者说中途不再想熬下去了，自我解放，也有一片蓝天。

也还有人继续在做长城上的砖头和机器上的螺丝钉，但肯定都有一块可供安慰自己的"自留地"，那里绝对有秘而不宣的、自个喜欢的青菜蒜苗，知己相遇，才会自话自说。

有的人过早地闪射出新星的光芒，但小事一桩，竟使得星光渐行渐远渐无踪了。

有的人因祸得福，沉寂数年，因某件大事赶上了趟，也应了大器晚成一说。

有的人修身养性，看时事冷热，知世态炎凉，著书写文，终成大师。

有的人追欧风美雨，事业在外，收成颇丰，转做侨界、商界领袖。

其实，谁又不是在演绎各自早已修好的命运，孰轻孰重，时好时坏，喜怒哀乐，早有神定。

但是，所有的 1978 年进校的西政学生，这三十年来，都在与国家的政治民主和法律治理同呼吸、共命运。每一个学子都犹如西南政法学院在 1982 年放飞的风筝，风筝或是飞得出奇的高远，或者是就地盘旋，或者波浪式前进、螺旋式升降，或者一头下沉不再提起，这里边都有一根社会法律的丝线，法律已经给每一个人打上了刻骨铭心的印记。

因为，历史是不能忘记的，历史也是无法复写的。

我，在 1982 年留校当了一名法律教师，因教师资格的要求，我随大溜考了研究生，拿到法学硕士文凭后又继续从事教书生涯。

曾经沧海难为水。

以教师的身份和眼光，再看西南政法学院的故事，失去的是新鲜感，很少可以再让心灵激动，毕竟青春已逝留不住，渐行渐远是背影。

1988 年，在西南政法学院的十年之后，我去到了全城男人都可以穿花衬衫、不分男女老幼都蹬人字形软拖鞋，绝对没有人始终一贯的反对吃蛇、吃猫、吃怪物的南粤重镇广州。

这后二十年的法律变迁和人物典故怎么写呢？

封存的记忆，其价值就在于时间里的封存。一般来说，三十年应该是一个比较恰当的封闭期（当然也有说以五十年为宜），这就像窖藏的美酒一样，年份不够的是没有什么味道的，也起不了什么价钱。

如果回忆是金子，陈年累月都不会影响它发光，弃于大漠，置于海底，哪天把它找回来了，它也不会因为岁月已逝而失去光泽。但是，回忆是人在时空隧道里的倒行逆施，而人绝对不是金子，人是要老去的，人还会死。所以有价值的回述也不必一定要在半个世纪后才大开尊口。

1988年我是带着满脑子的康德、黑格尔法哲学思想来广州"闯荡"的，因为我所研究的专业就是弄这一口的。广东人说我这样的北佬，是过来"捞世界"，这对我来说显得很冤枉。我是过这边来当打工仔，当教书匠的，那时广州的法律师资人数真是少得可怜。像我这样的三十刚出头的法律讲师简直好用得很，因为那时候到处都是寻求法律文凭（广州话叫"砂纸"）的课堂，法律教师就像当年的演员赶场走穴一样，忙得天昏地暗，讲得天花乱坠，心里却觉得是一塌糊涂。我那时胆子也是练出来的，什么法律课程都敢讲，什么样的辅导班、培训班、考证班都敢上。除了法律英语确实无料不敢试，其他课程连讲稿都不用，便硬着头皮顶上了。广州的法律教育市场真是需求太过火爆。讲课费，是我在广州掘到的第一桶金，虽然真正发财的是承包办班的单位和人，但我很明白自己的确切角色定位，很容易满足。

我学的专业是法哲学，但实际生活与工作环境并不需要这些东西，尽管我花了六七年时间苦读西方法哲学史，但对康德、黑格尔法哲学这样的高深学问还是一知半解，经常在懂与不懂，似懂非懂之间游离不定。要完全放弃这些多年的拼凑积累，于心不忍，继续攻读和研究下去吧，又觉得十分困难。在离开西南政法学院时，我的专业导师就曾预言，我到了广州，会在这思想的戈壁滩上把自己的学术事业迅速毁掉。我觉得导师的话是正确的。我怀着极为复杂的心情奔走在法学低端的讲堂上，义无反顾地在1989年谢绝了北京大学王哲教授诚邀我去他那里读博士的美意（王哲教授是我硕士论文的答辩委员会主席，从此他伯乐相马一样的盯上了我）。我在广州法律的世界里尽力淡化自己的专业情结和主观意识，把许多法学的初步和法律的实务编织成每天、每月、每年的历程，不知不觉地成为了个"捞世界"的"法律万金油"。

广州需要法律知识普及的传播工作者，我是。

广州更需要法律的实务工作者，我也是。

1988年中段的某一天，我在清理自己很多很多的证书、奖状时，发现了1983年四川省司法厅发给我的红皮钢印的《律师工作者证》，记得那时候要拿这个证很容易，只要是大学法律教师，填个申请表就可以了。我没有觉得这个证书有什么好，还是同寝室的全理其君给我办回来的。1988年的广州，有律师资格的人少之又少，于是许多民事的、刑事的法律事务通过广州大学法学系主任王珉灿老先生的介绍，找到我这里来了。我在任何一个课堂讲完课，必定也都有听课者围堵上来询问具体官司的问题，这样下来，我不得不成为了一名不是律师的律师，半通不通地处理着好些离奇古怪的法律实务。

广州是在全国率先规范法律服务市场的。我从四川拿过来的工作证，不能得到承认，怎么办？问题提交到广东省司法厅律师管理处的谢穗生先生那里，谢穗生是西南政法学院1978级的毕业生，他建议我重新考证，免得求人麻烦。谢同学告诉我，1988年的全国律师统一考试很快就要开考了，问我要不要去试一试。我犹犹豫豫，心中毫无把握，因为不知道要考些什么。而且1986年西南政法学院很多教师，包括教授都在第一次全国统考时纷纷铩羽而归，败下阵来。谢同学探知了我的胆怯，和善的劝导、开解我说，今年考试报名、审核工作早就结束了，你就是想考也来不及了。

谢同学的话反倒激起了我的搏一回的斗志，尽管离正式开考只有三天多时间，我还是坚持要去考一回，谢同学也十分仗义，他手书了一个准考证给我，让我可以破例进入设在广东司法干部管理学院的考场。

三天里，我在工作的业余时间，一目十行地通览了三十多本法律教材和考试复习大纲，考试那两天住在河南怡乐新村邓标伦同学家里，吃喝着邓夫人王琼熬的靓汤，煮的美食，托这两口子的福，我当年以高分拿下全国统一发放的律师执业资格证书，从此正儿八经地干起了兼职律师的营生。

课堂上讲法，其实也是学习法律，探究它的精神。

社会中的法律实务，是在用法，也是在悟法，悟法律的套路和旁门左道。

法律必须在社会中间游走，只有活动的法律才是有生命力的。

我陆续办了一些大案、要案、疑案、难案。

感知到许多种类的，来自社会上层、中层、下层的对法律的请愿和诉求。

我不再只熟悉和研究洛克、卢梭、孟德斯鸠、萨特、庞德、哈特边沁、罗尔斯、狄骥、凯尔森……

我腾出更多的时间和精力去研读英国大法官丹宁、美国著名律师摩根、美国民主斗士布洛克、民法学家劳森、惹尼，刑法学家李斯特、安赛尔，公司法学家汉密尔顿……

我甚至带着一种只有法学院青年学生才有的激情冲动，梦想成为一名实证型的法学家，在司法领域能树立起一面以舒扬的名状飘展法律思想的旗帜。

1991 年我被破格（只破格了半年时间）评为法学副教授。

1995 年我被破格聘为法学教授。当时的广州大学真是胆大妄为，居然趁早率先改革创新，低资高聘，评聘分开，把我推到了一个高处不胜寒的业务平台上。

当时广州大学的校务委员会认为：

舒扬同志多年来协助全国著名的法学家，中华人民共和国司法部前教育司司长王珉灿先生创办了中国南方涉外法律研究中心，并卓有成效地开办了涉外法律专业，培养了社会急需的涉外法律专门人才，其出版的教材、专著、论文足以证实其达到了法学教授的实际水平。

1995 年，广东省内法学教授还是十分稀缺的。

但是，广州的举动被年老的权威们认定为拔苗助长，引起了业内强烈的抵制和愤慨。

直到 1997 年，广东省人事厅才正式核准了我的法学教授资格，其中多少事，未在评说中。

20 世纪 90 年代中段，我得到了一个千载难逢的机会，被选派参加港澳回归法律研究和支持性工作。接触到世界两大主要法系即英美法系和大陆法系的大海一样深沉的知识与实务。

后来，我又回到广州，继续从事着无声息的学法悟道工作。

我认为，法律的知识总是有量的概念的，当法律知识的力量筹措到一定的程度时，法律生活世界的悟道，或许会显得更为重要。

我在广州二十年，悟到了中国法律的许多道道。

因为，广州给了我很多属于法学和法律生活的经历。至少让我看到许多、明白了一些。

广州地区改革开放初期名噪一时的十大风云人物，因为单兵独进太远，很快便纷纷中箭落马，最后全军覆没。我曾经为其中一人的官司做过一些事情，才知经济法律的条文与术语中大有乾坤。而社会的前行，必须要有些肉身来铺垫路径，要担先锋道义，当拒富贵荣华。鱼和熊掌，不可兼得。

在珠江三角洲的几个城市，我曾为不少身光颈亮的企业家当过法律顾问，回想起来，那些银行家、投资商，他们要么破产逃逸，要么客死他乡，要么狱中度日，要么声名狼藉，债主催命。许多民营企业，平均寿命不足三年，现代工业精神、商业精神无所寄托，只叹无人。由此我明白了一个道理，市场的法治、经济的法治、企业的法治才是社会法治的本源性要素。

法治，会很好吗？法治像一枚钱币，它还有另一面的问题：

百姓对法律的无知、无奈、无助、无望有时就像城市的瘟疫在城市的下层社会里游走。总有人有时可能是很多人，会与法律包括最接近善域的法律对峙，这就是百年未破的现代法治之难题，题中之难，华夏更盛。

人们对付某类很普通的官司，要走那么多的旁门左道，要付出那么多的心血和成本代价，那些淹没在黑色之中的交易，很多次逼退了我多年信守的法治的立场，甚至认为人治之下说不定还有另一种可接受的公平正义。

法律及其机构、冗员加效率的减损，常常会自行放大了它的高昂的成本和沉重的代价。权势阶层和强势群团在中国这样一个永远浓情的"熟人社会"，始终还是在法律中受益匪浅的。我有时也会像我的学生一样偏激地认为，老百姓因法律的存在差不多是多了一层负担，多了一些具体的，不知何时会临门进屋的个人苦难。当法律成为了一个界别、一个职业的衣食"父母"，一个仕途官阶的道口，一个党同伐异的令牌，一个共同分肥的密约……公平与正义还能救人救世吗？它自己早在岌岌可危之中，它又何以自救？

法律机构的体制性障碍，某些法律从业人员职业精神和道德操守的缺失，很容易刺痛那颗西南政法学院培育出来的护法之心，我常常在现实的重压下独自回到心灵中那片法哲学的"坟场"，自虐式地扑打、驱赶一个清醒头脑里的糊涂。学法者必须哲学哲学，用法者最要悟道悟道。

我握笔以笔名参与了法治与人治的讨论，法治与法制之辩，发愤的想说明法治的正当性问题。

我以单薄的声音，在讲学中强调法律是一门科学，必须摆脱政治思维和议论的羁绊。

我以自己的笨拙的行动，同许多学者一起公开抵制了法律界和法学界反对资产阶级自由化的未遂运动。

我以不知老之将至的勇武，开拓自己的思想和研究领域，对民法通则，对试行的破产法，对经济合同法，对宪法及修宪理论，对刑法及其"严打"，对刑事诉讼法、行政诉讼法、国家赔偿法进行过显然无效的学术干预，对地方法规和城市法治给予不问回响的学术解读与评述。总之，想以一颗法律知识分子的良心，去温暖世象生活的一小块碎片，去支持与保护可能是穷途末路、无依无靠的一个具体的人权。

我在邓小平南巡中听到了民主法治的新希望；

我在广东改革的风云际会中见证了法律有限的作用；

我在跟广东、广州当时的司法首脑的经常接触中摸到了广东、广州司法体制改革的脉象；

我惊喜地看到了广东依法治省的蓝图；

我兴奋地阅读到广州市依法治市的规划；

我参与讨论着许许多多发生在广州地面上的法律事件；

我看到国家的宪法已经修改得比较现代了；

我看到依法治国设计理念的稳步推进实施；

我知道《中华人民共和国刑法》成熟了；

我知道《中华人民共和国民法典》有希望了；

我知道《中华人民共和国行政法》全面实施了；

政府实现转型；

权力受到制约；

中国共产党将执政党的活动范围框定在宪法和法律之下。

我看到了《物权法》的讨论、公布、实施；

我看到了更加泾渭分明的对《劳动合同法》的社会大对辩，每个人心中的真理都在试图使这部法律归降；

看到了阳光政府草案的制定；

看到了人大立法的有一些实质表现的民主参与和公众讨论。

看到了网上民主、民言、民粹的力量，那里的自由论坛虽也受到必要的管制，但技术已让思想插上双翅，可以做无界限的翱翔。

我看到了广州的政治民主、司法文明的步态；

看到国家赔偿案件审理并执行了判决，民权对法律也可以开始说"不!"了；

看到了许多外国政要在本国法律平台上的穿梭走步，依法出手，据法摊牌；

看到国际人权旗号下的维和与战争，法律条款的效能超越了国界；

看到德国东西部法律的完全统一，最后被共同推举和选择的唯有法律中的人性和理性；

看到了国际强势领袖的一个个下台让位，法律后事，接踵而至，几家欢喜几家愁；

看到了萨达姆做诗之后被人绞死，权力和威望的暂时性和不确定性给很多人留下警示；

看到了广州的孙志刚案件及其影响，一部法令的基础被撬开了，随之是一个法令时代的寿终正寝；

看到了广州的许霆案的审理；

听到了新任中华人民共和国首席大法官、最高人民法院院长在广州发表的著名司法谈话，民众的感觉在司法中的地位被突出了，是喜是忧？是福是祸？还待社会评说。……

这些，都是我在广州，这个法律世界的闹市区生活中的悟道的囊括。

悟道是在时空中进行的。

岁月不因我的静静的、虔诚的悟道而停顿它的疾步的行走。

岁月如歌。岁月真能如歌吗？岁月是一首什么样的歌呢？是光荣？是蹉跎？

反正，歌声中我从步入法律学堂的青年变成了进五奔六的满腹经纶，有时又不知法为何物的老年。

民主事业、法治事业，在许多许多有心人的见证下逐步发展了。我把自己三十年的期许目光始终凝视在这个远大的目标上，虽然，很多时候有一种感觉：豁然开朗总在身后，茫然失措横在前头。但为法治的事情鼓与呼，始终未敢停歇，胸中最大的块垒还是那"不是不报，时候不到；时候一到，马上就报"的原始冲动。

这，好像就注定我们这一代人的使命。

2008 年清明假日
于广州市社会科学院 502 室